21世纪全国高等院校财经管理系列实用规划教材

生产与运作管理

主　编　蔡建华
副主编　杨　宇　宋冬梅　吕玉兰

内 容 简 介

本书以社会组织作为考察对象，对生产制造业和服务业的生产与运作管理理论作了较为全面的阐述。具体内容包括：第1篇为绪论，介绍了生产与运作管理概论、生产过程组织及生产与运作的类型、生产与运作战略；第2篇为生产与运作系统的设计，介绍了产品开发与工艺流程的选择、生产服务设施的选址与布置、工作设计与作业测量；第3篇为生产与运作系统的运行与控制，介绍了总生产计划、生产作业计划与控制、物料需求计划与企业资源计划、库存管理、项目管理；第4篇为生产与运作系统的维护和改进，介绍了质量管理、流程再造、准时化生产方式。同时，各章节配有知识链接、知识延伸、专栏、引例与案例应用、知识的注意点与要点等丰富的教学模块，一方面可以拓宽学生的知识面，提高学生的学习兴趣；另一方面可以加深学生对知识重点、难点的理解，方便学生课后自学。

本书既可作为应用型普通高等财经类院校管理类专业的教科书，也可作为企业各类培训班教材以及供生产与运作管理人员自学使用。

图书在版编目(CIP)数据

生产与运作管理/蔡建华主编. —北京：北京大学出版社，2015.9
（21世纪全国高等院校财经管理系列实用规划教材）
ISBN 978-7-301-24827-0

Ⅰ.①生… Ⅱ.①蔡… Ⅲ.①企业管理—生产管理—高等学校—教材 Ⅳ.①F273

中国版本图书馆CIP数据核字（2014）第216942号

书　　　名	生产与运作管理
著作责任者	蔡建华　主编
责 任 编 辑	王显超
标 准 书 号	ISBN 978-7-301-24827-0
出 版 发 行	北京大学出版社
地　　　址	北京市海淀区成府路205号　100871
网　　　址	http://www.pup.cn　新浪微博：@北京大学出版社
电 子 信 箱	pup_6@163.com
电　　　话	邮购部 62752015　发行部 62750672　编辑部 62750667
印 刷 者	三河市博文印刷有限公司
经 销 者	新华书店
	787毫米×1092毫米　16开本　22.5印张　533千字
	2015年9月第1版　2019年1月第3次印刷
定　　　价	45.00元

未经许可，不得以任何方式复制或抄袭本书之部分或全部内容。
版权所有，侵权必究
举报电话：010-62752024　电子信箱：fd@pup.pku.edu.cn
图书如有印装质量问题，请与出版部联系，电话010-62756370

前　　言

目前市场上比较流行的《生产与运作管理》教材大多是国内名牌高校为适应具有初步理论研究能力人才培养目标或者是为适应工商管理硕士人才培养目标的需求而组织编写的，这些教材无论是从体系结构上还是质量内容上都是上乘的；但对于以培养高等应用型人才为目标的高校学生来讲，这些教材起点有些高，理论性也显得较强，难以满足这些高校工商管理及相关专业学生学习的需要，因此迫切需要编写一本理论上比较通俗，实践性较强，能够适应高等应用型本科学生将来就业的，有一定特色的适用性教材，本书的编写组正是依据这一思想理念来组织教材内容的。

本书的特色主要体现在如下几个方面。

(1) 侧重理论应用，激发学生的学习兴趣。在每章开头配有与内容相关的引例，在内容讲述过程中和结束部分均配有比较经典的理论应用案例，且大多数是本土化的案例，目的是避免空洞理论，以期提高学生的学习兴趣。

(2) 独特的编写形式，便于学生自学。正文部分设计了相关知识链接、知识延伸、专栏等丰富的栏目，让学生了解相关的前沿理论，拓宽学生的知识面；对一些重要理论或难以理解的内容加以总结，并用注意点或要点的形式及时告知学生，此形式在国内教材中是不多见的；且不刻意推导艰涩的数学公式，注重结果与应用，便于学生自学。

(3) 精心设计习题的题型，全面检测学习效果。每章的习题是编者经过精心设计开发的，题型侧重理论的应用，旨在帮助学生全面理解本章理论知识，并提高学生的理论运用能力。

本书的编者均为从事应用型本科"生产与运作管理"课程教学十多年以上的教授、副教授。他们教学经验丰富，一直关注着"生产与运作管理"的前沿理论，在科研上均有自己一系列的研究积累，因此编写质量内容上均是有保证的。本书的编写分工如下：蔡建华教授负责编写第 1、2、3、4、5、6、8、12、13、14 章，杨宇副教授负责编写第 7 章和第 9 章，吕玉兰副教授负责编写第 10 章，宋冬梅副教授负责编写第 11 章，全书由蔡建华教授统稿。崔琳琳副教授、宋辉博士对本书的编写也做出了贡献，张思强教授对本书编写提供了诸多宝贵的建议，北大出版社王显超、翟源两位老师对本书倾注了大量的心血，提出很多有益的修改建议，在此表示感谢！本书的编写得到盐城工学院精品（重点）教材建设基金资助，是盐城工学院"生产与运作管理"课程建设的重要组成部分。

本书在编写过程中参考了大量的国内外相关文献资料，特别是在互联网上收集的许多本土案例，尽管编者根据本书内容的要求做了一定程度的修改或重新改写，为了保证知识产权归属，还是尽量标明出处，但仍有些资料作者很难确定，没办法标明，在此表示感谢。在书的最后尽量全面地列出参考文献，若有疏漏之处，在此向被遗漏的作者表示诚挚的歉意。

由于编者水平所限，本书还存在诸多不足与理解偏差，敬请广大读者批评指正。

编　者
2015 年 5 月

目 录

第1篇 绪论

第1章 生产与运作管理概论 1
- 1.1 生产与运作的产生概述 2
  - 1.1.1 生产与运作的产生 2
  - 1.1.2 生产与运作系统 3
  - 1.1.3 服务性运作 6
- 1.2 生产与运作管理的目标、内容 9
  - 1.2.1 生产与运作管理的含义 9
  - 1.2.2 生产与运作管理的目标 9
  - 1.2.3 生产与运作管理的内容 10
- 1.3 生产与运作管理的发展历史 11
  - 1.3.1 传统的生产管理阶段 11
  - 1.3.2 现代生产与运作管理阶段 14
- 本章小结 19
- 思考题 19

第2章 生产过程组织及生产与运作的类型 22
- 2.1 生产过程及构成 23
  - 2.1.1 生产过程的含义 23
  - 2.1.2 生产过程的构成 23
- 2.2 生产过程的组织 24
  - 2.2.1 生产过程组织的要求 24
  - 2.2.2 生产过程的空间组织形式 26
  - 2.2.3 生产过程的时间组织 29
- 2.3 生产与运作的类型及特征 32
  - 2.3.1 制造性生产 33
  - 2.3.2 服务性生产 36
- 本章小结 37
- 思考题 37

第3章 生产与运作战略 40
- 3.1 企业战略管理概述 42
  - 3.1.1 企业战略管理含义 42
  - 3.1.2 企业战略管理的特点 44
  - 3.1.3 企业战略层次 45
  - 3.1.4 企业战略管理过程 46
- 3.2 生产与运作战略 48
  - 3.2.1 生产与运作战略的含义 48
  - 3.2.2 生产与运作战略基本特征 49
  - 3.2.3 生产与运作战略的竞争重点 49
  - 3.2.4 生产与运作战略决策 50
  - 3.2.5 生产与运作战略内容 51
- 3.3 战略配合——和战略相适应的生产与运作活动 55
  - 3.3.1 与战略相适应的生产与运作活动 55
  - 3.3.2 生产与运作战略配合的框架 57
- 本章小结 58
- 思考题 58

第2篇 生产与运作系统的设计

第4章 产品开发与工艺流程的选择 62
- 4.1 新产品开发概述 63
  - 4.1.1 新产品的概念及类型 63
  - 4.1.2 新产品开发的动力模型 64
  - 4.1.3 新产品开发的内容和责任 65
  - 4.1.4 开发新产品要回答的关键问题 66
  - 4.1.5 产品和服务设计或再设计的原因 66
- 4.2 新产品开发的流程与管理 66
  - 4.2.1 新产品开发流程 66
  - 4.2.2 新产品开发面临的压力 68
  - 4.2.3 产品研发对产品成本、质量、制造效率的影响分析 68
  - 4.2.4 提高新产品开发效率的管理方法 69
  - 4.2.5 产品开发的绩效评价 80
- 4.3 产品工艺流程的设计与选择 81

    4.3.1 生产流程分类 81
    4.3.2 产品——生产流程矩阵 82
    4.3.3 影响生产流程设计的
        主要因素 83
    4.3.4 生产流程决策方法 84
  4.4 服务设计 86
    4.4.1 服务设计的概述 86
    4.4.2 服务设计的要素 88
    4.4.3 服务设计的一般流程 89
  本章小结 91
  思考题 91

第5章 生产服务设施的选址与布置 97

  5.1 生产与服务设施的选址 99
    5.1.1 制造性企业设施选址的
        影响因素 99
    5.1.2 服务业选址的影响因素 101
    5.1.3 设施选址的主要步骤 101
    5.1.4 选址的分析评价方法 102
  5.2 生产与服务设施内部布置 104
    5.2.1 设施内部布置的原则 104
    5.2.2 设施内部布置的程序 105
    5.2.3 设施内部布置的方法 105
  5.3 流水线生产与成组生产的组织 110
    5.3.1 流水线生产的组织设计 110
    5.3.2 成组生产的组织 115
    5.3.3 柔性制造系统 120
  本章小结 123
  思考题 123

第6章 工作设计与作业测量 127

  6.1 工作设计 127
    6.1.1 工作设计的含义、决策和
        内容 127
    6.1.2 工作设计中的行为因素
        影响 129
  6.2 工时定额与作业的测定 134
    6.2.1 工时消耗分类 134
    6.2.2 工时定额(标准工时)的构成 135
    6.2.3 作业的测定 136

  本章小结 140
  思考题 140

第3篇 生产与运作系统的运行与控制

第7章 总生产计划 144

  7.1 生产计划概述 145
    7.1.1 生产计划体系 145
    7.1.2 各类生产计划的特点 147
    7.1.3 制订生产计划的一般步骤 148
  7.2 综合生产计划 148
    7.2.1 综合生产计划的基本决策
        方式 149
    7.2.2 综合生产计划的制定策略 151
    7.2.3 综合生产计划的优化方法 152
  7.3 生产能力需求与规划 155
    7.3.1 生产能力概述 155
    7.3.2 生产能力的计算 157
    7.3.3 生产能力的综合平衡 158
    7.3.4 生产能力需求 159
    7.3.5 生产能力规划 160
  本章小结 166
  思考题 166

第8章 生产作业计划与控制 168

  8.1 生产作业计划概述 169
    8.1.1 生产作业计划的任务 169
    8.1.2 制订生产作业计划的基本
        要求 169
    8.1.3 编制生产作业计划的步骤 170
  8.2 生产作业计划编制的基础——
      期量标准 171
    8.2.1 什么是期量标准 171
    8.2.2 期量标准的类型 172
  8.3 生产作业计划的编制方法 178
    8.3.1 在制品定额法 178
    8.3.2 累计编号法 179
    8.3.3 生产周期法 181
    8.3.4 服务业的生产作业计划的
        编制 182
  8.4 生产作业控制 184
    8.4.1 生产作业控制的含义 184

8.4.2 实行生产作业控制的原因和
　　　　条件 184
　　8.4.3 生产作业控制的内容 185
　　8.4.4 生产作业控制基本方法 187
本章小结 189
思考题 190

第9章 物料需求计划与企业资源
　　　　计划 192
9.1 物料需求计划产生与基本思想、
　　基本原理 193
　　9.1.1 订货点法的局限性 193
　　9.1.2 物料需求计划的产生和
　　　　发展 195
　　9.1.3 物料需求计划(MRP)的
　　　　基本思想和原理 199
9.2 物料需求计划系统结构 200
　　9.2.1 MRP 的输入 200
　　9.2.2 MRP 的处理过程 202
　　9.2.3 MRP 的输出 204
　　9.2.4 MRP 系统的决策参数 205
9.3 企业资源计划(ERP) 206
　　9.3.1 企业资源计划(ERP)的核心
　　　　管理思想 206
　　9.3.2 企业资源计划(ERP)的
　　　　功能构成 207
　　9.3.3 成功实施 ERP 的关键 208
本章小结 211
思考题 211

第10章 库存管理 214
10.1 库存管理概述 215
　　10.1.1 库存的相关概念 215
　　10.1.2 库存管理的相关概念 217
　　10.1.3 库存控制系统的
　　　　　相关概念 220
10.2 库存决策模型 223
　　10.2.1 单周期库存模型 224
　　10.2.2 多周期库存模型 226
本章小结 240

思考题 240

第11章 项目管理 242
11.1 项目及项目管理概述 243
　　11.1.1 项目 243
　　11.1.2 项目管理 245
　　11.1.3 项目管理知识体系 248
11.2 网络计划技术 251
　　11.2.1 双代号网络图的概念 251
　　11.2.2 双代号网络图的绘制 253
　　11.2.3 双代号网络图的时间
　　　　　参数的计算 255
　　11.2.4 网络计划的优化 261
本章小结 268
思考题 268

第4篇 生产与运作系统的维护和改进

第12章 质量管理 270
12.1 质量与质量管理的基本概念 271
　　12.1.1 有关质量的概念 271
　　12.1.2 有关服务质量的概念 277
　　12.1.3 有关质量管理的概念 278
12.2 全面质量管理 279
　　12.2.1 全面质量管理的概念 279
　　12.2.2 全面质量管理的特点 280
　　12.2.3 全面质量管理的实施方法
　　　　　——PDCA 循环 281
12.3 质量控制的基本方法 284
　　12.3.1 统计分析表 284
　　12.3.2 数据分层法 285
　　12.3.3 因果分析图 285
　　12.3.4 散布图 286
　　12.3.5 排列图 288
　　12.3.6 直方图 290
　　12.3.7 控制图 291
12.4 ISO 9000 简介 294
　　12.4.1 ISO 9000 族标准简介 294
　　12.4.2 质量认证 300
本章小结 302

思考题 302

第13章 流程再造 304

- 13.1 流程再造概述 305
  - 13.1.1 流程再造产生的背景 305
  - 13.1.2 流程再造定义 306
  - 13.1.3 流程再造的核心——彻底地重组业务流程 309
  - 13.1.4 流程再造的指导思想 310
  - 13.1.5 流程再造的特点 311
  - 13.1.6 再造后的管理工作变化 313
- 13.2 流程再造的原则与方法 314
  - 13.2.1 流程再造的原则 314
  - 13.2.2 流程再造的方法模式 316
  - 13.2.3 流程再造的主要方法 316
- 13.3 流程再造的实施技术 317
  - 13.3.1 头脑风暴法 317
  - 13.3.2 标杆管理 319
  - 13.3.3 流程优化技术 320
  - 13.3.4 BPR 软件法 322
- 本章小结 325
- 思考题 325

第14章 准时化生产方式 326

- 14.1 准时化生产方式概述 327
  - 14.1.1 准时化生产方式的理念 327
  - 14.1.2 生产过程中的 7 种浪费 327
  - 14.1.3 准时化生产方式 330
- 14.2 准时化生产方式的实施 334
  - 14.2.1 看板管理 334
  - 14.2.2 平准化生产 336
  - 14.2.3 设备的快速切换调整 337
  - 14.2.4 设备布局 340
  - 14.2.5 多技能作业人员与少人化 340
  - 14.2.6 标准化作业 341
  - 14.2.7 全面质量管理 341
  - 14.2.8 自动化 342
  - 14.2.9 全员参加的现场改善活动 344
  - 14.2.10 供应商管理 347
- 本章小结 350
- 思考题 350

参考文献 353

第1篇 绪 论

第 1 章 生产与运作管理概论

学习目标

1. 理解生产与运作的概念，生产与运作系统的构成；
2. 理解服务性生产的构成要素、特征，管理的特点，制造性生产与服务性生产的区别；
3. 理解生产与运作管理的概念与目标；
4. 了解生产与运作管理的发展史。

生产与运作管理的基本问题

生产与运作活动是一个价值增值的活动，是组织向社会提供有用产品的过程。要想实现价值增值，向社会提供"有用"的产品，首先是质量。由于提供的有形产品或无形服务必须具有一定的使用价值，即它能够满足顾客某种需求的功效。当然，对功效的要求是因人、因时而异的，而对功效要求的满足程度如何则是用质量来衡量的。其次是准时。特别是当前将时间作为一种竞争手段时更是如此。再次是成本。它决定着消费者购买意愿、价值实现以及组织获得的效益问题。最后是环境保护。无论是产品的生产、使用和最终的报废都要考虑。由此引申出生产运作管理中的一些基本问题：

(1) **质量** 如何准备理解质量，包括两个方面：一是适用性，即产品或服务满足顾客需求的程度；二是差异性，即产品或服务在顾客看来较竞争者更具有哪些特色。由于质量与产品设计、制造工艺、服务等密切相关，因此要提高产品或服务的质量就必须提高它们的设计质量、制造质量和服务质量。

(2) **时间** 如何保证适时适量地将产品或服务提供给顾客，既涉及速度问题又涉及柔性问题。速度问题就是要解决如何快速地将产品或服务研制、生产出来，并及时地投放市场。柔性问题就是如何使生产对市场的变化具有快速的反应能力；既有产量增减，又有对产品或工艺的快速改进。

(3) **成本** 如何才能使产品的价格既能为顾客所接受，同时又能为企业带来一定的利润。首先涉及的是产品设计开发问题，因为设计开发对原材料选择、产品制造、质量管理甚至服务等环节的成本形成起决定性作用；其次涉及的是管理问题，主要包括人、物、设备、能源、土地、资金等资源的合理配置和利用。总之要从源头上努力降低各环节的成本。

(4) **服务** 随着产品的技术含量、知识含量的提高，产品销售过程中和顾客使用过程中所需要的附加服务越来越多。当制造产品的硬技术基本一样时，企业通过提供独具特色的附加服务，就有可能赢得独特的竞争优势。对于服务业企业来说，在基本服务之外提供附加服务也会赢得更多的顾客。

(5) **环境**　主要表现为以下两个方面。一是投入环节方面：要充分考虑到节约资源，考虑到人类社会可持续发展的问题；二是产出环节方面：要对于生产过程中不可避免产生的"副产品"(废水、废料等)进行必要的处理，即所谓的生产过程绿色化问题。此外，还要努力做到产品本身绿色化、生产环境绿色化，这是 20 世纪末兴起的绿色潮流。

本课程将为同学们提供一系列解决这些基本问题的思想理念和应用工具，为同学们将来从事生产与运作管理工作培养相应的能力。

资料来源：CTPM 华天谋，经编者改编。

1.1　生产与运作的产生概述

1.1.1　生产与运作的产生

人类要生存，物质资料的生产是必不可少的，因此生产是人类最基本、最重要的一项经济活动。经济学家将社会发展分为三个阶段：一是前工业社会。人们主要从事农业和采掘业，包括种植庄稼和树木、捕鱼、狩猎、采掘煤炭和岩盐等，实质是从自然界直接提取所需的物品。主要利用体力、兽力等相对简单的工具，以家庭为基本单位进行生产，劳动生产率低下、受自然条件的影响大，因此从自然界获得的产品数量少，质量低劣，不能满足自己的基本生活需要，物质生活质量不高。二是工业社会，人们主要从事制造业，制造业的本质是通过物理的或化学的方法，改变自然界的物质形态，产生人们需要的人造物品——有形产品，分工是工业社会组织生产活动的基本原则。通过分工，提高了人们操作的熟练程度，节约了不同工作之间的转换时间，并促进了机器的发明。人们利用机器和动力，以工厂为单位进行生产，使劳动生产率大幅度提高。因此整个社会的物质产品变得越来越丰富，质量大幅度提高，同时人们的物质生活质量也得到极大的改善。三是后工业社会。人们主要从事服务业，这是由于随着社会经济的发展，技术的进步以及社会工业化、信息化的提高，人们除了对各种有形产品的需求之外，还对有形产品形成之后的相关服务的需求也不断提高，如产品运输、安装、维修与保养等。而且，随着社会体系越来越复杂，社会分工越来越细，原来附属于生产过程的一些服务过程相继分离、独立出来，形成了专门的流通、零售、金融、房地产、工程设计、信息等服务行业，所占整个社会经济的比重越来越大。此外，随着生活水平的提高，消费者对教育、医疗、保险、理财、休闲娱乐、人际交往等方面的要求也在不断提高，相关的行业也在不断扩大，还有政府及相关的机构也在为居民提供所需的各种服务。所有这些都为服务业的发展提供了空间，大量吸收了劳动力就业。

人们对生产管理研究也是沿着这个轨迹展开的，开始人们是以有形物质产品如何生产、提高生产效率为研究对象，以管理学之父泰勒的《科学管理原理》为代表的经典著作研究大部分内容都涉及的生产管理，阐述如何通过一些科学管理的方法来提高生产效率，降低成本，此时美国正处在工业化时代。随着美国进入后工业社会，消费者对服务业需求越来越大，如何提高服务业的效率，降低成本成为重要的研究课题，学者们就将生产管理的研究范围扩展到服务业。此时开始把有形产品的生产过程和无形产品即服务的提供过程都看作是一种投入→变换→产出的过程,作为一种具有共性的问题来研究,这样如何生产、提高生产效率的研究对象也扩展到整个社会组织。或者说生产管理的研究范围从有形产品的制造业扩大到了无形产品的非制造业(服务),这种服务业的提供过程在西方管理学界被称为"operations",即运作。因此有形产品的生产和无形产品的提供过程称为生产与运作过程。

注意点:生产与运作管理的研究范围延伸到一切社会组织,核心是在满足顾客各类需求的同时提高效率。

知识延伸

现代服务业与先进制造业融合的形态及发展状况

结合型融合 分为两种情况一是指在制造业产品生产过程中,在中间投入中服务性投入所占的比重越来越大,如在产品的市场调研、研发、员工培训、管理咨询和销售服务的"软件"投入日益增加;二是在服务产品的提供过程中,中间投入中制造业产品投入所占比重也是越来越大,如在移动通信、互联网、金融等服务提供过程中无不依赖于大量的制造业"硬件"投入。这些作为中间投入的制造业或制造业产品,往往不出现在最终的服务或产品中,而是在服务的生产过程中与之结合为一体。

绑定型融合 是指越来越多的制造业实体产品必须与相应的服务业产品绑定在一起使用,才能使消费者获得完整的功能体验。这是由于消费者对制造业的需求不仅仅是有形产品,而是从产品购买、使用、维修到报废、回收等全生命周期的服务保证,产品的内涵已经从单一的实体,扩展到为用户提供全面解决方案。如通信产品与家电等;部分制造业企业还将技术服务等与产品一同出售,如电脑与操作系统软件等。在绑定型融合过程中,服务正在引导制造业部门的技术变革和产品创新,服务的需求与供给指引着制造业的技术进步和产品开发方向,如对拍照、发电邮、听音乐等服务的需求,推动了由功能单一的普通手机向功能更强的多媒体手机的升级。

延伸型融合 是指以体育文化产业、娱乐产业为代表的服务业引致周边衍生产品的生产需求,从而带动相关制造产业的共同发展。像电影、动漫、体育赛事等能够带来大量的衍生品消费,包括服装、食品、玩具、装饰品、音像制品、工艺纪念品等实体产品,这些产品在文化、体育和娱乐产业周围构成一个庞大的产业链,这个产业链在为服务业供应上带来丰厚利润的同时,也给相关制造产业带来了巨大商机,从而把服务业同制造业紧密结合在一起,推动整个连带产业共同向前发展。有资料显示,美国等电影产业比较发达的国家,票房一般只占到电影收入的三分之一,其余则来自相关的电影衍生产品。

现代服务业发展大大快于传统服务业,1970—1986 年间美国现代服务业的产值和就业分别增长了 173.3%和 200.8%,远高于传统服务业 91%和 85.3%。当前,以现代服务业向发展中国家转移为特征的第二次产业转移正在成为一个新的趋势。2004 年 9 月,联合国统计从 1970—2002 年间,服务业占全世界外国直接投资存量从 25%上升至 60%,而制造业则从 42%下降到 34%。

资料来源:现代服务业(百度百科)。

1.1.2 生产与运作系统

1. 生产与运作的含义

生产与运作是指组织投入各种生产要素,通过一系列的转化过程,最终产出用户所需的有价值的有形产品和无形服务的过程。它关键在于组织如何把投入的人、财、物、信息以及时间要素组合好,生产出符合一定目标要求的产出。生产与运作是组织为社会创造价值的必要环节,组织之间的竞争也体现在产品和服务提供的价值上。因此有以下几层含义:

(1) 生产与运作活动是一切组织必须从事的基本活动。

(2) 生产与运作过程是一种投入、转换和输出的过程，目的为了满足用户的某种需要。

(3) 输出是有价值的产品或服务。

(4) 整个过程是从事的价值增值活动，这种增值是衡量组织每项活动是否得以开展的标准，没有增值就是浪费。

注意点：

A. 对一个概念要善于将它拆分为几层含义进行分析，并能自己举出事例加以说明，这样才能真正理解。

B. 生产与运作活动是价值增值活动，增值是衡量活动是否应该开展的依据，没有增值就是浪费。

2. 生产与运作系统模型

生产运作过程是一个创造价值的过程，此过程是由一组将输入转化为输出的相互关联、相互作用的活动构成，产品或服务则是这个过程的结果。具体来说，生产与运作是将生产要素输入、经过转换到输出产品或服务这三个基本过程，在这个过程中还伴随着价值增值，对每个环节都要根据事先拟定的计划或标准对从事活动进行必要测评、反馈与控制，这样形成了一个闭环的生产与运作系统(图1.1)。

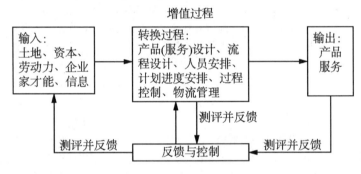

图1.1 生产与运作系统模型图

(1) 输入：是生产与运作所需要的各种生产要素，如土地、资本、劳动力、企业家才能、信息等。

(2) 转换：是劳动过程和价值增值过程。它包括物质转化过程和管理过程，目的是将投入的生产要素转化成用户所需的产品或服务，并能实现组织的目标。转化有物理性的，如电子厂、汽车制造厂产品生产；有化学性的，如农药厂、化肥厂等产品的生产；还有空间的转化，如快递公司的服务等多种形式。

(3) 输出：包括有形产品如汽车、电视机、药品等；无形产品如邮政快递服务、银行金融服务、学校教育服务等。随着市场竞争的加剧，消费者主权论在市场竞争中占据了主导地位，组织的输出不仅仅是产品或服务本身，应该是包括产品或服务在内的附着它们身上一系列产品或服务要素的总和。如产品或服务的功能、价格、质量、交货期、售后服务、信誉甚至心理的愉悦等。

(4) 增值：增值过程反映在输入与输出后产生价值的差异，差异越大且成本越低说明转换的效果越好,生产与运作的效率越高。这里管理水平起着决定性作用,输入同样的生产要素经过不同的管理水平,产生的价值增值差异相当大。

(5) 反馈与控制:反馈是指反映生产与运作过程中各类动态的信息反馈。控制主要依据反馈信息反映的生产与运作的动态情况和计划或标准要求相比较(测评),发现与计划标准要求不相吻合,就要进行控制,目的实现组织的目标。

(6) 生产与运作过程伴随着几个流:一是物质流,即生产与运作过程中的原材料、在制品、产成品、废次品等有形物品的流动,它是其他流的基础。二是资金流。伴随着物质流的资金的流动,如生产费用、销售费用、管理费用等。三是工作流。各类生产与运作活动,如从事产品生产需要产品设计、原材料投入、产品生产、质量检验、产品产出活动等。四是信息流,伴随着上述各种流中反映的动态运营状况产生的各种信息。如生产中的各种统计数据,财务报表等。这些信息是连结输入、输出、增值的血液,也是为保证生产与运作处于正常运营状态需要进行控制的基础。

从表面上看,服务业与制造业的生产与运作几乎没有什么共同之处,但是如果将这两类运作方式的特征加以归纳,可以发现两者具有相似的转换过程。在制造业企业输入的原材料、能源、劳动力、资金等被转换成最终有形产品。在服务业企业输入的仍然是原材料、能源、劳动力和资金的某种组合被转换成的是无形的产品——服务。因此这两类企业生产运作都是服从输入→转换→输出这样一个基本过程的(见表1-1)。

表1-1 不同企业的生产运作过程举例

企业	输入	转化过程构成	输出
制造企业	土地、设备、劳力、原辅材料、能源、动力、时间、信息等	制造技术:设备、工具、工装、工艺; 制造设施:厂房、布置、运输、服务; 制造规模:能力安排;加工深度;任务安排、协调、物资、物流控制;质量检验保证;人员作业规定与培训	产品及售后服务
零售企业	土地、房屋、劳力、货物、能源、动力、时间、资金、信息等	商业技术:货架布置、营销及作业规范; 设施:运输、仓储; 商品规模:服务深度、工作时间安排、货物与服务质量控制、员工素质培养、激励、选点与布局策略	商品与服务;使用指导与宣传;选择与咨询、导购
咨询企业	人员、时间、资金、信息、能源、设备等	咨询技术:理论、方法、技巧; 服务内容:规模、进度、效果控制、咨询人员培训	咨询意见、方案、战略、改进措施

当然,两类企业的生产运作也有其特殊性。有形产品通常是先生产后消费,因此制造业的生产运作过程与其营销过程可以看作是两个相对独立的过程。而服务业则一般是生产消费同时进行。因此,服务企业生产运作过程与营销过程常常是融合在一起的。

注意点:物质流、工作流、信息流是生产与运作管理的研究重点。

1.1.3 服务性运作

1. 服务业范围

服务业大体相当于现代第三产业。国家统计局在 1985 年《关于建立第三产业统计的报告》中，将第三产业分为四个层次：第一个层次是流通部门，包括交通运输业、邮电通讯业、商业饮食业、物资供销和仓储业；第二个层次是为生产和生活服务的部门，包括金融业、保险业、公用事业、居民服务业、旅游业、咨询信息服务业和各类技术服务业等；第三个层次是为提高科学文化水平和居民素质服务的部门，包括教育、文化、广播电视事业，科研事业，生活福利事业等；第四个层次是为社会公共需要服务的部门，包括国家机关、社会团体以及军队和警察等。

世贸组织的服务业分类标准界定了现代服务业的九大分类，即：商业服务，电信服务，建筑及有关工程服务，教育服务，环境服务，金融服务，健康与社会服务，与旅游有关的服务，娱乐、文化与体育服务。

延伸阅读

现代服务业

现代服务业是指那些依靠高新技术和现代管理方法、经营方式及组织形式发展起来的、主要为生产者提供中间投入的知识、技术、信息密集型服务部门，其核心是为现代生产者服务，特别是高级生产者服务，如金融服务、商务服务、政务服务、信息技术与网络通信服务、教育培训服务、物流服务，以及一部分被新技术改造过的传统服务等。从产业性质看，产品具有无形性、中间消耗性以及经验性商品而非搜寻性商品的特征，是现代服务业的三个重要产业特性；从企业战略活动的方向看，随着社会专业化分工的不断深化，生产者服务逐步从企业价值链中分离出来，成为增值最大、最具战略性的高级环节；从产业的市场结构看，由于其供给多是"量体裁衣"式的"订制化"生产，因而差异性极强、替代性较差，产业竞争呈现出垄断竞争的特征；从生产要素和产出性质看，由于其提供者是生产过程中的重要专家，且多以人力资本、技术资本和知识资本为主要投入，因而其产出中包含密集的知识要素，可以说是生产者服务将日益专业化的知识技术导入了商品生产过程；从空间载体看，生产者服务具有高度的空间集聚特性，因而是调整城市功能以及增强城市辐射功能的重要手段。

资料来源：MBA 智库百科。

2. 服务的构成要素

(1)"显性服务"要素：是服务的主体、固有特征，服务的基本内容。如餐饮业的提供给顾客不同种类的菜系或自己开发的特色菜，满足顾客的食欲；医院各种医疗服务及特色门诊等。提供质量高低取决于提供服务的生产者个人技术水平与态度。

(2)"隐性服务"要素：是服务的从属、补充特征。如餐饮业的顾客在餐厅所得到的心理感受、精神享受，满足了顾客食欲及精神需求；医生精湛的技术带给病人的心理感受。质量的高低不仅决定于提供服务的生产者，还决定于消费者个人心理、价值观等。

(3)"物品"要素：服务对象要购买、使用、消费的物品或服务对象提供的物品(修理品等)。餐饮业的"物品"要素是指所提供的食品、食具等，医疗业主要是各种药物。

(4)"环境"要素：提供服务的支持性设施和设备，存在于服务提供地点的物质形态的资源。餐饮业的"环境"要素是指餐厅设施、餐厅内的布置等。医疗业的门诊、病房以及相关的各仪器设备布置等。

任何一项服务都包含这四项要素，只不过是在不同的服务中，各个要素所占的比重不同，一般情况下针对服务业本身来讲，显性服务和隐性服务两个要素占的比重应该较大。一个提供服务的企业，通过突出构成服务的不同要素，就可获得不同的经营特色。此外，从更广义的角度来说，任何一个产业或组织，其所提供的产出实际上都是"物品＋服务"(或"可触＋不可触")的混合体，只不过是各占的比例不同。正是从这个意义上说，制造业企业同样需要通过上述四个要素来突出经营特色，获得自己独特的竞争力。

注意点：请同学们思考一下这些要素之间的关系，并与制造业进行比较。

3. 服务性运作的特征

与制造性生产相比，服务性运作有以下几个特点：

(1) 产出的无形性。指服务的不可摸性。无论是显性服务还是隐性服务都没有人们通常理解的实实在在的东西。医生给病人看病，律师给当事人辩护，一场音乐会给观众带来的愉悦，一个讲座给你人生的启迪，这些都没有实体产品提供支持。

(2) 生产与消费的同时性。大部分服务性产品的生产与消费同时发生。如理发、看病、辩护，当然有些可以有一定程度的分离，如讲课用的课件。

(3) 需求的个性。为不同的服务对象提供的服务产品，他们对服务评价差异性也比较大，主要是由每个对象的特点不同，对服务的需求或要求差异大造成的。老师讲课应当因材施教，医生看病是对症下药，不像有形产品有统一标准。

(4) 服务的易逝性。指服务能力的时间敏感性。由于服务不能存储，如果顾客没能按预计出现，酒店的房间或床位将损失，客机座位将浪费。

4. 制造性生产与服务性运作区别

制造性产品生产与服务性产品生产的主要区别在于，前者是产品导向型，后者是活动导向型，具体区别见表 1-2 所示。

表 1-2 制造性生产与服务性生产区别

比 较 项 目	制 造 业	服 务 业
产品本身	有形	无形
产出的存储性	高	低或无
产出的一致性	高	低
顾客参与程度	低	高
产业性质	一般是资本密集或技术密集	一般是劳动力密集或技术密集
前场服务比例	低	高
规模经济的实现	增加批量	多点经营

对表 1-2 的解释如下：

(1) 制造性生产带来的是有形产品，而服务性运作通常带来的是无形活动。

(2) 制造性生产的产品可用成品库存来缓冲需求变化带来的冲击。而服务运作一般不可能建立起一定期间的库存，且对需求变化极其敏感。

(3) 制造业生产由于是标准化的生产使得产品一致性程度高，效率也高；而服务运作许多是决定于服务者个人的技艺和态度，因而产出多变、效率低。

(4) 制造业产品生产与消费可相互分离，顾客参与程度低，给制造商在选择工作方法、分配工作、安排工作进度以及生产控制上提供了相当大的主动权。而服务性运作由于提供服务与对服务的消费通常发生在同一地点，顾客参与程度高，使主动权受到较大的限制。

(5) 制造业资本密集(机械化)或技术密集程度较高。由于服务的就地消费和投入的变化程度高，服务业一般说来劳动或技术含量较高。

(6) 制造性生产中产品的生产、销售、消费可以分离，因此前场服务比例低；而服务性运作中服务的生产、销售、消费往往同时进行，不能分离，因此前场服务比例高。

(7) 制造业产品生产可以通过增加批量实现规模经济，而服务性运作则需可通过多点经营来达到一定的规模。

5. 服务性运作管理的特点

由于上述服务运作与制造业生产的区别决定了其管理上也有所不同，主要有以下几点：

(1) 服务性运作的生产率难以测定。在制造业中通常以单位时间内生产的产品数量来计算生产率，从而来制定劳动定额和测算生产能力。但在服务业中很难规定一个医生一天应该医治多少个病人，一个律师按他所做的辩护数量来计算生产率。所以对服务业来讲，测定劳动生产率是比较困难的。

(2) 服务性运作质量标准难以建立。如医疗服务、教育、美容等。它们服务质量决定于生产者个人技术素质和态度，消费者个人价值观和心理，这些都很难用什么指标或标准来测量。又由于服务要有顾客参与，质量结果随着服务同时产生，因此，抢在顾客的前面发现错误就显得尤为重要。当然凡是能够订立标准的服务内容，也应尽量订立一定的质量标准，做到规范化服务。

(3) 服务性运作难以通过库存来调节需求。像理发师理发、医生看病是生产与消费同时进行，都不可能在顾客少时进行事先库存，以备忙时可为顾客快速提供服务，所以，合理地安排和组织生产就显得尤为重要。

服务业案例

通用电气：资本服务为电气制造提供成长动力

通用电气公司20世纪80年代的产值中传统制造占比重达85%，服务仅占12%。而目前，通用电气的"技术＋管理＋服务"所创造的产值占公司总产值的比重已经达到70%。此转变源于韦尔奇实施的资本服务新战略，为通用电气提供了成长动力。通用电气的产品包罗万象，从电冰箱、照明灯，到飞机引擎等都在其生产范围内；而资本服务公司的经营范围也很广，从信用卡服务、计算机程序设计到卫星发射，样样俱全。曾有人估算如果让资本服务公司从通用电气独立出来，它将以327亿美元的营业额名列"财富500强"的第20位。资本服务公司目前拥有全球最大的设备出租公司，拥有900架飞机，188 000辆列车(数量超过任何一家铁路公司)，759 000辆小汽车，12 000辆卡车和11颗卫星，它还拥有美国第三大保险公司。目前资本服务公司的经营范围在不断扩大，已经开始涉足计算机服务业和人寿保险业。

资本服务公司作为通用电气的子公司,它是如何回报通用电气的呢?那就是提供大批有价值的客户。主要为通用电气旗下其他子公司的客户提供大量贷款,为其与客户签订大宗合同铺平道路。如 1993 年,洲际航空公司濒临破产,资本服务公司为其提供贷款,使洲际航空公司恢复生机,重返蓝天。随之而来的便是雪花般的订单飞向通用电气的子公司飞机引擎公司——洲际航空公司购买通用电气的飞机引擎。

资料来源:百度百科。

1.2 生产与运作管理的目标、内容

1.2.1 生产与运作管理的含义

生产运作管理有狭义和广义之分,狭义的生产运作管理仅局限于生产运作系统的运行管理,实际上是以生产运作系统中的生产运作过程为研究对象,主要是指生产与运作的计划、组织与控制。广义的生产运作管理不仅包括生产运作系统的运行管理,而且包括生产运作系统的定位与设计管理,可以认为是选择、设计、运行、控制和改进生产运作系统的管理活动的总和。广义生产与运作管理以生产与运作系统整体为对象,实际上是对生产运作系统的所有要素和投入、生产与运作过程、产出、反馈与改进等所有环节的全方位综合管理。按照广义理解生产运作管理,符合现代生产运作管理的发展趋势。因此我们可以给如下定义:生产运作管理是对生产运作系统的设计、运行、维护与改进过程的管理。

1.2.2 生产与运作管理的目标

生产运作管理的目标可以用一句话来概括:高效、灵活、准时、清洁地生产合格产品(或)提供满意服务。

(1) 高效是生产同样数量和质量的产品,人力、物力和财力的消耗最少,并能迅速地生产出满足用户所需的产品和提供满意服务。在同样的市场环境中只有高效率,与同行相比才有低成本,才能获得更多利润或有更多竞争优势。

(2) 灵活是指能产品的品种和生产能力适应市场的变化,即生产系统要有柔性,为消费者生产不同的品种和开发新品种或提供不同的服务和开发新的服务。

(3) 准时是指用户需求的时间响应程度,按照规定的时间内提供所需的产品和服务能力。消费者在规定的时间需要哪些规格、数量的产品,就提供多少,不多也不少,多了有库存,加大运营成本对企业不利,少了不能满足消费者的需求,失去市场。

(4) 清洁指在产品生产、流通、使用和报废处理过程中对环境的污染和破坏最少。体现企业的社会责任,提高企业的声誉。

(5) 合格产品和(或)满意服务指质量,这里讲的质量是指目标市场顾客要求的质量,而不是人们通常片面理解的产品工程技术质量。

注意点:生产与运作管理的几个目标之间有时会存在一定程度的冲突,如高效、灵活、准时三者之间在现有技术条件下很难同时满足,如能满足,需要高超的管理技术水平。这就需要管理者如何求得这些目标之间的平衡。

知识背景

清洁生产的产生背景及内涵

一、清洁生产思想的产生背景

20世纪70年代以来，全球经济迅猛发展，随着科技与生产力水平的不断提高，人类干预自然的能力大大增强，社会财富也迅速膨胀，而环境污染却日益严重。世界上许多国家因经济高速发展造成了严重的环境污染和生态破坏，导致了一系列举世震惊的环境公害事件。80年代后期，环境问题已由局部性、区域性发展成为全球性的生态危机，如酸雨、臭氧层破坏、温室效应、生态多样性锐减、森林破坏等，成为危及人类生存的最大隐患，人们开始探索环境和经济可持续发展的新思路，清洁生产战略应运而生。

二、清洁生产内涵

联合国环境规划署在总结了各国开展的污染预防活动，并加以分析提炼后，提出了清洁生产的定义：清洁产品是一种新的创造性思想，该思想将整体预防的环境战略持续应用于生产过程、产品和服务中，以增加生态效率和减少人类及环境的风险。对生产过程，要求节约原材料和能源，淘汰有毒原材料，削减所有废物数量和毒性。对产品，要求减少从原材料提炼到产品最终处置的全生命周期的不利影响。对服务，要求将环境因素纳入设计和所提供的服务中。

我国的清洁生产定义：不断采取改进设计、使用清洁的能源和原料、采用先进的工艺技术与设备、改善管理、综合利用等措施，从源头削减污染，提高资源利用效率，减少或者避免生产、服务和产品使用过程中污染物的排放，以减少或者消除对人类健康和环境的危害。

清洁生产的实质是贯彻污染预防原则，从生产设计、能源与原材料选用、工艺技术与设备维护管理等社会生产和服务的各个环节实行全过程控制；从生产和服务源头减少资源的浪费、促进资源的循环利用、控制污染的产生、实现经济效益和环境效益的统一。此外，它是一个相对的概念，所谓清洁生产技术和工艺、清洁产品、清洁能源和原料都是与现有常规技术、工艺、产品、能源和原料相对比较而言的。

资料来源：CTPM华天谋，经编者改编。

1.2.3 生产与运作管理的内容

1. 生产与运作系统的设计

首先是研究生产与运作战略，因为战略决定生产与运作的产出是什么，决定生产与运作系统的设计内容，是企业首先要解决的问题。主要包括生产与运作战略的内容，竞争的重点以及与战略配合——战略相适应的生产与运作活动。

其次是研究生产与运作系统设计，包括产品与工艺的选择、生产与服务设施选址与布置、工作的设计与测量；主要是决定生产什么的产品，如何开发，选择什么工艺进行生产，在什么地点生产，生产产品的车间、设备、仓库等硬件设施如何布置，工作岗位如何设计与考核。其目的是为了以最快的速度、最少的投资建立起最适宜企业的生产系统主体框架。

2. 生产与运作系统的运行与控制

生产与运作系统的运行与控制是对系统的进行计划、实施与控制。其目的是按技术文件和市场需求，充分利用企业资源条件，实现高效、优质、安全、低成本生产，最大限度地满足市场销售和企业盈利的要求。具体包括：一是计划编制，即总生产计划、物料计划、车间作业计划，这三个计划由粗到细，从产品计划到生产产品所需的各类原材料、零部件计划，为产品生产作了详细的准备；二是计划的实施，主要阐述了项目实施的方法——项目管理，为生产管理人员提供了一种有效的实施工具；三是计划控制，主要有生产作业控制、库存管理以及利用计算机进行控制(MRP、ERP)等。

3. 生产与运行系统的维护与改进

生产与运作系统构建成后需要维护，但不是固化不变的，也需要不断的改进，才能适应市场需求的变化和竞争的需要，从而提高生产运作系统的运行绩效。质量是企业的生命，是在生产运作系统中形成的，只有不断对生产系统维护与改进才能保证产品和服务质量。所以质量是系统维护与改进产生良好绩效的表现。改进主要包括：一是流程的再造，这主要适应生产与运作系统局部调整的需要。二是精益生产，它是自福特发明 T 型生产线后在生产系统设计方面的第二次革命，是整个生产与运作系统总调整。目的是为了更好地提高产品质量与效率，降低成本，适应市场需求。

1.3 生产与运作管理的发展历史

1.3.1 传统的生产管理阶段

传统的生产管理阶段是以生产制造企业作为研究对象，从 19 世纪末到 20 世纪 40 年代，经历了约半个世纪的时间。代表人物是泰勒、吉尔布雷斯夫妇、甘特以及福特等人。此时期管理是在经验和判断进行管理基础上，通过总结提高使之标准化、系统化、科学化而形成的。

1. 泰勒(1856—1915)的科学管理原理

泰勒于 1856 年出生在美国费城一个富裕家庭里，19 岁时因故停学进入一家小机械厂当徒工。22 岁时进入费城米德维尔钢铁公司，开始当技工，后来迅速提升为工长、总技师。28 岁时任钢铁公司的总工程师。1890 年泰勒离开这家公司，从事顾问工作。1898 年进入伯利恒钢铁公司继续从事管理方面的研究，后来他取得发明高速工具钢的专利。1901 年以后，他用大部分时间从事写作、讲演，宣传他的一套企业管理理论"科学管理——泰勒制"。他的代表作为《科学管理原理》(1911 年)，这本著作的主要研究是生产管理的内容，这与泰勒一生所从事的生产管理工作有关。泰勒科学管理的内容概括起来主要有以下五条。

1) 工作定额

泰勒认为，当时提高劳动生产率的潜力非常大，工人们之所以"磨洋工"，是由于雇主和工人对工人一天究竟能做多少工作心中无数，而且工人工资太低，多劳也不多得。为了发掘工人们劳动生产率的潜力，就要制定出有科学依据的工作量定额。为此首先应该进行时间和动作研究。所谓时间研究就是研究人们在工作期间各种活动时间构成，它包括工作日写实与测时。所谓动作研究，是研究工人干活时动作的合理性，即研究工人在干活时，其身体各部位的动作，经过比较、分析之后，去掉多余的动作，改善必要的动作，从而减少人的疲劳，提高劳动生产率。

2) 能力与工作相适应

泰勒认为，为了提高劳动生产率，必须为工作挑选第一流的工人。第一流工人包括两个方面，一方面是该工人的能力最适合做这种工作；另一方面是该工人必须愿意做这种工作。因为人的天赋与才能不同，他们所适于做的工作也就不同。身强力壮的人干体力活可能是第一流的，心灵手巧的人干精细活可能是第一流的。所以要根据人的能力和天赋把他们分配到相应的工作岗位上去。而且还要对他们进行培训，教会他们科学的工作方法，激发他们的劳动热情。

3) 标准化

标准化是指工人在工作时要采用标准的操作方法，而且工人所使用的工具、机器、材料等等都应该标准化，以利于提高劳动生产率。

4) 差别计件付酬制

泰勒认为，工人磨洋工的重要原因之一是付酬制度不合理。当时的计件工资虽然表面上是按工人劳动的数量支付报酬，但工人们明白只要劳动效率提高，雇主必然降低每件的报酬单价，实际上是提高了劳动强度，因此，工人们只要做到一定数量就不再多干，个别人想要多干，周围人就向他施加压力，迫使他向其他人看齐。

泰勒分析了原有报酬制度之后认为在科学制定劳动定额的前提下，采用差别计件工资制，如果工人完成或超额完成定额，超额部分和定额内的部分按比正常单价高出25%计酬。如果工人完不成，则按比正常单价低20%计酬。泰勒指出此工资制度会大大提高工人们劳动积极性，雇主的支出虽然有所增加，但利润提高幅度大于工资提高幅度，对雇主有利。

5) 计划和执行相分离

泰勒认为应该用科学的工作方法取代经验工作方法。经验工作方法的特点是工人使用什么工具，采用什么样的操作方法都根据自己的经验来定。所以工效的高低取决于他们的操作方法与使用工具是否合理，以及个人的熟练程度与努力程度。科学工作方法就是前面提到过的在实验和研究的基础上确定的标准操作方法和采用标准的工具、设备。泰勒认为，工人凭经验很难找到科学的工作方法，而且他们也没有时间研究这方面的问题。所以，应该把计划同执行分离开来。计划由管理当局负责，执行由工长和工人负责，这样有助于采科学的工作方法。这里的计划包括三方面内容：一是时间和动作研究，二是制定劳动定额和标准的操作方法并选用标准工具。三是比较标准和执行的实际情况并进行控制。

以上内容为生产与运作管理奠定了坚实的理论基础，后来学者们研究均吸收了泰勒的内容并作进一步发展。

 知识延伸

泰勒的动作研究和工具标准化研究

泰勒进行动作研究是一项很有名的实验。当时，他在伯利恒钢铁公司研究管理，他看到该公司搬运铁块的工作量非常大，有75名搬运工人负责这项工作，每个铁块重80多斤，距离为30米，尽管每个工人都十分努力，但工作效率并不高，每人每天平均只能把12.5吨的铁块搬上火车。泰勒经过认真的观察分析最后计算出，一个好的搬运工每天应该能够搬运47吨，而且不会危害健康。他精心地挑选了一名工人开始实验，泰勒的一位助手按照泰勒事先设计好的时间表对这个工人发出指示，如搬起铁块、开步走、放下铁块、坐下休息等等，到了下班时间，这名工人如期地把47吨铁块搬上了火车。从这以后每天都搬运47吨，泰勒据此把工作定额一下提高了将近三倍，并使工人的工资也有所提高。

泰勒在标准化操作方面也做过一项实验。当时铲运工人每天上班时都拿着自己家的铲子，这些铲子大小各异，参差不齐，泰勒观察发现这样做是十分不合理的，每天所铲运的物料是不一样的，有铁矿石、煤粉、焦炭等等，在体积相同时，每铲重量相差很大。那么，铲上的载荷究竟多大才能使生产效率最高呢？

泰勒考虑对于第一流的工人来说肯定存在一个相应的载荷，按这种载荷铲运物料，生产效率最高。泰勒选了几个第一流工人，付给他们较高的报酬，让他们努力工作，几星期改变一次铲上的载荷，最后，泰勒发现，对于第一流的铲运工人来说，铲上的载荷大约在21磅时生产效率最高。根据这项实验所得到的结论，泰勒依据不同的物料设计了几种规格的铲子，小铲用于铲运重物料，如铁矿石等，大铲用于铲运轻物料，如焦炭等，这样就使每铲的载荷都在21磅左右。以后工人上班时都不自带铲子，而是根据物料情况从公司领取特制的标准铲子。这种做法大大地提高了生产效率。这是工具标准化的一个典型例子。

资料来源：[美]泰勒．科学管理原理．北京：中国社会科学出版社，1984。

2. 福特(1863—1947)的流水生产线

美国汽车制造家和管理学家福特首创的一种生产管理制度。基本内容和主要特点在于把泰勒的科学管理原理创造性应用于生产。福特针对大量生产的要求，以标准化(Standardization)、简单化(Simplification)、专业化(Specialization)，即所谓"三S"为目标。在此基础上利用传送装置，使生产过程流水线化，将流水线上各道工序的工人的各种作业在时间上协调起来，并由传送装置的速度决定工人每天所完成的作业和产品数量，最大限度地提高工人的劳动效率。这种生产管理制度把流水线上的各种操作简单化、标准化、专业化，形成固定的作业程序，一方面能够大量使用工资低廉的非熟练工人，另一方面大幅度地提高了工人的劳动熟练程度，并有利于组织生产作业的机械化和自动化，进一步提高劳动生产率，降低生产成本。

 知识延伸

福特汽车的流水线

1913年，美国"汽车大王"亨利·福特首创流水线，在产品标准化、零件系列化、工厂专业化、作业专业化、机器及工具的专门化的基础上，利用传送装置把生产过程组成流水作业线，强制工人快速操作，大大提高了劳动生产率，把成本降到最低限度。

在手工生产时代装配一辆车要728工时，福特流水线把它缩短到12.5个小时，最后达到每10秒钟生产一辆车。在此之前，轿车售价在4 700美元左右，1914年降到每辆360美元。福特认为"汽车的价格每下降一美元，就为福特多争取来1 000名顾客。"福特的市场份额从1908年的9.4%上升到1914年的48%。

资料来源：互联网，编者整理。

3. 吉尔布雷斯夫妇的时间和动作研究

时间研究就是研究各项作业所需的合理时间，亦即在一定时间内所应达到的或合理的作业量。进行时间研究的目的，是为了制定作业的基本定额。吉尔布雷斯夫妇指出，收益分享制和奖金制存在的一个通病，就是它们在完成作业所需的时间规定上都缺乏科学的依据，因而对作业过程就无法给以合理的指导和控制。而这一点，对雇主和工人双方来说都是极为重要的。

动作研究是把作业动作分解为最小的分析单位，然后通过定性分析，找出最合理的动作，以使作业达到高效、省力和标准化的方法。提出动作经济的要求的四个原则：一是两手应尽量同时使用，并取对称反向路线。二是动作单元要尽量减少。办法是删除不必要的动作；设法将两种或两种以上动作结合起来，将两种以上工具合并起来；将材料、工具及零件按操作顺序排列在适当位置；将装配用的材料与零件装在特殊设计的容器里。三是动作距离要尽量缩短。工作时的人体动作可以分为五级，即：手指动作，手指及手腕动作，手指、手腕及前臂动作，手指、手腕前臂及上臂动作，手指、手腕、前臂、上臂及身体动作。级次越高所费的时间和体力越大。因此要尽量使用较低级次的动作，以缩短动作距离。同时应注意两手的作业范围和两眼的有效视野。四是尽量使工作舒适化。由于弗兰克·吉尔布雷斯在动作研究上的杰出贡献，被公认为"动作研究之父"。

4. 甘特图

甘特图也称为条状图(Bar Chart)。是在 1917 年由亨利·劳伦斯·甘特(1861—1919)开发的，其内在思想简单，基本是一条线条图，横轴表示时间，纵轴表示活动(项目)，线条表示在整个期间上计划和实际的活动完成情况，并用不同的颜色进行对比，表明工人完成任务的进展情况。例如主管每天把每个工人是否达到标准和获得奖金的情况用水平线条记录下来，达到标准的用黑色加以标明，未达到标准的用红色加以标明。这种图表对管理部门和工人本人都有帮助，因为图表上记载了工作的进展情况以及工人未能得到奖金的原因。管理部门能够根据图表指出缺点所在，并把进展情况的资料告诉工人；而工人则能直观地看到自己的工作成效。由于这种绘图办法提高了工作效率，甘特又进一步扩大了这种图表的范围，在图表上增加了许多内容，包括每天生产量的对比，成本控制，每台机器的工作量，每个工人实际完成的工作量及其与原先对工人工作量估计的对比情况，闲置机器的费用，以及其他项目，使这种图表发展为一种实用价值较高的管理工具。

5. 其他人对生产管理理论的贡献

休哈特控制图是由美国的贝尔电话实验所的休哈特(W.A.Shewhart)博士在 1924 年首先提出的。控制图一直是科学管理的一个重要工具，特别在质量管理方面成了一个不可或缺的管理工具。它是一种有控制界限的图，用来区分引起质量波动的原因是偶然的还是系统的，可以提供系统原因存在的信息，从而判断生产过程是否处于受控状态。控制图按其用途可分为两类，一类是供分析用的控制图，用控制图分析生产过程中有关质量特性值的变化情况，看工序是否处于稳定受控状；另一类是供管理用的控制图，主要用于发现生产过程是否出现异常情况，以预防产生不合格品。

1915 年，美国的 F. W. 哈里斯发表关于经济订货批量的模型，开创了现代库存理论的研究。随着管理工作的科学化，库存管理的理论有了很大的发展，形成许多库存模型，应用于企业管理中已得到显著的效果。另外还有戴明质量管理的 14 条原则、朱兰博士质量管理手册等。

1.3.2 现代生产与运作管理阶段

这个阶段自 20 世纪 40 年开始至今。第二次世界大战前后，特别是 50 年代至 70 年代，世界经济、政治都发生了巨大变化，科技迅猛发展，企业规模不断扩大，加速了企业经营国际化，竞争日越激烈。由于科技的发展，生产过程机械化、自动化程度的提高，管理工作的细化。这些变化要求企业在生产管理领域运用更先进的管理手段与方法。加之第三产业的迅速发展，也向人们提出了以"运作"为特征的生产管理的新课题。

传统的科学管理已不能适应要求，因而产生现代化管理。这一阶段的管理特征是：为适应市场竞争，实现了产销一体化；为满足生产日益社会化、全球化的要求，有效地协调各种复杂关系，实现了管理组织系统化；加强科学管理与决策，大量采用数理手法，实行管理方法定量化；计算机技术发展，信息工作加强，使管理手段自动化。随着社会物质丰富，为了满足人们多样化需要，生产已进入多品种小批量或多品种变批量为主流时代。多品种小批量生产是指在规定的生产期间内生产物品的种类(规格、形状、尺寸、色彩以及生产过程等)多，而每种物品生产数量少。因此，采取了单件或批量生产方式，物流是错综复杂的。从而使生产和管理方式发生了根本性变革，生产管理不再局限于控制单个生产设备和生产线，而是通过生产管理信息系统，动态地，及时地制订生产计划、实施生产计划并进行生产控制。此时涌现出许多适应现代经济与社会发展要求的一些管理方法。

1. 收益管理(Revenue Management)

它是一种谋求收入最大化的新经营管理技术。它诞生于 20 世纪 80 年代，最早由民航开发。收益管理又称产出管理、价格弹性管理；亦称"效益管理"或"实时定价"，它主要通过建立实时预测模型和对以市场细分为基础的需求行为分析，确定最佳的销售或服务价格。其核心是价格细分亦称价格歧视(Price Discrimination)，就是根据客户不同的需求特征和价格弹性向客户执行不同的价格标准。这种价格细分采用了一种客户划分标准，这些标准是一些合理的原则和限制性条件，已被成功地应用于旅游、航空、饭店等服务业。

2. 六西格玛(6σ)

此概念于 1986 年由摩托罗拉公司的比尔·史密斯提出，此概念属于品质管理范畴，西格玛(Σ，σ)是希腊字母，这是统计学里的一个单位，表示与平均值的标准偏差。旨在生产过程中降低产品及流程的缺陷次数，防止产品变异，提升品质。其核心是追求零缺陷生产，防范产品责任风险，降低成本，提高生产率和市场占有率，提高顾客满意度和忠诚度。6σ管理既着眼于产品、服务质量，又关注过程的改进，它是在总结了全面质量管理的成功经验，提炼了流程管理技巧的精华形成行之有效的方法，成为一种提高企业业绩与竞争力的管理模式。该管理法在摩托罗拉、通用、戴尔、惠普、西门子、索尼、东芝等众多跨国企业的实践证明是卓有成效的。

3. 敏捷制造(Agile Manufacturing，AM)

它是美国国防部为了指定 21 世纪制造业发展而支持的一项研究计划。该计划始于 1991 年，有 100 多家公司参加，由通用汽车公司、波音公司、IBM、德州仪器公司、AT&T、摩托罗拉等 15 家著名大公司和国防部代表共 20 人组成了核心研究队伍。此项研究历时三年，于 1994 年底提出了《21 世纪制造企业战略》。在这份报告中，提出了既能体现国防部与工业界各自的特殊利益，又能获取他们共同利益的一种新的生产方式，即敏捷制造。

敏捷制造是在具有创新精神的组织和管理结构、先进制造技术(以信息技术和柔性智能技术为主导)、有技术有知识的管理人员三大类资源支撑下得以实施的，也就是将柔性生产技术、有技术有知识的劳动力与能够促进企业内部和企业之间合作的灵活管理集中在一起，通过所建立的共同基础结构，对迅速改变的市场需求作出快速响应。

4. 世界级制造(World Class Manufacturing，WCM)

1984 年，美国学者贺氏和威尔瑞特首次提出了"世界级制造"这一概念。随后施恩伯、杰夫等人对"世界级制造"的内涵和实践内容等进行了广泛研究，形成了世界级制造理论。对世界级制造实践内涵的界定因研究背景、研究场合不同而不同，比较典型的有两类：一类是基于运作方式和运作效率的界定，如 Heibeler 等人把世界级制造实践定义为"业务流程的最佳运作方式"；另一类是基于绩效的界定，如 Camp 等人认为世界级制造实践是带给企业卓越绩效的实践。施恩伯格总结了世界级制造主要特征有：①无缺陷的全面质量管理；②准时制生产方式(JIT)；③充分授权的工人自主式管理；④满足社会和消费者要求的高度柔性的制造系统。

在创建世界级制造方式中，一些着力于企业生产模式改造的技术如精益生产越来越受到重视，另外一些融入先进计算机技术、信息技术和现代生产模式如 MRPII、ERP、BPR、PDM、CE、CIM、AM、AVE 等生产技术与管理技术得到了更加广泛的重视和应用。世界级制造方式的形成，实际上是生产管理经过近一个世纪的发展和完善的结果，它兼收并蓄了各个时期生产管理实践的创新，代表了当今世界生产管理的发展水平和趋势。

另外一些有关新的生产与运作管理理论，如并行工程(CE)、企业资源计划(ERP)、流程再造(BPR)、准时生产方式(JIT)等，我们将在后面的相关章节作系统介绍。

 知识延伸

表 1-3　运营管理发展史

时　　间	贡献/概念	创　始　人
1776 年	劳动分工	亚当·斯密
1790 年	零部件互换性	埃尔·惠特尼
1911 年	科学管理原理	泰勒
1911 年	动作研究，工业心理学的应用	弗兰克·吉尔布雷斯夫妇
1912 年	活动进度图	亨利·甘特
1913 年	移动装配线	亨利·福特
1915 年	库存控制管理数学模型	F. W. 哈里斯
1930 年	关于工人动机的霍桑试验	梅奥
1935 年	抽样与质量控制的统计程序	W. 休哈特、H. F. 道奇、H. R. 罗米特格、L. H. C. 蒂皮特
1940 年	运筹学在战争上应用	运筹学小组
1947 年	线性规划	乔治·坦兹格
1951 年	商务数字计算机	斯佩里·尤尼瓦克
20 世纪 50 年代	自动化	多人
20 世纪 60 年代	定量工具的广泛发展	多人
1975 年	以制造战略重点	W. 斯金纳
20 世纪 80 年代	强调质量、柔性、基于时间的竞争和精益生产	日本制造商和丰田公司
20 世纪 90 年代	互联网、供应链	多人
21 世纪	应用服务供应商和业务外包	多人

资料来源：[美]威廉·史蒂文森，[中]张群，张杰，马风才. 运营管理[M]. 11 版. 北京：机械工业出版社，2013.

知识链接

21世纪企业生产管理新趋势

21世纪企业生产管理的新趋势，集中表现为：生产价值从面向产品到面向顾客；生产战略重点不仅仅是重视成本、质量，更重视时间；生产原则从分工、专业化到生产资源快速集成；生产指导思想从技术指导到组织创新和人员发挥。主要集中体现在"四新"上。

一、新柔性观

(一) 组织方式高弹性组合

为了适应当今市场发展和信息社会需求，组织结构和工作设计应该要从面向功能转变成为面向过程，强调要从"作业流程"为中心，依照跨部门的作业流程，将分散于各部门的职务重新组合等一系列企业重构的原则。其实质是企业的组织和管理都以顾客需求为转移，只有产品、人才、形象能直接为顾客创造满意的方面而保留下来，其余则全被取缔。这种组织是一个弹性组织，它是围绕顾客需求变化作相应调整。

(二) 组织生产的柔性化

第一，建立虚拟企业，实现虚拟生产。Internet使企业与外界的联系更加紧密，"零距离""零时间"可以使过去不敢想象的业务外包成为现实。通过技术联盟、知识联盟、战略联盟等形式，可以将别的企业的零件加工视为在自己企业生产一样，还可以通过不同企业的工艺过程整合实现价值链的"无缝链接"。

第二，订单决定产量。在柔性生产模式中价格与质量不是主要的竞争手段，而只是部分竞争手段，要不断地研制开发新产品，创造产品的特殊使用价值来满足用户，根据订单来确定生产量及小批量品种。

第三，建立弹性生产体系。由于柔性生产的产品多样化，个性化，必须建立弹性生产体系，在同一条生产线通过设备调整来完成不同品种的批量任务，其前提是零件设计首先是标准化，模块化。这样既满足多品种、多样化的要求，又使设备流水线的停工时间达到最小。

第四，生产区位趋于集中。柔性生产必须在一个生产区位完成整个生产过程。尤其是零配件供应商要与企业保持短距离，以保证零部件及时交货并实现零库存，从而实现对市场需求变化的灵敏反应。

第五，人员素质要求高。人是最灵活最具柔性的资源，这是因为人有社会动机，有学习和适应环境的能力。人能够在柔性生产模式下通过培训、学习、模仿和掌握信息技术等而获得所需的知识与技能。

二、新时间观

(一) 树立真正的以顾客为中心思想

树立以顾客为中心的思想，首先从顾客开始，然后逐步回溯企业战略的各个步骤。及时创造由顾客拉动的价值，它具体表现为"市场引导"和"营销引导"两种拉动力，它减掉了一切不产生价值的工作，它是需求驱动的简化生产，"在恰当时间内生产出恰当的产品"，把产品的多余的加工时间，以及生产中出现的等待时间视为一种浪费。

(二) 建立敏捷企业，快速响应市场

新世纪要求企业的战略思想和管理技术必须紧跟不断变化的市场竞争的需求，企业并不追求"自力更生"，更善于利用外部资源。只要发现机会便积极为新的发展寻求合作伙伴。企业是一个组织，它可以是网络组织，也可以是一种跨功能跨企业的团队或价值流小组，企业的经营事实上是由一组价值流组成的，通过识别和建立价值流小组，把从前分散不同部门的工作，由这个小组运用最有力的技术，以最敏捷的方式完成。

(三) 实施并行工程

传统的串行产品开发流程，往往无法实现各部门开发人员之间充分的信息交流与信息共享，有时还会增加一些开发过程中的隔阂，无法实现及早地发现问题和解决问题。结果造成产品开发的时间延长，新产品推出速度下降。并行工程不仅是活动并行，更主要的是下游过程在产品开发的早期即参与设计过程，通过多个企业或多个阶段的同步运作，进而使整个产品设计系统进行优化，设计过程精简，使信息流共享的效率更高，从而大大缩短从产品概念形成到市场获得收益整个过程的时间。

（四）信息集成制造

对顾客而言只能与企业营销部门直接沟通，无法获得充分的产品信息，难以有效表达自己对产品和服务的个性化建议，妨碍着企业的发展。将人的系统和技术系统，经营系统集成起来由计算机共同完成。创造价值的过程将不受一些不必要活动的干扰，使得企业对有关时尚和经济环境的变化做出最快捷的反应。

三、新成本观

（一）多维成本观

多维成本观是由成本分配观和成本过程观构成，成本分配观认为成本对象引起作业需求，而作业的需求又引起资源的需求。过程观认为企业提供有关何种原因引起作业以及作业完成得怎么样的信息。它通过作业动因信息的获得，不再局限于传统成本计算所采用的单一数量分配基准，而是采用多元分配基准，并且集财务变量与非财务变量于一体，特别强调非财务变量，这种量变和变异、财务变量和非财务变量相结合的分配基础，由于提高了与产品实际消耗资源的相关性，从而使作业成本会计提供相对准确的产品成本信息，也相应地提高了企业决策和控制的准确性。

（二）"1：100：1000"成本法则

"1：100：1000"的内涵是假如在生产前发现一项缺陷而予以纠正只要一元钱，若此项缺陷到了生产线上才发现，则需要100倍的钱来改正，假如在产品推销到市场被消费者发现而要改正，就不是100倍的钱而是要花1000倍的代价。

（三）市场成本观

新观念认为：成本不以"生产性开支""非生产性开支"划杠杠，而是建立在"市场"深层次的市场成本观，它揭示了仅有生产并不能实现效益，除了生产之外，还必须包括销售与服务。应包括相当比例的市场调研费用，广告费用，公共关系费用，销售服务费用及企业形象费用等。这样的非生产开支绝对需要。

（四）实现多元产品设计，让交易成本最低

网络为顾客建立了充分自由选择的模式。在虚拟的网络世界直接销售职能虚拟化低廉的信息成本奠定了企业运营低成本的基础，利用网络将产品设计者和消费者偏好整合起来，已成为一种必然趋势。实践证明：创新产品失败与市场调研的不准确性的信息反馈存在着高度的相关性。所以在产品创新中，必须将消费者和设计者的偏好整合起来，利用来自于消费者数据进行最优化产品设计决策，同时尽可能将消费者看待产品属性转变为适当的产品设计特性。可以说互联网在创造价值和降低成本方面都处于核心地位。

四、新质量观

（一）新产品质量观

1. 应用统计过程控制，科学地区分生产过程中产品质量的正常波动和异常波动，并通过控制图对过程中的异常波动做出及时的报警，迫使生产系统中存在的问题和隐患在不平稳中显露出来，以便操作人员或管理人员采取纠正措施，排除异常因素，使产品质量在生产过程的各个环节中得到有效保证。

2. 追求"零库存"。"库存"已被证实为企业管理的"万恶之源"。追求"零库存"可以使企业不至于被生产出现的问题和隐患被过量的在制品储备所掩盖。

3. 追求"零缺陷"。树立"99％＝0思想"。如果100件产品中有99件优良，只要有一件有缺陷则必然影响企业对顾客的吸引力。

（二）新服务质量观

随着顾客收入水平的提高和消费观念的变化，顾客在选购产品时，不仅注意产品本身价值的高低，而且更加重视产品附加值的大小。特别是在同类产品质量与性质大体相同或类似的情况下，企业向顾客提供的附加服务越完备，产品的附加价值越大，顾客从中获得的实际利益就越大，从而购买的总价值越大。

美国哈佛商业杂志发表的一项研究报告指出："公司只要降低5％的顾客流失率，就能增加25％～85％的利润"。根据有关调查顾客流失的原因是：25％为寻找更好产品，10％是找到了便宜的产品，20％是因为缺乏个人关注，45％是因为缺少帮助。可见在吸引顾客再度光顾的因素中，首先是服务质量，其次是产品本身,最后才是价格。正如海尔集团首席执行官张瑞敏的所说:"核心竞争力是什么?我认为,是在市场上可以获得用户忠诚度的能力,这就是核心竞争力"。

总之,谁把握住新世纪企业生产管理新趋势,谁就是胜利者。

资料来源:新益为咨询网站(改)。

本 章 小 结

本章首先阐述了生产与运作的产生、生产与运作的概念、生产与运作系统及构成,其中对服务性生产作了重点说明;其次对生产与运作管理的概念、目标、内容分别作了阐述;最后对生产与运作管理的发展历史进行简单的介绍。

思 考 题

1. 判断题(正确的打"√",错误打"×")
   (1) 服务业的兴起使得传统的生产概念得以扩展。　　　　　　　　　　　　　　(　　)
   (2) 服务业不仅不制造产品,往往还要消耗产品,所以服务业不创造价值。　　　(　　)
   (3) 有什么样的原材料就制造出什么样产品,是输入决定输出。　　　　　　　　(　　)
   (4) 运作管理是对制造业而言的。　　　　　　　　　　　　　　　　　　　　　(　　)
   (5) 纯服务业不能通过库存调节。　　　　　　　　　　　　　　　　　　　　　(　　)
   (6) 许多服务性项目是强调个性化需要,因此很难用生产效率的高低来衡量服务水平。(　　)
   (7) 生产运作管理的目标就是提高劳动生产率。　　　　　　　　　　　　　　　(　　)
   (8) 隐性服务质量的高低是很难评价的。　　　　　　　　　　　　　　　　　　(　　)
   (9) 服务业是不可能用规模经济手段来降低成本的。　　　　　　　　　　　　　(　　)
   (10) 增值反映在生产与运作过程中输入与输出后产生价值的差异。　　　　　　　(　　)

2. 单项选择题
   (1) 下列不属于生产与运作管理目标的是(　　)。
       A. 高效　　　　　　　B. 灵活　　　　　　　C. 连续　　　　　　　D. 清洁
   (2) 人类进入后工业社会,对下列哪个方面的需要增加
       A. 教育　　　　　　　B. 物质产品　　　　　C. 家电产品　　　　　D. 生活消费品
   (3) 下列不属于生产与运作系统的流(　　)。
       A. 信息流　　　　　　B. 工作流　　　　　　C. 产品流　　　　　　D. 资金流
   (4) 服务性运作特征的是(　　)。
       A. 服务的易逝性　　　　　　　　　　　　　B. 生产率难以测定
       C. 质量标准难以建立　　　　　　　　　　　D. 服务的劳动密集型
   (5) 下列不属于生产与运作管理的内容是(　　)。
       A. 生产与运作系统的设计　　　　　　　　　B. 生产与运作系统的运行与控制
       C. 生产与运作系统的改进　　　　　　　　　D. 生产与运作系统的反馈
   (6) 泰勒的《科学管理原理》是研究生产制造性企业如何(　　)。
       A. 提高劳动生产率　　　　　　　　　　　　B. 提高产品竞争力
       C. 降低产品成本　　　　　　　　　　　　　D. 提高服务能力

(7) 敏捷制造是在具有创新精神的组织和管理结构、(　　)、有技术有知识的管理人员三大类资源支撑下得以实施的。
　　A．服务　　　　　　B．先进制造技术　　C．信息系统　　　　D．控制系统
(8) 世界级制造的主要特征有(　　)。
　　A．生产率高　　　　　　　　　　　　B．服务性强
　　C．充分授权的工人自主式管理　　　　D．团队管理
(9) 流水生产线是由(　　)发明。
　　A．亚当·斯密　　B．吉尔布雷斯　　　C．泰勒　　　　　　D．福特
(10) 收益管理是根据客户不同的需求特征和(　　)向客户执行不同的价格标准。
　　A．心理要求　　　B．需求弹性　　　　C．价格弹性　　　　D．生产率

3．问答题

(1) 什么是生产与运作，如何理解生产与运作、生产与运作系统模型？
(2) 生产与运作管理的概念、目标是什么？
(3) 服务的构成要素、服务性生产特征、生产管理特点是什么？服务性与制造性生产的区别有哪些？

4．实训题

请同学们在所在城市选择两个经营相似的较为典型的服务性企业进行实地调查，详细列出它的服务构成要素，并对比分析它们优劣势。

 案例分析

看迪士尼乐园怎样用服务创造价值

1955 年，美国动画片大师沃尔特·迪士尼在加利福尼亚州创办了第一座现代化游乐园，把他笔下一个个鲜活的漫画人物从电影里搬了进去。在这个以迪士尼命名的乐园里，孩子们不仅可以和真人大小的卡通形象一起游玩，还可以驾驶未来车，搭乘密西西比的船尾舳车，嬉游于中世纪的城堡，或者在美国大街上漫步。从此，迪士尼乐园成为世界上很多小朋友梦想的乐土，影响着一代又一代的小朋友和大朋友。

半个多世纪以来，迪士尼乐园的知名度和影响力越来越大，为迪士尼集团创下惊人的财富。在集团每年的营收中，乐园达到四成。但谁能想到，这个主题乐园创造的价值，绝大部分来自于服务。

最近，我在看一本管理方面的书时，有一种醍醐灌顶的感觉。书中说，在日本东京的迪士尼乐园，每天都是人山人海。他们每年接待近 2 000 万游客，这相当于一个上海市的人口数量。而在繁华背后，是他们对游客的独到服务。据介绍，迪士尼对普通扫地的暑期工都要培训三天才能上岗。

我开始有点诧异，一个扫地的还要三天培训？

我也去过香港地区的迪士尼乐园，在那儿，我只是感到，它和我过去所去过的其他乐园不同：非常干净，可以说是一尘不染。令我没想到的是，扫地还有那么大的学问。在迪士尼，就有三种情况下不能扫地：开门时间不能扫；关门时间不能扫；距离客人15米之内不能扫。"怎么扫"同样具有学问：树叶怎么扫，纸屑怎么扫，灰尘怎么掸，都各有讲究。更让人想不到的是，扫地工人还要学会抱孩子。

你或许会问，抱孩子还要学？且慢，你就不一定会。帮助游客抱孩子，搞不好会把孩子的腰闪了，或者是把孩子的脖子扭了，这样都不行。因此，光一个抱孩子的方法要学一个下午。还有，扫地工人要对整个乐园非常熟悉，不管谁来问路都得非常准确地指引方向。此外，他们还有其他的本领，那就是要学会世界上先进的相机，能非常熟练地给游客拍照。

在迪士尼乐园，有吃不完的食品，但你根本看不到任何送货的车子。他们所有的食品都是从地下运送上来，这和五星级饭店一样，你乘坐的电梯永远不到酒店的服务员。

在迪士尼乐园，当有小朋友问话的时候，所有的工作人员必须蹲下来回答问题，让自己的视线和小客人的视线在一个水平线上。还有，公园里走失小孩是家常便饭，但迪士尼乐园的广播里是不会通过广播找

小孩的，否则，谁敢来玩？

但丢失了小孩怎么办？

有办法，仅在日本的迪士尼乐园就有10个收集小孩的中心。小孩一丢失，马上就被送到附近的中心，工作人员会根据小孩的穿着、年龄，以及肤色、口音来判断他们来自何方，随后在网上网下查找。很快，他们的父母就能看到走丢的孩子。而这时候，小家伙正幸福地和其他小朋友一起吃薯条喝可乐呢！

在迪士尼的愉快经历，会在每个孩子心中沉淀，定格在他们美好的童年记忆里。显然，这是可以传承的，他们的孩子，他们孩子的孩子，在童年时期都可能会被带到这里来体验快乐。迪士尼乐园经久不衰的真正魅力是一切以游客为中心，而且坚持几十年不变。

以客户为中心，时下正是我们热门的用语，几乎所有的公司都把这句话挂在嘴上，遗憾的是很少有人能坚持下来。我常去饭店吃饭，刚开业觉得还不错，尽管服务员的水平稚嫩，但态度是真诚的。然而，过了几个月再去，发现不但菜做得不好，服务员的态度也非常糟糕。我常想，与其这样，老板为什么要开这个饭店？再过几个月，这个饭店或许又转让给别人开服装店了。

我还经常碰到一些高科技领域的创业精英，他们也是经常把以客户为中心挂在嘴边，但就是不能坚持。网站刚上线，还没来得及做好服务，就整天想着赚钱。结果可想而知，不到一年就因为各种原因倒闭了。

在这个浮躁的社会，迪士尼乐园的做法非常值得我们学习。

资料来源：《IT时代周刊》作者：曹健。

问题：
1. 迪士尼乐园是如何利用服务来创造价值的？
2. 同样是以客户为中心，迪士尼乐园为什么能够长盛不衰，而一般服务性企业却是短命。

第 2 章 生产过程组织及生产与运作的类型

学习目标

1. 理解生产过程的含义及构成；
2. 理解生产过程组织的要求及相互关系；
3. 理解生产过程空间组织和时间组织的方法；
4. 了解生产与运作的分类。

 引例

汽车的生产制造过程

一、零件加工

1. 铸造　在汽车制造过程中，采用铸铁制成毛坯的零件很多，约占全车重量的 10%，如汽缸体、变速箱体、方向机壳体、后桥壳体、制动鼓、来临支架。制造铸铁件通常采用砂型。砂型的原料以砂子为主，并与黏合剂、水等混合而成。砂型材料必须具有一定的黏合强度，以便被铸成所需的形状并能抗御高温铁水的冲刷而不会崩塌。为了在砂型内铸成与铸件形状相符的空腔，必须先制成木模，然后翻砂造型，随后浇注，冷却后成型。

2. 锻造　在汽车制造过程中，不少零件采用锻造的加工方法，锻造分为自由锻造和模型锻造。自由锻造是将金属坯料放在铁砧商用打铁的方法加工的，如汽车的齿轮和轴的毛坯，就是用自由锻造的方法加工。模型锻造是将金属皮料放在锻模的模腔内，承受冲击或压力而成型的加工方法。模型锻造有点像面团在模子里被压成饼干形状的过程。与自由锻相比，模锻所制造的工件形状更复杂，尺寸更精确。汽车模锻件的典型例子是：发动机连杆和曲轴、汽车前轴、转向节等。

3. 冲压件　冷冲压或板料冲压是使金属板料在冲模中承受压力而被切离成型的加工方法，采用冷冲压加工的汽车零件有：发动机油底壳、制动器底板汽车车架以及大多数车身零件。这些零件一般都经过落料、冲孔、拉伸、弯曲、翻边、修整等工序而成形。为了制造冷冲压零件，必须制备冲模。冲模通常分为两块，其中一块安装在冲床上方并可上下滑动，另一块安装在压床下方并固定不动。作业时坯料放在两块冲模之间，当上下模合拢时冲压工序就完成了。冲压加工的工作效率很高，并可制造形状复杂且精度较高的零件。

4. 焊接 焊接是将两片金属局部加热、加压而贴合在一起的加工方法。手工电弧焊在汽车制造中应用得不多。在汽车车身制造中应用最广的是点焊。点焊适用于焊接薄钢板,操作时两个电极向两块钢板加压力使之贴合并同时使贴合点通电流加热熔化从而牢固结合。两块车身零件焊接时,其边缘每隔 50-100mm 焊接一个点,使两零件形成不连续的多点连接。焊好整个轿车车身,通常需要上千个焊点。焊点的强度要求很高,每个焊点可承受 5kN 的拉力,甚至于将钢板撕裂,仍不能将焊点部位撕裂。

5. 金属切削加工 金属切削加工是用刀具将金属毛坯逐层切削,使工件得到所需要的形状、尺寸和表面粗糙度的加工方法。金属切削加工包括钳工和机械加工两种方法,钳工是工人用手工工具进行切削的加工方法,操作灵活方便,在装配和修理中广泛应用。机械加工是借助机床来完成切削的,包括车、刨、铣、钻和磨等方法。

6. 热处理 热处理是将固态的钢重新加热、保温或冷却而改变其组织结构,以满足零件的使用要求或工艺要求的方法。加热温度的高低、保温时间的长短、冷却速度的快慢,可使钢产生不同的组织变化。将加热的钢件浸入水中或油中快速冷却,这种热处理方式称为淬火,可以提高钢件的硬度。热处理工艺还包括退火、正火和回火等。退火是将钢件加热,保温一定时间,随后缓慢冷却,以获得较细而均匀的组织,降低硬度,以利于切削加工。正火是将钢件加热,保温后从炉中取出,随后在空气中冷却,适用于对低碳钢进行细化处理。回火通常是淬火的后续工序,将淬火后的钢件重新加热,保温后冷却,使组织稳定,消除脆性。有不少汽车零件,即要保留内部的韧性,又要改变表面的组织以提高硬度,这就要求采用表面高频淬火或渗碳、氰化等热处理工艺。

二、装配

装配是按一定要求,用连接零件像螺栓、螺母、各种销或卡扣等把各种零件相互连接和组合成部件,再把各种部件相互连接和组合成整车。无论是把零件组合成部件,或是把部件组合成整车,都必须满足设计图纸规定的相互配合关系,以使部件或整车达到预定的性能。例如,将变速箱装配到离合器壳上时,必须将变速箱输入轴的中心线与发动机曲轴的中心线对准。这种对中心的方式不是在装配时由装配工人来调节,而是由设计和加工制造来保证。

总装配线是一条一百多米长的传送链,汽车随着传送链移动至各个工位并逐步装成,四周还有输送悬链把发动机总成、驾驶室总成、车轮总成等源源不断地从各个车间输送到总装配线上的相应工位。在传送链的起始位置首先底朝天放上车架,然后将后桥总成(包括钢板弹簧和轮毂)和前桥总成(包括钢板弹簧、转向节和轮毂)安装到车架上,继而将车架翻过来以便安装转向器、储气筒和制动管路、油箱及油管、电线以及车轮等,最后安装发动机总成(包括离合器、变速箱和中央制动器),接上传动轴,再安装驾驶室和车前板制件等。至此,汽车就可以驶下装配线了。

资料来源:山晋的博客,经编者改编。

2.1 生产过程及构成

2.1.1 生产过程的含义

生产过程是指从投料开始,经过一系列的加工,直至成品生产出来的全部过程。其中包括劳动过程和自然过程。劳动过程是指人利用劳动工具,作用于劳动对象,按照预定的方法和步骤,改变其几何形状和性质,使其成为产品的过程。自然过程是指在自然力的作用下,改变其物理和化学状况的过程。

2.1.2 生产过程的构成

根据生产过程所经历的各个阶段的地位和作用的不同,可将生产过程划分成四个阶段。

1. 生产技术准备过程

所谓生产技术准备过程是指产品在投入生产之前所进行的一系列准备工作的过程。它主要包括产品设计、工艺设计、工艺装备的设计与制造、劳动定额制定、原材料与辅助材料消耗与储备定额的制定、新产品的试制和检验等。

2. 辅助生产过程

辅助生产过程是指为保证基本生产活动正常进行提供必要的辅助生产的过程，如企业为保证基本生产提供的动力、机修和模具加工。

3. 基本生产过程

它是指直接把劳动对象经加工变成企业基本产品的生产过程。此过程是企业的主要生产活动。如机械加工企业要经过毛坯制造、机械加工和零部件装配等基本生产过程。

4. 生产服务过程

生产服务过程是指为基本生产和辅助生产提供的各种生产性服务活动。如原材料的供应、运输、保管及有关的检验、测试等。

在生产过程中，基本生产过程是核心，基本生产过程与辅助生产过程一般又由相互联系的生产工艺阶段所组成，工艺阶段是指按照使用的生产手段的不同及加工性质的差别而划分的局部生产过程。如机械加工企业一般经过毛坯制造、机械加工、装配三个生产工艺阶段。工艺阶段又由若干个相互联系的工序所组成，工序是指一个工人或一组工人在同一工作地上对同一劳动(或几个)对象进行连续加工的生产活动。它是组成生产过程的基本单元，按照工序的性质可把工序分为基本工序和辅助工序。基本工序是指直接使劳动对象发生物理或化学变化的工序；如金属切削加工。辅助工序是指为基本工序的生产活动创造条件的工序。

工作地是工人使用劳动工具对劳动对象进行生产活动的地点。它是由一定的场地面积、机器设备和辅助工具所组成的。在生产过程中，一件或一批相同的劳动对象，顺序地经过许多工作地，这时在每一个工作地内连续进行的生产活动就是一道工序。超出了一个工作地的范围就是另外一道工序。如果劳动对象固定在工作地上不移动，而由不同工种的工人顺序地对它进行加工，这时每一个或一组工人在这个工作地上连续进行的生产活动就是一道工序。

注意点：此处陈述的生产过程是以机械行业为主要研究对象进行归纳的。

2.2 生产过程的组织

2.2.1 生产过程组织的要求

合理组织生产过程是指把生产过程从空间上和时间上很好地结合起来，使产品以最短的路线、最快的速度通过生产过程的各个阶段，并且使企业的人力、物力和财力得到充分利用，达到高产、优质、低耗。合理组织生产过程需要做到以下几点。

1. 生产过程的连续性

生产过程的连续性是指产品和零部件在生产过程各个环节上的流动，自始至终处于连续运动状态，不发生或少发生不必要的中断、停顿和等待等现象。这就要求加工对象或处于加工之中，或处于检验和运输之中。保持生产过程的连续性，可以充分地利用机器设备和劳动力，可以缩短生产周期，减少在制品的数量，加速资金周转；可以更好地利用物资、设备和生产面积，减少产品在停放等待时可能发生的损失。生产过程的连续性同工厂设施的布置有关，也与生产计划和生产作业计划的制订与实施，供应厂商的响应能力有关。

2. 生产过程的比例性

生产过程的比例性是指生产过程的各个阶段、各道工序之间，在生产能力上要保持必要的比例关系，以适应产品生产的要求。它要求各生产环节在劳动力、生产效率、设备等方面相互均衡发展，避免"瓶颈"现象。保证生产过程的比例性，既可以有效地提高劳动生产率和设备利用率，也进一步保证了生产过程的连续性。

为了保持生产过程的比例性，在工厂设计或生产系统设计时，就应根据产品性能、结构以及生产规模、供应商协作关系等统筹规划；同时，还应在日常生产组织和管理工作中搞好综合平衡和计划控制。当然生产过程的比例性并不是固定不变的，它随着企业生产技术的改进，产品品种、产量、原材料的构成的变化以及工人的劳动熟练程度的提高等原因，原有的比例会被打破，必须采取相应的措施建立新的比例关系。

3. 生产过程的节奏性

生产过程的节奏性是指产品在生产过程的各个阶段，从投料到成品完工入库都能保持有节奏地均衡地进行。要求在相同的时间间隔内生产大致相同数量或递增数量的产品，避免前松后紧或前紧后松的现象。

生产过程的节奏性应当体现在投入、生产和出产三个方面。其中出产的节奏性是投入和生产节奏性的最终结果。只有投入和生产都保证了节奏性的要求，实现出产节奏性才有可能。同时，生产的节奏性又取决于投入的节奏性。因此，实现生产过程的节奏性必须把三个方面统一安排。

实现生产过程的节奏性，有利于劳动资源的合理利用，减少工时的浪费和损失；有利于设备的正常运转和维护保养，避免因超负荷使用而产生难以修复的损坏；有利于产量质量的提高和防止废品大量的产生；有利于减少在制品的大量积压；有利于安全生产，避免人身安全事故的发生。

4. 生产过程的适应性

生产过程的适应性是指生产过程的组织形式要灵活，能及时满足变化了市场需要。随着技术的进步和人民生活水平的提高，用户对产品的需要越来越多样化，这就给企业的生产过程组织带来了新的问题，即如何朝着多品种、小批量、能够灵活转向、应急应变性强的方向发展，为了提高生产过程组织的适应性，企业可采用"柔性制造系统"等方法。

5. 生产过程的准时性

生产过程的准时性是指生产的各阶段、各工序都按后续工艺阶段和工序的需要生产。即在需要的时间和地点，生产所需要数量和质量的零部件；在客户需要的时间和地点，生产所需要数量和质量的产品和服务。企业生产过程实现了准时性，在制品、半成品、成品的库存量将会大幅度减少，企业生产过程中缓冲能力就下降，要求企业必须保证产品质量稳定且合格率始终处于高位，设备始终处于良好运转状态，生产计划、生产作业计划等各类计划的执行与控制能力要强。

上述组织生产过程的五项要求是衡量生产过程是否合理的标准，也是取得良好经济效益的重要条件。

注意点： 连续性、比例性、节奏性三者之间是密切联系的，互为条件，才能达到平衡；但适应性又可能打破这个平衡，这就涉及生产系统的硬件设施的是否能配套，如柔性制造系统的开发与利用，就较好解决这个问题。准时性拆除了企业内部一切缓冲机制，对企业无论是在硬件设施上还是在软件管理上提出了更高的要求。

 知识延伸

准时化与准时化生产方式

生产过程的准时化的要求起源于准时化生产方式。准时生产方式(Just In Time 简称 JIT)，是日本丰田汽车公司在 20 世纪 60 年代实行的一种生产方式，1973 年以后，这种方式对丰田公司渡过第一次能源危机起到了突出的作用，后引起其他国家生产制造性企业的重视，并逐渐在欧洲和美国的日资企业及当地企业中推行开来。

JIT 指的是将必要的零件以必要的数量在必要的时间送到生产线，并且只将所需要的零件、只以所需要的数量、只在正好需要的时间送到生产。其基本思想可概括为"在需要的时候，按需要的量生产所需的产品"，也就是通过生产的计划和控制及库存的管理，追求一种无库存，或库存达到最小的生产系统。为此而开发了包括"看板"在内的一系列具体方法，并逐渐形成了一套独具特色的生产经营体系。

JIT 生产方式以准时生产为出发点，首先暴露出生产过量和其他方面的浪费，然后对设备、人员等进行淘汰、调整，达到降低成本、简化计划和提高控制的目的。在生产现场控制技术方面，JIT 的基本原则是在正确的时间，生产正确数量的零件或产品，即时生产。它将传统生产过程中前道工序向后道工序送货，改为后道工序根据"看板"向前道工序取货，看板系统是 JIT 生产现场控制技术的核心，但 JIT 不仅仅是看板管理。

资料来源：编者根据相关资料整理

2.2.2 生产过程的空间组织形式

生产过程的空间组织是指在一定的空间内，合理地布置企业内部各基本生产单位，如车间、工段、班组等，使生产活动能高效地顺利进行。生产过程的空间组织形式有以下几种。

1. 工艺专业化

按照不同的生产工艺特征来分别建立不同的生产单位称为工艺专业化。在按工艺专业化建立的生产单位里，集中了相同类型的设备和相同工种的工人，可以对不同种类的加工对象从事相同工艺方法的加工。如铸造厂、锻造厂、热处理厂、铸造车间、锻造车间、机械加工车间、热处理车间、车工工段、铣刨工段等生产单位（如图 2.1、2.2）。对于人的组织，按照工艺专业化建立的是职能部门，如计划处、财务处、设备处等。

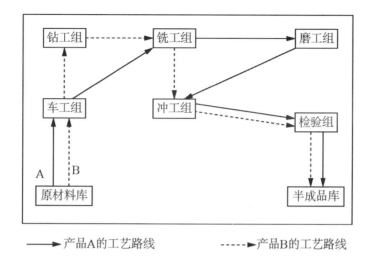

图 2.1 工艺专业化示意图

图 2.2 某企业车工车间

1) 按照工艺专业化建立生产单位的优点

(1) 对产品品种变化的适应能力强，不论产品如何变化，只要加工工艺的范围不变，都有相应的加工单位对其加工，保证了产品全部加工的需要。

(2) 工人完成工艺相同的加工任务，操作容易熟练，可以缩短操作时间。

(3) 相同的机器设备放在一起，工艺及设备管理比较方便，比如将铸造设备、锻造设备、机械加工设备分别安装在不同的车间，比将它们混合安装在一起管理要方便得多。

(4) 生产系统的可靠性较高，某台机器出现故障或者某个工人缺勤，相同的机器或相同技能的工人可以顶替，生产单位不会因为个别原因而不能生产。

2) 按照工艺专业化建立生产单位的缺点

(1) 加工对象在加工过程中要经过不同的加工车间或工段，转运次数多，运输线长。

(2) 不同加工单位之间的协作关系复杂，协调任务重。

(3) 由于任务经常变化，只能使用通用机床和通用工艺装备，通用设备的生产效率低。

(4) 运输路线和等待加工时间长，造成在制品数量大，生产周期长。

2. 对象专业化

按不同的加工对象(产品、零件)分别建立不同的生产单位称为产品对象专业化。在按对象专业化原则建立的生产单位里配备了为加工某种产品(零件)所需的全套设备、工艺装备和各有关工种的工人,使该产品(零件)的全部(或大部分)工艺过程能在该生产单位内完成。如汽车制造厂、发动机分厂、电机车间、齿轮工段、曲轴工段等生产单位(图2.3、2.4)。

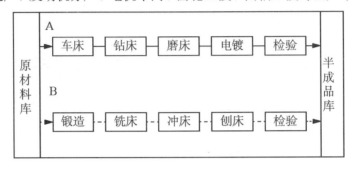

图2.3 对象专业化示意图

图2.4 某企业汽车底盘流水生产线

1) 按对象专业化建立生产单位的优点

(1) 可减少运输距离,缩短运输路线。

(2) 协作关系简单,简化了生产管理。

(3) 由于对象固定,可使用专用高效设备和工艺设备。

(4) 在制品少,生产周期短。

2) 按对象专业化原则建立生产单位的缺点

(1) 按照特定的产品对象建立的生产单位,对品种变化的适应性差。

(2) 不同的设备构成生产系统,一台设备出故障,没有替代,生产单位的可靠性较差。

(3) 不同的设备安置在同一地点,造成工艺及设备管理较复杂。

3. 综合专业化形式

就是将上述两种专业化形式结合起来的一种形式。它综合了两种专业化形式的优点,在实际中应用比较普遍。综合专业化可以从两个方面去理解:一是从生产单位的同一层次看,企业内的车间或班组,既有按工艺专业化形式建立的,又有按对象专业化形式建立的;二是从生产单位的不同层次看,在工艺专业化车间内的班组,是按对象专业化形式建立的,或者在对象专业化车间内的班组,是按工艺专业化形式建立的。综合专业化形式机动灵活,适应面广,如应用得当,可取得较好的经济效益。

注意点:请同学们选择对象专业化和工艺专业化的企业进行实地考察。

2.2.3 生产过程的时间组织

1. 生产过程的时间组织

生产过程的时间组织是指产品在生产过程的各工序之间移动方式。工业产品的生产过程必须经历一定的时间,经历的时间越短,越有利于企业提高经济效益。因此,对产品生产过程的各个环节,在时间上应当进行合理的安排和组织,保证各个环节在时间上协调一致,实现连续性和有节奏的生产,以提高劳动生产率,缩短生产周期,减少资金占用。

2. 生产过程的时间组织的形式

一批工件在工序间移动方式主要有顺序移动、平行移动和平行顺序移动三种。

1) **顺序移动方式**

顺序移动方式是指一批在制品在上道工序全部加工完毕后再整批地送到下道工序加工(图2.5)。

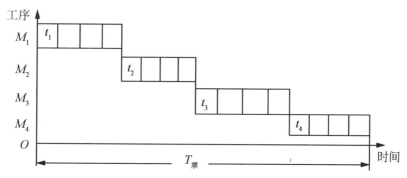

图 2.5 顺序移动方式

顺序移动方式的周期计算

$$T_顺 = n \sum t_i$$

式中 $T_顺$——一批零件顺序移动方式加工周期;

n——零件批量;

t_i——第 i 道工序的加工时间。

【例 2-1】 一批制品,批量为 4 件,需要经四道工序加工,各工序单件加工时间分别为:$t_1=10$ 分钟,$t_2=5$ 分钟,$t_3=15$ 分钟,$t_4=10$ 分钟。采用顺序移动方式计算

$$T_{顺}=n\sum t_i$$
$$=4\times(10+5+15+10)$$
$$=160(分钟)$$

它的优点是：组织与计划工作简单；零件集中加工，集中运输，减少了设备调整时间和运输工作量；设备连续加工不停顿，提高了工效。缺点是：大多数产品有等待加工和等待运输的现象，生产周期长；资金周转慢，经济效益较差。一般适用于生产批量不大，单件加工时间较短、生产单位按工艺专业化组成，距离较远的情况。

2) 平行移动方式

平行移动方式是指一批在制品，在上道工序加工完一个零件以后，立即转入下道工序加工，而无须等待整批加工完后才向下道工序移动的一种组织生产方式(图 2.6)。

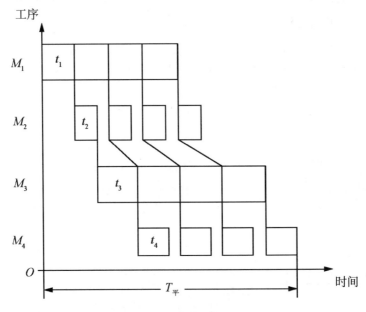

图 2.6 平行移动方式

平行移动方式的加工周期计算公式如下：
$$T_{平}=\sum t_i+(n-1)t_{max}$$

式中　$T_{平}$——一批零件平行移动的加工周期；

　　　n——零件批量；

　　　t_{max}——各道工序中最长工序的单件加工时间。

【例 2-2】 一批制品，批量为 4 件，须经四道工序加工，各工序单件加工时间分别为：$t_1=10$ 分钟，$t_2=5$ 分钟，$t_3=15$ 分钟，$t_4=10$ 分钟。请采用平行移动方式计算加工周期。

解：依据题目中所给数据可知 t_{max} 为第三道工序加工时间，即 $t_3=15$ 分钟。则
$$T_{平}=\sum t_i+(n-1)t_{max}$$
$$=(10+5+15+10)+(4-1)\times15=85(分钟)$$

其优点是生产周期短，由于在制品移动快，流动资金占用也就减少；缺点是当下道工序的加工时间小于上道工序的加工时间时，有停工待料现象，但这种停工时间不好利用，

运输工作量因相对频繁而加大。一般适用于对象专业化组织形式。

3) 平行顺序移动方式

平行顺序移动方式是指平行移动方式和顺序移动方式混合的组织生产的方式(图 2.7)。

(1) 当前道工序的单件加工时间小于或等于后道工序的单件加工时间时，则前道工序上完工的每一个零件应立即转移到后道工序去加工，即按平行移动方式单件运输。

(2) 当前道工序的单件加工时间大于后道工序的单件加工时间时，则前道工序上完工的零件，并不立即转移到后道工序去加工，而是等待到足以保证后道工序能连续加工的那一刻，才将完工的零件全部转移到后道工序去，这样可以避免后道工序出现间断性的设备停歇时间，并把分散的停歇时间集中起来加以利用。

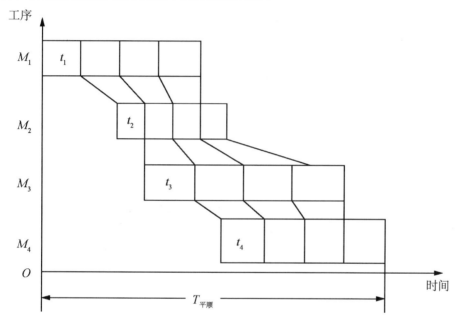

图 2.7 平行顺序移动方式

平行顺序移动方式的周期计算

计算公式一：$T_{平顺}=\sum t_i+(n-1)(\sum t_L-\sum t_s)$

式中　$T_{平顺}$——一批零件平行顺序移动方式加工周期；

n——零件批量；

t_i——第 i 道工序的加工时间；

t_L——同前后相邻工序单件加工时间相比均大的工序单件加工时间(在比较时，可以默认在第一道工序前、最后一道工序后加入两个时间为 0 的虚拟工序)；

t_s——同前后相邻工序单件加工时间相比均小的工序的单件加工时间。

计算公式二：$T_{平顺}=n\sum t_i-(n-1)\sum t_短$

式中 $t_短$：同相邻的前一道工序或后一道工序相比小的工序单件加工时间，当某一工序的单件时间比前后工序均小的时候，则应该将该工时两次计入公式。

【例 2-3】 一批制品，批量为 4 件，须经四道工序加工，各工序单件加工时间分别为：$t_1=10$ 分钟，$t_2=5$ 分钟，$t_3=15$ 分钟，$t_4=10$ 分钟。采用平行顺序移动方式计算加工周期。

根据公式一：

解：假设在第一道工序 t_1 前、最后一道工序 t_4 后加入两个虚拟工序，其加工时间均为 0，则此加工一批制品中，t_L 分别为 $t_1=10$ 分钟、$t_3=15$ 分钟，t_s 为 $t_2=5$ 分钟，因此

$$T_{平顺}=\sum t_i+(n-1)(\sum t_L-\sum t_s)$$
$$=(10+5+15+10)+(4-1)\times(10+15-5)$$
$$=100(分钟)$$

根据公式二：

解：由于 $t_1=10$ 分钟，$t_2=5$ 分钟，$t_3=15$ 分钟，$t_4=10$ 分钟。第二道工序 t_2 和 t_1、t_3 相比均为短工序，计算两次，t_4 和 t_3 相比，t_4 为短工序。

$$T_{平顺}=n\sum t_i-(n-1)\sum t_{短}$$
$$=4\times(10+5+15+10)-(4-1)\times(5+5+10)$$
$$=100(分钟)$$

它的优点是：劳动过程中中断时间比顺序移动方式的少，零件生产周期较短；在一定程度上消除了工人与设备的空间时间，使工人和设备的空间时间集中起来，便于用来做其他工作。缺点是组织管理比较复杂。一般适用于对象专业化组织形式。

4）三种移动方式比较与选择

顺序移动、平行移动、平行顺序方式比较如表 2-1 所示。

表 2-1 零件的三种移动方式的比较

比较项目	顺序移动	平行移动	平行顺序移动
生产周期	长	短	中
运输次数	少	多	中
设备利用	好	差	好
组织管理	简单	中	复杂

在实际生产中，选择零件的移动方式需要考虑以下因素。

(1) 生产单位的专业化形式。如果生产单位是按工艺专业化形式组织，由于零件不宜单件运输，采用顺序移动方式，如是对象专业化，则采用平行或平行顺序移动方式。

(2) 设备调整时间的长短。如果设备的调整时间长，工作量大，则采用顺序移动方式，反之则采用平行或平行顺序移动方式。

(3) 工序劳动量大小和零件重量。工序劳动量大且零件重，则采用平行移动方式，反之采用顺序移动方式。

(4) 生产类型。如果是单件小批量生产，零件种类多，每种零件数量少而工艺过程极不相同，宜采用顺序移动方式，如是大量大批生产，宜采用平行或平行顺序移动方式。

2.3 生产与运作的类型及特征

根据研究的需要可以选择不同的角度对生产与运作进行不同分类，本书选择从管理的角度可以将生产与运作分成两大类：制造性生产和服务性生产。

2.3.1 制造性生产

就是通过物理和(或)化学作用将有形输入转化为有形输出的过程。例如,通过锯、切削加工、装配、焊接、弯曲、裂解、合成等物理或化学过程,将有形原材料转化为有形产品的过程,属于制造性生产。通过制造性生产能够产生自然界原来没有的产品。

1. 按照生产工艺过程的特点区分

(1) 连续性生产。是指物料均匀、连续地按一定工艺顺序运动,在运动中不断改变物质形态和性能,最后形成产品的生产。连续性生产又称作流程式生产。如塑料、药品、肥皂、肥料、炼油、冶金、食品、造纸等的生产过程。

(2) 离散性生产。是指物料离散地按一定工艺顺序运动,在运动中不断改变形态和性能,最后形成产品的生产。如汽车制造是先加工出各种汽车零部件,然后再将它们运输到装配线上组装成产品,因此离散件生产又称作加工装配式生产。机床、柴油机、锅炉、船舶、家具、电子设备、计算机、服装等产品的制造,都属于加工装配式生产。在加工装配式生产过程中,产品是由离散的零部件装配而成,构成产品的各种零部件生产地点可以依据在不同地区、不同国家的土地、劳动力状况、原材料、交通条件、制造水平甚至于信用等方面进行比较与选择,目的是要能生产出有竞争力的产品。特别是像汽车、飞机、大型机床等零部件复杂的产品,这种选择与管理工作量相当巨大,因此加工装配式生产的组织工作十分复杂,是生产与运作管理研究的重点。

连续性生产与离散性生产有着不同的特点,如表2-2所示。

表2-2 连续性生产(流程式生产)与离散性生产(加工装配式生产)的比较

特　征	连续性生产	离散性生产
产品品种数	较少	较多
产品差别	有较多标准产品	有较多用户要求的产品
营销特点	依靠产品价格与可获性	依靠产品的特点
资本/劳动力/材料密集	资本密集	劳动力、材料密集
自动化程度	较高	较低
设备布置的性质	流水式生产	批量或流水生产
设备布置的柔性	较低	较高
生产能力	可明确规定	模糊的
扩充能力的周期	较长	较短
对设备可靠性要求	高	较低
维修的性质	停产检修	多数为局部修理
原材料品种数	较少	较多
能源消耗	较高	较低
在制品库存	较低	较高
副产品	较多	较少

2. 按照企业组织生产的特点区分

(1) 备货型生产。是指企业在没有接到用户订单之前，基于对市场需求预测的基础，按已有的标准产品或产品系列进行的生产，生产直接目的是补充成品库存，通过维持一定量成品库存来满足用户的需要。也称为存货型生产或按库存生产。例如，轴承、紧固件、小型电动机等。为防止库存积压和脱销，生产与运作管理的重点是提供产、销之间的衔接，按"量"组织生产过程各环节之间的平衡，保证全面完成计划任务。这种生产方式的顾客定制化程度很低，通常是标准化地、大批量地进行轮番生产，其生产效率比较高。

(2) 订货型生产。是指以用户订单为依据，按用户的特定要求进行的非标准产品的生产。也称为按订单制造。用户可能对产品提出各种各样的要求，经过协商和谈判，以协议或合同的形式确认对产品性能、质量、数量和交货期，然后组织设计和制造，完成后直接发送顾客，产品没有库存。例如，锅炉、船舶等产品的生产均属于订货型生产。备货型生产与订货型生产的区别如表 2-3 所示。

表 2-3 备货型生产与订货型生产的区别

项目	备货型生产	订货型生产
产品品种	标准化的产品，品种少，	按用户订单的要求设计，品种多
产品需求	可以预测	难以预测
产量	每种品种、规格产量大	每种品种、规格产量小，甚至单件
价格	由生产者事先确定，	按订货要求，双方商定
交货期	不重要，由库存随时供货	重要，订货时确定
设备	专用设备	通用设备
人员	专业化技能	需要多种操作技能
库存	库存量大	几乎没有

3. 按照生产任务的重复程度和工作地专业化程度区分

按照此标准可将制造性(离散性)生产分为大量生产、成批生产与单件小批量生产三种类型。

表 2-4 按照工作地专业化程度划分生产类型参考标准

生产类型 划分标志	大量生产	成批生产			单件小批量生产
		大批生产	中批生产	小批生产	
固定于工作地上的工序数目 m	1~2	2~10	10~20	20~40	40 以上
工序大量系数 K_b	大于 0.5	0.5~0.1	0.1~0.05	0.05~0.025	小于 0.025

1) 划分标准

确定生产类型的主要标志是工作地的专业化程度。衡量工作地专业化程度高低的方法有两种：一种是按工作地在一定时间内(一年)固定担负的工序数目；另一种是按工序的大量系数。

计算工序的大量系数，参考表 2-4，确定生产类型。工序的大量系数计算公式如下：

$$K_b = t_i / r$$

式中：K_b——工序的大量系数；
t_i——工序的单件时间(分/件)；
r——零件平均生产节拍(分/件)。

零件平均节拍可用下式计算：

$$r = Fe / N$$

式中：Fe——年度有效工作时间(分)；
N——年度零件生产数量(件)。

将 r 代入 K_b 中，可得：$K_b = t_i N / Fe$

工序大量系数与工序数目的关系：$K_b = 1/m$

当一个企业生产多种产品或者同种系列产品时，判断生产类型的依据是哪个生产类型的工作地占多数。

2) 三种生产类型生产的技术特征和经济效果比较

不同的生产类型的生产技术特征和经济效果是有区别的，具体比较如表 2-5 所示。

表 2-5 大量生产、成批生产、单件小批生产的技术特征和生产效果比较表

比较项目	大量生产	成批生产	单件小批生产
产品品种	单一或很少	较多	很多
产品产量	很大	较大	单个或很少
采用设备与工装	自动化、专用工装	专用与通用并存	通用
工艺规程	详细的	重要零件编有详细工艺规程	简单，只有工艺过程卡
设备布置	对象专业化	对象、工艺专业化	工艺专业化
劳动分工	细，基、辅工作分开	有一定分工，不完全分工	粗，基、辅工作很少分开
工人技术水平	低	一般	较高
零件移动方式	平行或平行顺序	可采用平行或平行顺序	顺序
生产周期	短	较长	长
劳动生产率	高	较高	低
单位产品成本	低	较高	高
设备利用率	高	较高	低
劳动定额	精细	有粗有细	比较粗略
计划管理	较简单	较复杂	复杂多变
控制管理	简单	较简单	复杂
适应性	差	较差	强
更换品种	难	一般	容易
产品设计	标准化	可采用三化	个性化、定制化
经济效益	最好	好	较差
输入、输出	事先控制	基本控制	控制困难

从上表可以看出无论从经济效益还是从管理的复杂程度来看大量生产类型总是处于优势，单件小批量生产总是处于劣势，然而随着人们生活水平的提高和科学技术的不断发展，居民消费进入多样化时代，过去的标准化产品难以适应当今社会需求，昔日赖以生存的、发展、壮大的大量生产的技术管理方式成了今天的发展障碍。

像汽车和电话这样的产品，过去曾像"别针或火柴"那样统一规格，实行标准化生产，但现在品种、规格多到让人难以置信，以日本的汽车工业为例，按发动机功率、外观颜色以及音响设备等区分，小汽车的变型产品已达数千种之多。产品多样化给制造与管理带来了一系列的问题，它将导致零件种类和装配工作复杂性的迅速增加，并引起产品设计、工艺设计、工装设计与制造、设备种类、毛坯和原材料种类、协作任务、库存量、采购活动、管理工作以及人员的大幅度增加；结果是固定成本、变动成本上升，质量和生产率下降，利润减少乃至亏损。因此，谁能提高多品种小批量生产的效率，谁就会在竞争中占优势。

3) 提高多品种小批量生产类型效率的途径

第一，提高生产专业化程度和协作水平，减少企业承担的产品和零部件种数，增加同种产品和零部件的产量，增加生产稳定性，提高工作的专业化程度。

第二，改进产品设计，加强标准化工作。提高产品系列化，零部件通用化和标准化水平，减少产品和零部件种类，增加同种产品和零部件产量。

第三，开展工艺典型化工作，推广成组技术，增加零部件生产批量。

第四，采用先进工艺装备，缩短更换品种所需时间。

第五，组织同类型零件的集中生产，减少同期生产的产品种数。

2.3.2　服务性生产

服务性运作又称作服务性生产，它的基本特征是提供无形的劳务，而不制造有形产品。按照是否提供有形产品可将服务性生产分成纯劳务生产和一般劳务生产两种：

(1) 纯劳务生产一般不提供任何有形产品，如咨询、法庭辩护、指导和讲课。

(2) 一般劳务生产则提供有形产品，如批发、零售、邮政、运输、图书馆书刊借阅。

按顾客是否参与也可将服务运作分成两种：顾客参与的服务生产和顾客不参与的服务生产。

(1) 顾客参与的服务性生产是指服务的生产与消费需要同时进行，且不能库存。如理发、保健、旅游、客运、学校、娱乐中心等。没有顾客的参与，服务不可能进行，管理比较复杂。

(2) 顾客不参与的服务性生产是指服务的生产与消费可以分离。如修理、洗衣、快递、运输配送、仓储等，管理相对简单。

按劳动密集程度和与顾客接触程度可将服务运作分成 4 种：大量资本密集服务、专业资本密集服务、大量劳务密集服务和专业劳务密集服务，如图 2.8 所示。

第 2 章 生产过程组织及生产与运作的类型

	劳动或资本 密集程度	
	资本密集	劳动密集
低	大量资本密集服务： 航空公司 大酒店 游乐场	大量劳动密集服务： 中、小学校 批发 零售
与顾客接触程度	专业资本密集服务： 医院 汽车修理 管理咨询	专业劳动密集服务： 法律事务所 会计事务所
高		

图 2.8 服务生产分类

 知识延伸

现代服务业包括的类型及时代特征

现代服务业是相对于传统服务业而言，适应现代人和现代城市发展的需求，而产生和发展起来的具有高技术含量和高文化含量的服务业。主要包括以下四大类：一是基础服务(包括通信服务和信息服务)；二是生产和市场服务(包括金融、物流、批发、电子商务、农业支撑服务以及中介和咨询等专业服务)；三是个人消费服务(包括教育、医疗保健、住宿、餐饮、文化娱乐、旅游、房地产、商品零售等)；四是公共服务(包括政府的公共管理服务、基础教育、公共卫生、医疗以及公益性信息服务等)。

现代服务业具有两新四高的特征：

一新：新服务领域——适应现代城市和现代产业的发展需求，突破了消费性服务业领域，形成了新的生产性服务业、智力(知识)型服务业和公共服务业的新领域。

二新：新服务模式——现代服务业是通过服务功能换代和服务模式创新而产生新的服务业态。

四高：高文化品位和高技术含量；高增值服务；高素质、高智力的人力资源结构；高感情体验、高精神享受的消费服务质量。

另外，现代服务业在发展过程中呈现集群性特点，具有资源消耗少、环境污染少的优点，是地区综合竞争力和现代化水平的重要标志。

资料来源：作者依据相关资料整理。

本 章 小 结

本章首先阐述了生产过程的含义及构成；其次论述了生产过程组织的要求，生产过程的空间组织、时间组织的基本方法及其选择；最后阐述了生产与运作的基本类型，并对各种类型进行了比较。

思 考 题

1. 判断题(正确的打"√"，错误打"×")

(1) 工序是指一个工人或一组工人在同一工作地上对同一劳动(或几个)对象进行连续加工的生产活动。
( )

(2) 生产过程就是指企业中员工的劳动过程。 ( )
(3) 连续性、比例性、节奏性三者之间是密切联系的，互为条件，才能达到平衡。 ( )
(4) 单件小批量生产效率比较低。 ( )
(5) 加工装配式生产是离散性生产。 ( )
(6) 订货型生产宜采用专用高效加工设备。 ( )
(7) 流程式生产的是大多标准化的产品。 ( )
(8) 大量生产的劳动定额是比较粗的。 ( )
(9) 迪士尼乐园是劳动密集型服务业。 ( )
(10) 备货型生产的产品需求量是难以预测的。 ( )

2. 单项选择题

(1) 单件小批量生产的好处是( )。
  A．生产周期短   B．成本低
  C．可"以不变应万变"   D．工时定额精确
(2) 下列哪一项不属于大量生产运作？( )
  A．汽车制造   B．特种车辆   C．肯德基快餐   D．中小学教育
(3) 下列哪一个是备货型生产的特点？( )
  A．产品个性化   B．采用的是通用设备
  C．库存量大   D．工人需要多种操作技能
(4) 成批生产的特点是( )。
  A．产品适应市场能力差   B．计划管理简单
  C．产品是定制化   D．生产周期较长
(5) 医院是( )。
  A．大量资本密集型服务   B．大量劳动密集型服务
  C．专业资本密集服务   D．专业劳动密集服
(6) 下列哪一个车间属于采用工艺专业化组织形式？( )
  A．车工车间   B．装配车间   C．化工产品车间   D．造纸厂打浆车间
(7) 下列哪一个产品生产属于采用对象专业化组织形式？( )
  A．服装生产   B．冰箱自动化生产   C．钢铁生产   D．造纸生产
(8) 下列哪一种商品的生产属于备货型生产？( )
  A．轮船   B．飞机   C．汽车   D．军舰
(9) 下列哪一种服务属于专业资本密集型？( )
  A．航空公司   B．批发   C．医院   D．大酒店
(10) 不属于离散性生产的特征是( )。
  A．产品品种较少   B．设备的柔性较高
  C．生产能力模糊   D．原材料的品种数较多

3. 掌握下列概念：生产过程　工序　工艺专业化　对象专业化　平行移动方式　顺序移动方式　平行顺序移动方式　离散性生产　订货型生产　备货型生产

4. 问答题

(1) 简述生产过程的构成。
(2) 简述合理组织生产过程的要求。

(3) 简述对象专业化、工艺专业化的优缺点。

(4) 简述大量生产、成批生产、单件小批生产的技术特征和生产效果比较，提高多品种小批量生产效率的途径。

(5) 简述服务性生产的分类。

5. 计算题

假设某零件的批量为 5 件，有 5 道工序，各工序的单件作业时间分别为：5 分钟、10 分钟、6 分钟、15 分钟和 4 分钟，试计算在平行移动、顺序移动和平行顺序移动方式下该批零件的加工周期。

第 3 章　生产与运作战略

学习目标

1. 理解企业战略、战略管理的概念、战略管理的特点；
2. 了解战略管理的层次、战略管理的过程；
3. 理解生产与运作战略的含义、特征、竞争的重点；
4. 理解生产与运作战略的决策、内容；
5. 理解生产与运作战略的配合。

宜家家居的战略成本管理

宜家家居公司创立于 1943 年，从简单的文具邮购业务开始，历经半个世纪，已发展成为分布于全球 42 个国家、拥有 180 家连锁商店的庞大集团，成为全球最大的家居用品零售商。宜家家居以"生活，从家开始"为口号，坚持低价格、多品种、高质量、美观实用的经营理念，不断发展壮大。宜家家居成功的秘诀在于：从战略高度出发，进行战略成本管理，从而保持公司的长久竞争力。它独特的做法是将成本领先战略和差异化战略有机地结合赢得市场。

一、战略定位——实现成本领先战略与差异化战略的有机结合

1. 成本领先战略的运用

宜家家居自成立之日起，就以低成本作为其产品生产的战略目标之一，并将这种意识贯穿于整个经营过程。比如，在研发方面，宜家家居产品的开发系列包含大约 10 000 种产品，而整个研发工作的基本思想就是：打造低价位、设计精良、实用性强的家居产品，为人人所有。从设计研发开始，低成本已成为宜家家居的一种战略理念。在采购环节上，宜家家居与供应商保持着长久的合作伙伴关系，不仅对产品有着较高的质量要求，而且鼓励供应商之间的良性竞争。在这种模式下，宜家家居既获得了高质量的商品，又实现了采购环节的成本节约。在销售方面，宜家家居通过设定专门的店面，控制销售渠道，避免不必要的成本消耗。

2. 差异化战略的运用

在宜家家居发展之初，虽然其产品价格低廉，但是由于产品缺乏特色，曾遭遇不断的降价压力。后来，宜家家居非常注重产品特色化，尤其在产品的研发设计环节，一直坚持由自己设计所有产品并拥有其专利，每年有 109 多名设计师为这一目标而努力。宜家家居出售的产品彰显了"简约、自然、清新、设计精良"

的独特风格。此外，宜家家居产品的销售也是与众不同的。在销售流程上，宜家家居从顾客立场出发，根据顾客的品位和需求，提供简单而富有创意的设计和服务，从而深得顾客的喜爱；在销售方式上，宜家家居的店面销售别具一格，"服务人员"不向顾客促销某件产品，而是由顾客自己决定和体验，除非顾客需要向其咨询。

二、战略成本动因分析——结构、执行两手抓

有效的成本动因分析，有助于企业找出贯穿于战略管理循环中各种成本的驱动因素，确定成本管理的重点，确保企业财务战略管理目标的实现。宜家家居在战略成本动因方面，充分考虑了影响成本的不同因素，并采取有效措施，实现成本的节约。

1. 结构性成本动因分析

结构性成本动因是指决定企业基础经济结构的成本动因。企业的规模、业务范围、经验、技术、多样性和厂址等均属于结构性成本动因。这些动因在企业生产经营活动展开之前就已被确定，且难以改变。宜家充分利用几十年的经验积累，实现了规模生产、规模物流，对资源进行优化配置，有效节约了成本。宜家的业务范围涵盖从家具设计到设置布局的整个过程，产品功能繁多，从植物和客厅家居用品，到玩具和整个厨房，布置家居所需要的一切应有尽有，这种结构有利于吸引顾客，节约了广告成本。宜家家居拥有自己的研发部门，负责全部产品的设计研发，且当新产品处于绘图设计阶段时，就接受了分析评估，确保了低价格、高质量等方面的要求，从战略角度降低了成本。

2. 执行性成本动因分析

执行性成本动因是指与企业作业程序有关的成本动因，是企业执行作业程序的重要驱动因素。执行性成本动因通常包括：员工参与、全面质量管理、对外联系、产品外观、厂址布局等。在执行性成本动因方面，宜家没有忽略内部管理执行过程中的成本因素。在员工管理方面，注重人力资源的开发和培养，定期对员工进行培训，激励员工不断学习和创新，提高员工的业务能力和技术水平。在产品设计方面，宜家有专业的设计师，根据不同客户的需求，进行量身定做，提供简约而实用的产品，不仅注重质量，而且保证美观。在与企业外部联系方面，宜家建立了与供应商的上下游统一关系，互相协调，共同进步。为了与顾客建立良好的关系，宜家充分利用互联网工具，以便利的方式为顾客提供满意的服务。

三、优化价值链管理——实现研发、供应、物流的高效增值

1. 模块式的研发设计

在产品的研发设计环节，宜家采用以"模块"为导向的设计模式，所以，宜家的家具都是可以拆分的组装产品。这一创造性的设计模式，对研发、生产、采购、物流等环节都有较大程度的影响。首先，对设计部门而言，由于每一种设计都是可制造的，不会因为大量的设计方案不具备可实施性而浪费成本。其次，由于设计的模块化，从而引发生产环节的变革，即根据研发需要进行模块化生产，相对于以往的流水线生产，生产环节更加灵活、有效。此外，模块化生产可以有效节约采购成本，不仅可以根据原材料的采购需要就近生产，而且可以有针对性地培养长期供应商。最后，由于产品可以拆分和组装，可以实现规模化物流，而对于家居行业而言，降低物流成本是节约成本的有效途径。

2. 统一的供应链管理

在供应链管理方面，宜家制定了统一的标准。尽管所有的产品设计工作都是由宜家自主进行的，但为了最大限度地降低制造成本，剔除价值链中的非价值增值活动，宜家在全球范围内进行制造外包，每年有2 000多家供应商会为此而展开激烈竞争。只有在保证质量的同时还达到最低成本的供应商才有可能得到宜家的大额订单。此外，为了节省供应链条的时间，宜家把全球近20家配送中心和一些中央仓库大多集中在海、陆、空的交通要道。所有商品首先被运送到全球各地的中央仓库和分销中心，然后通过计算再决定产品的去向。同时每家"宜家商店"根据自己的需要向宜家的贸易公司购买产品，通过与贸易公司的交易，宜家可以顺利地把商店的利润转移到国外低税收甚至是免税收的国家和地区。这种灵活的供应链模式，节约了时间，也降低了成本。

3. 平板包装的物流管理

在物流管理方面，宜家发明了平板包装的方法。"平板"包装，即拆解组合家具，使其成为"扁平"，

可以实现一次性载运更多的产品。据统计，产品组装后运送可能需要六倍扁平包装所需的空间。宜家在运输中所使用集装箱的平均填充率已超过65%，为了充分利用空间，有时甚至会把产品内的空气排挤出来(比如宜家的压缩包装枕头)。又如：装箱人员在装箱的过程中发现有一款沙发如果每张少5厘米，一个集装箱就可以多装一张沙发，这样不但节约了运输成本，还节约了仓储空间，而5厘米对于一张沙发来说，不会影响使用者的舒适度，顾客也能够得到更低的价格。"我们不想花钱运空气"，这是宜家经常挂在嘴边的一句话。通过采用平板包装，降低了家具在储运过程中的损坏率，节省了占用仓库的空间，从而节约了运输成本。

资料来源：全球品牌网，编者作适当删改，题目为编者所加。

3.1 企业战略管理概述

3.1.1 企业战略管理含义

1. 什么是企业战略

什么是企业战略？明茨伯格借鉴市场营销学中的四要素(4P)的提法，提出企业战略是由五种规范的定义阐述的，即计划(Plan)、计策(Ploy)、模式(Pattern)、定位(Position)和观念(Perspective)，构成企业战略的"5P"。从不同角度对企业战略这一概念进行了阐述。

(1) 战略是一种计划。是指战略是一种有意识、有预计、有组织的行动程序，是解决一个企业如何从现在的状态达到将来位置的问题。可以理解为：从战略对行动具有纲领性指导作用这一角度来考虑，作为一种计划，战略需要充分体现出其预见性和意志性特征；作为对企业资源的统筹安排，需要体现其组织性特征，并按照一定的顺序(可以是时间序、空间序或逻辑序等)，将企业的主要目标、方针政策和经营活动结合成一个缜密的整体，是解决一个企业如何从现在的状态达到将来位置的问题。战略主要为企业提供发展方向和途径，包括一系列处理某种特定情况的方针政策，属于企业"行动之前的概念"(预见性)。任何企业的经营活动，都必须遵从企业的战略方针进行活动，使各部门、各环节步调统一、运行有序、协同合作，实现企业的战略目标(意志性和组织性)。

根据这个定义，战略具有两个本质属性：①战略是在企业发生经营活动之前制订的，以备人们使用；②战略是有意识、有目的地开发和制订的计划。与其他计划相比，战略计划有决定全局性、使用时限长的特点，通常决定了企业的发展方向，其目的是实现企业的基本目标。

(2) 战略是一种计策。是指战略不仅仅是行动之前的计划，还可以在特定的环境下成为行动过程中的手段和策略，一种在竞争博弈中威胁和战胜竞争对手的工具。例如，得知竞争对手想要扩大生产能力时，企业便提出自己的战略是扩大厂房面积和生产能力。由于该企业资金雄厚、产品质量优异，竞争对手自知无力竞争，便会放弃扩大生产能力的设想。然而，一旦对手放弃了原计划，企业却并不一定要将扩大能力的战略付诸实施。因此，这种战略只能称为一种威胁竞争对手的计策。

(3) 战略是一种模式。是指战略可以体现为企业一系列的具体行动和现实结果，而不仅仅是行动前的计划或手段，即无论企业是否事先制定了战略，只要有具体的经营行为，就有事实上的战略。

如福特汽车公司总裁亨利·福特要求"T型"福特汽车漆成黑色的行为，就可以理解为一种战略。企业行为模式是在历史中形成的，因此，在制定企业战略过程中就必须了解企业发展史，在选择战略时要充分考虑并尊重企业原有的行为模式，因为它会在很大程度上决定企业未来战略的选择和战略实施的有效性。若要改变企业的行为模式，首先必须充分认识到推行这种变革的难度。

明茨伯格认为，战略作为计划或模式的两种定义是相互独立的。实践中，计划往往没有实施，而模式却可能在事先并未计划的情况下形成。因此，战略可能是人类行为的结果，而不是设计的结果。因此，定义为"计划"的战略是设计的战略，而定义为"模式"的战略是已实现的战略，战略实际上是一种从计划向实现流动的结果。那些不能实现的战略在战略设计结束之后，通过一个单独的渠道消失，脱离准备实施战略的渠道。而准备实施的战略与自发的战略则通过各自的渠道，流向已实现的战略。这是一种动态的战略观点，它将整个战略看成是一种"行为流"的运动过程。

(4) 战略是一种定位。是指战略是一个组织在其所处环境中的位置，对企业而言就是确定自己在市场中的位置。企业战略涉及的领域很广，可以包括产品生产过程、顾客与市场、企业的社会责任与自我利益等任何经营活动及行为。但最重要的是，制定战略时应充分考虑到外部环境，尤其是行业竞争结构对企业行为和效益的影响，确定自己在行业中的地位和达到该地位所应采取的各种措施。把战略看成一种定位就是要通过正确地配置企业资源，形成有力的竞争优势。

(5) 战略是一种观念。是指战略表达了企业对客观世界固有的认知方式，体现了企业对环境的价值取向和组织中人们对客观世界固有的看法，进而反映了企业战略决策者的价值观念。企业战略决策者在对企业外部环境及企业内部条件进行分析后作出的主观判断就是战略，因此，战略是主观而不是客观的产物。当企业战略决策者的主观判断符合企业内外部环境的实际情况时所制定的战略就是正确的；反之，当其主观判断不符合环境现实时，企业战略就是错误的。

战略是一种观念的定义，强调了战略的抽象性，其实质在于同价值观、文化和理想等精神内容为组织成员所共有一样，战略观念要通过组织成员的期望和行为而形成共享，个人的期望和行为是通过集体的期望和行为反映出来的。因此，研究一个组织的战略，要了解和掌握该组织的期望如何在成员间分享，以及如何在共同一致的基础上采取行动。

注意点：不同专家是从不同的角度来定义战略，没有对错之分，它有助于人们对战略的全面理解。

著名的管理学大师德鲁克曾经说过：企业家在制定企业战略时必须要回答两个基本问题：一是我们的企业是干什么的？二是我们的企业应该是干什么的？请同学们思考一下大师对企业战略的内涵理解。

2. 什么是企业战略管理

什么是战略管理？战略管理是指对战略的管理，包括战略制定与战略实施两个部分。

战略并不是"空的东西"，也不是"虚无"，而是直接左右企业能否持续发展和持续盈利最重要的决策参照系。战略管理则是依据企业的战略规划，对企业的战略实施加以监督、分析与控制，特别是对企业的资源配置与事业方向加以约束，最终促使企业顺利达成企业目标的过程管理。

安索夫最初在其 1976 年出版的《从战略规划到战略管理》一书中提出了"企业战略管理"。他认为：企业的战略管理是指将企业的日常业务决策同长期计划决策相结合而形成的一系列经营管理业务。斯坦纳在他 1982 年出版的《企业政策与战略》一书中则认为：企业战略管理是确定企业使命，根据企业外部环境和内部经营要素确定企业目标，保证目标的正确落实并使企业使命最终得以实现的一个动态过程。

由此我们可以将企业战略管理定义为：企业确定其使命，根据组织外部环境和内部条件制定企业的战略目标，为保证目标的实现进行谋划，并将这种谋划和决策付诸实施，以及在实施过程中进行控制的一个动态管理过程。

指导企业全部活动的是企业战略，全部管理活动的重点是制定战略和实施战略。而制定战略和实施战略的关键都在于对企业外部环境的变化进行分析，对企业的内部条件和素质进行审核，并以此为前提确定企业的战略目标，使三者之间达成动态平衡。战略管理的任务，就在于通过战略制定、战略实施和战略管理，在保持这种动态平衡的条件下，实现企业的战略目标。所以第一，战略管理不仅涉及战略的制定和规划，而且也包含着将制定出的战略付诸实施与控制的管理，因此是一个全过程的管理；第二，战略管理不是静态的、一次性的管理，而是一种循环的、往复性的动态管理过程，它是需要根据外部环境的变化、企业内部条件的改变，以及战略执行结果的反馈信息等，而重复进行新一轮战略管理的过程，是不间断的管理。

注意点：企业战略管理含义的理解要全面。

3.1.2 企业战略管理的特点

1. 战略管理具有全局性

企业的战略管理是以企业全局为对象，根据企业总体发展的需要而制定的。它所管理的是企业的总体活动，所追求的是企业的总体效果。虽然这种管理也包括企业的局部活动，但是这些局部活动是作为总体活动的有机组成在战略管理中出现的。具体地说，战略管理不是强调企业某一事业部或某一职能部门的重要性，而是通过制定企业的使命、目标和战略来协调企业各部门自身的表现，并确定它们对实现企业使命、目标、战略的贡献大小。这样也就使战略管理具有综合性和系统性的特点。

2. 战略管理的主体是企业高层管理人员

由于战略决策涉及一个企业活动的各个方面，虽然它也需要企业上、下层管理者和全体员工的参与和支持，但企业的最高层管理人员介入战略决策是非常重要的。这不仅是由于他们能够统观企业全局，了解企业的全面情况，而且更重要的是他们具有对战略实施所需资源进行分配的权力。

3. 战略管理涉及企业大量资源的配置问题

企业的资源，包括人力资源、实体财产和资金，或者在企业内部进行调整，或者从企业外部来筹集。在任何一种情况下，战略决策都需要在相当长的一段时间内致力于一系列的活动，而实施这些活动需要有大量的资源作为保证。因此这就需要为保证战略目标的实现，对企业的资源进行统筹规划，合理配置。

4. 战略管理从时间上来说具有长远性

战略管理中的战略决策是对企业未来较长时期(5年以上)内，就企业如何生存和发展等进行统筹规划。虽然这种决策以企业外部环境和内部条件的当前情况为出发点，并且对企业当前的生产经营活动有指导、限制作用，但是这一切是为了更长远的发展，是长期发展的起步。从这一点上来说，战略管理也是面向未来的管理，战略决策要以经理人员所期望或预测将要发生的情况为基础。在迅速变化和竞争性的环境中，企业要取得成功必须对未来的变化采取预应性的态势，这就需要企业做出长期性的战略计划。

5. 战略管理需要考虑企业外部环境中的诸多因素

现今的企业都存在于一个开放的系统中，通常要受这些不能由企业自身控制的因素所影响。因此在未来竞争的环境中，企业要使自己占据有利地位并取得竞争优势，就必须考虑与其相关的因素，这包括竞争者、顾客、资金供给者、政府等外部因素，企业的行为要能适应不断变化中的外部力量，才能生存下去。

3.1.3 企业战略层次

1. 总体层战略

总体层战略又称公司战略，是企业最高层次的战略，是企业整体的战略总纲。在存在多个经营单位或多种经营业务的情况下，企业总体战略主要是指集团母公司或者公司总部的战略。总体战略的目标是确定企业未来一段时间的总体发展方向，协调企业下属的各个业务单位和职能部门之间的关系，合理配置企业资源，培育企业核心能力，实现企业总体目标。它主要强调两个方面的问题：一是"应该做什么业务"，即从公司全局出发，根据外部环境的变化及企业的内部条件，确定企业的使命与任务、产品与市场领域；二是"怎样管理这些业务"，即在企业不同的战略事业单位之间如何分配资源以及采取何种成长方向等，以实现公司整体的战略意图。

2. 业务层战略

业务层战略又称经营单位战略。现代大型企业一般都同时从事多种经营业务，或者生产多种不同的产品，有若干个相对独立的产品或市场部门，这些部门即事业部或战略经营单位。由于各个业务部门的产品或服务不同，所面对的外部环境(特别是市场环境)也不相同，企业能够对各项业务提供的资源支持也不同，因此，各部门在参与经营过程中所采取的战略也不尽相同，各经营单位有必要制定指导本部门产品或服务经营活动的战略，即业务层战略。业务层战略是企业战略业务单元在公司战略的指导下，经营管理某一特定的战略业务单元的战略计划，具体指导和管理经营单位的重大决策和行动方案，是企业的一种局部战略，也是公司战略的子战略，它处于战略结构体系中的第二层次。业务层战略着眼于企业中某一具体业务单元的市场和竞争状况，相对于总体战略有一定的独立性，同时又是企业战略体系的组成部分。业务层战略主要回答在确定的经营业务领域内，企业如何展开经营活动；在一个具体的、可识别的市场上，企业如何构建持续优势等问题。其侧重点在于以下几个方面：贯彻使命、业务发展的机会和威胁分析、业务发展的内在条件分析、业务发展的总体目标和要求等。对于只经营一种业务的小企业，或者不从事多元化经营的大型组织，业务层战略与公司战略是一回事。所涉及的决策问题是在既定的产品与市场领域，在什么样的基础上来开展业务，以取得顾客认可的经营优势。

3. 职能层战略

职能层战略是为贯彻、实施和支持公司战略与业务战略而在企业特定的职能管理领域制定的战略。职能战略主要回答某职能的相关部门如何卓有成效地开展工作的问题，重点是提高企业资源的利用效率，使企业资源的利用效率最大化。其内容比业务战略更为详细、具体，其作用是使总体战略与业务战略的内容得到具体落实，并使各项职能之间协调一致，通常包括营销战略、人力资源战略、财务战略、生产与运作战略、研发战略等方面。公司层战略倾向于总体价值取向，以抽象概念为基础，主要由企业高层管理者制定；业务层战略主要就本业务部门的某一具体业务进行战略规划，主要由业务部门领导层负责；职能层战略主要涉及具体执行和操作问题。

公司层战略、业务层战略与职能层战略一起构成了企业战略体系。在企业内部企业战略管理各个层次之间是相互联系、相互配合的。企业每一层次的战略都为下一层次战略提供方向，并构成下一层次的战略环境；每层战略又为上一级战略目标的实现提供保障和支持。所以，企业要实现其总体战略目标，必须将三个层次的战略有效地结合起来。

3.1.4 企业战略管理过程

企业战略管理，主要是指战略制定和战略实施的过程。一般说来，企业战略管理包含四个关键要素：战略分析——了解组织所处的环境和相对竞争地位；战略选择——战略制定、方案评价和选择；战略实施——采取措施发挥战略作用；战略评价和调整——检验战略的有效性。

1. 战略分析

战略分析的主要目的是评价影响企业目前和今后发展的关键因素，并确定在战略选择步骤中的具体影响因素。

1) 确定组织当前的宗旨、目标和战略

定义公司的宗旨旨在促使管理当局仔细确定公司的产品和服务范围。对"我们到底从事的是什么事业"的理解关系到公司的指导方针。如一些学者指出美国铁路公司之所以不景气是因为他们错误地理解了自己所从事的事业。在20世纪三四十年代如果铁路公司认识到他们从事的是运输事业而不仅仅是铁路事业，他们的命运也许会完全不同。

当然，管理当局还必须搞清楚组织的目标以及当前所实施的战略的性质，并对其进行全面而客观的评估。

2) 分析外部环境——发现机会和威胁(Opportunity-threat)

外部环境分析是战略管理过程的关键环节和要素。组织环境在很大程度上规定了管理当局可能的选择。成功的战略大多是哪些与环境相适应的战略。松下电器是家庭娱乐系统的主要生产商，自20世纪80年代中期开始，在微型化方面出现了技术突破，同时家庭小型化趋势使得对大功率、高度紧凑的音响系统的需求剧增。Panasonic家庭音响系统的战略的成功，就是因为松下及早地认识到外部环境中正在发生的技术和社会变化。

管理当局应很好地分析公司所处的环境，了解市场竞争的焦点，了解政府法律法规对组织可能产生的影响，以及公司所在地的劳动供给状况等等。其中，外部环境分析的重点是把握环境的变化和发展趋势。关于环境的信息可以通过各种各样的外部资源来获取。

分析了外部环境之后，管理当局需要评估环境中哪些机会可以利用，以及组织可能面临的威胁。机会和威胁都是环境的特征。威胁会阻碍组织目标的实现，而机会则相反。

在分析机会与威胁时，如下因素是关键的：竞争者行为、消费者行为、供应商行为和劳动力供应。技术进步、经济因素、法律、政治因素以及社会变迁等一般环境虽不对组织构成直接威胁，但作为一种长期计划，管理者在制定战略时也必须慎重考虑。分析机会和威胁还必须考虑压力集团、利益集团、债券人、自然资源以及有潜力的竞争领域。如某公司发现竞争对手在开发新产品并削减价格，该公司所做的反应首先应是加强广告宣传、提高其品牌的知名度。

3) 分析内部组织的资源——识别优势和劣势(Strength-weakness)

这一分析将视角转移到组织内部：组织雇员拥有什么样的技巧和能力？组织的现金状况怎样？在开发新产品方面一直很成功吗？公众对组织及其产品或服务的质量的评价怎样？这一环节的分析能使管理当局认识到，无论多么强大的组织，都在资源和能力方面受到某种限制。

优势是可开发利用以实现组织目标的各种资源和能力，这些能力中特别强调与众不同的能力，即决定作为组织竞争武器的特殊技能和资源；劣势则是抑制或约束组织目标实现的内部因素。经理们应从如下方面评价组织的优势和劣势：这些因素包括市场、财务、产品、研究与发展。内部分析同样也要考虑组织的结构、管理能力和管理质量，以及人力资源、组织文化的特征。管理者可通过各种各样报告来获得有关企业内部优势和劣势的信息。

4) 重新评价组织的宗旨和目标

按照 SWOT(Strengths Weaknesses Opportunities Threats)分析和识别组织机会的要求，管理当局应重新评价公司的宗旨和目标。

2. 战略选择

战略分析阶段明确了"企业目前状况"，战略选择阶段所要回答问题是"企业走向何处"。

第一步是需要制定战略选择方案。在制定战略过程中，当然是可供选择的方案越多越好。企业可以从对企业整体目标的保障、对中下层管理人员积极性的发挥以及企业各部门战略方案的协调等多个角度考虑，选择自上而下的方法、自下而上的方法或上下结合的方法来制定战略方案。

第二步是评估战略备选方案。评估备选方案通常使用两个标准：一是考虑选择的战略是否发挥了企业的优势，克服劣势，是否利用了机会，将威胁削弱到最低程度；二是考虑选择的战略能否被企业利益相关者所接受。需要指出的是，实际上并不存在最佳的选择标准，管理层和利益相关团体的价值观和期望在很大程度上影响着战略的选择。此外，对战略的评估最终还要落实到战略收益、风险和可行性分析的财务指标上。

第三步是选择战略。即最终的战略决策，确定准备实施的战略。如果由于用多个指标对多个战略方案的评价产生不一致时，最终的战略选择可以考虑以下几种方法。

(1) 根据企业目标选择战略。企业目标是企业使命的具体体现，因而选择对实现企业目标最有利的战略方案。

(2) 聘请外部机构。聘请外部咨询专家进行战略选择工作,利用专家们广博和丰富的经验,能够提供较客观的看法。

(3) 提交上级管理部门审批。对于中下层机构的战略方案,提交上级管理部门能够使最终选择方案更加符合企业整体战略目标。

第四步是战略政策和计划。制定有关研究与开发、资本需求、人力资源方面政策和计划。

3. 战略实施

战略实施就是将战略转化为行动。主要涉及以下一些问题:如何在企业内部各部门和各层次之间分配及使用现有的资源;为了实现企业目标,还需要获得哪些外部资源以及如何使用;为了实现既定的战略目标,需要对组织结构做哪些调整;如何处理可能出现的利益再分配与企业文化的适应问题,如何进行企业文化管理,以保证企业战略成功实施等。

4. 战略评价与调整

战略评价就是通过评价企业的经营业绩,审视战略的科学性和有效性。战略调整就是根据企业内外环境的发展变化,即参照实际的经营事实、变化的经营环境、新的思维和新的机会,及时对所制定的战略进行调整,以保证战略对企业经营管理进行指导的有效性。包括调整公司的战略展望、公司的长期发展方向、公司的目标体系、公司战略以及公司战略执行等内容。

3.2 生产与运作战略

3.2.1 生产与运作战略的含义

为有效地实施企业战略,就生产运作管理而言,必须对生产运作系统的许多重大问题作出决策。例如,和企业战略相适应,应选择什么样的生产运作目标比较合适?应该提供标准化产品还是顾客定制的特殊产品?产品线的宽度、深度多大?厂址靠近目标市场还是原材料产地?应选择多大生产运作规模及其何种扩大模式?是建一个大厂还是几个小厂?采用什么样的工艺技术?选择通用还是专用性质的设备?使用的原材料是外部购买还是自己提供?建立怎样的质量标准?使用具有哪种专业知识和技能的工人?怎样进行生产运作成本和库存控制等等。所有这些都属于生产运作战略应该加以认真研究解决问题。

所谓生产运作战略是在企业总体战略框架的指导下,根据目标市场和产品特点构造其生产运作系统时所遵循的指导思想,以及在这种指导思想下的一系列决策规划、内容和程序。作为一系列决策的积累,生产运作战略是对如何开展企业生产运作活动所作的具有全局性的谋划,是用以指导企业的生产运作活动的行动纲领,形成的是关于生产运作系统如何成为企业立足于市场、获得竞争优势、追求不断发展的有力支持和保证的战略性计划;作为一系列决策的过程,生产运作战略是为实现生产运作系统在企业中的有效性规定上明确的决策内容、程序、原则和模式。可见,生产运作战略的基本任务和作用是使企业在其生产运作领域内为企业获得竞争优势,如响应性好、生产率高等,以保证企业战略的实现。

3.2.2 生产与运作战略基本特征

生产与运作战略的基本特征如下。

(1) 从属性。指生产运作战略是企业战略的一个重要组成部分,必须服从企业战略的要求,特别强调要在生产运作战略框架的限制下,从生产运作角度考虑如何有效实现企业整体目标。

(2) 贡献性。指生产运作战略的意义并不是体现在直接参与市场争夺活动方面,而是强调通过构造卓越的生产运作系统来为企业获得竞争优势作出贡献,为企业的长期稳定发展提供扎实的基础保障。

(3) 一致性。指生产运作战略不仅要和企业的整体要求相一致,而且生产运作系统内部的构成要素也要协调一致,使生产运作系统的结构形式和运行机制相匹配。

(4) 可操作性。指生产运作战略作为实现企业战略的途径之一,在强调战略作为一种指导时思想的同时,也要注意战略实施的有关问题,即注重各个决策之间的目标分解、传递和转化过程,以形成各级人员的共识和参与,最终达到产生方向一致的决策和生产与运作的行为。

3.2.3 生产与运作战略的竞争重点

生产与运作战略强调生产运作系统是企业的竞争之本,只有具备了生产运作系统的竞争优势才能赢得产品的优势,才会有企业的优势,因此,生产与运作战略理论是以竞争及其优势的获取为基础的。生产与运作竞争的重点有以下几点。

1. 时间

竞争愈演愈烈,仅传统的成本、质量方面的竞争不足以使企业与企业之间拉开距离,于是很多企业开始在时间上争取优势。时间上的竞争包括三方面:一是快速交货,是指向市场快速提供企业产品的能力,这对于企业争取订单意义重大;二是按时交货,是指按照合同的约定按时交货的能力,这对顾客满意度有重要影响。三是新产品的开发速度,是指企业对顾客需求产品的品种、规格快速设计能力和快速推向市场的能力。影响时间竞争的因素也很多,诸如采购与供应、企业研发柔性和生产进度管理等。

2. 质量

质量指产品的质量和可靠性,主要依靠顾客的满意度来体现。我们所讲的质量是指全面的质量,既包括产品本身的质量,也包括生产和服务过程的质量。也就是说,企业一方面要以满足顾客需求为目标,建立适当的产品质量标准,设计、生产消费者所期望的质量水平的产品;另一方面生产过程质量应以产品质量零缺陷为目标,以保证产品的可靠性,提高顾客的满意度。此外,良好的物资采购与供应控制、包装运输和使用的便利性以及售后服务等对质量也有很大影响。

3. 成本

成本包括生产成本、制造成本、流通成本和使用成本等诸项之和。降低成本对于提高企业产品的竞争能力、增强生产运作对市场的应变能力和抵御市场风险的能力具有十分重要的意义。企业降低成本、提高效益的措施很多，诸如：优化产品设计与流程设计、降低单位产品的材料及能源消耗、降低设备故障率、提高质量、缩短生产运作周期、提高产能利用率和减少库存等。

4. 制造柔性

制造柔性是指企业面临市场机遇时在组织和生产方面体现出来的快速而又低成本地适应市场需求，反映了企业生产运作系统对外部环境做出反应的能力。随着市场需求的日益个性化、多元化趋势，多品种、小批量生产成为与此需求特征相匹配的方式，因此，增强制造柔性已成为企业形成竞争优势的重要因素。制造柔性主要包括产品产量柔性、新产品开发及生产柔性和产品组合柔性等，由此又涉及生产运作系统的设备柔性、人员柔性和能力柔性等，甚至对供应商也会提出在这方面相应的要求。

5. 服务

在当今的企业环境中，为获取竞争优势，企业开始为客户提供"增值"服务。这不论是对提供产品还是提供服务的企业都是重要的。原因很简单，正如范德墨菲说："市场力来源于服务，因为服务可以增加客户的价值"。

6. 环保

现在又出现了两种可能为企业提供竞争优势的趋势：环保工艺和环保产品的运用。消费者对环境越来越敏感，更倾向于购买对环境无害的产品。越来越多的企业意识到绿色制造对提高自身利益的竞争机制的深远意义。

对竞争重点理解时我们要明确：企业要想在六个竞争要素方面同时优于竞争对手而形成竞争优势是不太现实的。企业必须从具体情况出发，集中企业的主要资源形成自己的竞争优势。特别是当它们发生冲突时，就产生了多目标平衡问题，需要对此进行认真分析、动态协调。

注意点：生产与运作竞争重点的顺序是随着市场环境的变化而进行不断调整的，当一个国家经济不发达，消费者的收入低时，价格竞争是第一位，质量、服务等则要求不高，此时生产与运作首先考虑的是如何降低产品或服务成本，像我国的改革开放的初期就是这样。随着经济的发展，当消费者的收入不断提高时，人们开始追求高质量，服务多样化的产品，此时质量、服务是竞争首要因素，竞争重点的顺序变为质量、服务、价格。而现在我们已经进入一个快节奏的社会，时间竞争变成了第一位的。

3.2.4 生产与运作战略决策

针对上述竞争重点，生产与运作管理者在诸多问题上需求作出战略决策，表 3-1 强调了一些关键性战略决策领域及决策影响的方面。

表 3-1　生产与运作战略决策

决 策 领 域	决策影响方面
生产和服务的设计	成本、质量、责任和环境问题
能力	成本构成、柔性
流程选择和设施	成本、柔性、需要的技术水平、容量
工作设计	工作生活质量、员工安全、生产率
选址	成本
质量	满足或超越顾客期望的能力
库存	成本、缺货
维修	成本、设备可靠性、生产率
进程	柔性、效率
供应链	成本、质量、敏捷性、缺货、卖方关系
项目	成本、新产品、服务或者运营系统

3.2.5　生产与运作战略内容

生产运作战略主要包括 3 方面内容：生产运作的总体战略；产品或服务的选择、设计与开发；生产运作系统的设计。

1. 生产运作的总体战略

(1) 自制或购买。如果决定是由本企业制造某种产品或提供某种服务，则需要建造相应的生产制造设施，并且要采购所需要的设备、配备相应的工人、技术人员和管理人员。自制或购买决策有不同的层次。如果在产品级决策，则影响到企业的性质。产品自制，则需要建一个制造厂；产品外购，则需要设立一个经销公司。如果只在产品装配阶段自制，只需要建造一个总装配厂，然后寻找零部件供应厂家。由于专业化分工可以提高效率，一般在做自制或购买决策时，通常情况下自己的涉及本企业产品特色的、核心或非标准化的零部件则自己制造，标准化的零部件一般选择外购。

(2) 低成本和大批量。早期福特汽车公司就是采用这种战略。在零售业沃尔玛公司也是采取这种策略。采用这种策略需要选择标准化的产品或服务，而不是顾客化的产品和服务。这种策略往往需要高的投资来购买专用设备、专用工艺装备，如同福特汽车公司当年建造 T 型生产线一样。需要注意的是这种策略应该用于市场需求量很大的产品或服务。如汽车、电视机、洗衣机、空调、生活日用品等。

(3) 多品种和小批量。对于顾客化的产品，只能采取多品种和小批量生产战略。当今世界呈现顾客的消费多样化、个性化态势，企业只有采用这种战略才能立于不败之地、但是多品种小批量生产与生产效率存在一定的矛盾。对大众化的产品一般不应该采取这种战略，否则，遇到采用低成本和大批量的企业就无法去竞争。

(4) 高质量。无论是采取低成本、大批量，还是多品种小批量，都必须保证质量。但是质量不是越高越好，而是根据目标市场消费者的要求和购买力来确定的，切忌盲目地追求高质量。

(5) 混合策略。将上述几种策略综合运用，实现多品种、低成本、高质量，可以取得竞争优势。现在人们提出的"顾客化大量生产"或称"大量定制生产"，或称"大规模定制生产"，既可以满足用户多种多样的需求，又具有大量生产的高效率，是一种新的生产方式。

2. 产品或服务的选择、开发与设计

企业进行生产运作，先要确定向市场提供哪些产品或服务。即产品或服务选择和决策问题。产品或服务确定之后，就要对产品或服务进行设计，确定其功能、型号、规格和结构，然后要对如何制造产品或提供服务的工艺进行选择，对工艺过程进行设计。

1) 产品或服务的选择

产品本质上是一种需求满足物。产品是通过它的功能来满足用户某种需求的。而一定的功能是通过一定的产品结构来实现的，满足用户需求，可能有不同的功能组合，而不同的功能组合又是由不同的产品来实现。因此，可能有多种产品满足用户大体相同的需求。这就提出了产品选择问题。例如同是为了进行信息处理，是生产普通台式电脑还是生产笔记本电脑？同是为了货物运输，是生产轻型车还是生产重型车？必须作出选择。产品选择需要考虑以下因素。

(1) 市场需求的不确定性。需求的不确定性表现以下几个方面：

一是不同人需求不同带来的不确定性。人的基本需求无非是食、衣、住、行、保健、学习和娱乐等方面，可以说变化不大，但不同的人在满足需求的程度和要求上的差别却是巨大的。同样是对居住的需求，简陋的茅屋可以居住，配有现代化设备的高级住宅也是供人居住的。显然，这两者对居住需求的满足程度和要求上的差别是很大的。

二是人们对需求的追求是无限性带来的不确定性。由于人们对需求满足程度和要求的追求是无止境的，因而对产品功能的追求无止境；随着科学技术进步速度的加快，竞争的激烈化，人们"喜新厌旧"的程度也日益加强，产品要不断地推陈出新，这就加剧市场需求不确定性。特别是当某企业推出全新的产品，使得原来畅销的产品一落千丈。手机、MP3、电脑等电子产品不断地更新最为典型。因此，选择产品时要考虑不确定性，要考虑今后几年内产品是否有销路。

(2) 外部需求与内部能力之间的关系。市场不需要的产品企业再强的技术能力和生产能力也不应该生产。同时也要看到对于市场上需求虽大的产品，若与企业的能力差别较大，企业也不应该生产。企业在进行产品决策时，要考虑自己的技术能力和生产能力与外部需求的匹配。一般地讲，在有足够需求的前提下，确定生产一个新产品取决于两个因素：

一是企业现有能力。这个能力主要体现在生产能力、技术开发能力、市场开发能力、资源整合能力等，不要看到市场上什么产品赚钱就生产什么，与企业的能力差别大的产品就不应该生产。汽车制造厂的主要任务是生产汽车，决不能因为彩色电视机走俏就去生产彩色电视机。因为汽车制造厂的人员、设备、技术都是为生产汽车配备的，资产的专用性强，要生产彩色电视机等于放弃现有的资源不用，能力上完全没有优势可言，是无法与专业生产厂家竞争的。当然，主要任务也会随环境变化而改变，如现在汽车制造厂可能就要生产电动汽车或者太阳能汽车。

二是企业的优势与特长，能否构建核心竞争优势。与同类企业比较，本企业的特长决定了生产什么样的产品。如果选择没有优势的产品，一旦参加竞争，必败无疑，例如本田的发动机技术、可口可乐的品牌与配方等都它们的核心竞争优势。

(3) 原材料、外购件的供应。企业选择了某种产品，要制造该产品必然涉及原材料和外购件的供应。若没有合适的供应商，或供应商的生产能力或技术能力不足，这种产品也不能选择。

(4) 企业内部各部门工作目标上的差别。通常企业内部划分为多个职能部门，由于各个职能部门由于工作目标不同，在产品选择上会发生分歧，如果不能解决这些分歧，产品决策也难以进行。如生产部门追求高效率、低成本、高质量和生产的均衡性，希望品种个数少一些，产品的相似程度高些，即使有变化，也要使改动起来不费事；销售部门追求市场占有率，对市场需求的响应速度和按用户要求提供产品，希望扩大产品系列，不断改进老产品和开发新产品；财务部门追求最大的利润，要求加快资金流动，减少各种费用，降低企业的风险，一般说来希望销售立即能得到利润。出于职能部门工作目标上的差异，往往造成产品决策的困难。销售部门要求创新、发展，愿冒风险，要求保持广而全的多种产品的生产线。财务部门往往要守住成功的产品，以扩大销售；生产部门由于追求低成本和简化的管理而要求尽可能生产少的品种。这些部门之间的矛盾只能通过最高管理层协调解决。

2) 产品或服务的开发与设计策略

(1) 跟随者还是领导者。企业在设计产品或服务时是新技术的领导者还是作跟随者，是两种不同的策略。领导者就需要不断创新，需要在研究与开发方面作出大量投入，因而风险大。但领导者可以使企业领导新潮流，拥有独到的技术，在市场竞争中始终处于领先地位。英特尔公司就是采用的领导者的策略。跟随者只需要仿制别人的新产品，花费少，风险小，但得到的不一定是先进的技术。如果跟随者善于将别人的技术和产品拿过来进行改进，则有可能后来居上。还有一个是采用最先进的技术还是采用适用技术的问题。最先进的技术一旦拥有，优势在手，但采用先进技术的费用高、风险大。适用技术不一定是最先进的技术，但它是符合企业当前发展的、经过使用检验技术。采用适用技术花费少，风险也小。

(2) 自己设计还是请外单位设计。同自制或购买决策一样，对产品开发和设计也可以自己做或请外单位做。一般来说涉及自己的核心或独特技术必须自己做。

(3) 花钱买技术或专利。利用大学和研究所的成果来开发新产品，节约研究与开发的费用不失为一种好的办法。巴特尔研究所曾为施乐公司开发复印机产品，强生公司曾利用宾州大学的专门技术开发治疗粉刺和皱纹的 Retin—A 产品，利用哥伦比亚大学的专门技术开发一种治癌药品。企业通过购买大学或研究所的生产许可证、专利权和设计，不仅少冒风险，而且节约了开发和设计的时间。

(4) 做基础研究还是应用研究。基础研究是对某个领域或某种现象进行研究，但不能保证新的知识一定可以得到应用。基础研究成果转化为产品的时间较长，而且能否转化为产品的风险很大，但是一旦基础研究的成果可以得到应用，对企业的发展将起很大的推动作用。例如 Dow 化学品公司在 1982 年投入 50 万美元研究一种陶瓷化合物，这种陶瓷化合物与钢铁一样坚硬，却只有其一半的重量，几年以后，公司就发现这种陶瓷化合物可以用于装甲车等军事装备。

应用研究是根据用户需求选择一个潜在的应用领域，有针对性地进行的研究活动。应用研究实用性强，容易转化为现实的生产力。但应用研究一般都需要基础理论的指导。

3. 生产运作系统的设计

生产运作系统的设计对生产运作系统的运行有先天性的影响,它是企业战略决策的一个重要内容,也是实施企业战略的重要步骤。生产运作系统的设计有4方面的策略,即选址、设施布置、岗位设计、工作考核和报酬。

1) 选址

生产服务设施建在什么地点的问题,对企业的运行效率和效果都有先天性的影响。在当年"要准备打仗"的思想指导下,一些工厂进了山沟或山洞,即所谓的"三线建设",造成今天生产成本高、难管理、难发展的局面。大学、餐馆、商店也都有选址问题。有的大学就是因为过去迁址造成今天难以发展的局面。

在工厂建成运行之后,有时也需要扩大生产能力。采取扩充现有设施的办法比较经济易行,但往往受到空间的限制。另一种办法就是购买或租赁厂房或服务设施,但不一定能够满足要求。第3种办法是另找地方建造新设施。这种办法选择的余地较大,但需要大量资金。设施还有一个集中还是分散安放的问题。

2) 设施布置

设施布置对生产运作的效率有很大影响。设施布置不当,会造成运输路程长,运输路线迂回曲折,不仅浪费了人力、物力资源,而且延长了生产周期。

不同生产类型的设施布置形式不同:对大量大批生产,一般采用对象专业化的流水线布置。对多品种小批量生产,一般采用按工艺专业化布置,即将完成相同功能的机器设备布置在一起,功能布置有柔性,但物料运送的路线长。第三种是固定位置布置。按照固定位置布置,将原材料、零部件和人员集中到一个特定的地点,被加工的工件不动,机器设备和工具按加工需要配置,使用过的设备和工具随时拿走。飞机制造就是采用固定位置布置,大型电站锅炉的安装也是固定位置布置。采用固定位置布置的原因很简单:工件太大,不能移动。外科手术也是固定位置布置,病人在动手术时是不能移动的。第四种布置是生产单元。按生产单元布置,把不同的设备集中到一起,进行有限范围内的产品生产,在生产单元中,机器设备不动,工件的移动也很有限。除了生产设备布置以外设施布置还包括物料传送方法和其他服务性设施的选择和配置。

3) 工作设计

工作设计是制定与每个员工工作有关的活动的正规的和非正规的说明。包括:工作的结构和程序的设计,各个工作岗位以及员工之间关系,工作设计有不同的指导思想和方案。一种是进行专业化分工很细,使每个员工只完成简单的操作,这样可以提高工作效率,从而提高生产系统的产出。福特最早的流水生产线上的工作就是这样设计的。这种方式中员工工作效率高但工作单调乏味,遭到工人的反对。另一种是分工较粗,每个员工可从事不同的操作,使工作丰富化。这样提高员工的工作兴趣,但在一定程度上牺牲了效率。

在工作设计上要正确处理人——机分工关系。现在完全用手工进行工作的情况很少。一般都使用机器(包括计算机)来完成既定的任务。因此,在工作设计时要正确处理人机分工问题。人是灵活而富有创造性的,适用于完成非例行的工作;机器比人更持久、更准确地完成程序化的工作,但没有人的能动性。如果让人做机器能做的事,浪费了宝贵的人力资源。工作设计还要使机器和工作环境适合人的能力和需要,而不是相反。道理很简单:人不能重新设计来适应机器,机器可以重新设计来适应人。

4) 工作考核和报酬

对员工的工作业绩要进行考核,并将考核结果与报酬挂钩。这样才能激励员工努力工作,不断改进工作方法,发挥创造性,提高工作效率。通常有两种计酬的办法:计时工资和按员工贡献计算工资。计时工资一般适用于难以量化的工作岗位,如会计、生产计划员、管理人员等,按员工贡献计算工资一般适用容易量化的工作岗位,如生产一线的员工的计件工资制、销售人员按完成销售额计算等。

3.3 战略配合——和战略相适应的生产与运作活动

3.3.1 与战略相适应的生产与运作活动

企业生产与运作的所有活动的组成部分都是相互关联的,使这些活动富有成效就意味着最大限度的降低总成本;另一方面使企业活动有效果意味着利用一系列业务组合来支持公司战略。以美国西南航空公司为例,它定位于航班公交化服务,即快速地面周转,班次运转频繁,飞机的利用率高,高度便利和成本低廉。西南航空是如何做到这些呢,公司高薪聘请的地面和机场工作人员,灵活的企业制度使它们的地面周转工作效率得到增强。但更大一部分答案来自于西南航空是如何减少与其定位相冲突的业务。如没有简餐提供,没有座位预订,没有航班间的行李转送,挑选飞行路线和机场尽量避开那些会引起误机的繁忙机场,统一使用波音737客机。所有这些活动都支持了它的航班公交化定位,并且相互增进。西南航空的竞争优势的来源于公司各项运作活动与战略配合以及他们的相互强化。

延伸阅读

美国西南航空公司战略配合

成功的标志 几乎用任何标准来衡量,美国西南航空公司都是一家非常有效和非常成功的公司。成立于1971年的西南航空公司是由4家航空公司合并而成的,到1993年,它已经成为美国排名第7位的航空公司。拥有141架飞机,年营业额达到12亿美元,净利润接近7 500万美元。1993年度的统计数字尤其给人留下深刻印象,这是因为像德尔塔航空公司(Delta)、美国航空公司(American)和联合航空公司(Unite)在此期间都出现大量亏损。而在西南航空公司22年的经营中,除最初两年外,年年盈利。当其他航空公司挣扎在破产线上,解雇司乘人员和机械师,关闭某些航线时,西南航空公司却在大张旗鼓地推进它的增长计划,购买更多的飞机,开辟新航线,招聘新人员。

西南航空公司是所在产业中的一家低成本经营者,它的每有效座位每英里的成本仅为6.5美分,而美国航空公司为9美分,US航空公司(US Air)为15美分。但是或许西南航空公司最突出的成功标志是它的高效率,它因此而赢得了11次美国运输部颁发的"三重皇冠"奖——最佳正点率、最佳飞行安全记录和最少投诉次数,还没有哪家航空公司赢得过这种荣誉。

西南航空公司的定位 西南航空公司的宗旨直截了当,定位于航班公交化服务,即快速地面周转,班次运转频繁,飞机的利用率高,高度便利和成本低廉。公司决心成为航空运输产业中成本最低的经营者。为了实现这一宗旨,公司向顾客提供不加虚饰的服务。

西南航空公司低廉的票价带来了飞机的满员和顾客的忠诚,并且使竞争者纷纷退出市场,不再与西南航空公司便宜透顶的票价竞争。

高效率 虽然其他主要航空公司都装备了昂贵的计算机化的机票预定系统,西南航空公司却并不盲目仿效。在西南航空公司的飞机上,不设头等舱座位,就像在公共汽车上一样;检票员按先来先登机原则发放可重复使用的编了号的塑料登机卡;在飞机上不供应餐点。公司总裁赫布凯莱赫甚至于决定将公司飞机机舱前部的壁橱去掉。他这样做不是为了增加更多的座位,而是为了缩短乘客上下飞机的时间。由于西南航空公司的所有飞机都实行不对号入座,所以第一个登机的乘客会径直走向机舱前部的壁橱,放好自己的行李并选择最近的座位坐下。当飞机着陆时下飞机的乘客不得不等着前排乘客在壁橱里翻找自己的行李。这种"不加装饰"的方法,使旅客上下飞机所用的时间很短——大约15分钟左右,每天每架飞机平均飞11个班次。当你看到西南航空公司的检票员、机械师和地勤人员在飞机转港的短暂间隙中的工作情景时,你会联想起赛车中途的修理站上动作精确的作业小组。其结果是公司的效率水平和经营成本绝对领先于竞争对手。

飞机的标准化 西南航空公司只有一种型号的飞机,即省油的波音737飞机。设备的标准化降低了零件库存成本,并使维修人员和飞行训练减至最少。

市场选择 西南航空公司基本上没有枢纽站,都是短程的、点对点的航班,平均飞行时间为55分钟。正因为如此,它不与其他的航班联运,也不需要转运行李。

西南航空公司的市场有34个城市,分布在美国15个州里,它集中服务于阳光地带和中西部地区,向东最远到克利夫兰市。但是,虽然西南航空公司服务的城市数量是有限的,但它在这些城市中间提供大量的航班。例如,公司每天有78个航班往返于达拉斯和休斯敦之间;有46个航班往返于菲尼克斯和洛杉矶之间;有34个航班往返于拉斯维加斯和菲尼克斯之间。这使竞争者要想达到西南航空公司的服务频率几乎是不可能的。

低票价 当西南航空公司宣称它将提供最低的票价时,它绝不是在说大话,它的平均票价只有58美元。在1991年,西南航空公司新辟了圣路易斯——堪萨斯城航线,以及1992年新辟了克利夫兰——芝加哥的航线后,这两条航班的票价从300美元下降到59美元。在西南航空公司的大多数市场上,它的票价甚至比城市之间的长途汽车票价还便宜。正如公司首席执行官凯莱赫所说的,"我们建立了一个巩固的细分市场——我们的主要竞争者是汽车,我们正在从丰田汽车公司和福特汽车公司手中争夺顾客。"

低经营成本和低债务 西南航空公司每年花在每个工人身上的工资和福利费,平均为43 707美元,相比之下,德尔塔航空公司为58 816美元。而产业的平均水平为45 692美元。此外,今天的大多数航空公司都背负着沉重的债务,而西南航空公司的资产负债率仅为49%,是美国的航空公司中最低的。公司还享有航空运输产业中最高的标准一普尔(Standard & Poor)资信等级。

雇员忠诚 从公司成立那天起,作为创始人和首席执行官的赫布凯莱赫,就试图使西南航空公司成为一个愉快的工作场所。他常和雇员们无拘无束地闲谈,他们称呼他"赫布大叔",他常参加设在达拉斯的公司总部的周末晚会,鼓励像乘务人员扮演的滑稽小丑这样的小闹剧,像击鼓传令这样的小游戏,他给袜子上有最大窟窿的乘客发奖品。飞机乘务员在复活节的晚会上穿着小兔服装,在感恩节穿着火鸡服装,在圣诞节戴着驯鹿角,凯莱赫自己还经常穿着小丑套装或小精灵戏装扮演各种角色。他这样做的目的是培育同心协力的精神,这有助于提高生产率。

凯莱特的方法看来挺有效,雇员们工作得很辛苦但却毫无怨言,他们为受到尊重而自豪,并且喜欢他们的工作。西南航空公司雇员的流动率为7%,这在这个产业中是最低的。你在哪家公司听到过雇员尖锐地批评管理当局给他们分派的工作太少吗?1985年时,西南航空公司在堪萨斯城的维修主管就感到有劲没处使,以至于他们的4个人组织了一个"无聊俱乐部",请求管理当局增加航班,当时每天只有3个航班。一位成员抱怨说:"我们在两次航班之间有2~3个小时的空闲时间,只能来回打扫卫生。"现在这个"俱乐部"解散了,因为西南航空公司每天有37个航班飞抵堪萨斯城。

管理当局并不认为公司喜欢开玩笑的文化可以自然地延续下去。最近,公司成立了一个由44名员组成的团队,这些员来自四面八方,他们的任务是设计出一些方式,当公司成长和繁荣时,仍能保持那种亲密的和不那么严肃的文化。

使顾客满意 西南航空公司的过去和未来,都取决于能否满足顾客的需要。低成本加上大量的航班和可靠的服务,换来的是日益增多的高度忠诚的顾客。在加利福尼亚州,西南航空公司在那里逐渐占据了统治地位。一些家住在圣何塞的居民,驱车一个小时到奥克兰搭乘西南航空公司的飞机,而不去当地的机场,

第3章 生产与运作战略

尽管美国航空公司在那里设有枢纽站。类似地,许多亚特兰大的居民放弃德尔塔航空公司设在那里的大型基地,驱车150英里去亚拉巴马州的伯明翰搭乘西南航空公司飞机,以至于有位企业家专门开辟了这两个机场之间货运业务。

"的确,你在飞机上像被放牧一样对待,并且确实你只享受到花生和饮料",俄克拉荷马州塔尔萨的一家石油研究企业的副总裁理查德斯皮尔斯说,"但是西南航空公司尽一切努力使你准时到达所要去的地方,这是最重要的。"

凯莱赫看来很清楚他应当做什么。自从1971年西南航空公司作为上下班性质的小航空公司诞生以来,凯莱赫已将它发展成为美国第八大航空公司,顾客喜欢西南航空公司的低票价和准时,该公司将近85%的航班每15分钟或不到15分钟就有一班(其他主要的航空公司平均要隔上1个小时)。西南航空公司是美国极少数获利的航空公司之一。通常西南航空公司的飞机每天在空中的飞行时间达11个小时,而该行业的平均飞行时间为8小时。

资料来源:[美] 迈克尔·波特. 竞争论[M]. 北京: 中信出版社, 2009. 改编整理。

3.3.2 生产与运作战略配合的框架

生产与运作战略不是凭空想象的,它必须纵向上与顾客相连接,横向上与企业其他部门相连接,图3.1显示了顾客的要求,产品的性能重点和制造运作的要求同企业运作和满足要求的企业资源能力之间的联系。企业高层管理人员的战略眼光决定战略框架结构。通常讲这种战略眼光包括对目标市场、企业的生产线以及运作能力的确认。

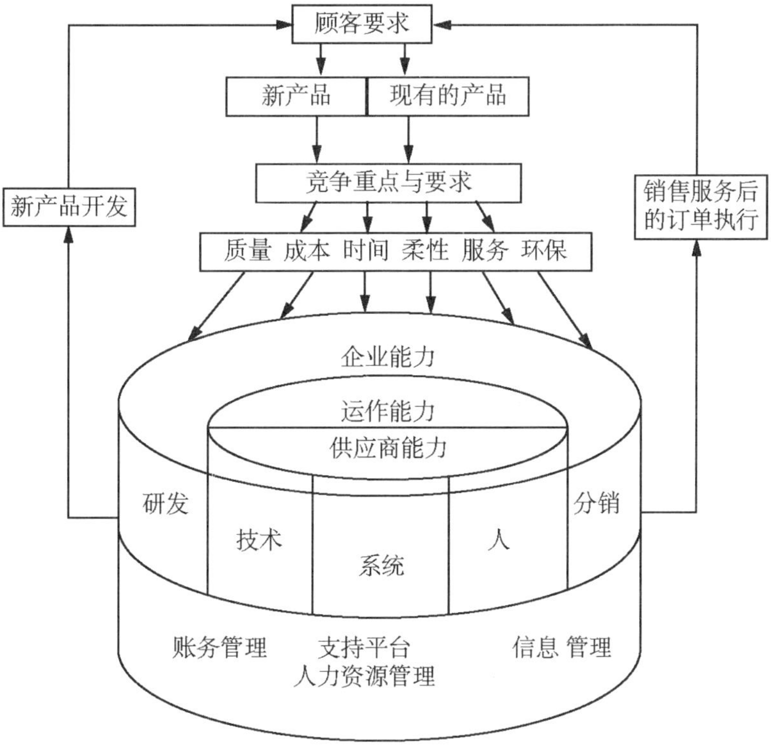

图 3.1 运作战略框架:从客户需求到完成订单

注意点:好的战略必须要相应配套的活动或措施来支撑才行。

本 章 小 结

本章首先对战略作了简单的概述,主要讲述了战略、企业战略、企业战略管理的概念,企业战略的特点、战略的层次、战略管理的过程;其次着重讲述了生产与运作战略的概念、特征、生产与运作竞争的重点、生产与运作战略决策以及战略管理的内容;最后讲述了与生产与运作战略相配套问题。

思 考 题

1. 判断题(正确的打"√",错误打"×")

(1) 未来是变化莫测,计划跟不上变化,制定战略没有意义。 (　)
(2) 战略是一种定位。 (　)
(3) 战略管理是由高层来制定的。 (　)
(4) 企业战略管理过程包括战略分析、战略选择、战略实施。 (　)
(5) 生产与运作战略属于职能战略层。 (　)
(6) 生产与运作战略竞争的重点是质量、成本、效率。 (　)
(7) 生产与运作战略是决定于企业战略。 (　)
(8) 生产与运作战略的成功实施决定于各项生产与运作活动配合与协调。 (　)

2. 单项选择题

(1) 下列不属于对战略 5P 理解的是(　)。
　　A. 战略是一种计划　　　　　　B. 战略是一种计策
　　C. 战略是一种定位　　　　　　D. 战略是一种方法
(2) 企业战略管理的特点是(　)。
　　A. 全局性　　B. 及时性　　C. 可操作性　　D. 时间性
(3) 生产与运作战略属于(　)。
　　A. 业务层战略　B. 职能战略　C. 竞争战略　D. 总体战略
(5) 下列不属于生产与运作战略的特征是(　)。
　　A. 从属性　　B. 一致性　　C. 贡献性　　D. 全局性
(6) 下列哪一项不属于生产与运作战略竞争的重点?(　)
　　A. 制造柔性　B. 时间　　C. 品种　　D. 环保
(7) 某企业实行的是低成本战略,下列哪一项活动开展与该战略不太相吻合?(　)
　　A. 产品差别化　　　　　　　　B. 采用流水线生产
　　C. 服务项目适当　　　　　　　D. 采购成本低于同行业

3. 掌握基本概念:战略、企业战略、企业战略管理、生产与运作战略。

4. 问答题

(1) 企业战略管理过程是什么?
(2) 生产与运作战略的竞争重点有哪些?
(3) 生产与运作战略的特征是什么?
(4) 生产与运作战略管理的内容是什么?
(5) 产品选择时应考虑哪些因素?

第3章 生产与运作战略

 案例分析

沃尔玛经营战略：低成本与满意服务

1962年，山姆-沃尔顿在他的第一家商店挂上沃尔玛招牌后，在招牌的左边写上了"天天平价"，在右边写上了"满意服务"。38年来，这两句话几乎就是沃尔玛全部的经营哲学，从一家门店发展到4 000家门店，这一原则从未更改过。

"天天平价"——成本领先战略的经营典范

根据零售轮转理论，成本领先战略往往是新兴零售业态企业后来居上的有力武器，这一战略的实施涵盖了商品购、存、销流转过程所有环节上的成本和费用控制，只有降低商品的进价成本和物流成本、降低商品的经营管理费用，才能实现商品流转的全过程的成本费用的控制。在这方面，沃尔玛无疑是零售业成本领先战略最彻底实施者和经营典范。

沃尔玛的经营宗旨是"天天平价，始终如一"，它指的是"不仅一种或若干种商品低价销售，而是所有商品都是以最低价销售；不仅是在一时或一段时间低价销售而是常年都以最低价格销售；不仅是在一地或一些地区低价销售，而是所有地区都以最低价格销售"。正是力求使沃尔玛商品以其他商店更便宜这一指导思想使得沃尔玛成为本行业中的成本控制专家，它最终将成本降至行业最低，真正做到了天天平价。我们来看看沃尔玛是如何做到这一点的。

进货成本控制。进货成本是企业成本控制的重点，尤其是零售企业成本控制的关键。要取得较低的进货成本，必须大批量进货、大批量销售，享受价格上的批量折扣优惠，充分发挥现代大商业的规模效应。企业将这种大批量低成本进货优势，进一步转化为相对较低的价格竞争优势，从而形成对消费者的购买欲的有效刺激，并使零售企业在激烈的竞争中占有主动权，形成企业经营的良性循环。

在进货方面，沃尔玛采取了以下做法降低成本；一是采取中央采购制，尽量实行统一进货。尤其是在全球范围内销售的高知名度商品，如可口可乐、柯达胶卷等，沃尔玛一般将一年销售的商品一次性签订采购合同，由于数量巨大，其价格优惠远远高于同行，形成他人无法比拟的优势；二是买断进货，并固定时间结算。由于零售市场的变化莫测，为了规避经营风险，许多商家纷纷采用代销的经营方式，把风险转移给厂家承担，但这也提高了零售企业的进货成本。而沃尔玛却实施买断进货政策，并固定结算货款，决不拖延，这虽然要冒一些商品积压、滞销的风险，却可以大大降低进货成本，赢得供应商的信赖；三是和供应商采取合作的态度。沃尔玛由于采购量巨大，一般从工厂直接进货，并同供应商保持长期合作的关系，通过电脑联网，实现信息共享，供应商可以第一时间了解沃尔玛的销售和存货情况，及时安排生产和运输。由于效率的提高，供应商成本降低，沃尔玛也就能将从中获得的优惠让利给顾客。这种合作模式下，供应商、沃尔玛和顾客三者都是赢家。

物流成本控制。它是衡量零售企业经营管理水平的重要标志，也是影响零售企业经营成果的重要因素。快捷的信息反馈和高效的物流管理系统，可以使商品库存量大大降低，资金周转速度加快，企业成本自然降低。沃尔玛在物流管理上也让同行望尘莫及，沃尔玛建立了强大的配送中心系统，拥有全美最大的私人卫星通信系统和最大的私人运输车队，所有分店的电脑都和总部相连，配送中心从收到店铺的订单到向生产厂家进货和送货，只要2天的时间，而美国另两家大型折扣商店凯玛特和达格特则需要5天。沃尔玛的物流费用率比后者低60%以上。沃尔玛的物流效率之所以高，是因为他们运用了最先进的信息技术，集团专门从事信息系统工作的科技人员有1 200多人，每年投入信息的资金不下5亿美元。90年代初，沃尔玛就在公司总部建立了庞大的数据中心，全集团的所有店铺、配送中心和经营的所有商品，每天发生的一切与经营有关的购销调存等详细信息，都通过主干网和通信卫星传送到数据中心。管理人员根据数据中心的信息对日常运营与企业战略作出分析和决策。沃尔玛的数据中心也与供应商建立了联系,从而实现了快速反应的供应链管理。厂商通过这套系统可以进入沃尔玛的电脑配销系统和数据中心,直接从 POS 得到其供应的商品流通动态状况,如不同店铺及不同商品的销售统计数据、沃尔玛各仓库的存货和调配状况、销售预测、电子邮件与付款通知等等,以此作为安排生产、供货和送货的依据。生产厂商和供应商都可通过这个系统查阅沃尔玛产销计划。这套信息系统为生产商和沃尔玛两方面都带来了巨大的利益。

其他费用控制。沃尔玛的成本控制,体现在任何细小的环节上。在沃尔玛的各级管理人员办公室里,看不到昂贵的办公用品、家具和地毯,也没有豪华的装饰,公司还经常鼓励员工尽力为节省开支出谋划策,并不断奖励和提拔那些在损耗控制、货品陈列和商品促销有创意的员工。沃尔玛商店装修简洁,商品多采用大包装,同时店址绝不会选在租金昂贵的商业繁华地带。此外,沃尔玛尽量减少广告费用,他们认为保持"天天平价"就是最好的广告。在零售业同行中,沃尔玛的广告费用最低,但销售额最大。下面是沃尔玛在成本控制方面与同行比较的一些数据,从中可以看出沃尔玛成本领先战略实施所形成的竞争优势。

沃尔玛在成本控制方面的水平

项目	沃尔玛	行业平均水平
进货费用	(占商品总成本的比例)3%	4.5%~5%
	由分销中心供货比例 85%	50%~60%
补货时间	(商店开出订单到得到补货的平均时间间隔)2 天	5 天
管理费用	(占总销售额比例) 2%	5%
商品损耗率	1.2%	3%~5%

"满意服务"——差异化战略的实施标准

沃尔玛除了成本控制在同行胜出之外,其经营秘诀还在于不断地去了解顾客的需要,设身处地为顾客着想,最大程度地为顾客提供方便。沃尔顿常说:"我们成功的秘诀是什么?就是我们每天每个小时都希望超越顾客的需要。如果你想象自己是顾客,你会希望所有的事情都能够符合自己的要求——品种齐全、质量优异、商品价格低廉、服务热情友善、营业时间方便灵活、停车条件便利等等。"因此,沃尔玛尽管以货仓式经营崛起于零售业,其经营方式决定了不可能提供过多的服务,但他们始终把超一流的服务看成是自己至高无上的职责。在所有沃尔玛店内都悬挂着这样一条标语:1.顾客永远是对的;2.顾客如果有错误,请参看第一条。沃尔玛不仅为顾客提供质优价廉的商品,同时还提供细致盛情的服务。如果顾客是在下雨天来店购物,店员会打着雨伞将他们接进店内和送上车。有一次,一位顾客到沃尔玛寻找一种特殊的油漆,而店内正好缺货,于是店员便亲自带这位顾客到对面的油漆店购买。沃尔玛经常对员工说:"让我们以友善、热情对待顾客,就像在家中招待客人一样,让他们感觉我们无时无刻不在关心他们的需要。"

由于顾客服务是一种无形的软性工作,因人而异,服务的提供者总会出于心情、身体状况这样那样的原因影响服务时的质量,也会由于每个服务人员的个人素质、经验、训练程度的差异造成服务水平差异。为了消除服务水平差异,沃尔玛建立了规范化的服务标准。这些服务标准十分具体简洁,绝不含糊,例如,美国沃尔玛商场的员工被要求宣誓:"我保证:对三公尺以内顾客微笑,并且直视其眸,表达欢迎之意。"在员工培训时,公司甚至要求员工微笑的标准是上下露出一排八颗牙齿,沃尔玛这样告诫第一天进店的员工:"顾客来到商店,是他们给我们付工资的。这样无论如何,我们都要好好对待顾客,永远要尽力帮助顾客,永远要走到顾客的身边,问他们是否需要帮助。"

沃尔玛还宣称:"我们争取做到每件商品都保证让你满意,如果不满意,可以一个月内退货,并拿回全部货款。"沃尔玛之所以这样做,不仅仅是因为它在保持平价的同时,尽量采购名牌优质产品,商品质量有保证,更重要的是它认为,重新夺回一个顾客所耗费的成本,比保持现有顾客要多五倍,因此,沃尔玛宁可要回一件不满意的商品,而不愿失去一位不满意的顾客。1999 年 10 月,沃尔玛现任总裁李斯阁来到中国，他认为：中国的零售业，发展速度会非常快，竞争也将异常激烈。除了跨国公司的介入，中国国内的零售企业也会成长起来。大家都有众多机会，同时也会面临激励竞争的挑战，怎样对待顾客和合作伙伴将是竞争中最终取胜的关键。时刻考虑顾客需要，并满足顾客需要，尊重顾客、服务顾客是最重要的。

正是这种时刻把顾客需要放在第一位，善待顾客的优良服务品质，以及在价格上为顾客创造价值的经营战略。使沃尔玛赢得了顾客的信任，从而带来了巨大回报。"顾客永远是对的。"这句沃尔顿先生对同仁的告诫一直流传至今，并一直在为沃尔玛的繁荣发挥着不可估量的作用。

资料来源：价值中国，作者：肖怡，2013-02-16。

问题：
1．请用图示表示出沃尔玛的各项运作活动是如何配合低成本战略的。
2．请总结说明沃尔玛满意服务开展的内容，如何保持的。

第2篇 生产与运作系统的设计

第4章 产品开发与工艺流程的选择

学习目标

1. 理解新产品的概念、类型、动力模型、内容和责任以及关键性问题；
2. 了解新产品开发的程序，新产品开发的压力，产品设计对成本、质量、制造效率的影响；
3. 理解提高新产品开发效率的管理方法和产品开发效率的评价指标；
4. 了解产品生产流程的分类，理解不同流程特征比较；
5. 理解产品流程矩阵，流程设计中需要考虑的几个重要问题和影响因素，流程设计的决策方法；
6. 理解服务设计的概念，设计的方针和要素，了解服务设计的步骤。

 引例

"燕舞"守着巨额现金忽视新产品开发失败的教训

家喻户晓的"燕舞"收录机，在交通闭塞、信息不灵、工业基础薄弱的苏北，创建于 1967 年的盐城无线电厂(燕舞集团前身)直到 1981 年还是一个只能装配收音机的名不见经传的小厂，1982 年，燕舞员工历经千辛万苦终于在江苏全省第一个研制出"燕舞"收录机，并且在中国国内一炮打响，发展成为全国最大的收录机生产基地，跨入全国大型工业企业 500 强的行列，销量连续 8 年在全国收录机行业领先，成为中国知名度最高的音响品牌。"燕舞燕舞，一曲歌来一片情"这句脍炙人口的广告歌词亦真实描述了当初燕舞集团的鼎盛，使其在 20 世纪 80 年代末的中国家喻户晓，盐城燕舞集团的收录机产品也红遍大江南北。

"燕舞"商标在中国首届驰名商标评选活动中获得提名奖，并被评为江苏省著名商标。燕舞集团被吸收为中国驰名商标保护组织成员单位。

1993 年，燕舞在全国音响市场普遍萧条的情况下，实施了"创名牌、进名城、到名店"的战略，努力开拓国内外市场，从而再铸辉煌。全年共生产整机 114 万台，比上年增长 23%；实现销售收入 4.4 亿元，

第4章 产品开发与工艺流程的选择

比上年同期增长54%；利税2 300万元，比上年增长52%，外贸供货额2 500万元，比上年翻了一番。燕舞音响在全国获得了四个第一，组合音响知名度第一；满意度国内组合音响第一；全国市场收录机产品竞争力调查评价项目第一；主要经济技术指标第一。

但是，当时燕舞的负责人没有把力量放在新产品开发和技术革新上，没有把力量放在开拓市场上，而是把几千万元存在银行吃利息，以为这样就可以高枕无忧。不久，企业产品出现积压，销路不畅，很快被后起的音响制造厂家挤出了市场。几千万元存款不到几年就花光了，企业垮台了，工人下岗了，燕舞音响从此销声匿迹了。

录音机盛行时，燕舞是响当当的名牌，影碟机刚露头，燕舞却觉得"没有前途"，依然陶醉于录音机。当影碟机迅速淘汰录音机时，燕舞这才明白产品创新是如此厉害，但此时再上影碟机项目已是为时已晚。有关专家评价说，80年代中后期在我国电子产品市场上多次荣获"消费者实际购买品牌"、"消费者心目中理想品牌"、"消费者满意品牌"三项第一的"燕舞"，曾获得中国首届驰名商标评选活动提名奖，恰恰是由于品牌管理和新产品开发不力，使品牌失去了着力点，品牌价值无法延续下去。这个品牌所具有的巨大潜在价值也随之流失。

资料来源：节选自MBA智库百科，题目为编者所加。

产品开发与工艺选择是在企业经营战略指导下进行的。产品开发需要对产品系列、产品功能、质量特性、产品的成本、产品发展的步骤等作出决策。工艺是指加工产品的方法。从原材料的投入到成品产出，由多个工艺阶段构成制造过程，制造过程对于形成产品的功能、质量、成本有很大影响。此两项工作是生产系统设计中的前期任务，对企业的经营效果影响很大，风险也很大，需要认真考虑。

4.1 新产品开发概述

4.1.1 新产品的概念及类型

1. 概念

所谓新产品是指在一定的地域内，第一次生产和销售的，在原理、用途、性能、结构、材料、技术指标等某一方面或几个方面比老产品有显著改进、提高或独创的产品。新产品可以是在各个方面都有创新的、前所未有的全新产品，也可以是对老产品做出改进的产品。具体来说，新产品应具备下列特点。

(1) 具有新的原理、构思或设计。
(2) 采用了新材料，使产品的性能有较大幅度的提高。
(3) 产品的结构有明显的改进。
(4) 扩大了产品的使用范围。

新产品是以生产和销售为目的而产生的，上述这些特点确定了新产品具有先进性，同时也应具有实用性，能提高经济效益，具有推广的价值。如果产品的原理、结构、性能、工艺、材料等方面没有改变，只是在产品的外包装或表面装饰上进行改进，那么这种产品不能称作新产品。新产品是一个相对的概念，它具有地域性和时间性。某一个国家或地区的新产品，在另一个国家或地区往往不属于新产品；新产品通常只能在一段时间内具有先进性，当更先进的产品替代这种产品时，它也失去了新意，不能再称为新产品。

2. 类型

新产品按其具备的新质程度可分为以下几种。

(1) 全新产品。它是指采用科学技术的新发明创造所生产的、与原有产品不同的产品。全新产品一般是具有新原理、新技术、新结构、新工艺、新材料等特征，与现有任何产品毫无共同之处的产品，并具有明显的技术经济优势。全新产品的新发明是同科学技术的重大突破分不开的。它们的产生一般需要经过很长时间，花费巨大的人力、财力和物力，绝大多数企业都不易提供这样的产品。如第一次出现的飞机、电子计算机等产品都是全新产品。

(2) 改进新产品。它是指对现有产品在性能、结构、包装或款式花色等方面做出改进的新产品。它可以由基础型派生出来，或在变型基础上派生而成，如给纸烟加上过滤嘴，在普通牙膏中加入某种药物等。此类新产品开发技术难度较小，只要具有一定开发能力的企业都可以进行开发，因而是企业新产品开发经常采用的形式。

(3) 换代新产品。它是指产品基本原理不变，部分地采用新技术、新材料、新元件或新结构，从而使产品的功能、性能或经济指标有显著改变的产品。与老产品相比，换代新产品具有一定程度上质的变化和一定技术经济优势，开发技术难度较全新产品为小。如由电熨斗到自动调温电熨斗，又到无线电熨斗。

(4) 仿制新产品。它是指对市场已有产品进行仿制后，加上企业自己的厂牌和商标第一次生产的产品。从市场竞争和企业经营方面看，在发展新产品中仿制是不可排除的，因其有现成产品和技术可借鉴，技术难度和技术风险小，投入开发的人财物都相对少些，开发速度也最快，各种企业均可进行此类产品的开发，尤其适用于首创能力低的小型企业。

4.1.2 新产品开发的动力模型

(1) 技术驱动型。这种模式是指按照被称为 Seed Theory 的方式进行产品开发，也就是说从最初的科学探索出发，按照新发现的科学原理来开发新产品。例如，盘尼西林就是在进行结核菌的培养过程中首先发现，进而开发成产品的，晶体管也是这样。

技术驱动型的产品被称为 Production Oritened 产品，是以技术—生产—市场的模式出现，即"将研究结果推向市场"。全新产品一般属于这一类，如个人电脑、数码照相机等都是。但是，即使是技术驱动型产品，在制定产品的技术指标、型号规格的时候，也必须认真分析市场，分析竞争对手，制定出包括生产到销售的完整的事业计划(Business Plan)。

(2) 市场驱动型。这是按照所谓 Need Theory 方式，从市场需求出发进行新产品开发。也就是说，首先通过市场调查了解需要具有什么样功能和技术内容的新产品，然后按照商品的要求，对它的生产技术、价格、性能等方面的特性进行研究，进而再通过对该新产品的销售预测来决定如何开发。

市场驱动型的产品称为 Sales Oriented 产品，以市场—R&D—生产—市场的模式出现，即"把市场需求导入研究"。更新换代产品就属于这一类。如当今市场上的更新换代十分迅速的电冰箱、空调等家用电产品都是这样。

知识延伸

两种动力模式的比较

20 世纪 80 年代有一种观点认为，现代经济和产业的发展趋势使新产品开发的主流正在从技术驱动型转变为市场驱动型。但是在今天，一方面市场需求日趋多样化、个性化，对新产品提出了广泛的需求。而另一方面技术的发展也日新月异、十分迅速，它为满足新的需求，为创造新产品提供了科学依据和技术上的可能性。这两种驱动力量都在推动新产品的迅猛发展。所以不能说新产品开发的主流已由技术驱动型转变为市场驱动型了。日本索尼公司从美国西屋电器公司购得晶体管技术后，开发出了晶体管收音机和电视机，开创了世界范围的大市场，但是在晶体管诞生之前，人们根本不知道晶体管为何物。因此，无从产生对晶体管收音机和电视机的现实需求。只能说这种需求是潜在的，是被索尼公司开发的新产品发掘出来的。正如索尼公司的创始人之一盛田昭夫所说："我们的政策并不是先调查消费者喜欢什么产品，然后就去开发什么，而是用新产品去引导他们的消费需求。"全新的技术驱动型产品往往能带来规模巨大的市场需求，从而推动生产和市场的繁荣和发展。

但是潜在需求一旦形成了一定规模的市场后，市场就开始分化，顾客在产品的款式、功能、质量和价格等方面会不断产生新的期望。不同的顾客、不同的期望形成不同的需求层次，造成市场的分化。许多企业利用这一点，在满足这些不同的、有差别的需求上，后来者居上，在市场的角逐中最后成为细分化市场的占领者。美国齐尼思公司的例子能很好地说明这一问题。齐尼思公司是收音机、电视机、调频立体声广播系统等产品的开发者。在20世纪六七十年代它一直是这些产品的主要供商，但到了70年代末却不得不退出整个家用广播电视行业。这是因为后来日本企业能够生产出比齐尼思公司品种更多、质量更好、价格更便宜的产品，以适应各种家庭不同层次的需求。齐尼思公司被挤出家用广播电视市场是因为它虽有能力发明和开发全新型产品，却没有能力在开发适应细分化市场的改进型产品的竞争中取胜，到了80年代，整个美国的家用广播电视产品市场几乎全部被日本人占领。

后来者居上取得成功的另一个典型例子是日本的丰田汽车公司。在汽车工业的发展史上，日本比欧美工业发达国家要落后很多，但是丰田公司打破汽车工业的传统生产方式(大量流水线生产)，以其高超的管理技术创立了多品种小批量丰田生产方式，适应当时国内市场的多种需求，并且在高质量和低成本上取得了成功。后来利用20世纪70年代石油危机的机遇，迅速推出节能省油的小型轿车，并一举打入欧美汽车市场，以后又扩大车型范围，向中、高档车型进军，丰田汽车一时风靡全球，在世界市场的竞争中取得了骄人的业绩。

由上述分析可知，新产品开发的两种动力模式并无优劣之分，但是对于一个企业来说，适宜采用何种开发策略，则应根据企业的具体条件来决定。多品种生产的大型企业，由于它面对的市场范围广，各产品的市场竞争形势复杂，所以往往需要根据不同的情况采用不同的开发模式，而中小企业则因为力量有限，通常适宜把力量集中在一两个主要方向上。

资料来源：生产与运作管理，田英主编，西北工业大学出版社。

4.1.3 新产品开发的内容和责任

产品开发包括许多活动，其涉及的具体内容和责任如下(括号内为需要合作的职能部门)。
(1) 将顾客的愿望和需要转化为产品和服务的要求(营销部门、运营部门)。
(2) 改进现有的产品和服务(营销部门、运营部门)。
(3) 开发新产品或服务(营销部门、运营部门)。
(4) 制定质量目标(营销部门、运营部门)。
(5) 制定成本目标(会计部门、财务部门、运营部门)。
(6) 建造和测试样品(运营部门、营销部门、工程部门)。
(7) 制定规范。
(8) 把产品和服务规范转变为流程规范(工程和运营要求)。

产品和服务设计几乎涉及或影响到组织每个职能领域，主要是涉及市场营销和运营部门。

4.1.4 开发新产品要回答的关键问题

从购买者的角度看,多数购买决定基于两个方面的考虑:一是成本;二是质量或性能。从组织的角度来看,要回答的关键问题有:

(1) 必要性。潜在的市场份额有多大?预期的需求情况如何(是长期还是短期、快速增长或缓慢增加)?

(2) 能力。企业有无必需的知识、技能、设备、运营能力和供应链能力来设计这种产品?对产品来说可制造性,对服务来说可服务性。同时部分或全部外包是否是一种备选方案?

(3) 质量要求。顾客的预期是什么?竞争对手提供的相似产品的质量水平如何?与我们当前提供的产品符合性如何?

(4) 经济性。可能的产品责任、道德问题、可持续性问题、成本和利润如何?对非营利组织来说成本是否在预算范围之内?

注意点: 对这些问题的正确回答是确定企业是否具备开发新产品的能力,以及开发出的新产品能否适应顾客和市场的要求。

4.1.5 产品和服务设计或再设计的原因

各个组织关注产品或服务的原因不同,促使组织进行设计或再设计的主要原因是市场机会和威胁。导致市场机会和威胁的产生是下列一个或多个因素变化的结果:

(1) 经济方面,主要是居民收入的变化引起需求的变化,产品成本与利润关系调整等。

(2) 社会和人口方面,主是生育高峰、人口流动、居民受教育程度以及消费观念的变化等。

(3) 政治、责任或法律方面,主要是政府换届、安全问题、新的法律法规。

(4) 竞争方面,主要是市场上出现了新产品或服务、竞争规则改变、新的竞争策略等。

(5) 成本或可得性,主要是有关原材料、零部件、劳动力成本或可得性发生改变。

(6) 技术方面,主要是新技术、工艺、材料的出现。

以上各种因素发生变化时对产品和服务设计都是有影响的,这些因素的变化不妨先考虑一下对产品和服务影响的方向和程度,能否通过产品或服务再设计解决问题。

注意点: 上述变化为企业与其说是提供了开发新产品的机会,还不如说是为企业提供发展、提升竞争能力的机会。

4.2 新产品开发的流程与管理

4.2.1 新产品开发流程

1. 新产品构思

新产品构思实际上包括了两方面的思维活动:一是根据得到的各种信息,发挥人的想象力,提出初步设想的线索;二是考虑到市场需要什么样的产品及其发展趋势,提出具体的产品设想方案。可以说,产品构思是把信息与人的创造力结合起来的结果。据美国 6 家大公司调查,成功的新产品设想,有 60%到 80%来自用户的建议。一种新产品的设想,可以提出许多的方案,但一个好的构思,必须同时兼备两条:一是构思要奇特,创造性的思维,就需要有点异想天开。富有想象力的构思,才会形成具有生命力的新产品。二是构思要接近于可行,包括技术和经济上的可行性。

2. 新产品筛选

从各种新产品设想的方案中,挑选出一部分有价值进行分析、论证的方案,这一过程就叫筛选。筛选阶段的目的不是接受或拒绝这一设想,而是在于说明这一设想是否与企业目标的表述相一致,是否具有足够的实现性和合理性以保证有必要进行可行性分析。筛选要努力避免两种偏差:一是误弃,即不能把有开发前途的产品设想放弃了,失去了成功的机会;二是误选,即不能把没有开发价值的产品设想误选了,以致仓促投产,招致失败。

筛选时要根据一定的标准对各种产品的设想方案逐项进行审核。审核的程序可以是严密组织和详细规定的,也可以是相当随机的。筛选是新产品设想方案实现的第一关。国外有一家重要的咨询公司指出,一般企业只有 1/4 的设想方案可以通过筛选阶段,大约只有 7% 的设想方案在经过筛选后形成了新产品,并获得成功。

3. 编制新产品计划书

这是在已经选定的新产品设想方案的基础上,具体确定产品开发的各项经济指标、技术性能,以及各种必要的参数。它包括产品开发的投资规模、利润分析及市场目标,产品设计的各项技术规范与原则要求,产品开发的方式和实施方案等等。这是制定新产品开发计划的决策性工作,是关系全局的工作,需要企业的领导者与各有关方面的专业技术人员、管理人员通力合作,共同完成。

4. 新产品设计

这是从技术经济上把新产品设想变成现实的一个重要阶段,是实现社会或用户对产品的特定性能要求的创造性劳动。新产品的设计直接影响到产品的质量、功能、成本、效益,影响到产品的竞争力。以往的统计资料表明,产品的成功与否、质量好坏,60%—70% 取决于产品的设计工作。因而产品设计在新产品开发的程序中占有十分重要的地位。

设计要有明确的目的,要为用户考虑,要从掌握竞争优势来考虑。现在许多企业为了搞好新产品的设计,都十分重视采用现代化的设计方法,如价值工程、可靠性设计、优化设计、计算机辅助设计、正交设计法等。

5. 新产品试制

这是按照一定的技术模式实现产品的具体化或样品化的过程。它包括新产品试制、样品试制和小批试制等几方面的工作。新产品试制是为实现产品大批量投产的一种准备或实验性的工作,因而无论是工艺准备、技术设施、生产组织,都要考虑实行大批量生产的可能性,否则,产品试制出来了,也只能成为样品、展品,只会延误新产品的开发。同时,新产品试制也是对设计方案可行性的检验,一定要避免设计是一回事,而试制出来的产品又是另一回事。不然就会与新产品开发的目标背道而驰,导致最终的失败。

6. 新产品评定

新产品试制出来以后,从技术经济上对产品进行全面的试验、检测和鉴定,这是一次重要的评定工作。主要内容包括：系统模拟实验、主要零部件功能的试验以及环境适应性、可靠性与使用寿命的试验测试，操作、振动、噪音的试验测试等。对产品经济效益的评定，主要是通过对产品功能、成本的分析，通过对产品投资和利润目标的分析，通过对产品社会效益的评价，来确定产品全面投产的价值和发展前途。对新产品的评价，实际上贯穿开发过程的始终。这一阶段的评定工作是非常重要的，它不仅有利于进一步完善产品的设计，消除可能存在的隐患，而且可以避免产品大批量投产后可能带来的巨大损失。

7. 新产品试销

试销就是在限定的市场范围内，对新产品的一次市场实验。通过试销，可以实地检查新产品正式投放市场以后，消费者是否愿意购买，制定在市场变化的条件下，新产品进入市场应该采取的决策或措施。其作用：一是可以比较可靠地测试或掌握新产品销路的各种数据资料，从而对新产品的经营目标作出适当的修正；二是可以根据不同地区进行不同销售因素组合的比较，根据市场变化趋势，选择最佳的组合模式或销售策略；三是可以根据新产品的市场"试购率"和"再购率"，对新产品正式投产的批量和规模作出决策等。

8. 商业性投产

这包括新产品的正式批量投产和销售工作。在决定产品的商业性投产以前，除了要对实现投产的生产技术条件、资源条件进行充分准备以外，还必须对新产品投放市场的时间、地区、销售渠道、销售对象、销售策略的配合以及销售服务进行全面规划和准备。这些是实现新产品商业性投产的必要条件，否则新产品的开发就难以获得最后成功。

4.2.2 新产品开发面临的压力

新产品开发面临着费用高、成功率低、风险大、回报下降等压力。格雷格 A. 史蒂文斯(Greg A. Stevens)和詹姆斯·伯利(James Burley)调查统计后提出：3 000 个新产品的原始想法，只有 1 个能成功。阿尔巴拉(Albala)在总结以往研究的基础上，指出新产品开发的死亡率为 98.2%。初期项目中只有 2%可以进入市场。

新产品失败可归纳为三个关键原因：一是没有潜在的用户和需求，新产品是按照设计人员的想象开发出来的；二是新产品与当前的需求不匹配，要么不能满足需求，要么功能过剩；三是营销工作不得力，主要是与顾客沟通方面所做工作不得力。

4.2.3 产品研发对产品成本、质量、制造效率的影响分析

(1) 布斯劳引用福特汽车公司的报告表明，尽管产品设计和工艺费用只占整个产品费用的 6%，却影响总费用的 70%以上，如图 4.1 所示。

(2) 苏拉尼亚以波音公司为例进行分析后指出：一般产品成本的 83%以上在产品设计阶段被决定，而这一阶段的本身所占有的费用仅为产品的全部成本的 7%以下。

(3) 制造过程中的生产率的 70%～80%是在设计和工艺阶段决定的。

(4) 所有质量问题的 40%可以归因于低劣的设计和工艺。

由此可见产品设计和工艺设计在产品开发中作用重大,它几乎占用了 60%的开发时间，决定了 70%的成本，而且越到设计与制造的后阶段修改成本越高(图 4.2)，所以一开始就设计出适应目标市场顾客需要的产品非常重要。

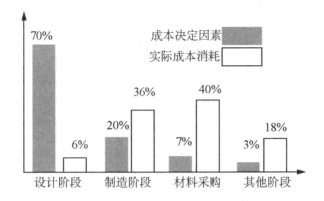

图 4.1　产品成本的决定因素构成及实际成本消耗构成示意图

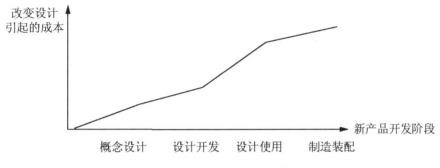

图 4.2　不同产品阶段改变设计对成本的影响

注意点：通过对产品研发对质量、成本、效率影响的分析可以看出产品研发管理在管理中重要位置。

4.2.4　提高新产品开发效率的管理方法

1. 面向顾客的设计

1) 延迟设计策略

(1) 产生背景。

在全球市场中面对多样化的需求，产品需要有多个型号和版本来满足各自特定地区客户的特定要求。例如售往不同国家的计算机，其电源插座为适应当地电压、频率和插头形式而会有所不同。但多样化需求带来了许多消极影响：一是对产品的需求预测难以进行。如对计算机的预测错误常常超过 400%。二是增加了库存成本。企业一方面利用库存来保持一定的客户服务水平；另一方面由于技术更新加快使得产品陈旧过时损失巨大；同时还支付高额库存管理费。三是增加了产品制造成本。由于不同品种规格的产品需要有相应专业化的工艺、物料、技术和质量保证体系作支撑。四是增加资源投入。为了解决上述运作问题，企业投入大量资源以提高供应链效率。如使用包括特殊运载工具的快速运输手段；重新设厂以更接近客户；使用更尖端的预测技术等。

面对多样化造成的负面影响。child 等人(1991)发现，制造成本的 80%、质量的 50%、加工时间的 50% 受到产品和工艺设计的影响。因此一种"重新设计产品和工艺以使流程中形成多个产品的差异点尽可能向后延迟"的策略应运而生，"延迟"就是在流程下游的某一点(差异点)之前,将不采用特定工艺使在制品转变成具体的产成品。实施恰当的延迟策略,可提升供应链的柔性,降低成本,提高效益,改进顾客服务水平。

(2) 延迟设计策略概念。

alderson(1950)定义"延迟"为一种营销战略,即将形式和特征的变化尽可能向后推迟。在实践中被广泛用于物流和配送业务。消费品业也在运用这一理念对顾客订单实施快速响应。例如 benetton 公司存储未染色的服装,直到销售季节开始,可获得更多顾客偏好的信息后才开始染色。延迟设计策略就是对产品设计和生产工艺的改进,在制造某种具体产品时,使其差异化的决策延迟到开始生产甚至销售之时,使一类或一系列的产品延迟区分为专门的产成品。一般来说多个产品在生产流程的初始阶段可以共享一些共同的工艺和(或)零部件,在工艺流程的某一点或某些点上使用将特定的工艺和部件来定制加工半成品,这样一个通用产品直到流程的这一点之后就成为不同的产成品,这一点通常就是产品差异点。延迟的实质就是重新设计产品和工艺以使产品差异点延迟,延迟"程度"是指产品差异点的相对位置。

(3) 延迟的类型。

① 时间延迟。

是指将产品差异的任务,包括制造、集成、定制、本地化和包装尽可能在时间上向后推迟。时间延迟使备货生产模式向订货生产模式转化成为可能。

在实施时间延迟中,差异化与地理位置相关。差异化任务可在制造厂、地区配送中心、经销渠道,甚至于客户处实施。最早延迟是指所有差异化任务在工厂实施,而最晚延迟是指所有差异化任务在顾客处实施。在全球市场中由于从工厂到配送中心海运时间需要数周,如果将产品差异化延迟至配送中心,可以大量节约由于预测错误造成的库存积压和缺货成本。如惠普台式打印机本地化阶段由工厂延迟到配送中心。这种"为本地化而设计"已成为惠普该分部的行动准则。

② 形式延迟。

其目的在于尽可能在上游阶段实施标准化,这一过程同时伴有零部件的标准化。在形式延迟中,既可能是产品形式延迟也可能是工艺形式延迟。两种形式延迟还可能同时存在,形成不同的组合。这样产品的差异点就会被有效地延迟。目前模块化和部件标准化程度的不断提高,使得作出延迟差异的设计更为可行。例如,在惠普打印机一例中,两个在集成阶段使用的关键部件使产品区分为黑白和彩色打印机。如果对某些关键部件实行标准化,两种打印机将不会在集成阶段产生差异,因而促成延迟。简言之形式延迟可被看作是打破原有产品种类树的分支,使其分支较少的过程。

(4) 实施延迟差异的途径。

一是工艺重构(或重新排序),即对产品的生产工艺或步骤进行修改和调整,使成为具体产品的差异化生产工序尽可能往后延迟。二是通用化,是指采用通用零部件或工艺以减少产品和工艺的复杂性,提高在制品库存的柔性。三是模块化,是指将一个完整的产品分解为一些便于组装在一起的模块,而在设计阶段,将各种功能放进各个模块。四是标准化,即用标准产品替代一个产品系列,方法之一是建立特定顾客可能需要的几个备选方案。

(5) 延迟设计策略实施。

在当今制造和配送产品主要是由五阶段构成的产品供应链。即制造、集成、定制、本地化和包装。同时该次序也恰好按递减顺序与所需利用的加工和调试工程资源用量相对应。

① 制造是指产品核心部分生产的基础阶段。只生产单一的通用产品或品种很少产品。

② 集成是指将产品的核心部分与关键组件结合在一起的阶段。例如，在打印机生产中，制造阶段生产打印机引擎和机体，而印刷电路板在集成阶段加入引擎中。每个产品在集成阶段和不同的组件组合就成为不同的产品版本。

③ 定制是指产品进一步与不同的附件装配在一起以形成有明显差异的产品。例如，对于计算机产品，装入不同的输入输出卡、软件、存储器和附板就构成不同的产成品。

④ 在本地化阶段，要对产品实施本地化措施以适应不同国家和地区的本土要求。例如，不同国家有不同的电源要求，说明书要求不同的语言，会使用不同的包装材料。产品在不同的国家和地区经本地化后，会产生更多的不同的最终产品。

⑤ 包装是进一步造成某些产品种类激增的另一阶段。

要点总结："为延迟而设计"的理念是指企业为了达到满足消费者多样化需求目的，重新设计产品和工艺以使时间延迟或形式延迟也可通过一种低成本、高效益的方式达到。

2) 卡诺模型(KANO 模型)

KANO 模型定义了三个层次的顾客需求：基本型质量、期望型质量和兴奋型质量。这三种需求根据绩效指标分类就是基本因素、绩效因素和激励因素。

基本型质量是顾客对企业提供的产品/服务因素的基本要求。这是顾客认为产品/服务"必须有"的属性或功能。当其特性不充足(不满足顾客需求)时，顾客很不满意；当其特性充足(满足顾客需求)时，顾客也可能不会因而表现出满意。对于基本型质量，即使超过了顾客的期望，但顾客充其量达到满意，不会对此表现出更多的好感。不过只要稍有一些疏忽，未达到顾客的期望，则顾客满意将一落千丈。对顾客而言这些需求是必须的理所当然的。例如，夏天家庭使用空调，如果空调正常运行，顾客不会为此而对空调质量感到满意；反之，一旦空调出现问题，无法制冷，那么顾客对该品牌空调的满意水平则会明显下降，投诉、抱怨随之而来。

期望型质量是指顾客的满意状况与质量指标成正比例关系的需求。期望型质量没有基本型质量那样苛刻，其要求提供的产品/服务比较优秀，但并不是"必须"的产品属性或服务行为。企业提供的产品/服务水平超出顾客期望越多，顾客的满意状况越好，反之亦然。在市场调查中，顾客谈论的通常是期望型质量。质量投诉处理在我国的现状始终不令人满意，该服务也可以被视为期望型需求。如果企业对质量投诉处理得越圆满，顾客就越满意。

兴奋型质量是指顾客未预期到的质量特性。但兴奋型质量一旦得到满足，顾客表现出的满意状况则是非常高的。对于兴奋型质量，随着满足顾客期望程度的增加，顾客满意也急剧上升；反之，即使在期望不满足时，顾客也不会因而表现出明显的不满意。这要求企业提供给顾客一些完全出乎意料的产品属性或服务行为，使顾客产生惊喜，就会表现出非常满意，从而提高顾客的忠诚度。例如一些著名品牌的企业能够定时进行产品的质量跟踪和回访，发布最新的产品信息和促销内容，并为顾客提供最便捷的购物方式。对此，即使另一些企业未提供这些服务，顾客也不会由此表现出不满意(图 4.3)。

在实际操作中，企业首先要全力以赴地满足顾客的基本型质量，保证顾客提出的问题得到认真的解决，重视顾客认为企业有义务做到的事情，尽量为顾客提供方便。以实现顾客最基本的需求满足。然后，企业应尽力去满足顾客的期望型质量，这是质量的竞争性因素，提供顾客喜爱的额外服务或产品功能，使其产品和服务优于竞争对手并有所不同，引导顾客加强对本企业的良好印象，使顾客达到满意。最后争取实现顾客的兴奋型质量，为企业建立最忠实地客户群。

以酒店行业为例，每种质量满意度如下：基本型质量是清洁的床单、正常工作的钥匙卡、正确的账单、安全。期望型质量是在承诺的时间内将早餐送到客人房间、提供的服务符合品牌价值。兴奋型质量是正确预计客人的需要，例如看到客人在咳嗽，员工能在客人要求之前，主动为客人送上一杯温开水，根据你的个人习惯布置客房。

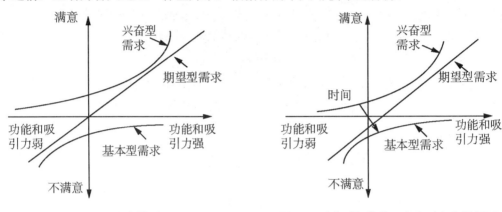

图 4.3　卡诺模型　　　　　　　　图 4.4　随着时间推移，兴奋型变为期望型，
　　　　　　　　　　　　　　　　　　　　而期望型变为基本型

随着时间推移兴奋型质量会向基本型和期望型质量转变(图 4.4)，因此要不断地了解顾客对质量的要求，包括潜在的质量，并在产品设计中体现出来，以提高市场竞争力。

 案例

麦当劳的秘密：三年成就一根薯条

在麦当劳的餐单上，薯条一直是"点击率"最高的明星产品之一！金黄、喷香、外脆内绵，外加一层细细的盐粒——麦当劳的薯条以它无可替代的口感赢得了一大批忠实的拥趸！即使闭上眼睛也能轻松辨别的好味道，为什么麦当劳的薯条能够如"与众不同"？因为你在餐厅品尝到的每一根薯条，都累积了整整三年之功！

精英世家，只选用最优质的土豆品种

在麦当劳的品质手册上，在中国只有三种土豆可以入选制作薯条的原料清单：夏波蒂、波尔班克和 Innovator。经测试，这三种土豆的淀粉含量最为适中，制成薯条后口感绵实饱满。兼之它们的形状椭圆、大小适中，而且表面上的芽眼较之一般土豆略浅，因此经切割后薯条的长短也更加整齐，并且不易产生斑疵。

土豆从育苗到走进加工厂一共要经过四代：脱毒苗、微型薯、种薯和商品薯。因此你在麦当劳餐厅品尝到的薯条，早在三年前就已经开始培育工作。只有经过严格的选苗和育种流程的控制，土豆才能保留它的优良基因，并且大大降低病虫害的危险度。

精心呵护，只提供最适宜的生长环境

土豆的生长对土壤酸碱度和沙质都有严格要求。因此，内蒙古锡林浩特草原成为了麦当劳在中国最大的生产基地之一。如果搭乘飞机从锡林浩特上方掠过，你很容易就能辨别出一个个巨大的圆形灌溉圈，这就是麦当劳的土豆基地。草原独有的清冽空气、优质的灌溉水源以及远离污染的土壤都为土豆提供了适宜的生长环境。

麦当劳对土壤中的重金属含量进行严格监测，以确保土豆的安全生长。全球先进的灌溉系统，则充分照顾了每一颗植株的营养需求。为了保证土豆的健康成长，土豆还实行轮作制。同一片土地每隔一到两年才种植一次土豆，为土豆提供优质的土壤环境。

精准加工，只锁定最完美的形状质感

土豆加工成薯条要经过去皮、切割、漂烫、干燥、油炸、速冻、包装等许多步骤，可谓是一项追求完美的艺术，以确保最终出产的薯条能符合麦当劳全球统一的品质标准。严格的质量管理系统在其中起到了至关重要的作用，麦当劳对薯条进行定时抽检及第三方认证。生产出的薯条，在质地、颜色、形状及斑疵上均有精细的比对标准，超过认可范围的薯条最终都不能进入麦当劳使用的产品库。

本着从消费者出发的精神，麦当劳还有全球统一的感官评价体系。即通过色、香、味的感观评价，最终检验薯条品质。这一理念确保了消费者能在麦当劳享受到"美味"的薯条，而不仅仅是"符合标准"的薯条。

精确烹调，只呈现最美味的黄金口感

对于薯条的"黄金七分钟"理念，麦当劳的薯条爱好者们想必都不陌生。事实上，除了努力使消费者能在新鲜出炉的七分钟内享受到热而新鲜的美味，麦当劳在薯条的烹调过程中也一直精益求精。

强大的冷链管理可以确保薯条在冷冻状态下炸制；先进设备则提供了最佳炸制温度和时间，这些都满足了薯条最佳口感要求。每篮薯条在出炉后都会撒上细细的盐粒。虽然一篮薯条上仅有4克左右，但特制的盐罐以及操作规范却使它们分布得恰到好处。这些盐粒微微刺激味蕾，让薯条呈现出最美味的黄金口感。

从育苗、种植、加工到烹饪，一根薯条经历三年培养，步步用心——这就是麦当劳把最简单的薯条，做出最美味的原因。

资料来源：每日经济新闻网，2013.9.10

3) 质量功能展开

(1) 产生背景。

当前，用户化产品已越来越成为市场需求的趋势，愈来愈多的顾客希望能按照他们的需求和偏好来生产产品。对于企业来说，质量的定义已经发生根本性的转变，即从"满足设计需求"转变为"满足顾客需求"。为了保证产品能为顾客所接受，企业必须认真研究和分析顾客需求，并将这些要求转换成最终产品的特征以及配置到制造过程的各工序上和生产计划中，此过程称作质量功能展开(Quality Function Development，简称QFD)。

(2) 概念。

质量功能展开是把顾客或市场的需求转化为设计要求、零部件特性、工艺要求和生产要求的多层次演绎分析的一种方法，它体现了以市场为导向，以顾客需求为产品开发唯一依据的指导思想。简单地说，QFD是一种顾客驱动的产品开发方法。

(3) 质量功能展开原理。

① 调查和分析顾客需求。

顾客需求是质量功能展开的最基本的输入，也是最为关键和困难的一步。要通过各种市场调查方法和各种渠道搜集顾客需求，然后进行汇集、分类和整理，并用加权来表示顾客需求的相对重要程度。

② 顾客需求的瀑布式分解过程。

采用矩阵(也称为质量屋)的形式，将顾客需求逐步展开，分层地转换为产品工程特性、零件特征、工艺特征和质量控制方法。在展开过程中，上一步的输出就是下一步的输入，构成瀑布式分解过程。QFD 从顾客需求开始，经过四个阶段即四步分解，用四个矩阵，得出产品的工艺和质量控制参数，如图 4.5 所示。

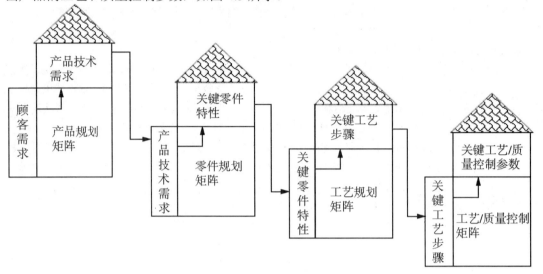

图 4.5　QFD 瀑布式分解模型

这四个阶段是：

第一，产品规划阶段。通过产品规划矩阵(也称质量屋)，将顾客需求转换为技术需求(最终产品特征)，并根据顾客竞争性评估(从顾客的角度对市场上同类产品进行的评估，通过市场调查得到)和技术竞争性评估(从技术的角度对市场上同类产品的评估，通过试验或其他途径得到)结果确定各个技术需求的目标值。

第二，零件配置阶段。利用前一阶段定义的技术需求，从多个设计方案中选择一个最佳的方案，并通过零件配置矩阵将其转换为关键的零件特征。

第三，工艺规划阶段。通过工艺规划矩阵，确定为保证实现关键的产品特征和零件特征所必须保证的关键工艺参数。即从产品及其零部件的全部工序中选择和确定出对实现零部件特征具有重要作用或影响的关键工序，确定其关键程度。

第四，工艺/质量控制规划阶段。通过工艺/质量控制矩阵将关键的零件特征和工艺参数转换为具体的质量控制方法。包括控制参数、控制点、样本容量及检验方法等。

(4) 产品质量屋构成。

顾客的需求信息可以用一个特殊的矩阵表示出来，这个矩阵称为"质量屋"。通过建立这个矩阵负责多项职能的 QFD 团队能利用顾客的反馈信息做出项目决策、营销决策和设计决策。这个矩阵能帮助开发团队把顾客的需求转化成具体的运作或工程目标(图 4.6)。

依据上图所示一个完整的质量屋包括 6 个部分。

① 顾客需求及其权重，即质量屋的"什么(What)"。

② 技术需求(最终产品特性)，即质量屋的"如何(How)"。

③ 关系矩阵，即顾客需求和技术需求之间的相关程度关系矩阵。

④ 竞争分析，站在顾客的角度，对本企业的产品和市场上其他竞争者的产品在满足顾客需求方面进行评估。

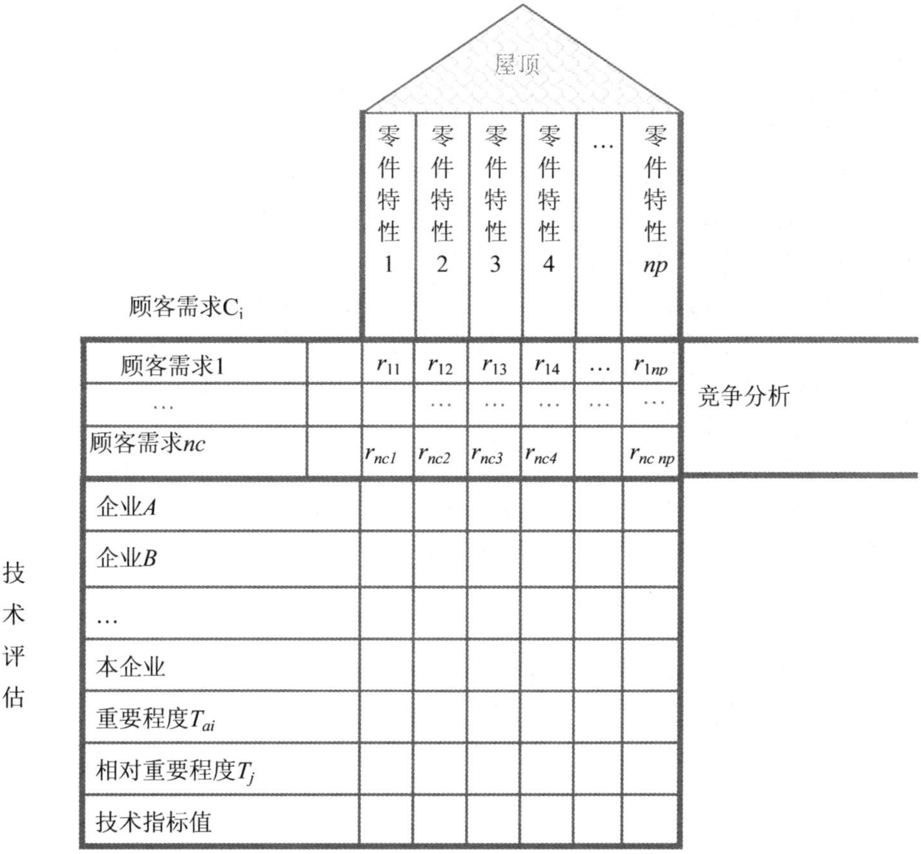

第4章 产品开发与工艺流程的选择

	屋顶					
顾客需求C_i	零件特性1	零件特性2	零件特性3	零件特性4	...	零件特性np
顾客需求1	r_{11}	r_{12}	r_{13}	r_{14}	...	r_{1np}
...	...	...	...	...		...
顾客需求nc	r_{nc1}	r_{nc2}	r_{nc3}	r_{nc4}		$r_{nc\,np}$

技术评估：企业A、企业B、...、本企业、重要程度T_{ai}、相对重要程度T_j、技术指标值

右侧：竞争分析

图 4.6　质量屋结构示意图

⑤ 技术需求相关关系矩阵，质量屋的屋顶。

⑥ 技术评估，对技术需求进行竞争性评估，确定技术需求的重要度和目标值等。

要点总结：思维决定一切，面向顾客设计的三种形式对企业开拓产品设计思维，开发出有市场竞争力的产品来讲是非常重要的。

2. 面向可制造性的设计

1) 传统设计方法——串行工程

多年来，企业的产品开发一直采用串行的方法(图 4.7)，即从需求分析、产品结构设计、工艺设计一直到加工制造和装配是一步一步在各部门之间顺序进行。传统的串行工程方法是基于二百多年前英国政治经济学家亚当·斯密的劳动分工理论。该理论认为分工越细，工作效率越高。

图 4.7　串行工程

产品开发的工作流程是：首先由熟悉顾客需求的市场人员提出产品构想，在由产品设计人员完成产品的精确定义之后，交制造工程师(包括零部件供应商)确定工艺工程计划，

确定产品总费用和生产周期,质量控制人员作出相应的质量保证计划,最后形成完整的产品设计制造方案。

串行的产品开发过程存在着许多弊端。首要的问题是以部门为基础的组织机构严重地妨碍了产品开发的速度和质量。产品设计人员在设计过程难以考虑到顾客的需求、制造工艺、质量控制、零部件供应等约束因素,易造成设计和制造的脱节;其次是所设计的产品可制造性、可装配性差,使产品的开发过程变成了设计、加工、试验、修改的多重循环,从而造成设计改动过大,产品开发周期长,产品成本高。其原因如下。

(1) 下游开发部门所具有的知识难以加入早期设计。越是设计的早期阶段,降低费用的机会越大;而发现问题的时间越晚,修改费用越大,费用随时间成指数增加。

(2) 各部门对其他部门的需求和能力缺乏理解,目标和评价标准的差异和矛盾降低了产品整体开发过程的效率。

要进一步提高产品质量、减少产品成本、缩短产品上市时间,必须采用新的产品开发策略,改进新产品开发过程,消除部门间的隔阂,集中企业的所有资源,在产品设计时同步考虑产品生命周期中所有因素,以保证新产品开发一次成功。

2) 面向可制造性的设计之一——并行工程

(1) 并行工程概念。

1986年美国国防分析研究所在其R-338研究报告中提出的定义:并行工程是对产品及其相关过程(包括制造过程和支持过程)进行并行的一体化设计的一种系统化的工作模式。这种工作模式力图使开发者们从一开始就考虑到产品全生命周期(从概念形成到产品报废)中的所有因素,包括质量、成本、进度和用户需求(图4.8)。

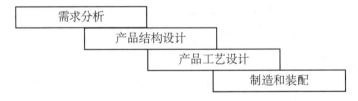

图4.8 并行工程

简要地来讲,并行工程(Concurrent Engineering,CE)是集成地、并行地设计产品及其零部件和相关各种过程(包括制造过程及其他相关过程)的一种系统方法。换句话说,就是融合公司的一切资源,在设计新产品时,就前瞻性地考虑和设计与产品的全生命周期有关的过程。在设计阶段就预见到产品的制造、装配、质量检测、可靠性、成本等各种因素。具体考虑因素如下表4-1所示。

表4-1 产品设计时考虑的因素

过程	需求阶段	设计阶段	制造阶段	营销阶段	使用阶段	终止阶段
考虑的因素	顾客需求、产品功能	降低成本、提高效率	易制造、易装配	竞争力(低成本、标新立异)	可靠性、可维护性、操作简便	环境保护

并行工程使企业在设计阶段就预见到产品的整个生命周期,是一种基于产品整个生命周期的具备高度预见性和预防性的设计。并行工程最大的一个特点是强调所有的设计工作

要在生产之前完成。

(2) 并行工程的实施方法。

并行工程方法的实质就是要求产品开发人员与其他人员一起共同工作，在设计阶段就考虑产品整个生命周期中从概念形成到产品报废处理的所有因素，包括质量、成本、进度计划和用户的要求。要想开展并行工程，必须从如下几个方面来努力。

① 团队工作方式。

并行工程在设计一开始，就应该把产品整个生命周期所涉及的人员都集中起来，确定产品性能，对产品的设计方案进行全面的评估，集中众人的智慧，得到一个优化的结果。这种方式使各方面的专才，甚至包括潜在的用户都汇集在一个专门小组里，协同工作，以便从一开始就能够设计出便于加工、装配、维修、回收、使用的产品。并行工程需要成员具备团队精神，这样不同专业的人员才能在一起协同工作，如图4.9所示。

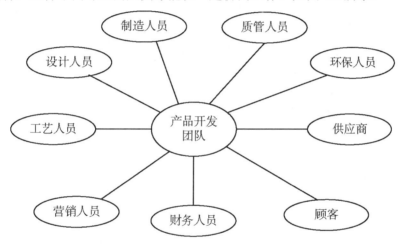

图4.9 并行工程中产品开发团队

这样的工作方式从相当大程度上克服了原来串行生产模式的弊病。过去，由于单个设计人员的知识和经验的局限性，很难全面地考虑到产品生产中各个阶段的要求；加上设备、工艺、材料的复杂性和多样性，难以对多个设计方案进行充分的评价和筛选，在时间紧迫的情况下，设计人员大多选择最方便的方案，而不是最适宜的方案，于是返工现象在所难免。

② 构建技术平台。

第一，一个完整的公共数据库，它必须集成并行设计所需要的诸方面的知识、信息和数据，并且以统一的形式加以表达。

第二，一个支持各方面人员并行工作、甚至异地工作的计算机网络系统，它可以实时、在线地在各个设计人员之间沟通信息、发现并调解冲突。

第三，一套切合实际的计算机仿真模型和软件，它可以由一个设计方案预测、推断产品的制造及使用过程，发现所隐藏的阻碍并行工程实施的问题。

③ 对设计过程进行并行管理。

技术平台是并行工程的物质基础，各行业专家是并行工程的思想基础。并行工程是基于专家协作的并行开发。但是,并不是说有了专家和技术平台,就自然而然地产生效益,还要对这个并行过程进行有效地管理。由于每个专业的人士受其专业知识的限制,往往对产品的某一个方面的因素考虑得较多,而忽视了产品的整体指标,因此要确定一个全面的设计方案,需要各专家多次的交流、沟通和协商。在设计过程中,团队领导要定期或者不定期地组织讨论,团队成员都畅所欲言,可以随时对设计出的产品和零件从各个方面进行审查,力求使设计出的产品不仅外观美、成本低、便于使用;而且便于加工、装配、维修、运送,在产品的综合指标方面达到一个满意值。

④ 强调设计过程的系统性。

并行设计将设计、制造、管理等过程纳入一个整体的系统来考虑,设计过程不仅出图纸和其他设计资料,还要进行质量控制、成本核算,也要产生进度计划等。比如在设计阶段就可同时进行工艺(包括加工工艺、装配工艺和检验工艺)过程设计,并对工艺设计的结果进行计算机仿真,直至产生出产品的样件。

⑤ 基于网络进行快速反馈。

并行工程往往采用团队工作方式,包括虚拟团队。在计算机及网络通信技术高度发达的今天,工作小组完全可以通过计算机网络向各方面专家咨询,专家成员既包括企业内部的专家,也包括企业外部的专家。这样专家可以对设计结果及时进行审查,并及时反馈给设计人员。不仅大大缩短设计时间,还可以保证将错误消灭在"萌芽"状态,因此计算机、数据库和网络是并行工程必不可少的支撑环境。

(3) 并行工程的实施效益。

① 缩短产品投放市场的时间。

现在市场发展态势表明,缩短交货期将会成为新竞争手段,并行工程技术的主要作用就是可以大大缩短产品开发和生产准备时间。由于实施了并行工程的虚拟产品开发策略,福特公司和克莱斯勒公司将他们新型汽车的开发周期由 36 个月缩短至 24 个月,设计和试制周期仅为原来的 50%。

② 降低成本。

首先,它可以将错误限制在设计阶段。通过前面的分析可知,在产品生命周期中,错误发现的愈晚,造成的损失就愈大;其次,并行工程不同于传统的"反复试制样机"、"反复做直到满意"的作法,强调"一次达到目的"。这种"一次达到目的"的要求是靠软件仿真和快速样件生成实现的,省去了昂贵的样机试制;第三,由于在设计时考虑到加工、装配、检验、维修等因素,强调了产品的整体成本优化,因此,产品的全生命周期成本就降低了,既有利于顾客,也有利于制造者。

③ 提高质量。

采用并行工程技术,尽可能将所有质量问题消灭在设计阶段,使所设计的产品便于制造,易于维护。这就为质量的"零缺陷"提供了基础,使得制造出来的产品甚至用不着检验就可上市。事实上质量首先是设计出来的,其次才是制造出来的,并不是检验出来的。并行工程技术主要是从根本上保证了质量的提高。例如福特(Ford)公司和克莱斯勒(Chrysler)公司与 IBM 合作开发的虚拟制造环境用于其新型车的研制。在样车生产之前,发现其定位系统的控制及其他许多设计缺陷,避免了公司以后的损失。

④ 增强功能的实用性。

由于并行工程在设计过程中,同时有销售人员参加,有时甚至还包括顾客,这样的设计方法紧贴市场趋势,反映了用户的需求,从而保证去除顾客不需要的冗余功能,降低设备的复杂性,提高产品的可靠性和实用性。

 案例

并行工程在国内外的应用

一、波音公司的飞机生产

美国波音飞机制造公司投资 40 多亿美元,研制波音 777 型喷气客机,采用庞大的计算机网络来支持并行设计和网络制造。从 1990 年 10 月开始设计到 1994 年 6 月仅花了 3 年零 2 个月就试制成功,进行试飞,一次成功,即投入运营。在实物总装后,用激光测量偏差,飞机全长 63.7 米,从机舱前端到后端 50 米,最大偏差仅为 0.9 毫米。波音 777 的整机设计、部件测试、整机装配以及各种环境下的试飞均是在计算机上完成的,使其开发周期从过去 8 年时间缩短到 3 年多,甚至在一架样机未生产的情况下就获得了订单。如果没有并行工程技术的应用,设计如此庞大的设备,要想在这么短的时间内,达到这样高的精度,几乎是不可能的。

波音公司在其他的飞机制造中也广泛地使用了并行工程技术。波音—西科斯基公司在设计制造 RAH-66 直升机时,使用了全任务仿真的方法进行设计和验证,通过使用数字样机和多种仿真技术,花费 4 590 小时的仿真测试时间,却省却了 11 590 小时的飞行时间,节约经费总计 6.73 亿美元,获得了巨大收益。同时,数字式设计使得所需的人力减到最少,在 CH-53E 型直升机设计中,38 名绘图员花费 6 个月绘制飞机外形生产轮廓图,而在 RAH-66 中,一名工程师用一个月就完成了。

二、AT&T 公司的产品生产

AT&T 公司在生产计算机配套印刷组产品时,由于原来的设计中未考虑生产工艺性问题,致使产品质量低下,合格率仅为 5%。采用并行设计以后,利用计算机虚拟检测,找出设计中的缺陷,使产品合格率达到 90%。

三、HP 公司的产品开发

HP 公司采用并行工程来改进产品质量,其实施要点包括管理部门的支持、对用户的关注、统计过程控制、系统的问题解决过程以及全体人员参与五个方面。实施的结果是公司全部产品的综合故障降低了 83%,制造成本减少了 42%,而产品开发周期缩短了 35%。

四、并行工程在中国的应用

齐车公司是我国一家专门生产铁路货车的大型工业企业。过去在企业的铁路货车产品开发过程中,产品开发周期长。体现在设计过程中,数据传递速度慢,不能集成与共享,数据的一致性与完整性难以保证;更改管理过程不规范,易产生意外错误;手工纸质管理方式管理繁杂、查询困难,使利用已有资源受到限制,而铁路货车产品的继承性较强,这就严重影响了已有资源的有效利用,难以进行快速开发。另外,齐车公司现行产品开发采用部门制,设计处完成产品设计后交给工艺处进行工艺设计,工艺设计完成后进行产品试制。这种部门制不利于在产品开发的上游阶段全面考虑下游的一些因素,从而导致修改次数多,产品开发周期长。

齐车公司于是实施并行工程,首先建立开发团队,在原来设计处、冷工艺处、热工艺处的基础上组建产品开发中心,建立包含设计、工艺、制造等部门技术人员的集成化产品开发团队,建立以产品为中心的产品开发模式;其次,建立产品数据管理系统,实现产品数据的集成化管理;另外采用了先进的产品性能分析软件,降低冲压模具和铸造模具制造的返工次数,仅澳粮车一项产品开发,在产品试验和模具制造两项费用就节约 129 万元,缩短了 30%~40%的产品开发周期。

资料来源:网络收集,题目为编者所加。

3) 面向可制造性的设计之二——减少变化方案

在 20 世纪 80 年代后期,日本学者 Toshio Suzue 和 Akira Kohdate 提出了"减少变化方案(variety reduction program,VRP)。VRP 是一种面向多品种生产的有效方法。其核心思想是变产品的多样性为零部件的少变化,从而达到简化生产和管理、降低成本的目的。它提出了"变化是成本增加的根源",从产品的变化性人手,分析了产品结构变化性和制造结构变化对产品制造成本的影响,创造性地将产品成本分"功能成本"、"变化成本"和"控制成本"加以考虑,通过三种成本间的均衡来达到控制产品成本、生产多样化产品的目的。

VRP 以产品系列为研究对象,系统地归纳了减少变化的五项技术:固定/可变技术,模块化技术,功能复合和集成技术,范围划分技术,趋势分析技术。

(1) 固定/可变技术。将零部件划分成固定件和可变件。用固定的零部件来满足产品系列中不同型号产品的某些基本功能,提高零件、工艺的通用性和效率,使用可变零部件满足市场多样化的需求。

(2) 模块化技术。按功能将产品分解成若干模块,通过模块的不同组合得到不同品种、规格的产品。

(3) 功能复合和集成技术。利用组合、删除和交换等方法,将多个功能的零件复合集成为一个零件,以减少零件的数目和加工工序数,降低成本,如集成电路。

(4) 范围划分技术。将零件的各项数值尺寸、设计参数进行分析,使之能在尽可能多的产品中适用。

(5) 趋势分析技术。对由品种带来的规格和尺寸的变化进行数据分析,得出产品发展趋势的统计规律,设计和开发符合这一规律的产品系列,保证现有零件在未来产品中的适应性和继承性。

注意点:以上介绍的产品开发策略对提高产品的市场竞争力和开发速度、效率,降低成本均有重要意义,希望理解与掌握。

4.2.5 产品开发的绩效评价

大量证据表明不断生产新的产品投放市场,对企业竞争能力的提高是非常重要的。为了获得成功,企业必须对不断变化的顾客需求和竞争对手的行动做出反应。把握机遇,加快发展的力度以及为市场提供新产品和新工艺的能力是至关重要的。以美国汽车市场为例,在过去的 25 年内随着汽车型号与市场份额的增长,汽车企业为了维持其市场份额,开发的项目增长了 4 倍,但每一个车型的产量减少,设计寿命缩短,这意味着资源消耗必须大幅度降低。据此评价产品开发是否成功有以下几个标准:推出新产品的速度和频率,开发流程的效率,推出产品的质量。总之时间、质量和生产效率决定了开发的绩效,外加其他活动(销售、生产、广告和顾客服务)决定了项目的市场影响力和盈利能力。具体如表 4-2 所示。

表 4-2 产品开发绩效评价指标

绩效指标	评 价 标 准	对竞争力的影响
市场时间	新产品推出的频率 从开始构思到产品推向市场的时间 项目开发数量和成功数量 新产品的销售份额	对顾客和竞争者反映的敏感程度 设计的质量——贴近市场 项目的频率——模型寿命
生产率	每个项目的工程时间 每个项目原材料成本和制造工具成本 实际与计划的比较	项目数量——设计的新颖程度和推广度 项目的频率——开发的经济性
质量	使用中的适应性——可靠性 设计质量——绩效和顾客的满意度 生产质量——工厂和车间的反映	商誉——顾客忠诚度 对顾客的吸引力——市场占有率 盈利能力

4.3 产品工艺流程的设计与选择

4.3.1 生产流程分类

根据生产类型的不同，生产流程有三种基本类型。

1. 按产品进行的生产流程

就是以产品或提供的服务为对象，按照生产产品或提供服务的生产要求，组织相应的生产设备或设施，形成流水般的连续生产，有时又称为流水线生产。例如离散型制造企业的汽车装配线、电视机装配线等就是典型的流水式生产。此生产方式一般都是按产品组织的生产流程。由于是以产品为对象组织的生产流程，国内又叫对象专业化形式。这种形式适用于品种比较少而需求量大的大批量生产类型。

2. 按工艺路线进行的生产流程

对于多品种生产或服务情况，每一种产品的工艺路线都可能不同，因而不能像流水作业那样以产品为对象组织生产流程，只能以所要完成的加工工艺内容为依据来构成生产流程，而不管是何种产品或服务对象。设备与人力按工艺内容组织成一个生产单位，每一个生产单位只完成相同或相似工艺内容的加工任务。不同的产品有不同的加工路线，它们流经的生产单位取决于产品本身的工艺过程，因而国内又叫工艺专业化形式。这种形式适用于多品种中小批量或单件生产类型。

3. 按项目进行的生产流程

对有些任务，如拍一部电影、组织一场音乐会、盖一座建筑物等，每一项任务都没有重复性，所有的工序或作业环节都按一定的秩序进行，有些工序可以并行作业，有些工序必须顺序作业。

表 4-3 不同生产流程特征比较分析

特 征 标 记	对象专业化	工艺专业化	项 目 型
产品			
订货类型	批量较大	成批生产	单件、单项定制
产品流程	流水型	跳跃型	无
产品变化程度	低	高	很高
市场类型	大批量	顾客化生产	单一化生产
产量	高	中等	单件生产
劳动者			
技能要求	低	高	高
任务类型	重复性	没有固定形式	没有固定形式
工资	低	高	高
资本			
投资	高	中等	低
库存	低	高	中等
设备	专用设备	通用设备	通用设备
目标			
柔性	低	中等	高
成本	低	中等	高
质量	均匀一致	变化更多	变化更多
按期交货程度	高	中等	低
计划与控制			
生产控制	容易	困难	困难
质量控制	容易	困难	困难
库存控制	容易	困难	困难

4.3.2 产品——生产流程矩阵

生产流程设计的一个重要内容就是要使生产系统的组织与市场需求相适应。生产过程的成功与失败与生产过程组织有直接关系。什么样的需求特征，应该匹配什么样的生产过程。由此构成产品—流程矩阵，如图 4.10 所示。产品—流程矩阵最初由 Hayes 和 wheelwright 提出，后来得到了广泛应用。具体反映在，其一，根据产品结构性质，沿对角线选择和配置生产流程，可以达到最好的技术经济性，换言之，偏离对角线的产品结构——生产流程匹配战略，不能获得最佳的效益；其二，那种传统的根据市场需求变化仅仅调整产品结构的战略，往往不能达到预期目标，因为它忽视了同步调整生产流程的重要性。因此产品——流程矩阵可以帮助管理人员选择生产流程，对制定企业生产战略起辅助作用。

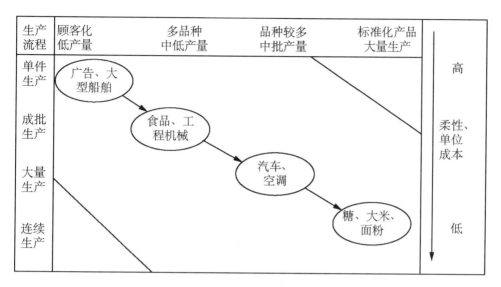

图 4.10 产品——生产流程矩阵

4.3.3 影响生产流程设计的主要因素

1. 产品/服务需求性质

生产系统要有足够的能力满足用户需求。首先要了解产品/服务需求的特点,从需求的数量、品种、季节波动性等方面考虑对生产系统能力的影响,从而决定选择哪种类型的生产流程。有的生产流程具有生产批量大、成本低的特点,而有的生产流程具有适应品种变化快的特点,例如空调、冰箱通常生产量大而品种变化不是很大,而广告和建筑设计则是产量小,定制化生产,这两者之间的流程设计不一样的。因此生产流程设计首先要考虑产品/服务特征。

2. 自制——外购决策

从产品成本、质量生产周期、生产能力和生产技术等几个方面综合考虑,企业通常要考虑构成产品所有零件的自制——外购问题,本企业的生产流程主要受自制件的影响。企业自己加工的零件种类越多,批量越大,对生产系统的能力和规模要求越高。不仅企业的投资额高,而且生产准备周期长。因此,现代企业为了提高生产系统的响应能力,只抓住关键零件的生产和整机产品的装配,而将大部分零件的生产扩散出去、充分利用其他企业的力量,这样既可降低本企业的生产投资,又可缩短产品设计、开发与生产周期,所以说自制、外购决策影响着企业的生产流程设计。

3. 生产柔性

生产柔性是指生产系统对用户需求变化的响应速度。通常从两个方面来衡量。一是品种柔性,即指生产系统从生产一种产品快速地转换为生产另一种产品的能力。在多品种中小批量生产的情况下,品种柔性具有十分重要的实际意义。为了提高生产系统的品种柔性,生产设备应该具有较大的适应产品品种变化的加工范围。二是产量柔性,即指生产系统快速增加或减少所生产产品产量的能力。在产品需求数量被动较大,或者产品不能依靠库存调节供需矛盾时,产量柔性具有特别重要的意义。在这种情况下,生产流程设计必须考虑到具有快速且低廉地增加或减少产量的能力。

4. 产品/服务质量水平

产品质量过去是、现在是且将来还是市场竞争的武器。生产流程设计与产品质量水平有着密切关系。生产流程中的每一个加工环节的设计都受到质量水平的约束,不同的质量水平决定了采用什么样的生产设备。

5. 接触顾客的程度

绝大多数的服务业企业和某些制造业企业,顾客是生产流程设计中需要考虑的一个组成部分。主要是顾客对生产的参与程度影响着生产流程设计。例如理发店、医院运营,顾客是生产流程的一部分。企业提供的服务就发生在顾客身上。在这种情况下,顾客在参与活动的过程中的各种感受就成了生产流程设计的中心,营业场所和设备布置都要把方便顾客放在第一位。而另外一些服务企业,如银行、快餐店等,顾客参与程度很低,企业的服务可以是标准化的,生产流程的设计则应追求标准、简洁、高效。

4.3.4 生产流程决策方法

1. 定性分析方法

按不同生产流程构造的生产单位形式有不同的特点,企业应根据具体情况选择最为恰当的一种。在选择生产单位形式时,影响最大的是品种数的多少和每种产品产量的大小。图4.11给出了不同品种——产量水平下生产单位形式的选择方案。一般而言,随着图中的A点到D点的变化,单位产品成本和产品品种柔性都是不断增加的。在A点,对应的是单一品种的大量生产,在这种极端的情况下,采用高效自动化专用设备组成的流水线是最佳方案。它的生产效率最高、成本最低,但柔性最差。随着品种的增加及产量的下降(B点),采用对象专业化形式的成批生产比较适宜,品种可以在有限范围内变化,系统有一定的柔性,而在具体实践中难度较大。另一个极端是D点,它对应的是单件生产。采用工艺专业化形式较为合适。C点表示多品种中小批量生产,采用成组生产单元和工艺专业化混合形式较好。

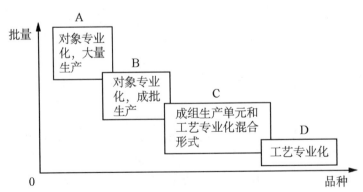

图4.11 品种——产量变化与生产流程方式关系

2. 定量分析方法

1) 产量——费用分析法

图 4.11 给出的是一种定性分析的示意图,据此确定出生产流程方案后,还应从经济上作进一步分析,如图 4.12 所示。在产品产量一定下,每种形式生产流程的构建都需要一定的固定投资,在运行中还要支出变动费用,这时要考虑这些费用对生产流程设计的影响。

在图 4.12 中的纵轴表示费用,横轴表示产量,产量等于零时的费用是固定费用,通常指生产系统的初始投资。从图中可以看出对象专业化生产流程方案的固定费用最高,这是因为对象专业化生产系统一般采用专用设备、专用工艺装备,且有可能采用的是自动化加工设备和物料搬运设备。由于对象专业生产系统的生产效率很高,单位时间出产量很大,劳动时间消耗少、因此单位产品的变动费用相对最低(成本曲线变化最平缓)。以图中的数字为例,生产同一种产品的对象专业化生产系统投资额为 20 000 万元,成组生产单元为 10 000 万元。工艺专业化为 5 000 万元。当产量在 10 万件以下时。选择工艺专业化最为经济,当产量在 10 万件~25 万件之间时,成组生产单元最经济,当产量在 25 万件以上时对象专业化最经济。

当然这里是将问题简化后得出的结论,实际工作中还应考虑产量上升时原材料价格的变化、经验曲线影响等一系列问题,这里不作讨论。

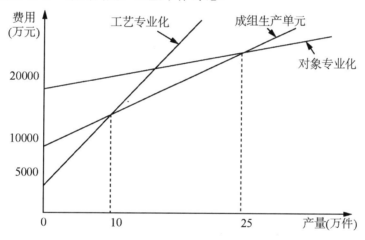

图 4.12 不同生产流程方案的费用变化

2) 经营杠杆分析法

经营杠杆反映年总费用一定的情况下和销售收入的关系。总费用在销售收入中所占比重越高,则经营杠杆的作用越大。在其他条件不变的情况下,这意味着销售收入很小的变化都会给企业带来很大的净收益,图 4.13 是经营杠杆在生产系统选择中的示意图。图中的 A 点是采用成组生产单元时的总收入等于总费用的产量水平(盈亏平衡点)。A 左侧是亏损区,A 右侧是赢利区。经营杠杆就是成本函数和销售收入之间的夹角,夹角小,经营杠杆的作用小,利润或亏损的变化率也小;夹角大,经营杠杆的作用大,利润或亏损的变化率也大。经营杠杆在选择生产系统方式时的作用有:

(1) 产量达到一定水平后(如 C 点),经营杠杆作用越大,从生产系统获得的长期收益越大。所以在 C 点右侧宜采用对象专业化形式生产产品。

(2) 如果产量没有达到盈亏平衡点，经营杠杆作用越大，则长期损失越大。所以在 C 点的左侧宜采用成组生产单元生产产品。

(3) 经营杠杆作用越大，未来预期利润的不确定性也越大。

(4) 销售预测的不确定性越高，经营杠杆作用大的生产系统产生损失的风险越高。由于流水线生产投资大，经营杠杆作用大，应该是在产品生产、销售稳定的情况下采用。

通常产品预测不确定性大，选用经营杠杆作用小的生产方式。

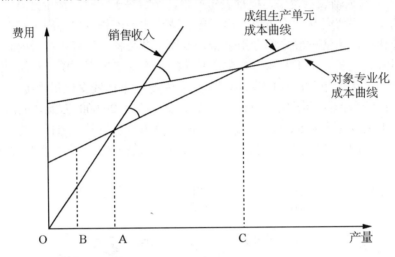

图 4.13 不同生产流程方案下的经营杠杆

4.4 服 务 设 计

4.4.1 服务设计的概述

1. 服务设计的概念

服务设计是有效的计划和组织一项服务中所涉及的人、基础设施、通信交流以及物料等相关因素，从而提高用户体验和服务质量的设计活动。

服务设计以为客户设计策划一系列易用、满意、信赖、有效地服务为目标的，它既可以是有形的，也可以是无形的；客户体验的过程可能在医院、零售商店或是街道上。所有涉及的人和物都为落实一项成功的服务传递着关键的作用。服务设计将人与其他诸如沟通、环境、行为、物料等相互融合，并将以人为本的理念贯穿于始终。

服务设计是一种设计思维方式，为人且与人一起创造与改善服务体验，这些体验随着时间的推移发生在不同接触点上。它强调合作以使得共同创造成为可能，让服务变得更加有用，可用，高效，是全新的、整体性强、多学科交融的综合领域。所以服务设计的关键是"用户为先＋追踪体验流程＋涉及所有接触点＋致力于打造完美的用户体验"。

2. 服务设计中考虑因素

服务本身的复杂性。例如服务的类型有包括面向信息的服务，面向产品的服务，以及面向地点的服务等。每种不同类型的服务又通过采取人—人、人—机、机—机等方式来实现 B—B 或 B—C 的服务模式，对服务的理解、分析和建模仍然没有系统的理论和方法。

服务是一项"人"的活动，对服务提供者和客户双方的考虑成为服务系统设计区别于产品设计本身的一个重要特征。

服务是在一个阶段性的体验过程中出售的，而这一过程需要识别、定义和设计一个体验主题和印象，在服务设计过程中，需要考虑使用何种方法更好地创建一个服务体验和创新的过程。

 知识链接

服务设计的关键在于客户体验

我有一个老板朋友，特别喜欢跟我喝茶，当然他更感兴趣的是顺便聊些服务问题，探讨解决之道。其实服务对做企业的人来说"很重要"，但为什么在生活中经常会被一些差服务弄得不自在甚至火冒三丈呢？

这里大致有几个原因：

第一是服务重要只是所谓的主流看法，其实根本上这种看法只占有了理论市场，企业家认为服务重要，实事求是的说是有些理论派的，相对而言越是中小型企业这个理论派的比例越大。当然这个跟服务成本、服务资源是有关系的，还有一类理论派企业就是本身具有市场垄断地位的，这种企业以国企居多，这一类型已经脱离了基本的市场规律，不在本文分析之列，私营企业也有事实垄断的，但是相比来说服务意识还是要强于国企；

第二是企业也确实重视服务，但是却缺乏系统的体系，提供的服务没有主线，甚至缺失基本的服务目标与目的，服务项目杂乱分散，导致客户无回应、体验差。这样的企业也不在少数，老板很委屈，我们给客户提供了什么什么，花了多少钱，几十项服务，但是客户还是不满意，最后往往归结为客户太挑剔，生意难做之类的抱怨；

第三是服务执行。执行人员从思想认识到服务能力均不具备相应的水准。这种情况往往是老总着急上火，下面我行我素。这种情况很多企业寄希望于内部培训，培训可以解决一部分问题，但是更重要的其实是服务机制的设计、服务动力的问题。

前一段海底捞很火，企业蜂拥而上，学管理学制度学服务套路，这里面，其实核心是在服务。现场服务与客户体验密切相关，这是餐饮行业、汽车 4S、超市百货、美容美发等等现场销售的行业需要高度重视的课题。学海底捞的多如牛毛，像海底捞的寥若晨星，超过海底捞的几乎没有，原因何在呢？

服务是需要设计的，依据企业自身的资源，包括人力物力财力，优化业务流程特别是与客户有接触的界面流程，通过创意和诚意，提升客户消费意愿和满意度，整个设计重构围绕的核心，就是客户体验。

我最近去了几个商业环境，发现一些影响体验的东西很明显，举几个小例子说说：

一个是南宁航洋国际负层的沃尔玛。这个不是小企业，说服务成本资源不到位是说不通的，但是它的洗手间还是让我大吃一惊，首先位置很远，如果在超市较深入的生鲜区购物，要去洗手间，那么它在离您直线距离超过 400 米的地方，如果是年龄较小的儿童能否憋住穿越这个距离，我表示怀疑，当然会有人说，超市行业空间紧张寸土寸金，这个原因我可以理解，但是这是乙方的理由，需要甲方担当吗？其次洗手间内部，地面有大面积积水，一切设施陈旧，目测环境脏乱，其三尤其难以忍受的是通风系统很差，闷热且无任何除异味的措施，整个洗手间环境标准与农贸市场公厕相当，当时我就郁闷了，这是国际零售巨头的该有的吗？暗暗下定决心，以后决不会再来此店购物。

另一个是某合资一线汽车品牌 4S 店，这个店在广西是排名前列的大店，我的车保养换机油，服务顾问倒是和蔼可亲，但是在推荐机油的环节，则无法直观地提供样品、外包装给客户选择，客户如果要对比不同机油的参数，需要移步仓库，等在门外待管理员事毕才能拿一个到门边站着看上两眼，耗时近半个钟头，这其实是个流程优化的问题，推荐的产品只需要在客户休息区放置样品外包装或相应宣传资料即可解决。另一个感受是，现在的品牌 4S 店大多为等待的客户提供免费的午餐，那么客户食堂是个服务管理的死角，卫生、服务态度、餐具消毒情况等等仿佛让你以为已经不在 4S 店范围，接待顾问、服务顾问、维修人员笑得非常好，但是食堂给人的不良印象一下就把整体服务体验打到低谷。保养完后 4S 店来过两个电话回访客户意见，这很好，但是此举已经成为行业标配。

第三个场景，是南宁万象城里面的某国际一线奢侈品牌。我进这类店纯属意外，被爱人拉进去，不过两分钟，但是也有发现：首先接待人员缺乏热情，进店并不是马上招呼，而是目测？我这个感觉不知道是否正确，目测完毕，店员明智地跟我爱人介绍商品，我闲着也是闲着，结果发现桌面有来历不明的污渍，抽屉部分拉开未归位，店员衣服口袋外盖一半在口袋里一半口袋外，结果出门连欢迎下次光临也欠奉，这就是动辄一个小手包都要上万的奢侈品牌。

看到这些服务问题，可以说，离主动设计服务获得客户优质体验还差得很远，甚至是在最基础的环节出现纰漏。客户不但无法获得超越预期的服务体验，甚至观感都不是正面的。

要获得好的客户体验，其实也不是太难，只需要抓住几个关键点就可以让服务水平大为改观：

1. 明确的服务目的或目标。为了什么做服务，明确了这个才能统一服务认识，才能有利于服务执行。

2. 服务项目设计。主线可以是结合流程推出服务项目，就是要有一条服务设计思想主线，比如一些实体服务厅近年推崇的"动线设计"，以客户进店到离店的行动轨迹作为设计基础，其实这也算是服务设计思想主线的一种。这部分只能依靠专业人员根据对服务资源的把控和整合来进行，否则效果不好。

3. 服务项目创新。通常来说，年轻的执行人员在这一点上比年长的人员更为活跃，年长的已有思维定式，往往就得这件事，它就应该是这个样子。所以这一点要依靠年轻人。

4. 基础服务。业务与客户有交集的界面，都是基本面，这是行业水平，超过了就是正向收益。

5. 所有服务，无论基础的还是创新的，都需要流程穿越和定期检验，根据体验情况和环境变化进行修正。

要做服务先要搞明白什么是客户体验，客户关注什么，喜好偏好，弄明白这个才有做好服务的可能。

资料来源：世界经理人网站。

3. 成功服务设计的方针

(1) 详细定义一揽子服务、服务蓝图可能有用。

(2) 关注来自顾客视角的运营。考虑在服务中和服务后如何管理顾客的期望和知觉。

(3) 考虑将呈现在顾客和预期顾客面前一揽子服务的形象。

(4) 意识到对过程很熟悉的设计者可能会给顾客不同于他自己的观点，采取方法克服这种情况。

(5) 确保管理者参与进来，设计一旦实施就要予以支持

(6) 给可见和不可见的质量下定义。不可见的质量很难定义，但必须进行。

(7) 确保招聘、培训和奖励政策与服务期望相一致。

(8) 建立解决可预测和不可预测事件的程序。

(9) 建立监控、维修、改进服务的系统。

4.4.2 服务设计的要素

服务设计的要素可以划分为结构性要素和管理要素，它们向顾客和员工传递了预期服务与实际得到服务的概貌。

1. 结构性要素

传递过程设计：前台和后台、流程、服务自动化与标准化、顾客参与。

设施设计：大小、艺术性、布局。
地点设计：地点特征、顾客人数、单一或多个地点、竞争特征。
能力设计：顾客等待管理、服务者人数、调节一般需求和需求高峰。

2. 管理要素

服务情境：服务文化、激励、选择和培训员工、对员工的授权。
服务质量：评估、监控、期望和感知、服务承诺。
能力和需求管理：需求/产能计划、调整需求和控制供应战略、顾客等待的管理。
信息设计：竞争性资源、数据收集。

4.4.3 服务设计的一般流程

步骤一：顾客识别与组织战略定位

组织每一个流程的存在都是为了满足客户的最终需求，并同时提高自身的价值，也即所谓的价值链和流程链的一致性。顾客的需求是多样的，它随时间、地点的变化而变化。因此，组织应该在认识自己能力的基础上，寻找与其能力适配的客户需求。此外，服务产品的隐性因素关系到客户满意度的提高，所以识别客户的隐性需求对服务业而言更为重要。

按照波特的战略理论，服务业首先要选择的也是组织的战略定位。战略定位来自于对市场和客户等环境的分析，基于市场宏观环境和微观的客户需要，结合自身能力，以实现组织目标利益最大化思想为依据，确定战略定位。具体的方法可以类比SWOT分析。

步骤二：服务产品设计与需求管理

服务产品的设计，原则上主要涉及产品显性和隐性两部分。对于显性部分，最终实现产品标准化，标准的制订不仅是质量的保障而且也是流程标准化的基础。对于隐性部分，重要的是顾客个性化需求的订制。只有正确识别顾客的这些精神需求，才能够提高服务"有形"产品的附加值。另外，需要权衡服务的质量和价格之间的关系，两者是"鱼和熊掌不可兼得"，所以针对具体的客户群体，权衡这两者关系至关重要。

服务生产和消费的同时进行，使得无法用库存的方式来应对需求的不确定性，因此要加强需求管理。需求的管理包括数量和类型两方面的管理。数量方面的管理就是预测客户对服务需求随时间、地点乃至环境变化的规律。类型方面的管理，涉及服务产品的分类和新服务产品的开发，这是组织赖以发展的基础。所以，加强服务产品的细分对于改善服务质量和提高流程效率非常重要。

步骤三：服务设施选址与服务能力规划

设施选址直接关系到服务企业的绩效。顾客参与消费的方式，决定了服务设施选址。对于顾客参与程度高的服务业，如医疗和餐饮等行业，设施的选址必须以目标客户为中心，但是不同的选址的目标也会带来不同的结果。餐饮业注重商业利益，相应设施选址应该考虑客户的"质点"位置，即优质客户的位置；而医疗或者消防部门更关注公共利益，相应设施选址应该考虑让最远的用户也可以在尽可能短的时间内接受到服务。而对于邮政快件等用户参与程度很低的设施选址，则应该考虑如何能够降低运营成本。比如快件的分拣中心考虑的是如何确定主要的交通枢纽中心，而不是考虑用户的问题。

服务能力受到服务需求的波动性的影响，它包括设施和人员能力。如电信业早晨八点到晚上十二点之间的通话高峰和其他时段的低谷。

如果按照高峰时的需求来确定服务能力显然会产生浪费，相反如果服务能力太小，会造成服务"排队"现象，造成顾客流失。因此服务能力和需求要配合，可从以下方面考虑：一是通过主动的需求引导，降低需求的波动性。比如在不同时段提供不同的消费价格；二是能力补偿与多元化。能力补偿主要体现在服务产品流程的分解，按顾客参与程度的大小实现流程分类，尽可能让顾客参与程度不高的流程在需求不足的阶段完成。多元化是指利用不同产品的消费时段的差异化来平衡服务能力。多元化实现的前提是提供产品的流程的差异化不能有大的差别，而且对人员的能力要求也不能太高。

步骤四：服务传递与流程设计

服务传递指的是从原材料到顾客需要的服务产品的一系列活动。实现服务传递一般有三类：一是生产线方法类似于制造业的产品制造系统，它将制造业成熟的方法和技巧用于服务产品的开发，讲求规模化和标准化，此方法适用于用户参与程度低的企业；二是顾客参与方法主要针对那些顾客参与程度高的企业，它注重顾客个性化的服务需求，讲求服务员工处理的自主性和灵活性；三是分离方法整合前两种方法的优势，把服务产品分为"前台"和"后台"两个环节，"后台"活动用户不参与，因此采用生产线方法；"前台"与用户共同完成，因此采用顾客参与方法。第三种方法是企业最常用的服务传递设计办法。此外传递系统应平衡好顾客的服务水平、员工授权和支持设施能力三者之间的关系。

流程设计是服务传递系统的细化，它和传统的制造业流程设计具有很高的相似度。由于服务产品无形性和个性化因素的存在，在流程设计时不仅要关注标准化的问题，更要重视柔性设计。柔性的概念存在流程内部和流程之间两个层次，前者需要给服务操作人员授予一定的自由处理权限，而后者需要给中层人员类似的权利。

步骤五：服务信息系统与客户管理

基于计算机的现代信息系统的出现，实现了组织日常事务处理操作的自动化和标准化。同时它也成为保持和提高企业竞争力的重要保障，具体表现在：①它能够提高行业进入壁垒，如俱乐部会员卡系统；②它能够创造效益、降低成本，比如自动化的售票系统，提高了工作效率和质量，也节省了人工成本；③数据库的建设，不仅能够提供信息支持功能，而且利用数据挖掘等知识发现方法，可以增加组织的知识资产，这对服务业特别重要。信息系统建设可以按事务处理系统和辅助决策支持系统两个部分，逐步建设完善。

服务产品个性化的特点，使得客户管理对于服务业具有特殊的意义。通过对客户详细资料的深入分析，提高客户满意程度，从而提高企业的竞争力。具体的管理手段有客户分类、客户忠诚度分析、客户满意度分析和客户消费模式分析等。利用现代信息技术，针对具体的业务需求开发和完善不同的数据库和数据仓库是实现客户关系管理的的重要手段。

步骤六：服务变革与创新管理

服务变革来源于两个层面，一是业务变革的需求，二是技术变革的需求。随着时代的发展，服务变革开展方式已由被动方式转入到主动方式，这也是企业维持自己竞争优势的必须选择。具体的业务变革主要源于对用户消费内容和方式的观察和前瞻性估计，而技术变革往往是因为服务效率和效益的问题引发的。

创新管理主要包括目标创新和过程创新。目标创新意味着服务组织必须能够识别并引导服务发展的方向，比如绿色环保型的消费方式的倡导，不仅能够节约组织的资源消耗，同时满足了社会环境的可持续发展的要求。过程创新也包括两个层面的内容，一是改善具体服务操作细节的质量，二是采用更为先进的技术和方式提高过程的效率。

以上六个步骤不是简单的次序关系，而是相互迭代互为依赖的关系。每一个步骤的改变，都应该考虑对其他环节的影响。

本 章 小 结

本章首先介绍了新产品的概念、类型、开发新产品的动力模型、内容和责任以及涉及的关键问题；对新产品的开发程序，新产品的开发的压力，产品设计对成本、质量和制造效率影响作了较为详细的分析。其次对提高新产品的开发效率的管理方法和产品开发效率的评价指标作了详细介绍，对产品的生产流程进行了分类，不同流程特征作了比较说明，介绍了产品流程矩阵，流程设计中需要考虑的几个重要问题和影响因素，流程设计的决策方法。最后介绍了服务设计的概念，成功设计的方针和要素，服务设计的一般流程。

思 考 题

1. 判断题(正确的打"√"，错误打"×")

(1) 顾客是上帝，他们需要什么企业就生产什么，所以市场驱动是企业新产品开发的唯一动力。
(　　)
(2) 产品开发主要是由运营部门负责，与其他部门没有什么关系。 (　　)
(3) 所谓新产品就是市场没有出现过的产品。 (　　)
(4) 产品成本主要是由生产制造过程材料消耗多少决定的。 (　　)
(5) 新产品在市场上表现不佳的根本原因就是营销工作不得力。 (　　)
(6) 产品的模块化设计为延迟设计策略提供了技术上的可行性。 (　　)
(7) 顾客住进宾馆客房时，发现客房与自己家庭卧室物品陈列是一样，这满足了客户的期望型需求。
(　　)
(8) 饭店干净、菜味道可口、服务周到，这些是顾客对饭店的期望型需求。 (　　)
(9) QFD 是一种技术驱动性产品开发方式。 (　　)
(10) 顾客的需求要转化成产品设计、零部件特性、工艺要求才能真正体现企业顾客至上理念。
(　　)
(11) 串行工程强调各个部门各阶段的独立性、封闭性导致在开发产品过程中需要不断的修改。
(　　)
(12) 并行工程强调在产品设计时尽量考虑产品生产制造中所有可能出现的问题，并加以解决。
(　　)
(13) 为了使新产品便于制造，新产品中零部件尽量多采用固定件，少采用变化件。 (　　)
(14) 经营杠杆作用越大，未来预期利润的不确定性也越大。 (　　)
(15) 工艺专业化适用于大量生产的生产组织模式。 (　　)

2. 单项选择题

(1) 下列哪一种情况下不是新产品(　　)。
　　A. 索尼开发晶体收音机　　　　　　B. 杜邦公司将尼龙应用于民用产品
　　C. 手机在中国生产并推向市场　　　D. 某公司将进口商品重新分装在中国市场销售

(2) 市场上目标顾客需要什么我们就开发生产什么,这是奉行的产品动力模型是( )。
　　A.技术驱动型　　B.市场驱动型　　C.竞争型　　D.以上都不对
(3) 新产品开发的责任不涉及以下哪个部门?( )
　　A.运营部门　　B.人力资源部门　　C.营销部门　　D.财务部门
(4) 新产品的成本决定因素在( )。
　　A.产品研发阶段　　B.生产阶段　　C.销售阶段　　D.采购阶段
(5) 下列哪个阶段改变产品设计造成的损失最大( )。
　　A.概念设计阶段　　B.制造装配阶段　　C.工艺设计阶段　　D.产品使用阶段
(6) 在20世纪七八十年中国人口虽然最多,但汽车市场却很小,其原因是( )。
　　A.生产厂商营销工作不力　　B.没有潜在需求
　　C.产品与当前的需求不匹配　　D.以上都不对
(7) 下列哪个不是产品实行延迟设计的技术途径是( )。
　　A.工艺重构　　B.模块化　　C.标准化　　D.大规模定制
(8) 惠普公司推出了一种"为本地化而设计"的策略,是延迟策略中的( )。
　　A.时间延迟　　B.形式延迟　　C.技术延迟　　D.设计延迟
(9) 某顾客下榻的酒店为他准备了他所喜爱的硬板床,他喜欢一种香味的枕头,为此感到非常高兴,此酒店提供给顾客需求是( )。
　　A.基本型需求　　B.期望型需求　　C.兴奋型需求　　D.满足型需求
(10) 酒店为顾客提供清洁的床单、安全的环境、必备的生活日用品,此酒店提供给顾客需求是( )。
　　A.基本型需求　　B.期望型需求　　C.兴奋型需求　　D.满足型需求
(11) 下列不属于QFD分解阶段的是( )。
　　A.产品规划　　B.工艺规划　　C.工艺质量控制　　D.营销规划
(12) 中国公路经常被开肠破肚埋设备种管线,老百姓苦不堪言,说明中国对公路埋设管线设计采用的是( )。
　　A.串行工程　　B.并行工程　　C.首长工程　　D.便民工程
(13) 采用并行工程开发新产品下列人员不应包括在开发团队中( )。
　　A.营销人员　　B.顾客　　C.环保人员　　D.公关人员
(14) 在应用并行工程进行产品设计时不应考虑的因素( )。
　　A.产品差异性　　B.产品易制造　　C.产品操作简便性　　D.产品开发进度
(15) 为了设计出可制造性强产品,在产品设计过程中应尽量采用( )。
　　A.复杂件　　B.可变件　　C.固定件　　D.专用件
(16) 广告属于( )。
　　A.顾客化的产品　　B.成批生产的产品
　　C.标准化产品　　D.中批产量产品
(17) 经营杠杆对生产过程设计的作用是:产品预测不确定性大,选用( )。
　　A.经营杠杆作用小的生产方式　　B.经营杠杆作用大的生产方式
　　C.经营杠杆作用不变的生产方式　　D.以上都不对
(18) 下列哪个要素属于服务设计的管理要素( )。
　　A.传递过程设计　　B.地点设计　　C.服务情境　　D.能力设计
(19) 下列哪个要素属于服务设计的结构性要素( )。
　　A.信息设计　　B.需求管理　　C.设施设计　　D.服务情境
(20) 下列不属于产品开发绩效评价指标是( )。
　　A.市场时间　　B.设计时间　　C.生产率　　D.质量

3. 掌握的基本概念：新产品、技术驱动型、市场驱动型、延迟设计策略、时间延迟、形式延迟、基本型质量、期望型质量、兴奋型质量、质量功能展开、并行工程、串行工程、服务设计。

4. 问答题

(1) 新产品开发动力模型有哪几种，模型是什么？
(2) 新产品开发的内容和责任以及涉及的关键问题是什么？
(3) 新产品开发的压力，不成功的原因是什么？
(4) 实施延迟差异的重要途径，延迟设计策略实施是什么？
(5) 质量功能展开原理是什么？
(6) 并行工程实施方法是什么？
(7) 新产品开发的绩效评价指标？
(8) 产品——生产流程矩阵是什么？
(9) 流程设计中需要考虑的重要问题是什么？影响设计的主要因素是什么？
(10) 生产流程决策方法有哪些？
(11) 成功服务设计的方针是什么？服务设计的要素是什么？
(12) 服务设计的一般流程是什么？

5. 计算题

工厂修建厂房有大、中、小三种投资规模选择，其固定成本、可变成本和产出能力如表4-4所示。

表 4-4

工厂规模	年固定成本(万元)	单位可变成(元/吨)	年最大产出能力(万吨)
小	5 000	1 000	10
中	9 000	900	25
大	16 000	700	40

产品市场销售价格是1 500元/吨。

(1) 确定大、中、小三种投资规模的盈亏平衡点。
(2) 如果年需求是20万吨，应该选择哪种工厂规模？

案例分析

麦当劳标准化服务设计

一、服务的定义：通过特定的方式、方法、态度、技巧和情绪，以一个行动的努力满足顾客物质需求、精神需求和便利需求，进而创造顾客新的需求。

二、服务的目的：通过100%的顾客满意，增加回头客，提升营业额。

三、服务标准：

1. 提供热辣、新鲜的产品
2. 提供快捷、准确的服务，可靠、热心、朋友般的服务，超出期望、印象深刻的服务，使顾客获得一种愉快的就餐体验。
3. 顾客等候时间：顾客加入排队行列至开始点膳时间，不超过4分钟。
4. 顾客接受服务时间：顾客接受点膳开始至"欢迎再次光临时间，规定不超过2分钟。
5. 有效、快捷地处理顾客投诉。

四、服务政策：

1. QSC＋V(品质、服务、卫生＋价值)。

2. TLC(细心、爱心、关心)。
3. 顾客永远第一。
4. 活力、年轻、激动。
5. 立即动手,做事没有借口。
6. 保持专业态度。
7. 一切取决于你。

五、服务程序:

1. 大门口有员工"欢迎光临××餐厅"和"先生,慢走,欢迎再度光临",一定微笑热情大方。如果是下雨天,门口有员工专门为顾客雨伞配上塑料套。
2. 柜台服务员对走向柜台的点膳的顾客大声说:"欢迎光临"。
3. 接受点膳。

(1) 询问、建议(诱导)销售。一方面要设身处地为顾客着想,询问清楚,如坐堂吃还是外带?另一方面也要抓紧机会增加销售额,不放过促销机会,如再来一杯大可乐吗?

(2) 重复顾客所点的内容(特别当产品较多,记不太清楚的时候)。

(3) 收银机键入顾客所点的内容。

(4) 告之顾客款数。

4. 收集产品:

(1) 按一定的顺序:奶昔→冷饮→热饮→堡→派→薯条→圣代。

(2) 按一定方向放置:标志面向顾客,薯条靠在堡上。

(3) 手不能碰到产品,也不能倒出本餐架。

(4) 切记,在营业高峰时,柜台员工一定要小跑步,以加快服务速度。

(5) 缩短走动路线,争取一次拿几份产品。

(6) 注意沟通:需要什么产品,已拿走什么产品,特别是特殊点膳。

(7) 注意保持产品原形,得体包装。

(8) 保质保量:产品在保存期内,薯条要满盒满袋。

(9) 配好纸巾、调料。

5. 呈递产品

(1) 双手把产品递给顾客,并说"先生,这是您点的产品,请看是否正确。"并再次报价。

(2) 如果有误,请立即改正,不须与顾客理论。

(3) 如果顾客要改订产品,请立即满足。如改订影响成本时,可稍微与顾客解释一下,万一顾客坚持改订,必须给予满足。

6. 收款

(1) 接款,并说出面值。

(2) 验钞。

(3) 入机,打开抽屉。

(4) 把大钞放入地层,关闭抽屉。

(5) 找零,并且说出找零款额。

7. 欢迎再次光临

(1) 祝他用餐愉快,或慢用,或欢迎下次光临。

(2) 立即迎接下一位顾客,同样的程序。

六、员工管理现金职责:

1. 每个抽屉备有200元零钱,员工个人负责。

2. 每笔交易必须精确，不多找少收。
3. 认准假钞。
4. 不要让其他员工操作你的收银机。
5. 换零钱，验钞等需经过本人核对。
6. 出现退钱等请示柜台经理。
7. 下线后、下班前跟去清点。
8. 经理告之盈亏情况并签名。
9. 经常性差错会使你失去这一职位。
10. 收到餐券或其他促销券，请示柜台经理。

七、服务要领：

1. 服务注意事项

(1) 仪容仪表、服装(包括鞋或袜)整齐，不留长发、长指甲。

(2) 始终注意微笑，热情大方，亲切，自然。

(3) 与顾客目光接触。

(4) 柜台小跑步，精神焕发，创造积极气氛。

(5) 执行第二职责。

2. 处理特殊服务

(1) 小孩：把小孩当作大人一样尊重他们。

(2) 老人：帮助开门，拿餐盘等。

(3) 父母代幼儿：帮助他们拿餐盘和高脚椅。

(4) 特殊点膳顾客：高兴地满足他们的要求。不必单独加工，可以和其他产品同一炉加工，但在调理时要区分。

(5) 残疾顾客：帮助开门、拿餐盘，扶持上座。

3. 服务戒律

(1) 顾客不是我们斗智和争论的对象。

(2) 顾客有权享受我们所能给予的最优秀、最关注的服务。

(3) 顾客有权希望我们的员工具有整齐清洁的仪表。

(4) 顾客告诉我们他们的要求，我们的职责就是满足他们的要求。

(5) 顾客是我们生意的一部分，不是局外人。

(6) 顾客的光临是我们的荣誉，不要认为是我们给予他们恩惠。

(7) 顾客的光临没有影响我们的工作，而是我们工作的目的。

(8) 顾客不依赖我们，而是我们依赖他们而生存。

(9) 顾客是我们的工作目标，我们永远不能阻碍这个目标。

(10) 顾客不是枯燥的统计数字，而是和我们一样的生机勃勃、有血有肉有感情的人。

八、找出服务时间长的原因：

1. 收集数据和事实

需要收集的数据和事实包括：

(1) 预估的交易次数、服务时间。

(2) 实际发生交易次数、服务时间。

(3) 确定餐厅交易次数、服务时间的目标。找出每个方面存在的机会点，进而确定哪一个服务环节存在的机会点最大。

(4) 检查员工班表，确定每个班次是否都正确地储备了人员。

2. 分析问题产生的原因

依据人员、产品和设备清单，找出问题的根本原因。

(1) 人员：包括柜台人员、厨房团队、品管员、薯条位员工、饮料员工等。
(2) 产品：包括输送槽产品、薯条、饮料、保温柜内的产品、原辅料等。
(3) 设备：包括炸炉、保温箱、煎炉、饮料机、奶昔机、制冰机等。

3. 制订解决问题计划

(1) 排列解决问题的优先顺序，制订正确的修正性计划。
(2) 找出产生瓶颈的原因。
(3) 采取行动打破瓶颈。
(4) 保持服务和生产系统的平衡。
(5) 检查员工班表，是否合理地配备了人员。
(6) 使用员工岗位安排指南。
(7) 采取行动杜绝问题再次发生。

4. 实施计划并进行评估

依据计划，对影响服务速度的部位进行改变；再次收集数据和观察事实，了解改变后是否取得了预期的成效，根据需要再次进行调整，直至达到满意效果为止。可以采取的改变措施举例如下：

(1) 再次培训员工。
(2) 增加饮料员和备膳员。
(3) 安排两名薯条工；一个炸，一个装。
(4) 提醒顾客点膳，而不让其思考。
(5) 补充所有货品，包括促销品。
(6) 柜台下方整齐有序，便于索取。
(7) 输送槽中备有产品。
(8) 备齐调味料，纸巾，避免回头索取。
(9) 薯条备有产品。
(10) 换足零钱。
(11) 收银机操作熟练。
(12) 机器设备完好。

资料来源：职业餐饮网，题目为编者所加，发布时间 2010.12.12

问题：

1. 请用图示或文字表达出服务目的、服务定义、服务标准、服务政策、服务程序、要领之间的关系。
2. 麦当劳找出服务时间长的原因并加以解决的几步骤给我们在管理上的启示是什么？

第 5 章　生产服务设施的选址与布置

学习目标

1. 理解选址的影响因素；
2. 了解厂址选择的主要步骤，理解选址的分析评价方法；
3. 了解生产与服务设施内部布置的原则和程序，掌握设施布置的方法；
4. 理解流水线的概念，主要特征，单一流水线和多品种流水线的组织设计，了解流水线的分类；
5. 理解成组技术的含义、依据、基本原理，了解零件分类编码的基本原理和零件成组的方法；
6. 理解成组生产的含义、基本思想、成组技术在生产管理中的应用；
7. 理解柔性制造系统的含义，了解柔性制造系统的基本组成、类型、优点。

快餐店的选址

开快餐店，地理位置的优势显得很重要。如果地址选择不当，即使拥有最有特色的饭菜，最好的厨师，也逃不出生意不景气的命运。所以开快餐店选择好的店址是关键。

一、快餐店选址的重要性

美国著名餐饮业企业家爱尔斯沃斯·密尔顿·斯塔勒在讲述饭店的成功要素时说："对任何饭店来说，取得成功的三个根本要素是地点、地点、地点。"这是因为餐饮业与制造业不同，它们不是将产品从生产地向消费地输送，而是将顾客吸引到快餐店购买餐饮产品，因此餐饮业的地点是其经营成败的关键之一。

1. 快餐店选址与长期投资密不可分　这是由于租赁或者购买的店铺一旦被选定，就需要投入大量的资金，当外部环境发生变化时，餐厅的地址不能像人、财、物等其他经营要素一样可以做相应的调整，它具有长期性、固定性等特点。为了快餐店的发展前途，经营者在选择店址时一定要谨慎。

2. 快餐店选址与市场选择息息相关　就是根据市场需求来决定店址。店址在某种程度上决定了餐厅客流量的多少、顾客购买力的大小、顾客消费结构、餐厅对潜在顾客的吸引程度以及竞争力强弱等。

3. 快餐店选址是制定经营战略的重要依据　影响快餐店制定经营战略及目标的因素主要是餐厅地址环境，它包括地理环境、人口、交通状况等因素。事实表明经营方向、食品结构和服务水平基本相同的快餐店会因为选址不同，效益有明显差异。快餐店选址时要注意市场环境、竞争状况，依据这些因素明确目标市场，并确定广告宣传、服务在内的促销策略等。

二、影响快餐店选址的因素

所谓黄金店址，就是占尽地利优势，能使快餐店经营者坐收涌门之财的地段，"黄金店址"特征有：

1. 商业会聚　开快餐店的黄金店址应该是商业气氛浓的区域，这样适合于快餐店的发展，如商业区。商业区前来购物的人较多，而且这些购物、逛街的人因为要忙着娱乐，所以希望就餐时间短，就会选择物美价廉、方便快捷的快餐。比如南京的新街口会聚了新街口百货商店、中央商场、金鹰国际购物中心等，每天来此购物的有几十万人次，显然在这里开快餐店一定会有很大市场。回味鸭血粉丝汤是南京有名的连锁快餐店，其经营者看准了这个商机，在这里开了一家连锁店，回味的鸭血"新鲜""有弹性"，粉丝"细滑""筋道"，汤"是老汤"，并且方便快捷，广受好评，每天宾客盈门。

2. 人口流量大　快餐店的黄金店址应该是人口密度大、交通发达的地区。快餐店的服务对象是人，有人吃，快餐店才能赢利。所以开快餐店，尤其是大众化的快餐店应该开在人口流量密度大的车站或者居民区。人口流量大的车站是一个绝佳的选择地点。交通状况是指车辆的交通状况和行人的多少，它意味着潜在的客源。但是经营者必须清楚客源绝对不等同于交通的频繁程度，如在交通要道，尽管交通极为频繁，但过往的旅客根本没有就餐的机会，只有就餐机会和欲望的过路人才会成为客源。如土掉渣烧饼店就选择了在大望路地铁口开店。大望路地铁对面是 SOHO，左边是 CBD 商务中心，右边是一个长途汽车站，后面是地铁站，这里每天上班上学的人流量相当大，由于人们赶时间上班上学，所以对快餐需求也很大。

3. 人流动线长　"一步差三市"。是指差一步就有可能差三成的买卖。这跟人流动线有关，可能有人走到这，该拐弯，则这个地方就是客人到不了的地方，差不了一个小胡同，但生意差很多。例如北京西单是很成熟的商圈，但不可能西单任何位置都是聚客点。肯德基开店的原则是：努力争取在最聚客的地方和其附近开店。区域里人流动线怎么样，人从地铁出来后是往哪个方向走等，要派人去观察、测量，有完整的数据之后才能据此确定地址。比如在店门前人流量的测定，是在计划开店的地点观察记录经过的人流，测算单位时间内多少人经过该位置。除了该位置所在人行道上的人流外，还要测马路中间的和马路对面的人流量。马路中间的只算骑自行车的，开车的不算。是否算马路对面的人流量要看马路宽度，路较窄就算，路宽超过一定标准，一般就是隔离带，顾客就不可能再过来消费，就不算对面的人流量。肯德基在选址的时候，都会派专门的选址人员去测量商圈内的人流动线。然后选址人员将采集来的人流数据输入专用的计算机软件，就可以测算出在此地投资额不能超过多少，超过多少这家店就不能开。

4. 同行聚集密度强　常言道："同行密集客自来。"快餐业需要合声才能热闹繁荣起来。成都小吃食市就是一个好的例子。自古成都就有赶花会、灯会、庙会的习俗，每逢此时各类小吃会聚于此，形成食市。人们在赶花会的同时，也能享受美食。对于竞争的评估可以分为两个不同的部分来考虑。提供同种类型食品服务的餐厅可能会导致直接竞争，这就会被人认为是消极的因素。间接竞争包括提供不同菜品和不同服务的餐厅。在所选地点，任何一种形式的竞争都是值得考虑的，这可能意味着一个潜在的绝好地点，同样也可能是一个很糟糕的地点。最著名的是肯德基和麦当劳。直接竞争未必导致两败俱伤，相反是共同繁荣。原因是扎堆开店会产生聚集效应，容易扩大影响，凝聚人气，形成"某某餐饮专业街"，生意必定比单枪匹马更容易做。假如一条街上只有一家餐馆，或许来这儿的人会进这家餐馆，但是这样很难吸引成群成批的客人上门，客人云集的地方才是餐饮业成长的好地方。例如，在北京西单商业圈附近，聚集了 30 多家风味各异的快餐店铺，4 家肯德基、2 家必胜客、2 家麦当劳、1 家真功夫，数不清的麻辣烫、酸辣粉、土掉渣、铁板烧等。西单由过去单纯的购物变成了餐饮、休闲综合的商业街，其购物与餐饮业态的比重也发生了明显变化。这样，人们渐渐地把西单看做逛街、就餐的好去处，结果每家快餐店都生意兴隆。

资料来源：博锐管理在线，《开一家赚钱的快餐店》，作者：业勤，编者作适当修改。

第 5 章　生产服务设施的选址与布置

5.1　生产与服务设施的选址

5.1.1　制造性企业设施选址的影响因素

设施选址包括两个问题，一是选择地区，即选择什么地区，南方、北方、沿海、内地，国外、国内建厂。二是选择位置，即在地区确定后选定具体的一片土地作为厂址具体位置。

1. 选择地区时主要影响因素

(1) 市场条件。将厂址选择的地区一般应靠近产品和服务的目标市场，便于产品迅速投放市场，降低运输成本，减少分销费用，提供快捷服务。当然这里讲的市场是广义的市场，也许是一般消费者，也许是某种商品批发市场中心，也可能是作为用户的其他厂家。许多发达国家选择在第三世界国家建厂，除了成本因素外，靠近市场是一个重要原因。另外对一些不便长途运输产品或服务业应靠近消费市场布置。具体来讲下列情况下企业应该接近消费市场：

① 产品运输不便，如家具厂、预制板厂。
② 产品易变化和变质，如制冰厂、食品厂。
③ 大多数服务业，如商店、消防队、医院等。
④ 增重的产品。

(2) 原材料供应条件。出于对保证供应与成本方面的考虑，对那些对原材料依赖性较强的企业应当尽可能靠近原材料产地。例如火力发电厂应尽可能建在煤矿附近地区以减少运输费用，而对新鲜蔬菜、水果进行冷藏或加工的企业更应靠近蔬菜、水果供应地，以避免长途运输引起腐败变质而增加成本。下列情况下企业应该接近原料或材料产地：

① 原料笨重而价格低廉的企业，如砖瓦厂、木材厂、钢铁厂等。
② 原料易变质的企业，如水果、蔬菜罐头厂。
③ 原料笨重，产品由原料中的一小部分提炼而成，如金属选矿和制糖及其他失重产品。
④ 原料运输不便，如屠宰厂。

(3) 交通运输条件。根据产品及原材料、零部件的运量大小和运输特点，应尽量选择靠近铁路、海港、高速公路或其他交通运输条件较好的地区。例如运输量较大的企业如钢铁、煤炭、石油化工等工厂则应考虑建在铁路、河流或高速公路等运输较为有利的地方。

(4) 人力资源条件。不同地区的人力资源状况是有很大差别的，其教育水平、文化素质、劳动技能、工资都不同，是企业选址时考虑的重要因素之一。例如高科技企业需要高水平的科技人员，就应在这类人员高度集中教育发达的地区选址。工资成本对劳动密集型企业非常重要，这类工厂选址时就要考虑该地区既能提供符合要求的熟练劳动力，又要人力费用低。目前生产全球化的主要原因之一就是用低成本竞争的策略来占领市场。美国、日本和欧共体国家把许多成熟产品转移到发展中国家进行生产制造，正是出于这种考虑。

(5) 基础设施条件。对于任何一个工厂来说，基础设施是在选址时需要予以认真考虑的必要条件。基础设施主要指企业生产运作所必需的供水、供电、供气、排水等的保证。从广义上讲，还包括"三废"处理、邮电通讯、金融保险、生活服务设施等等。如用水量大的造纸、化工、食品、电镀等企业，应优先选择在水源充足的地方建厂。而电炉炼钢、电解铝厂的加工则要消耗大量的电力，显然应选择电力丰富且电价较低的地区建厂为宜。

(6) 气候条件。温度、湿度、气压、风向等气候条件因素对某些产品制造会带来不利影响，应当加以考虑。如精密仪器、半导体元器件、大规模集成电路对这方面的要求就比较高。许多企业愿意在气候适宜的地方建厂，不仅可以降低通风、采暖、除湿、降温的费用，还能避免由于气候原因造成的停工待料、延误交货、无法正常生产的损失。

(7) 社会文化及生活条件。厂址所在地区有良好的住房条件、学校医院、体育娱乐设施能给职工提供良好的家居、购物、教育、交通、娱乐、治安、消防和医疗保健服务的生活环境，无疑使职工减少许多后顾之忧，提高工作效率，也大大减轻了企业办社会的负担。

(8) 政治、经济、法律和政策条件。从全球化生产角度来看，选择政治稳定、经济发展速度快、市场潜力大的地区建厂是非常有利的。在某些国家和地区建厂办企业，还会得到一些特殊的法律法规和政策上的优惠待遇，如减免税收，低息贷款，土地使用费低，自由兑换外汇等，也是选址时要考虑重要因素。

2. 选择具体位置的主要影响因素

(1) 扩展条件。除了根据企业规模规划所需面积外，还应留有扩展的余地。一开始建设就到容积极限，不留余地是不明智的。要考虑到将来企业发展，进行技术改造，改建或扩建所需要土地面积。

(2) 环境保护条件。选择具体厂址位置时应认真考虑企业对周围环境造成的危害，尽量把工厂建在对环境影响最小的地方。如有严重噪声，排放有毒废气、废水和废渣的企业就不应建在居民区和风景名胜区内。由于人们对环境保护日益关注，若不很好地解决保护环境和生态平衡问题，将会受到居民的普遍反对和排斥，因此这些企业在选位时应优先考虑"三废"治理问题，否则将来会造成成本上升，甚至被迫关、停、并、转的严重后果。

(3) 地质条件。例如地面是否平整，地层结构、负重水平是否符合未来工厂的布置要求。如钢铁厂的大型重型设备对地质条件就有相当要求。

此外厂址选择还有其他因素，如科技依托条件、与协作单位的远近、公共设施费用负担、社区人文条件等，如汽车制造，由于零部件众多，供应厂商一般应布置在总厂周围。

 案例

西门子的生产基地调整

1997年初，德国最大的电子集团西门子公司举行股东大会，总裁皮尔在会上宣布，公司将进行彻底的结构改组。主要包括三个方面：第一，调整人员结构。该公司目前近38万名职工，其中国内有20多万人。在今后两年内，公司将减少国内职工，使国外职工人数超过半数，以期减少劳动成本的支出。另一方面，公司将进一步减少在生产方面的职工，增加服务领域的工作岗位。第二，加快产品的革新改造，大胆剔除发展前景不大的产品，割弃赢利低下的部门，同时增强企业核心部分的力量。实际上，在过去3年中，西门子已经用这种战略，割弃了约为25亿马克的这类产品部门。第三，调整企业布局，把更多的工厂车间搬到国外，将它们转移到那些生产成本低、经济增长快、市场潜力大的地区。目前西门子公司在国外的销售额已占60%左右。今后几年内，国外所占份额将提高到70%以上，其中亚洲是发展的重点。

西门子公司董事会希望，通过结构改组，在今后5年内将公司的年销售额提高到1 127

500亿马克，并使盈余"明显增长"。该公司上一财政年度销售额为942亿马克，但年盈余却只有25亿马克，只相当于一个中等企业的水平。今年是西门子公司成立150周年。一个"百年老牌"公司进行结构改组,具有一定的典型意义。它说明,随着全球经济一体化进程加快,世界经济竞争日趋激烈,为了适应这一新的竞争形势,企业需要尽快作出彻底的结构调整,其中包括生产基地的重新调整问题。

资料来源:青岛大学生产管理教案,题目为编者所加。

5.1.2 服务业选址的影响因素

制造业的选址决策重点在于追求成本极小化,而服务业的目标是实现收入最大化。这是因为制造成本往往随着地区不同而有很大的差异,而服务业的成本在一个市场范围内变动相对较小。因此对一个服务企业而言,特定的选址更多的是影响其收入,而不是成本,因此选址决策的重点是确定销售量和销售收入的多少。其影响因素如下:

(1) 所选地区的消费者购买力。消费者收入高,人数众多且消费欲望强烈,则该地区购买力强,服务消费量大则收入高。

(2) 所选地区竞争情况。服务业在竞争企业集中化程度很高的地区选址以增加销售量,竞争企业集中在某一地区会形成知名度很高的大市场,能够吸引众多的消费者前来购物,且有利于货比三家,使消费者有很大的选择余地。这种"聚集效益"会商家带来大量收入。如上海的南京路、南京的新街口尽管商家云集,竞争激烈,还是有商家向往占有一席之地。

(3) 与消费者接触程度的高低。消费者接触程度是指接受服务的消费者是否出现在服务系统中及在系统中停留时间占服务时间的比例。对于那些接触程度高的服务业,如百货商场、超级市场、餐厅选址应靠近消费群集中地区;而对那些用户接触程度低的服务业如银行、邮局则应选择交通便利,人力资源充足的地区。

注意点:制造业与服务业选址追求的重点不一样,服务业追求的是收入最大化,制造业追求的是成本最小化。

5.1.3 设施选址的主要步骤

1. 确定选址目标

大体有三种情况:一是新建企业的选址;二是由于生产经营的发展需要改建或扩建,需要另选新址或在原地扩建;三是企业需要搬迁,另选一个合适的厂址。这三种情况的选址目标是不同的,考虑的因素重点也有区别。第一种情况比较单纯,往往以投入最少、产出最大、效益最好为选址的决策目标。第二种情况因为受到企业现有经营因素的影响,除了要考虑费用效益外,还要权衡与原有的生产运作设施之间的关系,以如何整体优化布局为目标。第三种情况则应分析迁厂的具体原因是什么,要达到什么样的目标:如扩大规模、获取资源、降低成本还是环境保护问题,因此选址目标应与解决问题相联系。

2. 收集数据、分析各种影响因素,拟定初步候选方案

这里要收集的数据多方面的,除了上面提到的选址、选位的各种影响因素的资料数据外,还要掌握当地政府部门有关经济发展规划、土地征用、工商税务、资源使用方面的情况和信息。在收集数据的基础上,对各种影响因素逐一加以分析,分清主次,进行权衡取舍,找出最重要的因素并分析对实现目标影响程度。然后拟出初步的候选方案。候选方案的个数应根据可供选择的地区范围、具体条件、存在问题、解决的难易程度来决定,如三个、五个或者更多。为了便于方案的比较选择应列出各候选方案明显的优点和突出的问题。

3. 对候选方案进行详细的分析和评价

为了比较各候选方案的优劣，要运用定性、定量的分析方法或者两者相结合进行方案评价。厂址选择的评价方法有优缺点比较法、专家意见法、费用效益分析法、分级加权法、重心法、选址度量法、线性规划法等。采用哪种方案要视评价的因素而定，如社会文化、政治、法律、政策、扩展性等，难于用明确的数值表示，则只能进行定性分析；而涉及费用、成本、效益、税金等因素则可用定量方法来进行分析；而有些定性评价因素，如市场、原材料、人力资源、基础设施等，为了便于比较则可以将其转化为量化数值进行分析。

4. 综合分析，选定最终选址方案

对每个候选方案进行详细评价之后，就可以得出各个方案优劣程度的结论，或者找到一个方案明显优于其他方案。选定方案后应准备详细的论证材料，报请有关上级部门批准。

5.1.4 选址的分析评价方法

1. 因素加权评分法

对于定性分析的因素，可转为定量分析方法进行处理。具体步骤如下：

(1) 列出影响企业选址的主要因素，形成一个可以比较的项目清单。

(2) 赋予这些主要影响因素以权重，如权重系数以 0.05 为级差反映它在选址中的相对重要程度，其总和为 1。

(3) 确定每个影响因素评分的取值范围，如以 10 为级差从 10 到 100 表示由高到低评分。

(4) 请相关专家和领导对每个候选地址方案进行评价和打分，计算各方案总分。

(5) 再组成企业选址决策组进行定性分析，通常选择总分数最高者为最优推荐方案。

【例 5-1】 某百货商场准备扩大业务，拟在某城市商业中心区域建立新的分店，现有甲、乙、丙三个候选地址；现将评价候选地址方案需考虑的因素和各方案评分值列于表 5-1，可选取总分最高方案为优选方案。

表 5-1 候选地址方案评分表

考虑因素	权重系数	甲方案		乙方案		丙方案	
		评分值	加权得分	评分值	加权得分	评分值	加权得分
政策法律	0.1	80	8	80	8	75	7.5
人口	0.15	90	13.5	90	13.5	90	13.5
配套设施	0.15	80	12	90	13.5	90	13.5
购买能力	0.2	70	14	85	17	90	18
地理位置	0.2	85	17	80	16	85	17
成长性	0.1	60	6	70	7	75	7.5
空间扩展	0.1	75	7.5	80	8	70	7
合计	1		78		83		84

从表 5-1 各方案的得分情况看,丙方案得分最高,可以确定为选中方案。

2. 盈亏平衡点法

企业经营中总成本分为固定成本(F)和可变成本(V);固定成本在一定条件下不随经营规模变化而变化,如管理费、固定资产折旧等。可变成本随经营规模变化而变化,如材料费、单位服务或加工费等。当在一定范围内经营规模扩大时单位产品分摊的固定成本在减少,总成本将等于或小于总销售收入;当总销售收入等于总成本支出时,成本曲线与收益曲线交点即为盈亏平衡点(Q_0)(见图 5.1)。当组织生产规模低于盈亏平衡点产量时(图中 Q_1),则出现亏损(图中 Q_1);当高于盈亏平衡点产量时(图中 Q_2)则赢利。计算盈亏平衡点公式为:

$$P \times Q_0 = V \times Q_0 + F \tag{5-1}$$

$$Q_0 = F / (P - V) \tag{5-2}$$

式中,F 为固定成本;V 为单位可变成本;P 为单位产品售价;Q_0 为盈亏平衡点产量。

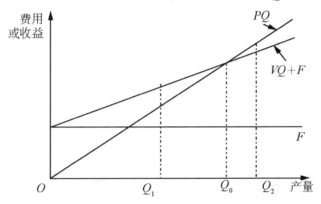

图 5.1 企业生产规模盈亏平衡点图

3. 重心分析法

重心分析法是布置单个设施的一种方法,它要考虑现有设施之间的距离和货物的运量。假定成本与距离和运量成正比,当运量一定时,理想的选址是选择能够使配送中心和各零售店之间的加权距离最小的地点,此法用于确定配送中心仓库或服务设施的选择。

重心法是将一个坐标系重叠在地图上来确定各点的相应位置,这个坐标系的(0,0)位置及其刻度的大小并不重要,关键是要在坐标中标出各个地点的位置,以确定各点相对距离。然后,求出运输成本最低的配送中心位置坐标,然后对照地图找出相应位置。计算公式为:

$$X_0 = \sum X_i Q_i / \sum Q_i \qquad Y_0 = \sum Y_i Q_i / \sum Q_i$$

式中 X_0 和 Y_0 分别为配送中心的 X 轴坐标值和 Y 轴坐标值;X_i 和 Y_i 分别为第 i 配送对象(如连锁店、分厂等)的 x 轴坐标值和 y 轴坐标值;Q_i 为向第 i 配送对象的运送物流量;i=1、2、3、…、n,n_i 为总的配送对象数量。

【例 5-2】 某商品连锁公司将在四个地方(A、B、C、D)建立连锁店。最近管理人员决定,建一配送中心仓库 E 为四个连锁店提供商品,各连锁店对商品的预计每月需求量和位置如表 5-2 所列。试问在何处筹建配送中心 E 使运送成本最低。

表 5-2　连锁店每月预计商品需求量及位置

连锁店	预计每月需求量	位置(X、Y)坐标值
A	800	(2, 2)
B	900	(3, 5)
C	200	(5, 4)
D	100	(8, 5)
合计	2 000	

解：根据表中提供的数据和重心法公式得：
$X_0 = \sum X_i Q_i / \sum Q_i = (2 \times 800 + 3 \times 900 + 5 \times 200 + 8 \times 100)/2\ 000 = 3.05$
$Y_0 = \sum Y_i Q_i / \sum Q_i = (2 \times 800 + 5 \times 900 + 4 \times 200 + 5 \times 100)/2\ 000 = 3.7$
所以重心坐标是在(3.05，3.7)的位置，在这个位置上建一个配送中心 E 运送成本最低。

5.2　生产与服务设施内部布置

企业设施内部布置是在企业位置选定和组织内部组成单位确定后进行的，它应根据已选定区域的环境条件，对组织内的组成单位进行合理布置，确定位置，并相应地确定组成单位的内部布置。

5.2.1　设施内部布置的原则

1. 以基本生产或服务单位为中心布置

对生产与服务经营协作密切的组成部分应相互就近，保持各要素之间的协调配合，使主要服务空间、厂房、建筑物和各种设施的配置满足企业运作过程的要求，使辅助生产或服务工作及时满足基本生产经营或主体服务功能需要。

2. 科学合理划分生产或主要服务功能区域

主要服务用房、厂房、建筑物的布置需符合安全、防火和环境保护的要求，应把功能相近或对防火等条件要求相同或相近的单位集中布置在同一区域内。

3. 工作路线和物流流动距离最短

在企业范围内规划合理的物流路线，围绕运作过程合理组织各种物资或人员流动，尽量缩短空间距离，避免物流交叉运输或人流相向往复。在符合运作过程要求的前提下，使布置达到时间短、费用低、便于管理的目的。

4. 企业平面布局应尽量紧凑

在符合安全、卫生、防火要求的条件下，尽量把服务用空间、厂房建筑物和各种设施布置得紧凑，应尽量采用多层的立体布置，这样不仅可以节约用地，节省了投资费用，同时也可节省日后的运行费用。

5. 开展绿化和美化布置,注意与周围环境相协调

企业内部布局要符合环保的要求,并要搞好绿化和美化,这对服务企业尤其重要,它为员工和顾客创造一个良好优美环境。还应注意使工作环境、建筑群的布置和式样与周围的社区环境相协调,尤其是在历史名城或风景区附近。

6. 企业内部布局要考虑企业的远景发展

在技术、资金允许的前提下,根据企业的长远发展规划,在现有的面积上为企业今后可能有的发展预先留出必要的空间。

5.2.2 设施内部布置的程序

1. 明确企业设施内部布置目标

通过合理的布局,应使企业各个组成部分井然有序,整齐美观,同时还要有效利用工作空间,节约投资,合理组织物流或人力资源流,提高工作效率,降低运作费用。

2. 收集企业设施内部布置资料

(1) 基础资料:包括企业所处地形地貌、水文地质、厂区面积、自然条件、交通运输条件、当地的政策法规、经济情况以及有关建厂的各种协议文件,或者商业区域环境等。

(2) 企业各生产单位和部门的组成及其开展运作活动涉及专业化组织形式。

(3) 工作系统流程方案图表:该图表简要地说明了企业的产品生产过程或服务流程及其各主要工作部门之间的联系。

3. 物流分析

对各生产单位物流分析主要是依照产品与产量特征,运用不同的分析方法研究流程,如大批量生产的产品可以用程序图和流程分析图来分析物流,多品种小批量生产的产品流程,可以用从至表和运量图法进行分析,使搬运距离、搬运时间和占用面积最小,并考虑将来的扩充或缩小空间,初步设定布置。

4. 各单位间的关联程度分析

对于全厂各服务部门单位的布置,要根据各部门之间的联系和协作交流密切的程度,对相关单位进行关联程度分析,绘制出各单位的关联线图。

5. 拟定布置方案

计算需要的空间和可供使用的空间,绘制空间关系图,据此图设计理想的布置方案。

6. 方案的评价

由于现实有许多限制因素,故需要考虑几个备选方案,对备选方案的成本、安全、效率、投资等,作出综合评价,决定实施布置的方案。

5.2.3 设施内部布置的方法

1. 作业活动的相关图布置法

由穆德提出,它是根据企业各个部门之间的活动关系的密切程度来布置其相互位置。

方法：首先明确各部门之间关系程度。主要是将各部门之间密切程度划分为 A、E、I、O、U、X 六个等级；其次列出导致不同程度关系的原因(表 5-3)；最后使用以上两种资料，将确定出相互关系待布置的部门，根据它们相互关系重要程度，按重要等级高的部门相邻布置的原则，安排出合理的布置方案。

表 5-3 各部门关系密切程度分类表

关系密切程度		关系密切程度的原因	
关系符号	关系密切程度	关系密切程度代号	关系密切程度原因
A	绝对重要	1	使用共同的原始记录
E	特别重要	2	共用人员
I	重要	3	共用场地
O	一般	4	人员接触频繁
U	不重要	5	文件交换频繁
X	不予考虑	6	工作流程连续
		7	做类似的工作
		8	共用设备
		9	其他

【例 5-3】 某单位共分成 6 个部门，将这 6 个部门计划布置在一个 2×3 的区域内。已知 6 个部门间作业关系密切程度，如图 5.2 所示，请根据 5.2 作出合理布置。

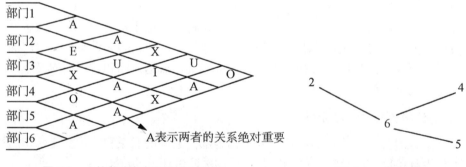

图 5.2 小快餐店各部门作业相关图　　图 5.3 主联系簇

解：第一步，列出关系密切程度分类表(只考虑 A 和 X)

　A　　1-2、1-3、2-6、3-5、4-6、5-6

　X　　1-4、3-6、3-4

第二步，根据列表编制主联系簇(图 5.3)。原则是从关系"A"出现最多的部门开始，如本例的部门 6 出现 3 次，首先确定部门 6，然后将与部门 6 的关系密切程度为 A 的一一联系在一起。

第三步，考虑其他"A"关系部门，如能加在主联系簇上就尽量加上去，否则画出了分离的子联系簇。本例中，所有的部门都能加到主联系簇上去(图 5.4)。

第四步,画出"X"关系联系图。(如图 5.5 所示)。

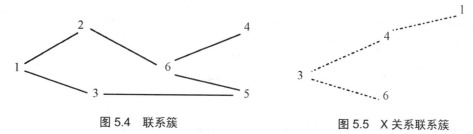

图 5.4　联系簇　　　　　　　　　图 5.5　X 关系联系簇

第五步,根据联系簇图和可供使用的区域,用实验法安置所有部门(如图 5.6 所示)。

1	2	6
3	5	4

图 5.6　各部门最后安排结果

2. 从一至表法

从一至表是一种常用生产车间内部设施布置方法。利用从一至表列出车间各机器或设施之间的相对位置,以对角线元素为基准计算工作地之间的相对距离或移动次数,从而找出整个车间或生产单元物料总运量最小的布置方案。这种方法比较适合于多品种、小批量生产的工艺专业化车间内部设备的布置。其基本步骤如下。

(1) 选择典型零件,制定典型零件的工艺路线,确定所用机床设备。
(2) 制定设备布置的初始方案,统计出典型零件在设备之间的移动次数或距离。
(3) 确定出典型零件在设备之间的移动次数或距离和单位次数或单位距离的运输成本。
(4) 用实验法确定典型零件的满意的布置方案。

【例 5-4】　某企业机加工车间有六台设备,已知其生产的典型零件加工路线,并据此给出如表 5-4 所示的典型零件在设备之间的每月移动次数,表 5-5 给出了单位次数运输成本。请用这些数据确定该车间加工典型零件的六设备合理的布置方案。

表 5-4　某典型零件在六台设备之间每月移动次数矩阵

	锯床	磨床	冲床	钻床	车床	插床
锯床		217	418	61	42	180
磨床	216		52	190	61	10
冲床	400	114		95	16	68
钻床	16	421	62		41	68
车床	126	71	100	315		50
插床	42	95	83	114	390	

表 5-5　典型零件在设备之间单位次数运输成本

单位：元/次数

	锯床	磨床	冲床	钻床	车床	插床
锯床		0.15	0.15	0.16	0.15	0.16
磨床	0.18		0.16	0.15	0.15	0.15
冲床	0.15	0.15		0.15	0.15	0.16
钻床	0.18	0.15	0.15		0.15	0.16
车床	0.15	0.17	0.16	0.20		0.15
插床	0.15	0.15	0.16	0.15	0.15	

解：(1) 计算典型零件在设备之间每月单向运输成本。

用表 5-4 中的典型零件在六台设备之间每月移动次数乘以表 5-5 中相应的单位次数运输成本得出每月运输相应成本，如：

锯床到磨床每月运输成本为：217×0.15=32.6(元)

磨床到锯床每月运输成本为：216×0.18=38.9(元)

其余依此类推得出表 5-6 中相应的典型零件在设备之间每月单向运输成本数据。

表 5-6　典型零件在设备之间每月运输成本

	锯床	磨床	冲床	钻床	车床	插床
锯床		32.6	62.7	9.8	6.3	28.8
磨床	38.9		8.3	28.5	9.2	1.5
冲床	60.0	17.1		14.3	2.4	3.2
钻床	2.9	63.3	9.3		6.2	10.9
车床	18.9	12.1	16.0	63.0		7.5
插床	6.3	14.3	13.3	17.1	58.5	

(2) 计算典型零件在设备之间每月运输总成本。

以对角线为对称轴两个相应的数据进行相加计算，表明在两台设备之间进行来回运输，如锯床到磨床运输总成本为 32.6+38.9=71.5(元)，其余依此类推得到表 5-7 中数据。

表 5-7　典型零件在设备之间每月运输总成本

	锯床	磨床	冲床	钻床	车床	插床
锯床		71.5③	122.7①	12.7	25.2	35.1
磨床			25.4	91.7②	21.3	15.8
冲床				23.6	18.4	16.5
钻床					69.2④	28.0
车床						66.0⑤
插床						

(3) 布置设备。

依据总运输成本的大小,从大到小降序排列,就得到了六台设备之间的紧密相邻程度。根据表 5-7 中的①②③④⑤的顺序,应将锯床与冲床相邻布置,磨床与钻床相邻布置,锯床与磨床相邻布置,钻床与车床相邻布置,车床与插床相邻布置。最后结果如图 5.7 所示。

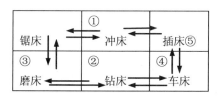

图 5.7 六台设备最后的布置方案

3. 物料运量图法

物料运量图法是按照生产过程中物料的流向及生产单位之间运输量布置企业的车间及各种设施的相对位置,其步骤如下。

(1) 根据原材料、在制品在生产过程中的流向,初步布置各个生产车间和生产服务单位的相对位置,绘出初步物流图;

(2) 统计车间之间的物料流量,制定物料运量表(如表 5-8),

(3) 按运量大小进行初试布置,将车间之间运输量大的安排在相邻位置,并考虑其他因素进行改进和调整。

(4) 最后结果如图 5.8 所示。车间 1 和 2,2 和 3,3 和 4 之间运量较大,应该相邻布置。

表 5-8 车间之间运量表

单位:10 吨

	1	2	3	4	5	总计
1		7	2	1	4	14
2			6	2		8
3		4		5	1	10
4			6		2	8
5				2		2
总计	0	11	14	10	7	

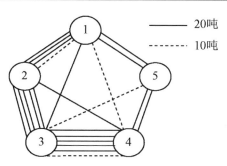

图 5.8 车间之间运量布置图

5.3 流水线生产与成组生产的组织

5.3.1 流水线生产的组织设计

1. 流水线生产设计概述

1) 流水线生产的产生

20世纪初,美国人亨利·福特首先采用了流水线生产方法,在他的工厂内专业化分工非常细,仅一个生产单元的工序竟然多达7 882种,为了提高工人的劳工效率,福特反复试验,确定了一条装配线上所需要的工人,以及每道工序之间的距离,这样一来每个汽车底盘的装配时间从12小时28分缩短到1小时33分,大大提高了劳动生产率(如图5.9)。

图5.9 福特汽车生产线

大量生产的主要生产组织方式为流水线生产,其基础是由设备、工作地和传送装置构成的设施系统。最典型的流水生产线是汽车装配生产线。流水生产线是为特定的产品和预定的生产大纲所设计的;生产作业计划主要决策问题在流水线的设计阶段中就已作出规定。

2) 流水线生产的设计

流水生产线的设计划分为技术和组织设计。技术设计是指工艺路线、工艺规程等技术参数方案的制定、专用设备和工夹具的技术设计等,通常称为"硬件"设计,是由工程技术人员来完成。组织设计是指生产节拍、设备负荷的平衡与核算、工序同期化设计、流水线平面布置等,通常称为"软件"设计,是由管理工程师来组织设计。流水生产线的设计应符合技术上先进、经济上合理、工作上可行的原则,生产与运作管理讲的是组织设计。

3) 流水线生产的概念

流水线生产是指劳动对象按照一定的工艺路线顺序依次地通过各个工作地,并按照统一的速度连续地完成工序作业的生产方式。

4) 主要特征

(1) 专业化程度高。在流水线上每个工作地只固定生产一种或少数几种产品或零部件,每个工作地只固定完成一道或几道工序。

(2) 单向性。在流水线上的加工对象按工艺加工路线顺序从一个工作地加工完毕后传送到下一个工作地进行加工,加工对象在流水线上作单向流动。

(3) 节奏性。加工对象在各道工序之间按一定的时间间隔(节拍)投入或产出,两批相同的制品之间也按一定的时间间隔投入流水线或从流水线产出,保持一定的节奏。

(4) 连续性。加工对象在各工作地之间做平行或平行顺序移动,最大限度地减少了停工等待时间。

(5) 比例性。流水线上各道工序的生产能力是平衡的、成比例的,即各道工序的工作地(设备)数同各道工序单件制品的加工时间比例大致相等。

2. 流水线生产的类型

(1) 按生产对象的移动方式可分为:一是固定流水线,指生产对象位置固定,生产工人携带工具沿着一定的顺序排列的生产对象移动。主要用于不便运输的大型产品的生产,如重型机械、飞机、船舶等的装配。二是移动流水线,指生产对象移动,工人和设备及工具位置固定的流水线。

(2) 按生产对象的数目可分为:一是单品种流水线又称不变流水线,指流水线上只固定生产一种产品。要求产品的产量足够大,以保证流水线上的设备有足够的负荷。二是多品种流水线,指将结构、工艺相似的两种以上产品,统一组织到一条流水线上生产。

(3) 按产品的轮换方式可分为:一是可变流水线,指集中轮番地生产固定在流水线上的几个产品,当某一产品的一批制造任务完成后,相应地调整设备和工艺装备,然后再开始另一种产品的生产。二是成组流水线,指固定在流水线上的几种产品不是成批轮番地生产,而是在一定时间内同时或顺序地进行生产,在变换品种时基本上不需要重新调整设备和工艺装备。三是混合流水线,指在流水线上同时生产多个品种,各品种均匀混合流水生产,组织相间性的投产。一般多用于装配阶段生产。

(4) 按连续程度可分为:一是连续流水线,指产品从投入到产出在工序间是连续进行的没有等待和间断时间。二是间断流水线,指由于各道工序的劳动量不等或不成整数倍关系,生产对象在工序间会出现等待停歇现象,生产过程是不完全连续的。

(5) 按节奏性程度可分为:一是强制节拍流水线,指要求准确地按节拍投入和出产产品。自由节拍流水线是指不严格要求按节拍投入和出产产品,但要求工作地在规定的时间间隔内的生产率应符合节拍要求。二是粗略节拍流水线,指各个工序的加工时间与节拍相差很大,为充分地利用人力、物力,只要求流水线每经过一个合理的时间间隔,生产等量的产品,而每道工序并不按节拍进行生产。

(6) 组织流水生产线前提条件。

① 产品结构和工艺相对先进稳定,在一定时期内产品和加工方式不会被淘汰;在具体组织生产时可对产品结构作适当调整后能适合于流水线生产。

② 工艺过程能合并与分解,开展工序同期化,可使各工序加工时间与节拍相等或成倍数关系。

③ 产品产量足够大,能保证设备有足够的负荷,以确保流水生产组织经济合理。

④ 产品质量和工作质量必须符合质量标准要求。

⑤ 原材料、零部件要标准化、系列化，并能按时供应。

注意点：不是所有的产品在任何情况下都可以组织流水线生产的。

3. 单一产品流水线的组织设计

1) 确定流水生产线的节拍

节拍是指流水生产线上连续出产两个相同制品的时间间隔。它是流水生产线最重要的工作参数，是设计流水生产线的基础。

流水生产线节拍的计算公式如下：$R = T_{有效时间}/Q$

式中，R 为流水生产的节拍(分钟/件)；$T_{有效时间}$ 为计划期内有效的工作时(分钟)；Q 为计划期产品产量(件)。

有效的工作时间是指实际真正用于生产产品的时间，它由制度工作时间减去休息时间和准备与结束时间等停歇时间，也可以根据制度工作时间和时间有效利用系数求得。计划期产品产量包括计划出产合格品产量和预计的废品量，它实际是计划期内的投料量。

【例 5-5】 某流水线计划年产某产品 36 000 件，该流水线每天工作两班，每班 8 小时，全年工作天数为 300 天，每天工作时间有效利用系数为 0.95。

(1) 试计算该流水生产线的节拍。

(2) 若在加工工艺上尚存在某些质量问题，目前在生产过程中仍有一定的废品发生；如果把废品率定为 5.0%，则该流水生产线的节拍应是多少？

解：① 计划期内有效的工作时间为：

$T_{有效时间} = 300 \times 2 \times 8 \times 0.95 \times 60 = 273\ 600$(分钟)

计划期节拍为：$R = T_{有效时间}/Q = 273\ 600/36\ 000 = 7.6$(分/件)

② 如果考虑废品的影响，为保证全年能提供 36 000 件合格产品，则应加大零部件的投入量，因此流水生产线实际加工的工件数为：

$Q = 36\ 000/(1 - 5.0\%) = 37\ 895$(件)

计划期节拍为：$R = T_{有效时间}/Q = 273\ 600/37\ 895 = 7.3$(分/件)

2) 工序同期化

工序同期化是通过技术和组织措施调整流水线各工序加工时间，使各工序加工时间与节拍相等或成倍数关系。它是组织连续流水线的必要条件。

工序同期化采取的措施：

① 通过改进设备提高生产效率。

② 改进工艺装备。采用快速安装卡具、模具，减少装夹具零件的辅助时间。

③ 改进工作地布置与操作方法，减少辅助作业时间。

④ 加强对工人的培训，提高工人的工作熟练程度和效率。

⑤ 详细地进行工序的合并与分解。首先将工序分成几部分，然后根据节拍重新组合工序，以达到同期化的要求，这是装配工序同期化的主要方法。

通过工序同期化后，流水线的设备负荷系数达到 0.85~1.05，一般可组织连续流水线，在 0.75~0.85 组织间断流水线。

工序同期化实质是一种组合问题，可以使用分支定界法来求解。分支定界法就是利用分支定界寻找最新活动结点的原理，首先求出可行的工序组合方案，然后，一方面依靠回溯检查，消除明显不良的工作步骤组合方案，一方面求出能使装配工序数最少的工作步骤组合方案。

知识链接

分支定界法

分支定界法(branch and bound)是一种求解整数规划问题的最常用算法。这种方法不但可以求解纯整数规划，还可以求解混合整数规划问题。算法步骤如下。

第1步：放宽或取消原问题的某些约束条件，如求整数解的条件。如果这时求出的最优解是原问题的可行解，那么这个解就是原问题的最优解，计算结束。否则这个解的目标函数值是原问题的最优解的上界。

第2步：将放宽了某些约束条件的替代问题分成若干子问题，要求各子问题的解集合的并集要包含原问题的所有可行解，然后对每个子问题求最优解。这些子问题的最优解中的最优者是原问题的可行解，则它就是原问题的最优解，计算结束。否则它的目标函数值就是原问题的一个新的上界。另外，各子问题的最优解中，若有原问题的可行解的，选这些可行解的最大目标函数值，它就是原问题的最优解的一个下界。

第3步：对最优解的目标函数值已小于这个下界的问题，其可行解中必无原问题的最优解，可以放弃。对最优解目标函数值大于这个下界的子问题，都先保留下来，进入第4步。

第4步：在保留下的所有子问题中，选出最优解的目标函数值最大的一个，重复第1步和第2步。如果已经找到该子问题的最优可行解，那么其目标函数值与前面保留的其他问题在内的所有子问题的可行解中目标函数值最大者，将它作为新的下界，重复第3步，直到求出最优解。

3) 流水线的平衡
(1) 确定装配流水线节拍(略)。
(2) 计算装配线上需要的最少设备(工作地数)和设备负荷系数。

$$Smin = [\sum t_i / R]$$

$\sum t_i$——产品经过所有工序实际加工的总时间，[ ]代表取最小整数(工作地不能为小数)。设备负荷系数是指理论计算出的设备数(工作地数)与实际采用设备数(工作地数)之比。

各工序的设备负荷系数：$K_i = Si/Sei$　　K_i 为第 i 道工序设备负荷系数

总设备负荷系数 K：$K = \sum Si / \sum Sei$　　$i = 1、2、3、\cdots、m$

(3) 组织工作地。按以下条件向工作地分配小工序：
① 保证各工序之间的先后顺序。
② 每个工作地分配到的小工序作业时间之和不能大于节拍。
③ 各工作地的作业时间应尽量接近或等于节拍。
④ 应使工作地数目尽量少。
⑤ 在相同工序数时以新安排工序时间越接近节拍为优先选择。
⑥ 全部工作地合理组合划分为工序，且各工序的时间损失最少且比较均匀。

4) 安排合适员工人数

在流水生产线上安排员工时主要考虑以下几方面因素：每个岗位工作时同时所需要人数、工作班次、检验人员数、管理人员和辅助人员数。整条流水生产线的员工人数是所有岗位员工人数之和。

5) 确定流水生产线运输工具的选择

流水生产线采用什么样的节拍,主要根据工序同期化的程度和加工对象的重量、体积、精度、工艺性等特征而定。

按运输设备将流水生产线划分为无专业运输设备的流水生产线、具有非机动专用运输设备的流水生产线和机械化运输设备的流水生产线。

按照流水生产线传送方式可分为分配式传送和工作式传送两种。

6) 流水生产线的平面布置

流水生产线的平面布置应当有利于员工操作,产品运输路线最短,生产空间充分利用。同时,要考虑流水生产线之间的相互衔接,从而使所有流水生产线的布置符合产品生产过程的流程。流水线的形状有直线形、直角形、开口形、环形等。具体如下图5.10:

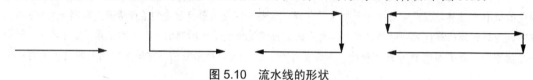

图 5.10 流水线的形状

7) 流水线标准计划指示图表的制定

流水线上每个工作地都按一定的节拍重复地生产,所以可制订出流水线的标准计划指示图表,表示出流水线生产的期量标准、工作制度和工作程序等等,为生产作业计划的编制提供依据。连续流水线的标准计划指示图表比较简单,只要规定整个流水线的工作时间与程序就可以了。间断流水线的标准计划指示图表比较复杂,要规定每一工序的各工作地工作的时间与程序。

4. 多品种流水线设计

多品种可变流水线的特征有:①成批轮番生产多种产品,更换产品时,需调整,但调整不大;②每种产品在流水线所有工序上的设备负荷系数应大致相同;③整个计划期内成批轮番的生产多种制品,但在计划期的各段时间内只生产一种制品。

可变流水线节拍应分别按每种制品计算。设某种可变流水线加工 A、B、C 三种零件,其计划年产量分别为 Q_A、Q_B、Q_C,流水线上加工各零件的单件时间定额为 T_A、T_B、T_C。可以使用代表产品法计算节拍:

在流水线所生产的制品中选择一种产量大、劳动量大、工艺过程复杂的制品为代表产品,将其他产品按劳动量换算为代表产品的产量,之后以代表产品来计算节拍。

假设 A 为代表产品,则换算后的总产量为

$$Q = Q_A + Q_B m_b + Q_C m_c$$

式中 $m_b = T_B/T_A$ $m_c = T_C/T_A$

则各制品的节拍为:

$$R_A = T_{\text{有效时间}}/Q = T_{\text{有效时间}}/(Q_A + Q_B m_b + Q_C m_c)$$

$$R_B = R_A m_b \quad R_C = R_A m_c$$

【例5-6】设可变流水线加工 A、B、C 三种零件,其计划月产量分别为 2 000 件, 1 875 件, 1 857 件;每种产品在流水线上各工序单件作业时间之和分别为 40 min, 32 min, 28min。流水线按两班制生产,每月有效工作时间为 24 000min。用代表产品法计算每种产品的节拍。

解:选 A 为代表产品,用 A 表示的计划期总产量,则

$$Q = Q_A + Q_B m_b + Q_C m_c$$

式中　$m_b = T_B/T_A$　　$m_c = T_C/T_A$

得　$m_b = T_B/T_A = 32/40 = 0.8$　　$m_c = T_C/T_A = 28/40 = 0.7$

　　$Q = Q_A + Q_B m_b + Q_C m_c = 2\ 000 + 1\ 875 \times 0.8 + 1\ 857 \times 0.7 = 4\ 800$(件)

A、B、C 零件的节拍分别为

$R_A = T_{有效时间}/Q = T_{有效时间}/(Q_A + Q_B m_b + Q_C m_c) = 24\ 000/4\ 800 = 5$(分钟/件)

$R_B = R_A m_b = 5 \times 0.8 = 4$(分钟/件)

$R_C = R_A m_c = 5 \times 0.7 = 3.5$(分钟/件)

5.3.2 成组生产的组织

1. 成组技术(Group Technology－GT)

在现代机械制造领域中,由于新工艺新技术的飞速发展,需求的多样化,产品更新周期的日益缩短,使得多品种小批量生产的企业大量增加。而单件、小批量生产的生产率低、成本高、制造周期长、工艺手段落后、管理也复杂。为了改变这种状况就是利用成组技术。

1) 成组技术的含义

成组技术就是将企业的多种产品、部件或零件,按一定的相似性准则,分类编组,以组为基础,组织生产,实现多品种小批量生产的产品设计、制造和管理的合理化,从而克服了传统小批量生产方式的缺点,使小批量生产能获得接近大批量生产的技术经济效果。

2) 成组技术的依据

机械产品尽管品种繁多,用途和功能各异,但构成不同产品的零件却有着极大的相似性。机械产品的零件一般可分为以下三类:一是复杂件(专用件)。这类零件在产品中数量不多,约占零件总数的 5%～10%,但结构复杂,产值高,再用性低,如机床床身、溜板等。二是相似件。这类零件在产品中种数多,数量大,约占零件总数的 70%左右。各种零件虽然并不相同,但它们在结构、工艺、材质等方面存在大量的相似性特征。如各种轴、齿轮、法兰、支座、盖板等。三是标准件。这类零件结构简单,产值低,再用性高,一般都已组织大量生产,如螺钉、螺帽、垫圈等。随着标准化工作的发展,这类零件的数量逐步增加。一台车床有一千种左右的零件,以这些零件的复杂性为横坐标,不同零件的出现数量为纵坐标,可得到数量分布曲线和零件的再用性与复杂性同数量关系图(如图 5.11、图 5.12)。零件的分类统计表明机械产品的绝大多数零件有着相似的特征,在同类产品系列中,各类相似零件的出现和零件类型分布是稳定的、有规律的,这就是成组技术的理论依据。

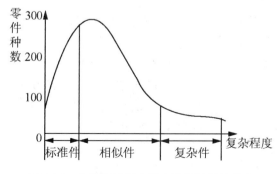
图 5.11　车床不同复杂程度零件数量的分布

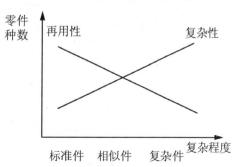
图 5.12　零件再用性和复杂性的分布

3) 相似性的表现

(1) 零件设计。许多零件都具有相似的形状，那些相似的零件可以归并成设计族。一个新零件可以通过修改一个现有的同族零件而形成。应用这个概念，可以确定出复合零件。复合零件是包含一个设计族的所有特征的零件。它由设计族内零件所有几何要素组合而成。

(2) 机械制造工艺。成组技术在制造工艺上的应用显得比零件设计更重要，不仅结构特征相似的零件可归并成组，结构不同的零件仍可能有类似的制造过程。例如，大多数箱体零件都具有不同的形状和功能，但它们都要求镗孔、铣端面、钻孔等。因此可以得出它们制造工艺相似的结论，这样可以把具有相似加工特点的零件也归并成族，这样工艺过程设计工作便可得到简化。由于同族零件要求类似的工艺过程，于是可建立一个加工单元来制造同族零件。而对每个加工单元只需考虑具有类似加工特点的零件加工，于是可使生产计划、工艺准备、生产组织和管理等项工作的水平得以提高。

4) 成组技术的基本原理

加工零件虽然千变万化，但客观上存在着大量的相似性。有许多零件在形状、尺寸、精度、表面质量和材料等方面具有相似性，从而在加工工序、安装定位，机床设备以及工艺路线等各个方面都呈现出一定的相似性。成组技术就是对零件的相似性进行标识、归类和应用的技术。其基本原理是根据多种产品各种零件的结构形状特征和加工工艺特征，按规定的法则标识其相似性，按一定的相似程度将零件分类编组，再对成组的零件制定统一的加工方案，实现生产过程的合理化。

成组技术具体做法就是利用事物相似性的原理，进行相似性的处理。通常是找出一个代表性零件(代表零件也可以是假设的)，即主样件，通过主样件解决全组(族)零件的加工工艺问题，设计全组零件共同能采用的工艺装备，并对现有设备进行必要的改装等。成组技术首先是从成组加工发展起来的。划分为同一组的零件可以按相同的工艺路线在同一设备、生产单元或生产线上完成全部机械加工。一般加工工件的改变就只需进行少量的调整工作。

注意点：成组技术的基本原理是普遍存在的，在各种管理活动中都可借鉴。

5) 成组技术的核心

成组技术的核心是成组工艺，它是把结构、材料、工艺相近似的零件组成一个零件族(组)，按零件族制定工艺进行加工，从而扩大了批量、减少了品种、便于采用高效方法、提高劳动生产率。零件的相似性是广义的，在几何形状、尺寸、功能要素、精度、材料等方面的相似性为基本相似性；以基本相似性为基础，在制造、装配等生产、经营、管理等方面所导出的相似性，称为二次相似性或派生相似性。

随着计算机技术和数控技术的应用和发展，成组技术也已成为计算机辅助工艺设计、柔性制造系统、计算机集成制造系统的基础。日本、美国、苏联和联邦德国等许多国家把成组技术与计算机技术、自动化技术结合起来发展成柔性制造系统，使多品种、中小批量生产实现高度自动化。全面采用成组技术会从根本上影响企业内部的管理体制和工作方式，提高标准化、专业化和自动化程度。在机械制造工程中，成组技术是计算机辅助制造的基础，将成组哲理用于设计、制造和管理等整个生产系统，改变多品种小批量生产方式，以获得最大的经济效益。

6) 零件分类编码的基本原理简介

成组技术的编码是对机械零件的各种特征给予不同的代码。这些特征包括：零件的结构形状，各组成表面的类别及配置关系、几何尺寸、零件材料及热处理要求，各种尺寸精度、形状精度、位置精度和表面粗糙度等要求，对这些特征进行抽象化，格式化，就需要用一定的代码(符号)来表述。所用的代码可以是阿拉伯数字、拉丁字母，甚至汉字，以及它们的组合。最方便，最常见的是数字码。

对于工艺过程设计，希望代码能唯一区分产品零件族。当设计或确定一种编码方案时，有两种性质必须保证，即代码必须是：①不含糊的；②完整的。这就需要对代码所代表的意义作出明确的规定和说明，这种规定和说明就称为编码法则，也称为编码系统。将零件的各种有关特征用代码表示，实际上也对零件进行分类。所以零件编码系统也称为分类编码系统。目前使用的编码系统中有三种不同类型：一是层次式。也称为单元码，每一代码的含义都有前一级代码限定。其优点是用很少的码位能代表大量信息；缺点是编码系统很复杂，难于开发。二是链式。又称多元码，码位上每一代码都代表某种信息，与前面码位无关。在代码位数相同的条件下，链式结构容量比层次式的少，编码系统较简单。三是混合式。是层次式和链式的混合。大多数编码系统采用混合式。目前已有一百多种成组技术编码系统在应用。JLBM-1 分类编码系统是我国组织制订并执行的成组技术编码系统。

7) 零件分类成组的方法

(1) 视检法。视检法是由有经验的工艺师根据零件图样或实际零件及其制造过程，直观地凭经验判断零件的相似性，对零件分类成组。这种方法简单，如将零件划分成回转体类、箱体类、杆件类等，但要作详细分类比较困难。目前应用较少。

(2) 生产流程分析法。它是按工艺路线相似性的分类方法。根据每种零件的工艺路线卡，列出表 5-9 所示("○"表示某零件要在该机床上加工)，表中各个零件加工工艺路线各不相同，每个零件看起来只能单个加工，不经济。但通过对各零件生产流程分析、归纳、整理，可将表 5-9 转换成表 5-10 的形式。从表 5-10 中可以明显地看出，给出的 20 种零件可编为三组，每组都有相似的工艺路线，加大了生产批量，形成规模经济。此法应用广泛。

(3) 编码分类法。按编码分类，首先制定零件分类编码系统，将零件的有关设计、制造等方面的信息转译为代码(代码可以是数字或数字、字母兼用)，把分类的零件进行编码，待零件有关信息代码化后，就可以根据代码对零件进行分类，零件有关生产信息代码化将有助于应用计算机辅助成组技术的实施。

表 5-9 零件的工艺路线

机床	零件号																			
	1	2	3	4	5	6	7	8	9	10	11	12	13	14	15	16	17	18	19	20
车床	○	○		○	○		○		○		○	○		○	○		○	○	○	○
立式铣床	○	○		○		○		○			○			○						
卧式铣床				○			○			○				○			○	○		
插床			○			○				○					○					
钻床	○	○		○	○		○		○		○	○		○			○	○	○	○
外圆铣床	○	○		○						○										

续表

机床	零件号																			
	1	2	3	4	5	6	7	8	9	10	11	12	13	14	15	16	17	18	19	20
平面钻床			○			○							○			○				
镗床			○							○			○							

表5-10 调整后的零件工艺路线

机床	零件号																			
	1	2	20	7	11	14	9	5	4	18	12	8	17	15	19	3	13	6	16	10
车床	○	○	○	○	○	○	○	○												
立式铣床	○	○	○	○	○	○	○	○												
钻床	○	○	○	○	○															
外圆磨床	○	○					○													
车床									○	○	○									
卧式铣床										○	○		○	○	○					
钻床									○		○	○								
插床																○	○	○	○	○
钻床																○	○	○	○	○
平面磨床																○	○	○	○	
镗床																○	○			

8) 应用成组技术的效益

实践证明在中小批量生产中采用成组技术,可取得较好的综合经济效益。具体如下:

(1) 将中小批量的生产变为大批大量或近似于大批大量的生产,提高生产率,稳定产品质量和一致性。

(2) 减少加工设备和专用工装夹具的数目,降低固定投入,降低生产成本。

(3) 促进产品设计标准化和规格化,减少零件的规格品种,减轻产品设计和工艺规程编制工作量。

(4) 利于采用先进的生产组织形式和先进制造技术,实现科学生产管理。

2. 成组技术在生产管理中应用

1) 成组生产含义

成组生产是多品种、中小批量生产的一种科学的生产组织形式。它是利用零件结构、形状、工艺上相似性等特性,把所有的产品零件、部件分类归组,并以组为对象组织和管理生产的方法。它把许多各不相同,但又具有部分相似的事物集中起来统一加以处理,以达到减少重复劳动、节省人力和时间、提高工作效率的目的。

2) 成组生产基本思想

应用大量大批的生产技术和专业化方法，对多品种、中小批量组织生产。主要通过对零件分组，减少每个工作地加工的零件种类，扩大了零件生产批量，提高了专业化程度。这就使单件小批量生产企业，能够采用先进的工艺方法，高效率的自动机床和数控机床。这样机床可以成组布置，使用成组夹具，按成组零件编制工艺，各组零件都在各自的成组生产单元和成组流水线内加工。

3) 成组技术在生产管理中的应用

(1) 在产品设计中的应用。据统计，当设计一种新产品时，往往有 3/4 以上的零件设计可参考借鉴或直接引用原有的产品图纸，从而减少新设计的零件，这不仅可免除设计人员的重复性劳动，也可以减少工艺准备工作和降低制造费用。

由于用成组技术指导设计，赋予各类零件以更大的相似性，这就为实施成组生产奠定了基础。此外，由于新产品具有继承性，使往年累积并经过考验的有关设计和制造的经验再次应用，这有利于保证产品质量的稳定。以成组技术为指导的设计合理化和标准化工作将为实现计算机辅助设计(CAD)奠定基础；由于设计信息最大程度地重复使用，为加快设计速度，节约时间作出贡献。具体的应用如示意图 5.13 所示。

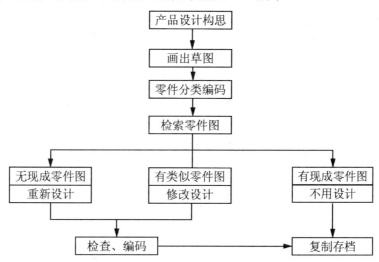

图 5.13 成组技术在产品设计中的应用示意图

(2) 在工艺中的应用。在机械加工方面实行成组技术时，其工艺准备工作包括下述 5 个方面的内容。

① 零件分类编码、划分零件组。各类产品的生产大纲和图纸是工艺设计的原始资料，按照拟定的分类编码法则对零件编码。在实行成组加工的初始阶段也可以对近期产品在小范围内进行，再逐步扩大到各种产品的零件。

② 拟定成组工艺路线。选择或设计主样件，按主样件编制工艺路线，它将适合于该零件组内所有零件的加工；但对结构复杂的零件，要将组内全部形状结构要素综合而形成一个主样件，通常是困难的。此时可采用流程分析法，即分析组内各零件的工艺路线，综合成为一个工序完整、安排合理、适合全组零件的工艺路线，编制出成组工艺卡片。

③ 选择设备并确定生产组织形式。成组加工的设备可以有两种选择，一是采用原有通用机床或适当改装，配备成组夹具和刀具，二是设计专用机床或高效自动化机床及工装。这两种选择相应的加工工艺方案差别很大，所以拟定零件工艺过程时应考虑到设备选择方案。各设备的台数根据工序总工时计算，应保证各台设备首先是关键设备达到较高负荷率，一般可以留 10%～15%的负荷量供扩大相似零件加工之用。此外设备的利用率不仅是指时间负荷率，还包括设备能力的利用程度，如空间、精度和功率负荷率。

④ 设计成组夹具、刀具的结构和调整方案。这是实现成组加工的重要条件，将直接影响到成组加工的经济效果。因为改变加工对象时，要求对工艺系统只需最少的调整。如果调整费事，相当于生产过程中断，准备终结时间延长，就体现不出"成组批量"了。因此对成组夹具、刀具的设计要求是改换工件时调整简便、迅速、定位夹紧可靠，能达到生产的连续性，调整工作对工人技术水平要求不高。

⑤ 进行技术经济分析。成组加工应做到在稳定地保证产品质量的基础上，达到较高的生产率和较高的设备负荷率(60%～70%)。因此根据以上制订的各类零件的加工过程，计算单件时间定额及各台设备或工装的负荷率，若负荷率不足或过高，则可调整零件组或设备选择方案。

(3) 在生产组织中应用。

① 成组单机。它是把一些工序相同或相似的零件族集中在一台机床上加工。它的特点主要是针对从毛坯到成品多数工序可以在同一类型的设备上完成的工件，也可以用于仅完成其中某几道工序的加工。

这种组织形式是成组技术的最初形式，由于相似零件集中加工，批量增大，减少了机床调整时间，获得了一定的经济效果。对于较复杂的零件加工，需要在多台机床上加工时，效果就不显著了。但随着数控机床和加工中心机床的应用，特别是柔性运输系统的发展，成组加工单机的组织形式又变得重要起来。

② 成组生产单元。是指一组或几组工艺上相似零件的全部工艺过程，由相应的一组机床完成，该组机床即构成车间的一个封闭的生产单元。如有 A、B、C、D、E、F 这六个零件，它是由车床、铣床、磨床、刨床来完成六个零件组全部工序，构成一个生产单元。

成组生产单元的主要特点是由几种类型机床组成一封闭的生产系统，完成一组或几组相似零件的全部工艺过程。它有一定的独立性，并有明确的职责，提高了设备利用率，缩短了生产周期，简化了生产管理等一系列优点，所以为各企业广泛采用。

③ 成组生产流水线。是成组技术的较高级组织形式。它与一般流水线的主要区别在于生产线上流动的不是一种零件，而是多种相似零件。在流水线上各工序的节拍基本一致，其工作过程是连续而有节奏的。但对于每一种零件而言，它不一定经过流水线上的每一台机床加工，所以它能加工的工件较多，工艺适用范围较大。

注意点：应用成组技术的根本目的是为了能够尽量扩大批量，组织高效的流水线生产。

5.3.3 柔性制造系统

1. 柔性制造系统的概念

柔性制造系统(Flexible Manufacturing System，FMS)是由统一的信息控制系统、物料储运系统和一组数字控制加工设备组成,能适应加工对象变换的自动化机械制造系统,英文缩写为 FMS。FMS 的工艺基础是成组技术,它按照成组的加工对象确定工艺过程,选择相适应的数控加工设备和工件、工具等物料的储运系统,并由计算机进行控制。故能自动调整并实现一定范围内对多种工件的成批高效生产,并能及时地改变产品以满足市场需求。FMS 兼有加工制造和部分生产管理两种功能,因此能综合地提高生产效益。FMS 的工艺范围正在不断扩大,包括毛坯制造、机械加工、装配和质量检验等。

2. 柔性制造系统基本组成部分

典型的柔性制造系统由数字控制加工设备、物料储运系统和信息控制系统组成。加工设备主要采用加工中心和数控车床,前者用于加工箱体类和板类零件,后者则用于加工轴类和盘类零件。中、大批量少品种生产中所用的柔性制造系统,常采用可更换主轴箱的加工中心,以获得更高的生产效率。为了实现制造系统的柔性,FMS 必须包括下列组成部分。

(1) 加工系统。柔性制造系统采用的设备由待加工工件的类别决定,主要有加工中心、车削中心或计算机数控(CNC)车、铣、磨及齿轮加工机床等,用以自动地完成多种工序的加工。磨损了的刀具可以逐个从刀库中取出更换,也可由备用的子刀库取代装满待换刀具的刀库。车床卡盘的卡爪、特种夹具和专用加工中心的主轴箱也可以自动更换。

(2) 物料系统。是指用以实现工件及工装夹具的自动供给和装卸,以及完成工序间的自动传送、调运和存贮工作,包括各种传送带、自动导引小车、工业机器人及专用起吊运送机等。储存和搬运系统搬运的物料有毛坯、工件、刀具、夹具、检具和切屑等;储存物料的方法有平面布置的托盘库,也有储存量较大的巷道式立体仓库。

(3) 计算机控制系统。是指用以处理柔性制造系统的各种信息,输出控制 CNC 机床和物料系统等自动操作所需的信息。柔性制造系统的信息控制系统的结构组成形式很多,比如群控方式的递阶系统。第一级为各个工艺设备的计算机数控装置(CNC),实现过程的控制;第二级为群控计算机,负责把来自第三级计算机的生产计划和数控指令等信息,分配给第一级中有关设备的数控装置,同时把它们的运转状况信息上报给上级计算机;第三级是 FMS 的主计算机(控制计算机),其功能是制订生产作业计划,实施 FMS 运行状态的管理,及各种数据的管理;第四级是全厂的管理计算机。

(4) 系统软件。系统软件用以确保柔性制造系统有效地适应中小批量多品种生产的管理、控制及优化工作,包括设计规划软件、生产过程分析软件、生产过程调度软件、系统管理和监控软件。

知识链接

柔性制造系统发展史

1967 年,英国莫林斯公司首次根据威廉森提出的 FMS 基本概念,研制了"系统 24"。其主要设备是六台模块化结构的多工序数控机床,目标是在无人看管条件下,实现昼夜 24 小时连续加工,但最终由于经济和技术上的困难而未全部建成。同年美国的怀特·森斯特兰公司建成 Omniline I 系统,它由八台加工中心和两台多轴钻床组成,工件被装在托盘上夹具中,按固定顺序以一定节拍在各机床间传送和进行加工。这种柔性自动化设备适于在少品种、大批量生产中使用,在形式上与自动生产线相似,也叫柔性自动线。

1976年，日本发那科公司展出了由加工中心和工业机器人组成的柔性制造单元(简称FMC)，为发展FMS提供了重要的设备形式。柔性制造单元(FMC)一般由1~2台数控机床与物料传送装置组成，有独立的工件储存站和单元控制系统，能在机床上自动装卸工件，甚至自动检测工件，可实现有限工序的连续生产，适于多品种小批量生产应用。70年代末期，柔性制造系统在技术上和数量上都有较大发展，80年代初期已进入实用阶段，其中以由3~5台设备组成柔性制造系统为最多，但也有规模更庞大系统投入使用。

1982年，日本发那科公司建成自动化电机加工车间，由60个柔性制造单元(包括50个工业机器人)和一个立体仓库组成，另有两台自动引导台车传送毛坯和工件，此外还有一个无人化电机装配车间，它们都能连续24小时运转。这种自动化和无人化车间，是向实现计算机集成的自动化工厂迈出的重要一步。与此同时，还出现了若干仅具有柔性制造系统的基本特征，但自动化程度不很完善的经济型柔性制造系统FMS，使柔性制造系统FMS的设计思想和技术成果得到普及应用。目前全世界有大量的柔性制造系统投入了应用，仅在日本就有175套完整的柔性制造系统。国际上以柔性制造系统生产的制成品已经占到全部制成品生产的75%以上，而且比率还在增加。

资料来源：互联网收集整理。

3. 柔性制造系统的类型

(1) 柔性制造单元。是指由一台或数台数控机床或加工中心构成的加工单元。该单元根据需要可以自动更换刀具和夹具，加工不同工件。柔性制造单元适合加工形状复杂，加工工序简单，加工工时较长，批量小的零件。它有较大的设备柔性，但人员和加工柔性低。

(2) 柔性制造系统。是指以数控机床或加工中心为基础，配以物料传送装置组成的生产系统。该系统由电子计算机实现自动控制，能在不停机的情况下满足多品种的加工。它适合加工形状复杂，工序多批量大的零件。其加工和物料传送柔性大但人员柔性仍然较低。

(3) 柔性自动生产线。是指把多台可以调整的机床(多为专用机床)联结起来，配以自动运送装置组成的生产线。该生产线可以加工批量较大的不同规格零件。柔性程度低的柔性自动生产线，在性能上接近大批量生产用的自动生产线；柔性程度高的柔性自动生产线，则接近于小批量、多品种生产用的柔性制造系统。

4. 柔性制造系统的优点

柔性制造系统是技术复杂、高度自动化的系统，解决了机械制造高自动化与高柔性化之间的矛盾。具体优点如下。

第一，设备利用率高。一组机床编入柔性制造系统后，产量比这组机床在分散单机作业时的产量提高数倍。

第二，在制品减少80%左右。

第三，生产能力相对稳定。自动加工系统由一台或多台机床组成，发生故障时，有降级运转的能力，物料传送系统也有自行绕过故障机床的能力。

第四，产品质量高。零件在加工过程中，装卸一次完成，加工精度高，加工形式稳定。

第五，运行灵活。有些柔性制造系统的检验、装卡和维护工作可在第一班完成，第二、第三班可在无人照看下正常生产。在理想的柔性制造系统中，其监控系统还能处理诸如刀具的磨损调换、物流的堵塞疏通等运行过程中不可预料的问题。

第六，产品应变能力大。刀具、夹具及物料运输装置具有可调性，且系统平面布置合理，便于增减设备，满足市场需要。

本 章 小 结

本章首先介绍了生产与服务设施选址的影响因素、选址的主要步骤和分析评价方法;其次介绍了生产与服务设施的内部布置的原则和程序,设施布置的基本方法;最后介绍了流水线的概念和主要特征、单一流水线和多品种流水线的组织设计,成组技术的含义、依据、基本原理和零件的分类编码基本原理和零件的成组的方法,成组生产的含义、基本思想和在生产管理中的应用,以及柔性制造系统的含义、基本组成、类型和优点。

思 考 题

1. 判断题(正确的打"√",错误打"×")

(1) 服务性组织的选址,要考虑的主要是与市场相关的那些因素。   ( )
(2) 钢铁厂应该靠近原材料产地。   ( )
(3) 火力发电厂应该接近用户。   ( )
(4) 预制板厂应该接近消费者市场。   ( )
(5) 作业相关图布置法是以各部门之间的密切程度为依据的。   ( )
(6) 从一至表布置法是以各车间之间的运输成本为依据的。   ( )
(7) 生产与运作管理主要是从组织设计角度研究流水线的设计。   ( )
(8) 流水线生产能很好地满足生产过程组织的要求。   ( )
(9) 大型船舶也可组织流水线生产。   ( )
(10) 新产品在质量和工艺不稳定之前不适宜组织流水线生产。   ( )
(11) 工序同期化是组织流水线生产的必要条件。   ( )
(12) 建立成组生产单元的前提是将零件按照加工工艺的相似性构成零件族。   ( )
(13) 成组技术克服了多品种小批量的缺点,利用了大批量的优点。   ( )
(14) 柔性制造系统的工艺基础是成组技术。   ( )

2. 选择题

(1) 下列属于服务业选址影响因素的是( )。
   A. 消费者购买力   B. 服务能力   C. 劳动力数量   D. 商品供应
(2) 下列不属于影响制造业企业设施选址因素的是( )。
   A. 气候条件   B. 交通运输条件   C. 消费者的购买力   D. 原材料供应
(3) 下列哪种产品不能组织流水线生产( )。
   A. 汽车   B. 拖拉机   C. 万吨水压机   D. 手机
(4) 流水线生产的特征( )。
   A. 节奏性   B. 适应性   C. 生产性   D. 以上答案都不对
(5) 下列不属于工序同期化采取的措施( )。
   A. 改进设备   B. 改进工艺装备   C. 加班加点   D. 工序的合并与分解
(6) 成组技术的依据是( )。
   A. 零部件的相似性   B. 零部件大部分为标准件
   C. 零部件复杂性   D. 零部件的通用性

(7) 成组技术的核心是( )。
　　A．零部件的结构的相似性　　　　B．成组工艺
　　C．成组生产单元　　　　　　　　D．以上都不是
(8) 下列不属于柔性制造系统优点的是( )。
　　A．设备利用率高　　　　　　　　B．生产能力相对稳定
　　C．运行灵活　　　　　　　　　　D．产品单一
(9) 一组或几组工艺上相似零件的全部工艺过程，由相应的一组机床完成，该组机床构成车间的一个封闭生产单元。这种生产组织方式是( )。
　　A．成组单机　　B．成组流水线　　C．成组生产单元　　D．柔性制造系统
(10) 下列适用于单一品种产品的生产组织方式是( )。
　　A．成组技术　　B．工艺专业　　C．柔性制造系统　　D．流水生产线

3. 掌握的基本概念：流水线、节拍、工序同期化、成组技术、成组生产、成组单机、成组生产单元、成组流水线、柔性制造单元、柔性制造系统、柔性自动生产线。

4. 问答题

(1) 生产和服务设施的选址的影响因素有哪些？
(2) 生产和服务设施选址的评价方法有哪些？如何进行？
(3) 如何开展相关图布置法、从一至表法、物料运量图法？
(4) 流水线的主要特征是什么？组织流水线的条件是什么？
(5) 如何设计单一品种的流水线？
(6) 成组技术的依据、基本原理是什么？
(7) 成组生产基本思想是什么？成组技术在生产管理中应用是如何开展的？
(8) 柔性制造系统的组成部分有哪些？

5. 计算分析题

(1) 下面两表(表 5-11、5-12)分别表示 A、B、C、D、E、F 位置之间的距离，部门 1、2、3、4、5、6 之间的工作流量(每天的行程次数)的情况，其中运输费用是每英尺 2 美元。请将 5 个部门分配到如下分布的位置 B—F(由于技术的原因，部门 6 必须分到位置 A，如表 5-13 所示)，使总运输费用最低，要求先分配相互间的工作流量最大部门。

表 5-11　A、B、C、D、E、F 各位置之间的距离

从＼至	位置间的距离(英尺)					
	A	B	C	D	E	F
A	—	50	100	50	80	130
B		—	50	90	40	70
C			—	140	60	50
D				—	50	120
E					—	50
F						—

表5-12 各部门之间每天的行程次数

从＼至	部门间每天的行程次数				
	A	B	C	D	E	F
A	—	125	62	64	25	50
B		—	10	17	26	54
C			—	2	0	20
D				—	13	2
E					—	5
F						—

表5-13 各部门最终布局

A(部门6)	B	C
D	E	F

(2) 请将下列9个汽车服务部门分配到分布为3×3网格的9个位置中去，其位置要满足下面相关图布置要求的相应接近程度(为了简化起见，这里略去了不重要和一般这两个类别，如图5.14所示。按照城镇规章制度要求，部门4的位置必须安排在右上角，如图5.15所示。

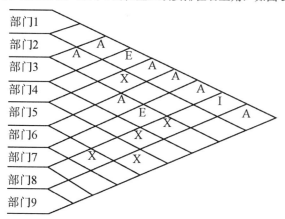

图5.14 九部门之间的关系　　　　　　图5.15 各部门最终布局

(3) 根据表5-14，试确定以下位置的重心。

表5-14 确定位置重心数据表

目 的 地	X，Y 坐标	每 周 数 量
D1	3，5	20
D2	6，8	10
D3	2，7	15
D4	4，5	15

生产与运作管理

 案例分析

中国人力成本增加　富士康计划在印度生产苹果手机

也许不久之后，消费者将发现苹果手机的后盖上写着"印度组装"。据《印度斯坦时报》12日报道，印度马哈拉施特拉邦工业部长德赛透露说，苹果公司全球最大代工商富士康集团正在与当地政府谈判，一旦谈判成功，富士康将在印度设立首个苹果手机生产工厂。他说，富士康已经派出一个代表团到印度，将用一个月的时间来选址。

路透社称，在印度设厂将有助于缓解富士康在中国所遇到的工资上升压力，现在它的大部分苹果手机都在中国生产。同时，降低生产成本也有助于富士康在与其他对手争夺苹果订单时更有竞争力。此前有报道说，富士康计划在2020年前在印度建设10~12个基地，包括工厂和数据中心。对于这一消息，苹果印度分公司和富士康均未予以回应。德赛也承认富士康尚未作出任何肯定的承诺。

《印度斯坦时报》称，富士康2006年开始进入印度市场，先后在泰米尔纳德邦设立两个手机生产园，分别生产海泰和诺基亚手机。诺基亚手机工业园最盛时曾雇用6 800名工人。不过随着订单减少，海泰手机园已经关闭。诺基亚手机工业园也因订单减少而濒临关闭，但由于印度劳工法非常严格，富士康在试图关闭诺基亚手机生产园时遭到当地工人强烈抵制。

尽管印度劳动力价格低廉，却存在各类隐形成本。印度制造业所面临的最大难题是缺乏良好的基础设施和供应商。而且，作为电子产品生产地，印度仍落后于中国。在现有工厂无法关闭的情况下，富士康是否会继续在印投资建厂有待观察。

资料来源：环球时报，2015.6.13

问题：

1．通过案例中提供的信息说明厂址选择应考虑的因素。

2．依此案例为基础，请同学们搜集相关资料，总结出和中国大陆相比较，富士康选择印度作为苹果手机新的生产基地的优劣势。

第 6 章 工作设计与作业测量

学习目标

1. 理解工作设计定义，工作设计决策，工作设计内容；了解工作设计的行为理论和社会技术理论，理解工作扩大化、丰富化、职务轮换、工作团队；
2. 理解工时消耗的分类，工时定额的构成与计算；
3. 掌握测时法和工时抽样法的方法。

王强到底需要什么样的工人

"王强，我一直想象不出你究竟需要什么样的操作工人，"江山机械公司人力资源部负责人李进说，"我已经给你提供了4位面试人选，他们好像都还满足工作说明中规定的要求，但你一个也没有录用。

"什么工作说明？"王强答道，"我所关心的是找到一个能胜任那项工作的人。但是你给我提供的人都无法胜任，而且，我从来就没有见过什么工作说明。"

李进递给王强一份工作说明，并逐条解释给他听。他们发现，要么是工作说明与实际工作不相符，要么是规定以后，实际工作又有了很大变化。例如，工作说明中说明了有关老式钻床的使用经验，但实际工作中所使用的是一种新型数字式钻床。为了有效地使用这种新机器，工人必须掌握更多的数字知识。

听了王强对操作工人必须具备的条件及应当履行职责的描述后，李进说："我想我们现在可以写一份准确的工作说明，以其为指导，我们就能找到适合这项工作的人。让我们今后加强工作联系，这种状况就再也不会发生了。"

问题：王强认为人力资源部找来的4位面试人选都无法胜任工作，根本原因在哪里？

6.1 工 作 设 计

6.1.1 工作设计的定义、决策和内容

1. 定义

是指详细说明在组织中的个人或者团体的工作活动的内容。工作设计的目标是制定工

作结构，以满足组织和技术的要求以及员工生理和个人的需求。

2. 工作设计决策

工作设计决策是要回答工作有关的内容，即 5W1H，如图 6.1 所示。它把工作内容、工作资格条件、工作方法与激励等结合起来，做到人与事相匹配，目的是满足员工和组织双重需要。工作设计问题主要是组织如何向其员工分配工作任务和职责的方式问题，工作设计恰当与否对于激发员工的积极性、增强员工满意感以及提高工作绩效都有重大影响。

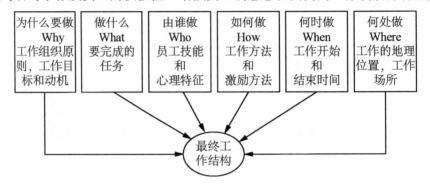

图 6.1 工作设计决策

注意点：通过这 5W1H 的顺序可以看出工作安排应该是如何进行。

3. 工作设计的内容

针对生产与运作管理中的工作设计而言工作设计主要包括如下内容。

(1) 工作目标设计。尽管工作设计的一般性目标是高生产率和高满意度，但还必须确定具体的目标，这些目标包括：减少不必要的作业；减少作业时间或空闲时间；降低物耗水平；提高产品质量的稳定性；增强工作的安全性；改善工作条件、工作环境；降低劳动的疲劳程度；提高职工的工作兴趣；提高技术水平和工作能力等。

(2) 工作内容与方法设计。工作内容是指某个岗位要完成什么样的工作任务，这就需要按照工作专业化的原则，将作业流程中的全部活动进行合理划分，做出明确的规定。

工作方法是指根据人的生理条件和心理特征，为完成规定的工作任务设计先进合理的工作程序、操作方法和作业动作，规定相应的作业标准和工时消耗标准。工作方法对生产率、质量、成本、交货期和经济效益有直接影响，是工作设计的重点之一。

(3) 工作责任与权限设计。工作责任设计就是员工在工作中应承担的职责及压力范围的界定，也就是工作负荷的设定。责任的界定要适度，工作负荷过低、无压力，会导致员工行为轻率和低效；工作负荷过高、压力过大，又会影响员工的身心健康，会导致员工的抱怨和抵触。权力与责任是对应的，责任越大权力范围越广，否则二者脱节，影响员工的工作积极性。

(4) 工作场所与环境设计。对从事一线工作员工来说，工作场所就是指工作地，工作地是企业生产运作组织系统中最基层的生产单位，是由工人、加工设备、工位器具与一定的生产面积和某些专用设施组成的，每个工作地都具有特定的加工能力，在生产运作过程中按专业分工原则承担一定的作业任务。工作地的设计就是要使工人完成作业任务时容易操作、有最佳的视界、活动方便、安全性最好等。工作环境的设计是指对作业活动过程的相关环境进行的设计,其目的是使操作者有适宜的照明、色彩、温度、湿度、通风及最少的噪声、振动、有害射线、有害物质等良好的工作条件。

(5) 工作协调与沟通设计。由于组织内部实行的是专业化分工,一项工作任务被分解子任务分配给不同的作业部门或环节来完成,每个部门或环节只完成其中的一部分,因此各部门或环节之间需要相互合作,这就需要工作协调。工作沟通包括两方面一是由于专业分工协调产生的沟通。这种信息沟通对整个工作流程顺利进行和任务得以完成的基础,其形式有垂直沟通、平行沟通、斜向沟通等,沟通内容主要有原材料供应、工作计划与进度、产品质量、数量、品种、资金使用等。二是为了解员工本身工作情况的工作反馈。主要同事及上级对自己工作意见的反馈,如对自己工作能力,工作态度的评价等;工作本身的反馈,如工作的质量、数量、效率等。工作反馈信息使员工对自己的工作效果有个全面的认识,能正确引导和激励员工,有利于工作的精益求精。

注意点:工作设计包括工作本身以及为了有利于工作有效开展的相关内容设计。请同学们选择一个熟悉的岗位来设计一下。

6.1.2 工作设计中的行为因素影响

1. 工作设计中劳动专业化理论

劳动专业化是工作设计中的一把双刃剑,一方面,专业化使高速度低成本生产成为可能;另一方面,专业化使工人产生严重的负面影响,这些影响又依此传递到管理中去,直至影响工作效率。专业化的有利与不利影响如表6-1所示。

表6-1 劳动专业化的有利影响和不利影响

	专业化的有利影响	专业化的不利影响
对管理	① 能迅速培训劳动力; ② 使招聘新工人变得容易; ③ 工作单一且重复,故生产率高; ④ 更换劳动力比较容易,从而可以降低工人工资; ⑤ 对工作流和工作负荷可以严密控制。	① 由于无人对整个生产负有责任,所以质量控制比较困难; ② 工人不满意,从而导致了潜在的成本,这些成本来自于员工流失、经常缺勤、动作拖沓、情绪低落和生产过程中的故意中断等; ③ 由于员工缺乏创新的视角,从而降低了改善流程可能性; ④ 在改变生产流程方面缺乏灵活性,从而很难生产出新的或者改进性产品。
对劳动者	① 为了获取工作只需很少或不需要受教育; ② 比较容易学会做一项工作。	① 重复同一性质的工作容易产生厌烦感; ② 由于对每一项任务贡献小,从而对工作本身难以产生满足感; ③ 对工作进度很少或没有控制权,从而意志消沉而且容易疲倦; ④ 由于只能对专门工作的某个部分来学习,所以很少有机会能获得更好的工作。

近来研究显示,专业化引起的不利影响超出了有利影响的程度比我们过去想象的要多。对中国来讲,80后、90后外出打工仔和他们的父辈相比较,更加注重工作的挑战性和个人价值的实现,以及生活质量的提高,为了改变这一现状,有必要通过不同方法来做工作设计。

2. 工作设计中的行为理论

行为理论的主要内容之一是研究人的工作动机。这一理论对于进行工作设计也有直接的指导作用。人的工作动机对人如何进行工作以及对工作结果有很大的影响,有效的工作设计需要研究人的工作动机和行为,考虑人的心理因素和个人需要。人们的工作动机有多种,需要也有很大的不同,除了经济需要外,还包括社会需要以及特殊的个人需要,如能否提供学习做其他工作的机会;要求工作内容适合个人的合理要求;承担更多的责任;拥有更多的决策权;从事更具挑战性的工作,以实现自我发展的需要等。

当一个人的工作内容和范围较狭窄或工作的专业化程度较高时,人往往无法控制工作速度(例如装配线),也难以从工作中感受到一种成就感、满足感,此外,与他人的交往、沟通较少,进一步升迁的机会也几乎没有(因只会很单调的工作)。因此,像这样专业化程度高、重复性很强的工作往往容易使人产生单调感,它导致人对工作变得冷漠,从而影响到工作效率。

为了改进员工的工作和生活质量,满足职工的心理需求,克服工作专业化过细带来的弊端,国内外已经提出和应用了如下一些工作设计的新概念和新方法。

1) 工作扩大化

工作扩大化是指工作的横向扩大,即增加每个人工作任务的种类,从而使他们能够完成一项完整工作的大部分程序,这样他们可以看到他们的工作对顾客的意义,从而提高工作积极性。在20世纪60年代,扩大工作范围盛行一时,它增加了所设工作岗位的工作内容。具体来说,工作者每天所做的工作内容增加了,如果说过去做一道工序,现在扩大为做多道工序。盛行了一段时间之后,工作者对增加了一些简单的工作内容仍不满足。其原因在于扩大工作范围虽然增添了工作者的工作内容,但是在"参与、控制与自主权"方面,没有增加任何新东西,因而必须寻求新的专业化与分工方式。

2) 工作职务轮换

工作职务轮换是指允许员工定期轮换所做的工作。这种方法可以给员工提供更丰富、更多样化的工作内容。职务轮换是通过横向的交换,使管理人员或员工从事另一岗位工作,使他们在逐步学会多种工作技能的同时,也增强其对不同的工作之间、部门之间相互依赖关系的认识,并产生对组织活动的更广阔的视野。例如,美国电报电话公司通过多专业交叉的团队参与整个工作流程的工作,而不是围绕狭窄的职能任务来开发新产品,团队成员要参与整个过程;在其部分下属单位进行的年度预算中,也不再基于职能部门进行,而是建立像提供世界性通讯网络服务这样的过程之上。这种经营方式要求部门经理从整体上把握企业的运作,从专才变成通才。这时部门经理是在为一个共同项目而工作,有助于互相激发,充分发挥其创造力。职务轮换一般来说主要有以下几种类型。

(1) 新员工巡回轮换。新员工在就职训练结束后,根据最初的适应性考察被分配到不同部门去工作。为了使员工在部门内尽早了解到工作全貌,同时也为了进一步进行适应性考察,不立即确定他们的工作岗位,而是让他们在各个工作岗位上轮流工作一定时期(一般一年左右),亲身体验各个不同岗位的工作情况,为以后工作中的协调配合打好基础。新员工每一岗位轮换结束时都有考评评语,通过岗位轮换,企业对新员工的适应性有了更清楚的了解,最后才确定他们的工作岗位。

(2) 培养"多面手"员工轮换。为了适应日益复杂的经营环境,企业都在设法建立"灵活反应"式的组织结构,要求员工具有较宽的适应能力,当经营方向或业务内容发生转变时,能够迅速实现转移。于是员工不能只满足于掌握单项专长,必须是"多面手""全能工"。所以,企业在日常情况下必须有意识地安排员工轮换做不同的工作,开发其潜在能力,以取得多种技能,适应复杂多变的经营环境。

(3) 培养经营管理骨干轮换。从企业长远发展考虑,培养经营管理骨干的轮换是十分重要的。对于高层管理人员来说,应当具有对企业业务工作的全面了解和对全局性问题的分析判断能力。培养这种能力必须使管理人员在不同部门间横向移动,开阔眼界,扩大知识面,并且与企业内各部门的同事有更广泛的交往接触。这种培养以班组长、科长、部门经理级干部为最多,轮换周期一般为 2~5 年不等。

在部门经理轮换的同时为了保持员工情绪稳定,必须通过确立正确的观念和制度体系在员工心中建立一个清晰而稳定的组织结构概念,这一概念不会因为部门经理轮换而产生模糊或误解。配合职位轮换树立企业一体的概念。在员工中强调一种跨部门协作的精神。为此,建立一套与职务轮换相配套制度体系是十分必要的,清晰而标准的工作说明、一套全行业通行的员工绩效评估标准体系、一套员工福利制度和报酬体系、培训开发计划等。这样,员工的绩效不会出现因为不同的上司而不同等问题。

3) 工作丰富化

工作丰富化是指工作的纵向扩大,即给予职工更多的责任,更多参与决策和管理的机会。工作丰富化与工作扩大化、工作轮换都不同,它不是水平地增加员工工作的内容,而是垂直地增加工作内容。这样员工会承担更多重的任务、更大的责任,员工有更大的自主权和更高程度的自我管理,还有对工作绩效的反馈。使工作丰富化的具体做法如下。

(1) 在工作方法、工作程序和工作速度的选择等方面给下属以更大的自由,或让他们自行决定接受还是拒绝某些材料。

(2) 鼓励下属人员参与管理,鼓励员工之间相互交往。

(3) 放心大胆地任用下属,以增强其责任感。

(4) 采取措施以确保下属能够看到自己为工作和组织做的贡献。

(5) 最好是在基层管理人员得到反馈以前,把工作完成的情况反馈给下属。

(6) 在改善工作环境和工作条件方面,如办公室或厂房、照明和清洁卫生等,要让员工参与并提出自己的意见或建议。

注意点:工作扩大化、工作职务轮换、工作丰富化要和员工的绩效评价体系及报酬制度体系结合起来使用才有效。

3. 工作设计中的社会技术理论

社会技术系统是一种关于组织的系统观点,它是由英国塔维斯特克人际关系研究所的特里斯特(Trist,E.L.)通过对英国达勒姆煤矿采煤现场的作业组织进行研究后提出的。

该理论认为组织是由社会系统和技术系统相互作用而形成的社会技术系统,即由包括正式组织、非正式组织、技术系统、成员的素质等多种因素形成的复合系统。它强调组织中的社会系统不能独立于技术系统而存在,技术系统的变化也会引起社会系统发生变化。持这种观点的人认为组织不仅是由厂房、人力、资金、机器和生产程序综合起来的"物质组织",也是调整人的行为的"人的组织"或由人的行为构成的人群关系系统。这就是说,人群关系并不是组织可随意取舍的特性，而是企业所固有并因其激励人的行为而存在的。可见这种组织观点更重视人际关系系统。这种组织理论对构成一个组织的许多复杂的因果关系了解得更为丰富和更为深入，它不但解释组织中的"正式组织的活动"，也能说明"非正式组织的活动"，被称为现代的组织理论，同强调物质组织的传统组织理论相对应。

建立社会技术系统是指为了提高组织效益而采用同时集中于技术和社会两方面的变革，使他们相互关系最佳配合的一种有计划地组织变革方法。这种方法强调组织的技术和人的因素的最佳结合，强调对完成工作的方法重新设计，它是现代组织变革活动中较为流行的方法之一。

在生产管理中，社会技术系统是指与工作扩展的哲理相似但更强调技术和工作团队的相互作用的方法。这种方法试图发展一些能够调节生产过程中技术需要和员工及工作团队需要之间相互关系的工作。

1) 团队与工作团队的含义

团队是通过成员的共同努力而产生积极的协同作用，其团队成员努力的结果使团队的绩效水平远大于个体成员绩效的总和。典型的是篮球队、足球队。当工作是围绕小组而不是个人来进行设计时，就形成了工作团队。工作团队是指由少数技能互补，致力于共同的宗旨、绩效目标和共同的工作方法，并且共同承担责任的人组成的群体，如图6.2所示。

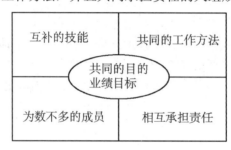

图6.2 团队的基本要素

2) 工作团队的基本要素

(1) 共同的目的和业绩目标。共同的有意义目的能确定工作团队的基调和志向，具体的业绩目标是这个目的整体的一部分，两者结合对业绩很重要。它是处于要素的核心地位，没有它团队将失去存在理由。

(2) 为数不多的成员。若人数较多的成员，则团队很难达成共识，相互之间较难配合采取有效行动，所以人数较多时要将大团队分解成完成不同任务的小团队。

(3) 互补的技能。团队是由具备不同能力如决策能力、技术能力、人际关系处理能力、解决问题能力、执行能力、协调能力等互补性强成员形成的一个有机整体。每一种技能都是开展团队有效工作不可缺少的。

(4) 共同的工作方法。形成共同的工作方法的核心在于在工作的各个具体方面以及如何能把提高个人的技能与提高团队的业绩结合起来，形成一股力量，达到正向的效果。这种共同的方法是否具体明确、得到成员的理解与认同，是否能提高成员个人的工作技能，是否能够不断改进，并是否能导致整个目标的实现，成为影响团队绩效的关键。

(5) 相互承担责任。承担责任意味着我们对自己及他人的一种严肃的承诺，是从两方面支持团队的保证：责任和信任。

3) 工作团队的类型

(1) 解决问题式团队。这种团队实际上是一种非正式组织，它通常包括七八名或十来名成员，他们可以来自一个部门内的不同班组，成员每周有一次或几次碰头，每次几小时，研究和解决工作中遇到的一些问题。例如质量问题、生产率提高问题、操作方法问题、设备工具的小改造问题(使工具、设备使用起来更方便)等，然后提出具体的建议，提交给管理决策部门。这种团队的最大特点是：他们只提出建议和方案，但并没有权力决定是否实施。这种团队在 70 年代首先被日本企业广泛采用，并获得了极大的成功，日本的 QC 小组就是这种团队的最典型例子。这种方法对于提高日本企业的产品质量、改善生产系统、提高生产率起了极大的作用，同时，对于提高工作人员的积极性、改善职工之间、职工与经营者之间的关系也起了很大的作用。这种思想和方法被日本企业带到了他们在美国的合资企业中，在当地的美国工人中运用，同样取得了成功，因此其他美国企业也开始效仿，进而有扩展到其他的国家和企业中，并且在管理理论也开始对这种方式加以研究和总结。

(2) 特定目标式团队。这种团队是为了解决某个具体的问题，达到一个具体目标而建立的。例如，一个新产品开发，一项新技术的引进和评价，劳资关系问题等等。在这种团队中，其成员既有普通职工，又有与问题相关的经营管理人员，团队中的经营管理人员拥有决策权，又可以直接向最高决策层报告。因此，他们的工作结果、建议或方案可以得到实施。或者，他们本身就是在实施一个方案，即进行一项实际的工作，这种团队不是一个常设组织，也不是为了进行日常工作，而通常只是为了一项一次性的工作，实际上类似于一个项目组(项目管理中常用的组织形式)。这种团队的特点是容易使一般职工与经营管理层沟通，使一般员工的意见直接反映到决策中。

(3) 自我管理式团队。自我管理团队中由数人(几人至十几人)组成一个小组，共同完成一项相对完整的工作，小组成员自己决定任务分配方式和任务轮换，自己承担管理责任，诸如制定工作进度计划(人员安排、轮休等)、采购计划、甚至临时工雇用计划，决定工作方法等等。在这种团队中，包括两个重要的新概念：

① 员工授权。即把决策的权力和责任一层层下放，直至每一个普通员工。如上所述，以往任务分配方式、工作进度计划、人员雇用计划等是由不同层次、不同部门的管理人员来决定的，现在则将这些权利交给每一个团队成员，与此同时，相应的责任也由他们承担。

② 组织重构(Organizational Restructuring)。这种组织重构实际上是权力交给每一个职工的必然结果。采取这种工作方式之后，原先的班组长、工段长、部门负责人(科室主任、部门经理等)中间管理层几乎就没有必要存在了，他们的角色由团队成员自行担当，因此整个企业组织的层次变少，变得"扁平"。这种团队工作方式是近几年才开始出现并被采用的。这种方式在美国企业中取得了很大成功，在制造业和非制造业都有很多成功事例。

4) 应用工作团队注意的问题

工作团队不是灵丹妙药，应根据实际情况而定，以下几种情况应值得注意。

(1) 错误的国家文化。团队强调合作，比较适合崇尚集体主义文化的日本；而美国文化崇尚竞争、个人主义，则可能不太容易成功，需要进行培训。

(2) 错误的组织文化。一个充满人际纠纷、互不信任组织文化中，团队不易获得成功。

(3) 错误的工作任务。团队工作唯有在需要改变和创新的情况下才能发挥作用，对于常规例行事务用团队不太适合。

(4) 错误的员工。员工要具备正确的技能，尤其是沟通的技巧，团队的绩效才能高。

6.2 工时定额与作业的测定

6.2.1 工时消耗分类

为了科学测定活劳动消耗量,研究制度工作时间的利用情况,对工作班内工时消耗进行科学分类是十分必要的。企业员工的制度工作时间(通常为 8 小时)可分为定额时间和非定额时间两部分。图 6.3 表示出工时消耗的详细分类。

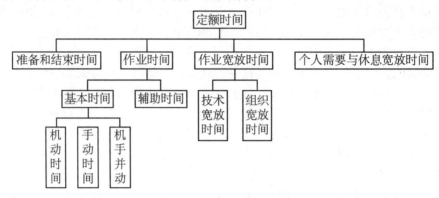

图 6.3 工时消耗分类

1. 定额时间

生产工人在工作班内为完成生产任务,直接或间接地全部工时消耗。具体又可分为准备与结束时间、作业时间、作业宽放时间和个人需要与休息宽放时间等。

1) 准备与结束时间

为执行一项作业或加工一批产品,事先准备和事后结束工作,如熟悉图纸和工艺、设备调整、准备专用工艺装备、零件及成批交付检验等所消耗的时间。

2) 作业时间

直接用于完成生产作业和零件加工所消耗的时间。例如,手工产品装配的时间,手工造型时间等。

(1) 基本时间。直接用于改变加工对象的形状、尺寸、性能、外表及零件组合等所消耗的时间,例如,刀具直接切削加工工件的时间,热处理工件加热的时间等。它又为:

① 机动时间。在工人看管下由设备自行完成基本工艺过程或辅助操作所消耗的时间。
② 手动时间。工人手工或借助简单工具完成基本工艺过程或辅助操作所消耗的时间。
③ 机手并动时间。工人直接操纵工艺设备实现基本工艺过程或辅助操作所消耗的时间。

(2) 辅助时间。为执行基本作业而进行的各项辅助操作所消耗的时间。主要包括操纵设备进入加工状态,在加工设备上装卸工件,工件测量时间等。辅助时间通常都是通过人体的活动来实现的。它又可分为两种:与基本时间交叉的,不与基本时间交叉的。

作业时间是定额时间中最主要的组成部分,是决定定额时间长短的重要因素。一般来说,加工同样的产品,单位产品所消耗的作业时间越少,劳动效率就越高。对一个工作日来说，作业时间占的比重越大，则表明工时有效利用程度越高。

3) 作业宽放时间

完成生产作业和零件加工过程中、由于工作现场组织管理和工艺装备的技术需要所发生的间接工时消耗，使它们包括组织性宽放时间和技术性宽放时间。

(1) 组织性宽放时间。工作现场组织管理需要所发生的间接工时消耗。例如，清扫工作地、擦拭机床、整理工具或毛坯、填写工票以及工作中不可避免地中断时间。

(2) 技术性宽放时间。由于工艺装备的技术需要所发生的间接工时消耗。例如设备加注润滑油和冷却液、刃磨刀具、设备加工过程中的小调整等。

4) 个人需要与休息宽放时间

工作班内满足个人生理需要，以及为消除过分紧张和劳累所必需的短暂休息时间。

2．非定额时间

生产工人在班内发生的无效劳动和损失时间。又可分为非生产时间和停工损失时间。

(1) 非生产时间工作。工作班内由于企业的组织管理不善和操作者自身责任做了非本职和不必要的工作所消耗的时间。例如寻找图纸、物料、工具、寻找管理人员和检验人员，承担本应由辅助工人完成的工作等。

(2) 停工时间。工作班内由于组织和管理不善，工人的操作和个人原因而损失的时间。例如，停电、停工待料、迟到早退、旷工等。

6.2.2 工时定额(标准工时)的构成

1．工时定额(标准工时)的定义

工时定额是指具有平均熟练程度的操作者，在标准作业条件和环境下，以正常的作业速度和标准的程序方法，完成某一项作业所需要的总时间。如果我们对比作业测定和标准工时的定义，可以认识到，采用科学的作业测定方法制定的完成作业的劳动量消耗就应该是标准工时。这两个概念是密切不可分割，作业测定侧重于方法方面，而标准工时侧重于所获得的结果。

2．工时定额(标准工时)的构成

标准时间从其消耗的科学性和合理性出发，其包含的工时消耗内容只能是定额时间内的各项，非定额时间不应包括在标准时间之内。标准时间的构成如图6.4所示。工时定额指完成单个零件加工(或单项作业)所需的全部时间。它由单件时间、准备和结束时间构成。

3．工时定额(标准工时)的计算

1) 大量生产

大量生产条件下，由于在工作地固定完成同样的工作，每件产品的准备与结束时间很少，因此可以忽略不计。大量生产的单件产品的时间定额可以按照如下公式计算：

单件工时定额＝作业时间＋作业宽放时间＋个人需要与休息宽放时间

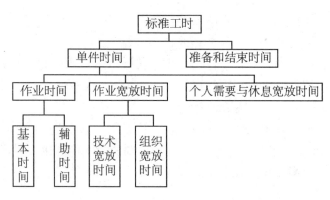

图 6.4 工时定额(标准工时)的构成

2) 成批生产

成批生产条件下,每件产品分摊的准备与结束时间比较多,需要考虑准备与结束时间,因此其单件时间定额如下:

单件工时定额=作业时间+作业宽放时间+个人需要与休息宽放时间+
准备与结束时间/每批产品数量

3) 单件生产

单件生产条件下,每件产品都需要考虑准备与结束时间,因此其单件时间定额如下:

单件工时定额=作业时间+作业宽放时间+个人需要与休息宽放时间
+准备与结束时间

其中:宽放时间=作业时间×宽放率

6.2.3 作业的测定

1. 测时法

1) 定义

以工序作业时间为对象,对构成工序的作业要素进行周期重复观察,并测定其工时消耗的一种方法。

测时法是以生产过程中的基本单元——工序为对象进行的,在一段时间内,按照预定的观察次数利用秒表连续不断地观测操作者的作业,然后以此为依据计算该作业的标准时间。由于观测的时间是随机的,并且在限定的时间内进行连续观测,因此,可以将测时法看成为一次密集性的抽样。

作业要素是工序的组成部分,是工序的细分。由于测时的目的和要求的不同,作业要素的划分可粗可细,粗至操作或综合性操作,细至可以是动作要素。

由于作业要素的时间消耗是短暂,而且操作者在重复完成这些操作活动时,其前后的时间消耗不可能完全一致(除了由机械控制完成的操作外),为此进行测时研究时,要求多次重复观察和记录。这是测时方法重要特点。

2) 用途

从 20 世纪初泰罗提出秒表测定以来,已近百年。但至今普遍认为用秒表测定进行时间研究,它仍然是一种比较可靠、比较经济的方法。现在观察和记录的手段可以用先进的摄、录像设备替代秒表,但作为测时的基本原理和应用并没有因此而改变。测时的用途主要在以下几方面。

(1) 精确测定操作者完成工序,及其各个作业要素的工时消耗量。
(2) 研究合理的工序结构,为方法研究提供工时消耗数据,为制定作业标准提供依据。
(3) 制定作业时间定额和标准时间。
(4) 为制定时间标准资料提供依据。
(5) 总结先进生产者的操作经验,指导和培训工人。

3) 测时步骤

测时步骤:分为3个,即准备工作、测时观察、整理和分析。

(1) 准备工作。

① 根据测时的目的选择测时对象。如果测时是为了制定定额,应当选择介乎先进和一般之间的工人为了对象;如果是为了总结先进操作经验,应选择先进工人作为对象;如果为了找出完不成定额的原因,则应选择完不成定额的工人为对象。测时对象确定后,测定人员要将测的目的、意义和要求,向工人讲清楚,以便取得工人的配合。

② 了解被测对象和加工作业方面的情况,如工种、技术等级、工龄、设备、工具、工作地布置、环境条件等。如果测时是为制定时间标准提供资料,还需要在作业现场,建立良好的生产秩序,如工作地服务、技术服务和合理布置工作地等。

③ 根据实际操作步骤,将工序划分为操作或操作组。原则是:把基本时间和辅助时间、机动时间、机手并动时间和手工操作时间要分开。在划分操作的基础上,确定定时点,作为区分上下操作之间的界限,以保证每次观察记录的一致性和正确性。定时点应选择声音或视觉上容易识别的标志。

④ 测时最好在上班后一、二小时,待生产稳定后进行。测时观察的次数,要根据生产类型、作业性质(机动、机手并动、手动操作)和工序延续时间长短等条件来确定。在大批量生产条件下,测时精确度要求高,观察次数比单件小批生产类型多些;工序的延续时间长,每次测定的结果出现的误差相对小些,观察次数可以少一些。一般机动操作比手动操作稳定,观察次数也可少些。以上各项准备工作都要填写在测时卡片上。

(2) 测时观察。

测时应在生产进入稳定状态时开始。测时过程中要求观测人员注意力要集中,记录要认真,如出现作业中断或不正常情况,应在测时记录表中注明。测时可采取不同的计时方法。通常有:连续测时法;反复测时法(亦称交替测时法)等。

① 连续测时法。观察人员以秒表为工具,按先后顺序对工序各操作单元逐一观察,连续记录其起止时间的一种测时方法。

本方法的特点是:按预定的总观察次数,在整个工序作业的测时过程中,秒表自始至终不停顿,累计计时,在划分各操作单元的定时点处读表,并记录下时间。各操作单元以及每次观察的延续时间。待全部测定完成后再进行计算。连续测时法主要优点是:使用简便,数据完整,测时中即使漏记个别单元,对工序作业总时间的测定也无影响。它主要用于研究完整工序内部操作结构和各部分作业时间消耗情况,为确定定额提供依据。

② 反复测时法。观察人员用秒表对工序每个操作单元独立进行观测,直接记录各操作延续时间的一种测时方法。

本方法的具体步骤是：测定每个操作单元时，秒表由零位开始，本单元终止记下延续时间后，表针立即返回，再从零位开始记录下一单元的延续时间。故此法又称为归零法。采用反复测时法虽能及时获得各操作单元独立的延续时间数据，但每次秒表归零时都会有时间损失，特别是当操作单元延续时间很短时，表针归零可能会占去操作单元的部分或大部分时间，使测时准确性降低。因此，在时间研究中本法主要用于抽测一个工序的某些重点操作单元的延续时间，以达到特定的目的。为了弥补上述缺陷。在采用本法测定延续时间较短的作业时，可采用：一是双表法，即在测时板上装两支秒表，借助杠杆作用，交替使用秒表进行测定记录；二是交替法，测定时将各操作单元间隔分成奇、偶项两部分，奇次观察奇项操作，偶次观察偶项操作，如此反复测定多次可取得较为全面的资料。

(3) 测时资料整理和分析。在实地观测取得测时数据之后，应完成以下几项工作。

① 检查核实全部测时记录，删去异常数值。

② 根据正常操作延续时间和有效的观察次数，计算出每一操作的平均延续时间。

③ 计算稳定系数，检验每项操作平均延续时间的准确、可靠程度；稳定系数是测时数列中最大数值和最小数值之比。稳定系数越接近 1，说明测时数列波动小，比较可靠；反之，说明数列波动性大，可靠性小。稳定系数超过规定的程度，就需要重新测定。标准的稳定系数是根据生产类型、操作时间和作业性质决定的。

④ 经过资料的汇总、整理和工时评定以及作业宽放时间，计算出工序的标准作业时间，并以此为依据对现行劳动定额及操作方法做出评价，提出具体改进意见。

a. 工时评定

是将个别工人的实测时间，调整为平均工人的正常速度操作时间的一种方法。

所谓"平均工人的正常速度"是指具有平均技术熟练程度的工人，在正常的作业环境条件下，以标准工作速率进行操作。工时研究人员通过对实际操作活动的观察，和自己头脑中的"标准"进行比较，作出判断，并通过评定系数加以调节。正常操作时间公式为：

$$正常操作时间＝实测时间×评定系数$$

通常以平均工人的正常操作水准为 100，若观察对象的操作水准高于正常水平，评定系数大于 100，反之则评定系数小于 100。

【例 6-1】 观测某车床加工某种零件的标准工作时间，根据测时法的基本要求将该作业分解为 5 个作业要素进行观测，然后求出每个作业要素的平均时间(单位：秒)

作业要素	时间
置零件于卡盘并紧固	13
开车与进刀	3
车削	27
关车与退刀	12
卸下零件	12

测时人员认为工人是在以 110%的速度工作，也就是比正常速度(100%)快 10%，试计算作业正常时间？

解：正常操作时间＝实测时间×评定系数＝$(13＋3＋27＋12＋12)×110\%＝73.7$(秒)

在使用工时测定方法制定时间定额时，个别工人的实测时间不能直接当作标准时间使用。这是因为个别工人的操作水准和操作时间，未必能代表普通工人的操作水准和操作时间。通过工作评定，将实测时间调整为标准时间，以确保定额水平的先进合理和平衡统一。

b. 宽放时间标准

发生在净作业时间(正常操作时间)以外但又是完成生产作业所必需的时间消耗标准。

宽放时间和净作业时间的主要区别在于前者的消耗并无固定周期,其发生的次数很难正确预测,而后者的时间消耗和生产作业紧密联系,并带有周期性。由于合理的宽放时间是完成生产作业所必需消耗的,正确制定宽放时间标准,对于科学合理制定作业的标准时间和定额时间具有重要意义。

宽放时间主要有作业宽放时间和个人生理需要与休息宽放时间。宽放时间标准通常用宽放率的形式来表示。宽放率是由某类宽放时间和被宽放对象(时间)之比计算的。例如:

制定作业标准时间时,按照标准宽放率确定相应的宽放时间。例如:

$$作业疲劳宽放时间 = 作业中手工操作时间 \times 疲劳宽放率$$

最后将各项宽放时间和净作业时间相加,便得到作业(即工序)的标准时间。

$$工序的标准作业时间 = 正常操作时间 + 宽放时间$$

2. 工时抽样法

亦称瞬间观察法或称工作抽样法。运用随机抽样原理,通过对工作地上的操作者和机器设备进行随机的瞬间观察,以局部(样本)事项的发生次数及发生率来推断总体的一种时间研究方法。

工时抽样法的主要用途是:①调查工时利用和设备开动情况,以便提出切合实际的改进措施;②调查研究工作班内各类工时消耗的情况,掌握布置工作地、休息与生理需要等定额时间正常的百分比,为制定工时消耗规范提供依据;③调查研究单件产品工序加工的情况,为制定产品的工时定额提供资料。

工时抽样法的实施步骤分为三步。

1) 准备工作

(1) 根据调查目的,对工时消耗按具体事项进行详细分组并规定代码符号。

(2) 根据调查的精度要求,确定观察次数。

设 p 为观测某事件发生率;n 为观测总次数;m 为事件实际发生的次数;E 为允许误差。

$$P = m/n$$

在瞬间观察中一般取 $\pm 2\sigma$ 的偏差范围,表示所取资料的可靠度为 95.5%,要确定允许误差,即确定在 $\pm 2\sigma$ 的控制数值。允许误差小,控制范围小,观测次数就要多,资料精度高,允许误差定多少,依据所取资料精度要求而定。

计算次数的公式如下:

$$\sigma^2 = P(1-P)/n \qquad E = \pm 2\sigma \qquad n = 4P(1-P)/E^2$$

【例 6-2】 假设某事件发生率为 0.5,允许误差为 ±0.01,即发生率必须控制在 0.49~0.51,求观测次数。

$$n = 4P(1-P)/E^2 = 4 \times 0.5(1-0.5)/0.01^2 = 10\,000 \text{ 次}。$$

注意点:这里事件发生率 p 是一个估计数。估计的方法:一是凭经验。二是事先进行 100~200 次的预备观测,在此基础上推算。如情况有变化,p 值还可以修正。

假如在正式观测前,按调查的项目分类、观测方法、调查表格等进行了一段时间的试抽样,得出的工作率 p 值为 0.70,即工作率 p 为 70%。根据公式计算决定正式观测次数为

933次,如果准备观测12天,则每天78次。并用随机方法确定每天观测的具体时刻。

在实际抽样过程中,一般需要增加观测的天数,以备之后的数据整理过程中剔除无效数据补充之用。另外,在观测中遇到休假、学习、培训等情况均不作为有效数据使用,因此,这里也要相应增加观察的天数。

(3) 确定观测时刻。根据随机的原则,借助随机数字表、骰子等工具,确定每天的观测时刻。观测时刻可分两类:一类是不等间隔的观测时刻。每一观测时刻都是随机确定的;另一类是等间隔的观测时刻,第一次观测时刻是随机数,而以下各次观测时刻是按一定时间间隔确定,如10分钟、15分钟观测一次。

(4) 设计印制调查表格并做好其他准备工作。

2) 实观观测

进行现场观察时,应按预先确定的观测时刻。沿一定的行走路线巡视。当观察人员到达固定的观测位置时,立即将此一瞬间看到的作业活动事项,记录在工时抽样调查表对应的项目上。对于观测瞬间之前和以后被测对象的其他活动不予记录。

(1) 整理汇总评价观测结果。汇总整理工时抽样观测结果时。首先应计算各事项的发生次数和发生率,并删除异常数值,同时结合现场观察到的情况,作出必要说明。最后,对观测结果进行全面深入的分析研究,揭露问题,找出原因,提出对策。

(2) 确定工时定额标准。

① 计算实际作业时间。

$$实际作业时间 = 总工作时间 \times (实际作业次数/总的观测次数)$$

注意这里也存在一个评定系数的确定问题,如果实测工人工作速度比正常的快,评定系数则大于1,反之则小于1。

② 计算正常工作时间。

$$正常工作时间 = 实际作业时间 \times 评定系数$$

③ 计算单件产品正常作业时间。

$$单件产品正常作业时间 = 正常工作时间/产量$$

④ 计算单件产品工时定额。

$$单件产品工时定额 = 单件产品正常作业时间 \times (1 + 宽放率)$$

以上是作业测定的两种基本方法,当然还有其他方法,请同学们参阅相关资料学习。

本 章 小 结

本章首先介绍了工作设计的概念,工作设计决策,工作设计的内容,工作设计的行为影响因素;其次对工时消耗进行了分类,给出了工时定额的构成和计算方法;最后给出测定工时的两种方法:测时法和工时抽样法。

思 考 题

1. 判断题(正确的打"√",错误打"×")

(1) 工作扩大化是让从事操作的工人也做一些计划和协调方面的工作。 ( )

(2) 工作丰富化是让员工工作向垂直方向扩展。( )
(3) 工作测量中，由于存在管理不善而产生的无效时间，所以要考虑宽放时间。( )
(4) 为了制定工时定额，测时法应该选择非常熟练的员工作为观测对象。( )
(5) 工作设计与工作测量的基础之一就是泰罗提出的科学管理四原则。( )
(6) 测时法和工作抽样法都需要考虑宽放时间。( )
(7) 寻找图纸、物料，停工等待时间不能计算在定额时间内。( )
(8) 团队工作就是一组人员在一起工作。( )
(9) 工作设计就是选择合适的人员来完成工作任务。( )
(10) 专业化分工使得员工工作简单了，但劳动生产率却提高了。( )

2．单项选择题
(1) 下列哪一种工作形式给予员工更多的责任和参与决策的机会？( )
　　A．工作扩大化　　　B．工作丰富化　　　C．工作职务轮换　　　D．工作专业化
(2) 下列哪一项不是工作专业化分工带来的弊端？( )
　　A．工作中的厌烦感　　　　　　　　B．没有控制权
　　C．工作中责任心加强　　　　　　　D．工作中难以产生满足感
(3) 在工作设计中考虑的因素有( )。
　　A．只考虑技术因素　　　　　　　　B．只考虑人际关系因素
　　C．既要考虑技术因素又要考虑人际因素　　D．以上答案均不对
(4) 工人在工作时间干私活属于( )。
　　A．基本工作时间　　　　　　　　　B．非生产时间工作
　　C．停工时间　　　　　　　　　　　D．定额时间
(5) 在制定劳动定额时应该选择哪种类型的员工作为考察对象( )。
　　A．技术水平一般的员工　　　　　　B．技术水平先进的员工
　　C．技术水平落后的员工　　　　　　D．专门受过培训的员工
(6) 下列哪一种工时定额不包括准备与结束时间？( )
　　A．大量生产　　　B．成批生产　　　C．单件生产　　　D．手工生产
(7) 在制定工时定额时不考虑以下时间( )。
　　A．机动时间　　　B．休息时间　　　C．寻找图纸时间　　　D．手动时间
(8) 下列哪一种时间属于非定额时间？( )
　　A．工人生理需要时间　　　　　　　B．机手并动时间
　　C．工人参加政治学习　　　　　　　D．工人测量工件
(9) 工时评定就是指( )。
　　A．评定测时工作质量
　　B．评定工人工作质量
　　C．将个别工人的实测时间调整为工人的正常速度操作
　　D．以上答案均不对
(10) 稳定系数越接近于1说明( )。
　　A．测定的数据越不稳定　　　　　　B．测定的数据越稳定
　　C．数据的可靠性差　　　　　　　　D．数据准确度不高
(11) 工时定额制定的主要目的是( )。
　　A．作为考核工人业绩的依据　　　　B．作为惩罚工人的依据
　　C．作为应付上级检查的依据　　　　D．作为工人控诉资本家的依据

3. 掌握的基本概念：工作设计、工作扩大化、工作丰富化、工作职务轮换、工作团队、工时定额。

4. 问答题

(1) 工作设计从哪些方面进行决策，工作设计的内容有哪些？
(2) 职务轮换和工作丰富化的方法有哪些？
(3) 工作团队的基本要素是什么？
(4) 工时消耗可分为哪些类，工时定额由哪些方面构成？针对不同的生产类型如何计算？
(5) 专业化分工的优缺点是什么？

5. 实训题

根据本章学习的工作设计理论请同学找一个相对熟悉的岗位试着进行岗位设计。

 案例分析

沃尔沃的工作再设计

汽车制造业是瑞典工业中一个重要领域，而沃尔沃(Volvo)汽车公司又是其中的佼佼者。按全世界标准，它算不上大公司。从20世纪60年代中期起，它的汽车出口翻了一番，占它全部销售额的70%，虽仅占世界汽车市场的2.5%，却已占瑞典全年出口总额的8%以上，可称举足轻重了。该公司的管理本来也是一直沿用传统方法，重技术、重效率、重监控。直到1969年工人的劳动态度问题已变得十分尖锐，使该公司不得不考虑改革管理方法了。

沃尔沃公司领导分析了传统汽车制造工作设计，认为它最大的问题是将人变成机器的附庸。所谓装配线不过是一条传送带穿过一座充满零部件和材料的大仓库罢了。这套生产系统的着眼点是那些零部件，而不是人。人分别站在各自的装配点上，被动地跟在工件后面，疲于奔命地去照样画葫芦而已。这套制度的另一个问题，是形成了一种反社交接触的气氛。工人们被分别隔置在分离的岗位上，每个岗位的作业周期又那样短(一般为30～60秒)，哪里有时间让他们偷闲片刻去交往谈话？

沃尔沃先是设法用自动机器来取代较繁重艰苦的工作，不能自动化的岗位则使那里的工作丰富化一些，又下些本钱，将厂房环境装饰得整洁美观，目的是想向工人表明，公司是尊重人的。但随即发现这些办法标未治本。公司觉得在工作方面要治本，必须进行彻底的再设计。他们在当时正在兴建的卡尔玛新轿车厂，进行了一次著名的试验。

卡尔玛轿车厂总的设计原则，希望体现以人而不是以物为主的精神，因而取消了传统的装配传送带。以人为中心来布置工作，就是要使人能在行动中互相合作、讨论，自己确定如何来组织。管理要从激励入眼，而不是从限制入手。只有对孩子才需要限制，对成熟而自主的成人则宜用勉励而不是监控。所以，该厂工人都自愿组成15～25人的作业组，每组分管一定的工作，如车门安装、电器接线、车内装潢等。组内可以彼此换工，也允许自行跳组。小组可自行决定工作节奏，只要跟上总的生产进度，何时暂歇、何时加快可以自定。每组各设有进、出车体缓冲存放区。

这个厂的建筑也颇独特，由三栋两层及一栋单层的六边形厂房拼凑成十字形。建筑的窗户特别大，分隔成明亮、安静而有相对独立性的小车间。

没有了传送带，底盘和车身是由专门的电动车传送来的。这种车沿地面铺设的导电铜带运动，由计算机按既定程序控制。不过当发现问题时，工人可以手工操作，使他离开主传送流程。例如见油漆上有一道划痕，工人便可把它转回喷漆作业组，修复后再返主流程，仍归计算机控制。车身在电动车上可作90度滚动，以消除传统作业中因姿势长期固定而引起的疲劳。

各作业组自己检验质量并承担责任。每辆车要经过三个作业组，才有一检验站由专职检验员检查，将结果输向中央计算机。当发现某质量问题一再出现时，这个情况立即在相应作业组终端屏幕上显示出来，并附有以前对同类问题如何排除的资料。这屏幕不仅报忧，也同时报喜，质量优秀稳定的信息也及时得到反馈。产量、生产率、进度数据则定期显示。

第6章 工作设计与作业测量

据1976年的调查,几乎该厂全体职工都表示喜欢新方法。沃尔沃公司便又陆续按这种非传统方式,建造了另四家新厂,每厂规模都是不到600名职工。这一改革当然冒了颇大的风险,因为一旦失败,不仅经济上代价高昂,公司内外信誉也会遭受巨大损失。卡尔玛的成功鼓励他们再进一步。

卡尔玛改革的核心是团体协作,工人以作业组为单元活动。但这是一个另起炉灶的新建小厂,它是否也能用于按传统观点设计并运转多年的大型老厂呢?这是一种颇为不同且风险更大的改革尝试。沃尔沃在西海岸哥德堡市建有一家8 000人的托斯兰达汽车厂,是1964年完全按传统装配线设计建造的。它生产的汽车构成该公司产品的主体,改造略有不慎而影响了生产,损失将是极为巨大的。

这个厂工作再设计的试验不是公司总部指导的,是由该厂管理人员在工会和全体职工配合下自己搞起来的。这个厂设有吸收工人参加并有较大发言权的各级工作委员会及咨询小组55个,没有工人同意,改革寸步难行。因为任何改革总要引起短期的不习惯与不方便,工资制度上也要适应由个人奖到小组集体奖的转变。其实,这厂早就酝酿并在逐步试行着工作再设计,所以与其说托斯兰达厂是紧跟卡尔玛厂,毋宁说前者是后者的摇篮。因为后者的许多办法是先在前者试行的。例如那种电动装载车以及使车身翻侧使工人不必蹲在地坑里仰头向上操作的装置,都是从托斯兰达厂学去的。

这个厂改革的第一步是放权,尽量使它的冲压、车身、喷漆和装配四大车间成为自主的实体,因为每个车间各有其独特的问题,不能一刀切。例如1973年,车身车间组成一个专题工作组来解决降低噪音与粉尘问题。车间主动请来应用美术学院的专家,经几处摸索,把这车间变成了全公司最明亮整洁的场所之一。改革自己的工作条件,变成了一种有吸引力的挑战。各级工作委员会和咨询组都有一定经费解决自己的问题。于是形成了浓郁的改革气氛。

又如车内装潢车间,流水线上设有15个装配点。早在这厂刚投产的1964年,工人中就有人主张经常换换岗位,因为老在同一岗位上干,不但乏味,而且身体某些部位易疲劳。可是另一些工人不愿意,直到1966年这些工人才自己定了一套轮换制度,每人都学会这15个岗位上的操作技术而成为多面手,每天轮换一至数次,并自己负责检验自己干的活计和负责纠正缺陷。这时,他们不但体验到换岗能减轻劳累,而且培育出一种群体意识。后来他们把全组工作的计划与检查都接受过来,使工作更加丰富化了,全组缺勤与离职率大幅度下降,工作质量也提高了。

这种现象在这厂里颇为典型:一开始有相当一些人抵制改革,随着同事之间接触的增加,一个自发的以友谊和共同认识为基础的真正的群体(不是行政上硬性编成的班组)形成了。这种从人际接触发展到培育出友谊是不容易的,在装配线上更费时日。但一旦真正的群体形成,就能做出许多超出原来狭隘目的的事来。工作从轮换到扩大化直至丰富化,人们对工作的满意感逐步增加。托斯兰达厂在1970年,仅3%的装配工人搞工作轮换,1971年达到10%,1972年达到18%,然后开始加速,1973年达到30%,1977年已达60%。改革自己的工作内容成了多数工人的自然要求。但总有少数人特别是年纪偏大的是始终不喜欢任何改变的。

到1976年末期,这厂的装配车间才开始有人跟传统的装配线告别,组成了两个各有9人参加的作业组,每组承包一定辆数的汽车装配,作业改到装配工作台上去进行。9名组员什么都干,从底盘装配到车身与车门安装,直至最后内部装修与检验。每组每周要开一至数次生产组务会,研究生产情况及解决问题的办法。渐渐地,装配工作台完全取代了装配线。

诚然,这种工厂的基建与设备投资要比常规厂高一至三成,占地面积也要大些。但沃尔沃公司声称他的得远大于失,赔钱的买卖他是不会干的。生产率至少不低于装配线,而工人满意感大增,离职率从40%至50%降到25%,质量有所上升。尽管瑞典的劳力成本一直是全世界最高的,但沃尔沃却能保持一直赚钱,利润占销售额中的百分比仍属汽车业中三家之首。

问题:
1. 沃尔沃公司的工作再设计过程说明了什么?
2. 从沃尔沃公司的工作再设计中,我们能得到什么启发?

第3篇 生产与运作系统的运行与控制

第7章 总生产计划

> **学习目标**
>
> 1. 理解生产计划体系的构成及其它们之间的关系;
> 2. 理解综合生产计划的基本决策方式以及制定策略,掌握综合生产计划的优化方法;
> 3. 理解生产能力的基本概念,掌握生产能力的核算方法;
> 4. 理解学习效应的基本概念,掌握生产能力规划过程中应该考虑的主要因素以及基本思路

安霍伊泽-布施公司

安霍伊泽-布施公司(Anheuser Busch)是美国一主要啤酒生产厂家,其产品几乎占全美消费量的40%。该公司在此产量下通过出色的工作使生产能力与需求量保持一致,因此取得了很好的效益。

中期3~18个月的生产能力和需求相匹配是综合计划的核心。安霍伊泽-布施公司特定的工厂注册商标、劳动和存货量的管理控制等手段来与波动的需求保持平衡。当然,在批量、有效保养及高效的雇员和设备的安排之间的精确计划有助于提高设备的利用率,而这也是高资本投资设备的一个重要方面。

啤酒是由产品导向生产设备生产出来的。这种设备产出量大,但生产的产品种类少。产品导向生产过程通常需要很高的固定成本,但却有利于降低可变成本。

保持这种设备的高使用率是很关键的,由于很高的资本成本,必然要求高的设备利用率以利于竞争。即超过盈亏平衡点的产量必然要求很高的设备利用率,如果开工时间不足则必带来很大损失。

啤酒生产分为四个阶段。第一阶段是选择和确保原材料的供应及质量。第二阶段是从碾磨到发酵的实际酿造过程。第三阶段是用适合市场需要的各种容器灌装啤酒。第四阶段是分销阶段,包括一定温度下的运输和贮藏。每个阶段都有其相关的资源限制。安霍伊泽-布施公司通过周密计划,使各方面资源得到充分利用。

有效的计划使安霍伊泽-布施公司取得竞争优势的一个重要因素。

资料来源: Jay Heize, Barry Render.《生产与作业管理教程》。

计划管理是企业管理的首要职能,企业内部的分工、协作十分精细,需要通过统一的计划来组织、指挥协调各部门的生产活动。生产计划是企业经营计划的重要组成部分,是

第 7 章 总生产计划

企业对生产任务作出的统筹安排,是企业组织生产运作活动的依据。本章主要阐述生产计划体系的构成、综合生产计划、生产能力需求与规划等。

7.1 生产计划概述

7.1.1 生产计划体系

在一定规模的企业中,生产计划工作由一系列不同类别的计划所组成。这些计划按计划期的长度分为长期、中期、短期计划三个层次。它们之间相互紧密联系,协调配合,构成企业生产计划上的总体系。图 7.1 表示了这三层计划的组成以及各种计划之间的联系。

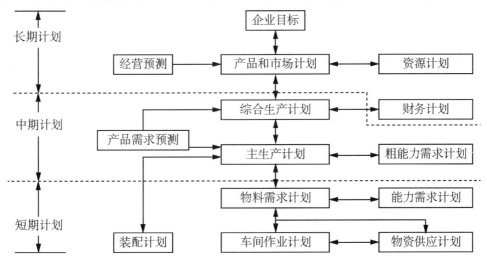

图 7.1 生产计划体系

1. 长期计划

长期计划的计划期长度一般为 3~5 年,也可长达 10 年。它是企业在生产、技术、财务等方面重大问题的规划,提出了企业的长远发展目标以及为实现目标所制订的战略计划。它包括产品与市场发展计划、资源发展计划以及财务计划等几种计划。制订长期计划,首先要结合对经济、技术、政治等环境的分析,确定企业的发展总目标,如在总产量、总产值、利润、质量、品种等方面的增长速度和应该达到的水平。战略计划则要确定企业的经营方向和经营领域、产品门类和系列、体现竞争战略的产品质量和价格水平,以及市场渗透战略,这些就是产品与市场发展战略。接着,制订资源发展计划,它要确定为实现企业发展目标和战略计划所需要增加的生产资源和相应的生产方式的变革,以及生产能力发展的规划。长期计划中的财务计划将从资金需要量和投资回报等方面对以上各种计划的可行性和经济有利性进行分析,使这些计划在财务上成为可行的,并且取得良好的效益。

2. 中期计划

中期计划的时间期一般为一年或更长时间。它就是通常的年度生产计划。中期计划主要包括两种计划:综合生产计划(也称生产计划大纲)和主生产计划(也称产品出产进度计划)。

1) 综合生产计划

综合生产计划规定企业在计划期内应达到的生产目标。它用一系列指标来表示，以规定企业在品种、质量、产量和产值等方面应达到的水平。

(1) 产品品种指标：包含两方面的内容：①企业在计划期内生产的产品名称、规格等的规定性；②企业在计划期内生产的不同品种、规格产品的数量。品种指标能够在一定程度上反映企业适应市场的能力，一般来说，品种越多就越能满足不同的需求，但是，过多的品种会分散企业生产能力，难以形成规模优势。因此，企业应综合考虑，合理确定产品品种，加快产品的更新换代，努力开发新产品。

(2) 产品质量指标：是指企业在计划期内生产的产品应该达到的质量标准。这包括内在质量与外在质量两个方面。内在质量是指产品的性能、使用寿命、工作精度、安全性、可靠性和可维修性等因素；外在质量是指产品的颜色、式样、包装等因素。在我国，产品的质量标准分为国家标准、部颁标准和企业标准三个层次。产品的质量标准是衡量一个企业的产品满足社会需要程度的重要标志，是企业赢得市场竞争的关键因素。

(3) 产品产量指标：是指企业在计划期内应当生产的合格的工业品实物数量或应当提供的合格的工业性劳务数量。产品的产量指标常用实物指标或假定实物指标表示。如钢铁用"吨"。发电量用"千瓦小时"等表示。产品产量指标是表明企业生产成果的一个重要指标，它直接来源于企业的销售量指标，也是企业制定其他物量指标和消耗量指标的重要依据。

(4) 产品产值指标：是指用货币表示的企业生产产品的数量，它解决了企业生产多种产品时，不同产品产量之间不能相加的问题。

综合生产计划的编制依据是对产品需求的预测，以及长期计划对当年提出的任务要求。它的作用是通过总量指标来核算检查全年的生产能力能否满足需要，以便对任务与能力进行平衡，并使达到平衡的计划保证应有的经济效益。

2) 主生产计划(产品出产进度计划)

主生产计划是将综合生产计划具体化为按产品品种、规格来规定的年度分阶段的产量计划。这种计划一般每隔半年编制一次，也可以按更短的时间周期进行滚动更新。制订出主生产计划之后，仍需进行生产能力的核算平衡，以保证计划达到可行性。但在这一层次上，生产能力核算和平衡都是粗略的，只分车间，或按设备大组(大类)的总台时与人员的总工时去检查和校核生产能力。故属于于粗能力需求计划。当然，当检查生产能力的同时，也要检查其他资源的供应能力，如原材料、能源、外购配件、运输等的供需平衡情况。

企业编制生产计划，不仅要科学确定全年生产任务，而且要把全年的生产任务逐期分解，这就是产品生产进度的安排工作。合理安排企业的生产进度，一方面有利于进一步落实企业的销售计划，满足市场需求，履行经济合同；另一方面有利于企业平衡生产力，有效利用设备和人力。

3. 短期计划

短期计划的计划期长度在 6 个月以下，一般为月或跨月计划，它包括物料需求计划(MRP)、生产能力需求计划、总装配计划以及在这些计划实施过程中的车间内的作业进度计划和控制工作。物料需求计划是指产品出产计划分解为构成产品的各种物料的需要数量和需要时间的计划，以及这些物料投入生产或提出采购申请的时间计划。总装配计划就是最终产品的短期出产进度计划。生产能力需求计划即通常所说的设备负荷计划。它根据零件的工艺路线和工时定额,来预计各工作中心(设备组)各时间周期中应提供的生产能力数量;然后经过与实有能力的平衡,编制出车间的生产作业计划。车间内的作业计划工作中包括作业分派、调度和生产进度的监控与统计工作。对外购的物料则编制物资供应计划,并对其实施进行控制。

7.1.2 各类生产计划的特点

长期计划、中期计划和短期计划各有自己不同特点。表 7-1 列出了它们的主要特点。从表中可以看出,由于所面临的环境因素不同,各类计划有各自不同的任务、管理层次、计划方式和要处理的问题。

表7-1　三种类型计划的不同特点

	长 期 计 划	中 期 计 划	短 期 计 划
主要任务	制定总目标及获取所需资源	有效利用现有资源,满足市场需求	合理配置生产能力,执行厂级计划
实施角色	高层	中层	基层
时间跨度	3~5 年或更长	1~1.5 年	小于 6 个月
详细程度	非常概括	概略	具体、详细
不确定程度	高	中	低
决策问题	产品线 工厂规模 设备选择 供应渠道 员工培训 生产系统选择 库存系统选择	工厂工作时间 劳动力数量 库存水平 外包/外协能力 生产速率	生产品种 生产数量 生产顺序 生产地点 生产时间 物流库存控制方式

长期计划要处理的是企业的发展与外部环境的关系问题,因此要由企业的高层领导负责。其主要任务是确定发展的总目标和实现总目标获取所需的资源。这类计划所面临的都是不确定性因素,只能规定出一些非常概括的指标作为指导。它要做的决策都是关系企业长远利益而又需巨大投资的重大的战略性问题。故这类计划又称战略层计划。

中期计划要处理的是将已知的或预测的市场需求细化为企业的生产指标和产品任务计划。他们应由企业主管生产的部门负责。其主要任务是如何有效地利用现有资源,最大限度地满足市场需求并取得最佳的经济效益。这类问题中也有相当一部分是不确定的因素,如未来一年中的市场需求。故仍包含一部分粗略性指标。他们要做的决策是如何适应需求的变动安排好生产能力的利用问题,这里可以调节的生产能力因素有工厂工作时间、劳动力数量、库存水平、外包量和每月的产量水平,即生产速率等。

短期计划所处理的问题基本上是纯属企业内部的作业管理问题。这时,生产的任务、能力和物资供应都是确定且已知,计划工作的任务是要将设备和人力最适当地配置给各项已投产的任务项目,以保证上层计划实现。因此要求他们制订出详细的时间进度计划。在计划中要做好生产的品种、批量、顺序和时间进度的决策,也要做好设备与人力负荷的决策,它们是作业层的计划。

7.1.3 制订生产计划的一般步骤

制订生产计划的一般步骤如图 7.2 所示。

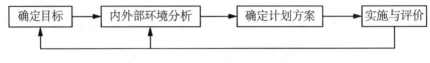

图 7.2 制订生产计划的一般步骤

1. 确定目标

通常根据企业的经营计划确定的目标来确定。

2. 内外部因素分析

图 7.3 列出了生产与运作计划环境的内外部主要影响因素。其中,市场需求包括了合同订购量、市场预测量。外部供应能力包括供应商在人力、物资、资金、技术等方面所能提供的保证。从某种意义上讲内外部因素分析实质上是"需要"与"可能"分析。

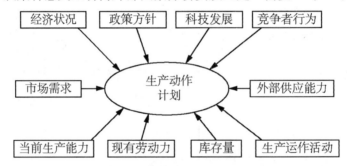

图 7.3 生产计划环境的主要影响因素

3. 确定计划方案

确定计划方案包括拟定多个实现目标的可行计划方案,并按一定的标准从中选择一个计划方案。其中,主要是综合生产计划方案和主生产计划方案。因此,这实质上是一个综合平衡和选优的过程,目标是处理好"需要"与"效益"的关系。

4. 实施与评价

实施与评价即对确定的计划方案组织实施,并检查目标是否达到。如未达到,是什么原因,需要采取什么措施?是否需要修改计划等等。

7.2 综合生产计划

综合生产计划是根据企业所拥有的资源能力和需求预测对企业未来较长一段时间内的产出内容、产出率、劳动力水平、库存投资等问题作出的综合性的决策。

7.2.1 综合生产计划的基本决策方式

综合生产计划的目标就是在给定的计划期内以最少的成本实现企业的资源能力和预期需求之间的平衡,最大限度地满足客户需求,并获取最佳效益。其基本决策方式一般可分为两大类:调整供给的决策方式和调节需求的决策方式。

1. 调整供给的决策方式

调整供给的决策方式的基本思路是根据市场需求制订相应的综合计划,即将预测的市场需求视为给定条件,从企业供给方面寻求满足市场需求的解决方案,通过有效地调整企业的生产能力,使得企业能够稳妥地应变市场需求的波动,故这种决策模式下的综合生产计划策略常被称为"稳妥应变型策略"。常用的方法有以下几种。

1) 通过新聘或解聘来改变劳动力水平

企业可以通过新聘或解聘一批员工来适应市场需求的波动,采用这一方法的缺点是容易造成劳资关系疏远。同时,对于很多企业来说,符合其技能要求的人员来源是非常有限的,并不是随时都可以聘用;新员工需要进行培训,而培训是需要时间和成本的。此外对于很多企业来说,解聘员工会受到法律法规、工会组织、行业特点等因素影响;而对于某些行业来说,解聘再聘则是很平常的事,如IT业、餐饮业、旅游业等。

2) 通过超时工作或减时工作来调整工作时间

当正常工作时间不能满足市场需求时,企业可以考虑加班;反之酌减员工工作时间,或调休,或利用该时间段对员工进行培训。需要指出的是,超时会受到限制,SA8000标准(2001版)规定:"在任何情况下,不可经常要求员工一个星期的工作时间超过48小时,并且员工每周七天之内至少有一天的休息时间。所有超时工作应付额外报酬。在任何情况下每个员工每周加班不得超过12小时。"我国《劳动法》规定:"每人每日加班不得超过3小时,每月加班的总时数不得超过36小时。"此外,超时工作需付额外报酬,而且太多的超时工作会降低平均产出及质量。

 知识介绍

社会责任标准(SA8000)介绍

社会责任标准(SA8000)是国际标准化组织经济优先认可委员会(CEPAA)出台的国际标准,是继ISO9000、ISO14000之后发布的又一个涉及体系的认证标准。SA8000(2001版)有四个主要部分构成,第四部分"社会责任之规定"含有以下9个要素:①童工;②强迫性劳动;③健康与安全;④组织工会的自由与集体谈判的权利;⑤歧视;⑥惩戒性措施;⑦工作时间;⑧薪酬;⑨管理体系。

SA8000是一个通用标准。任何企业或组织可以通过SA8000认证,向客户、消费者和公众展示其良好的社会责任表现和承诺。它的颁布和实施对企业的人力资源管理、对外贸易等会产生较大的影响。

资料来源:编者根据相关资料整理汇编。

3) 改变库存水平

企业可以在需求淡季增加库存水平,以满足将来高峰时期的需求。采用这一方法可以保持产出均衡,人员稳定,但是会造成库存成本增加、资金积压以及销售风险的增加。因此,应该尽量储备零部件、半成品,当需求高峰到来时,再迅速进行组装。

4) 外包

企业可以通过外包来弥补短期能力的不足，使得企业更能适应动态的市场需求。但是外包可能会带来能否按期交货的问题和质量问题，本企业会失去部分控制权，也要承担部分顾客转向竞争对手的风险。因此，企业必须寻找合适的合作者，进行必要监控，以保证按时保质地提供产品和服务。

5) 聘用非全日制雇员

聘用非全日制雇员可以满足对非技术雇员的需求(尤其在服务业)，或者对有特殊技能而又无须永久拥有的雇员的需求。聘用非全日制雇员在企业有超额工作时作用显著，这样企业可以缩减过量的经常性开支，降低成本，同时提高劳动力的柔性。

6) 通过顾客参与调节产能

顾客参与是服务运作的特点。有些服务可以通过顾客自我服务来增加服务能力，如自助餐、自助银行等。顾客自我服务使产能随时与需求同步，不需要额外增加产能。同时顾客自我服务使顾客得到体验，可以增加顾客的满意度。

2. 调节需求的决策方式

调节需求的决策方式的基本思路是主动出击，通过调节需求模式，影响和平缓企业的市场需求，以此来寻求能够有效地满足需求的解决方案，故这种决策下的综合生产计划策略常被称为"积极进取型策略"。 常用的方法有以下几种。

1) 通过调节价格转移需求

通过价格差别刺激低谷时的需求和分流高峰时的需求。按照一般的需求规律，需求量随着价格的上涨而减少，随着价格下降而增加。因此，可以通过降低价格的方式来刺激消费需求。但是消费者的心理趋向是复杂的，有时也会买高不买低，价格下降反而消费减少。所以企业应该根据具体情况，合理调整价格，以刺激需求。

2) 高峰需求时期的推迟交货

推迟交货是指顾客向企业订购了产品或服务而企业不能及时提供，需要等待一段时间才能兑现的交易方式。推迟交货策略仅在顾客愿意等待且不减少其效用或不取消订货的条件下才适用。否则，就有失售的损失和失去顾客的风险。

3) 开发和采用预定(约)系统

随机需求不可避免地产生排队现象，预定(约)系统可以将随机需求转化为计划需求，可以减少甚至消除排队现象，对顾客是有利的。同时，预定(约)系统可以将需求转移到低谷期或其他设施上，对企业充分利用产能也是有利的。但是，当顾客未按预定(约)时间履行，又不承担经济责任时会造成损失。为了控制"未出现者"，往往会收取定金。

4) 采用固定时间表

如果完全按照顾客的需要来安排服务，会造成企业资源的浪费。例如，随时都有顾客要出门，如果满足，则需要无数班次的航班、汽车和火车。采用固定时间表，使顾客按固定时间表出行，既可以满足大多数顾客的需要，又可以减少服务能力的浪费。

5) 导入互补产品

设法使不同产品需求的"峰"和"谷"错开。例如，伊利集团通过导入互补产品——牛奶和冷饮产品，根据消费需求，进行战略调整，实现冷饮产品连续七年产销量居全国第一,超高温灭菌奶产销量居全国第一,奶粉产销量居全国前三位。这一方法的关键在于找到合适的互补产品,既能充分利用现有资源能力,又可以使不同需求的峰、谷错开,使产出保持均衡。

注意点:无论调节供给还是调节需求只能部分地解决生产计划与需求波动之间的矛盾,要想彻底解决它们矛盾是不可能的,因为企业要考虑成本和效益之间的平衡问题。

7.2.2 综合生产计划的制定策略

在企业生产运作管理的实践中,可以组合使用上述两类基本决策方式。在已经采取"积极进取型策略"调节需求的情况下,那么接下来需要考虑的问题就集中在"稳妥应变型策略"的各种调整生产能力的方法上。在制定综合生产计划过程中,在既定的需求量的前提下,主要针对产出率、劳动力水平和库存水平进行综合决策。一般可以采用以下三种策略。

1. 追逐策略

如图 7.4 所示,追逐策略是指在综合计划的时间跨度内通过调节产出率或劳动力水平来适应市场需求波动。实施该策略的优点是,可以使企业更好地适应需求的变化,抓住市场机会,库存水平低。缺点是生产安排与组织比较复杂,导致生产效率和产品质量的下降,同时要支付解聘或新聘人员、加班、委托加工等方面的额外费用。

2. 平准策略

如图 7.5 所示,平准策略是指在综合计划时间跨度内保持产出率或劳动力水平不变,均衡生产,通过库存、推迟交货、外包等方法适应需求波动。此策略优点是人员稳定,产出均衡,有利于生产效率和产品质量提高。缺点是库存水平较高、降低了顾客服务水平。

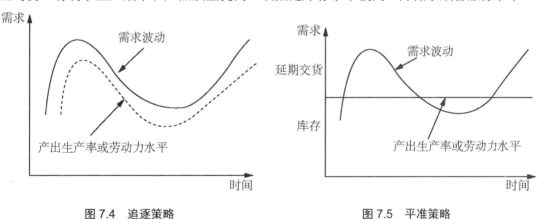

图 7.4 追逐策略　　　　　　　　图 7.5 平准策略

3. 混合策略

混合策略就是将以上两种策略结合起来。例如,一年四个季度的需求是 20、30、60、50,采用追逐策略一年变动 4 次,采用平准策略今年按 40 组织生产。采用混合策略,前两个季度按 30 均匀生产,后两个季度按 50 生产。这样变化次数减少了,库存也大大降低了。

案例分析

阿根廷鲍吉斯·罗易斯公司的泳装生产计划

鲍吉斯·罗易斯公司(Porges Ruiz)是布宜诺斯艾利斯的一家泳装生产厂商。由于它是一个很受季节影响的企业,该公司必须在夏季的三个月将其产品的3/4销往海外。鲍吉斯·罗易斯管理层还是像传统方式一样依靠超时工作、聘用临时工、集聚存货来应付需求的大幅上升。但是这种方式带来的问题很多。一方面,由于公司提前几个月就将泳装生产出来,其款式不能适应变化的需求情况;另一方面,在这繁忙的三个月,顾客的抱怨、产品需求告急、时间安排变动及出口使得管理人员十分烦恼。

鲍吉斯·罗易斯公司的解决办法是在维持工人的正常的每周42小时工作的报酬的同时,相应改变生产计划,从8月到11月中旬改为每周工作52小时(南美洲是夏季时北半球冬季)。等到高峰期结束,到第二年4月每周工作30小时。在时间宽松的条件下,进行款式设计和正常生产。

这种灵活的调度使该公司的生产占用资金降低了40%,同时使高峰期生产能力增加了一倍。由于产品质量得到保证,该公司获得了竞争优势,因而销路很广,扩大到巴西、智利和乌拉圭等国家。

启示:该公司正是通过分析产品需求的特点,改变生产计划方案,采取了混合策略,从而使企业生产更好地满足了市场需求,同时也降低了成本,提高了产品质量,竞争优势得到了体现。

资料来源:编者根据相关资料整理改编。

7.2.3 综合生产计划的优化方法

1. 综合生产计划的相关成本

综合生产计划的基本目标就是在给定的计划期内以最少的成本实现企业的资源能力和预期需求之间的平衡,最大限度地满足客户需求,并获得最佳经济效益。在制订企业综合生产计划时要考虑到的相关成本:

(1) 基本生产成本:是指计划期内生产某种产品的固定成本和变动成本,包括直接和间接劳动力成本,正常工资和加班工资。

(2) 与生产率相关的成本:是指为改变劳动生产率而导致的成本支出,包括招聘、培训、解雇员工的费用。

(3) 库存成本:库存占用资金的成本是一个主要部分,其他包括仓储保管费、保险费、税收、损坏与折旧造成的费用等。

(4) 延期交货费用:通常这类成本很难计算,包括由于交货延迟引起的赶工生产费用,合同违约罚金,企业商业信誉损失等。

2. 综合生产计划的优化方法

综合生产计划的优化方法有很多,诸如试算法、线性规划法、计算机仿真技术、决策搜索规则等等。下面介绍最常用的试算法的具体做法。

试算法,也称作反复试验法或试错法(the Trial-and-error Dethod),是在管理实践中应用最广的方法。该方法用于制定综合生产计划,是在拟定可行的初选方案基础上,通过试算不同初选方案的成本,从而确定成本最优的综合计划方案。试算法虽然不一定得到最优解,但是一定可以得到可行的且令人满意的结果。

【例 7-1】 某公司将预测的市场需求转化为生产需求,如表 7-2 所示。该产品每件需20小时加工,工人每天工作8小时。招收工人需要广告费、考试费和培养费,折合雇一个工人需 300 元，裁减一个工人需付解雇费 200 元。假设生产中无废次品和返工。为了应付需求波动，有 1 000 件产品作为安全库存。单位维持库存费为 6 元/(件·月)。设每年的需求类型相同。因此在计划年度开始时的工人数等于计划年度结束时的工人数，相应地，库存量也近似相等。现比较以下不同策略下的费用。

表 7-2　预测的需求量

(1) 月份	(2) 预计月生产需求量(件)	(3) 累计需求量(件)	(4) 每月正常工作日(天)	(5) 累计正常工作日数(天)
4	1 600	1 600	21	21
5	1 400	3 000	22	43
6	1 200	4 200	22	65
7	1 000	5 200	21	86
8	1 500	6 700	23	109
9	2 000	8 700	21	130
10	2 500	11 200	21	151
11	2 500	13 700	20	171
12	3 000	16 700	20	191
1	3 000	19 700	20	211
2	2 500	22 200	19	230
3	2 000	24 200	22	252

1) 仅改变工人的数量

采取这种策略需假定随时可以雇到工人，这种策略可见表 7-3，总费用为 200 000 元

表 7-3　仅改变工人数量的策略

(1) 月份	(2) 预计月生产需求量(件)	(3) 所需生产时间 20×(2)	(4) 月生产天数	(5) 每人每月生产小时 8×(4)	(6) 需工人数 (3)÷(5)	(7) 月初增加工人数	(8) 月初裁减工人数	(9) 变更费 300×(7) 或 200×(8)
4	1 600	32 000	21	168	190		37	7 400
5	1 400	28 000	22	176	159		31	6 200
6	1 200	24 000	22	176	136		23	4 600
7	1 000	20 000	21	168	119		17	3 400
8	1 500	30 000	23	184	163	44		13 200
9	2 000	40 000	21	168	238	75		22 500
10	2 500	50 000	21	168	298	60		18 000
11	2 500	50 000	20	160	313	15		4 500
12	3 000	60 000	20	160	375	62		18 600
1	3 000	60 000	20	160	375			0

续表

(1) 月份	(2) 预计月生产需求量(件)	(3) 所需生产时间 20×(2)	(4) 月生产天数	(5) 每人每月生产小时 8×(4)	(6) 需工人数 (3)÷(5)	(7) 月初增加工人数	(8) 月初裁减工人数	(9) 变更费 300×(7) 或 200×(8)
2	2 500	50 000	19	152	329		46	9 200
3	2 000	40 000	22	176	227		102	20 400
合计						256	256	128 000

注：表中第六栏计算数据均取整数。

维持 1 000 件安全库存需 1 000×6×12＝72 000 元

总费用 128 000＋72 000＝200 000 元

2) 仅改变库存水平

这种策略需允许晚交货。由于 252 天内需生产 24 200 件产品，则平均每个工作日生产 96.03 件，需 96.03×20＝1 920.63 小时，每天需工人 1 920.63÷8＝240.08 人，取 241 人，则每天平均生产 241×8÷20＝96.4 件产品。仅改变库存水平的策略如表 7-4 所示。总费用为 209 532 元。

表 7-4　仅改变库存水平的策略

(1) 月份	(2) 累计生产天数	(3) 累计产量 (2)×96.4	(4) 累计生产需求	(5) 月末库存 (3)−(4)+1 000	(6) 维持库存费 (月初库存＋月末库存)÷2×6
4	21	2 024	1 600	1 424	7 551
5	43	4 145	3 000	2 145	10 707
6	65	6 266	4 200	3 066	15 633
7	86	8 290	5 200	4 090	21 468
8	109	10 508	6 700	4 808	26 694
9	130	12 532	8 700	4 832	28 920
10	151	14 556	11 200	4 356	27 564
11	171	16 484	13 700	3 784	24 420
12	191	18 412	16 700	2 712	19 488
1	211	20 340	19 700	1 640	13 056
2	230	22 172	22 200	972	7 836
3	252	24 293	24 200	1 093	6 195
合计					209 532

3) 一种混合策略

混合策略可以多种多样，考虑到需求的变化，在前一段时间采取相对低的均匀生产率，在后一段时间采取相对高的均匀生产率。在这里，生产率的改变通过变更工人的数量实现。4 月初需生产 1 600 件，每天需生产 76.19 件。设前一段时间采用每天 80 件的生产率，则每天需 80×20÷8＝200 个工人。生产到 8 月底，累计 109 天生产了 109×80＝8 720 件。在余下(252－109)＝143 天内，要生产(24 200－8 720)＝15 480 件产品，平均每天生产 15 480÷143＝108.25 件，需 108.25×20÷8＝270.6 人，取 271 人。因此，9 月初要雇 71 人，每天可生产 271×8÷20＝108.4 件产品。年末再裁减 71 人。这种混合策略的总费用为 143 838＋35 500＝179 338 元(见表 7-5)。

表 7-5　一种混合策略

(1)月份	(2)累计生产天数	(3)生产率	(4)累计产量	(5)累计需求	(6)月末库存 (4)－(5)＋1000	(7)维持库存费(月初库存＋月末库存)÷2×6	(8)变更工人数费用
4	21	80	1 680	1 600	1 080	6 303	
5	43	80	3 440	3 000	1 440	7 560	
6	65	80	5 200	4 200	2 000	10 320	
7	86	80	6 880	5 200	2 680	14 040	
8	109	80	8 720	6 700	3 020	17 100	71×300＝21 300
9	130	108.4	10 996	8 700	3 296	18 948	
10	151	108.4	13 273	11 200	3 073	19 107	
11	171	108.4	15 441	13 700	2 741	17 442	
12	191	108.4	17 609	16 700	1 909	13 950	71×200＝14 200
1	211	108.4	19 777	19 700	1 077	8 958	
2	230	108.4	21 836	22 200	636	5 139	
3	252	108.4	24 221	24 200	1 021	4 971	
合计						143 838	35 500

反复试验法不能保证获得最优策略，但可以不断改善所采取的策略，读者还可改变混合策略来减少总费用。

思考：你能否提出另外一种混合策略，使总成本低于 179 338 元？

7.3　生产能力需求与规划

生产能力也是企业制订生产运作计划的重要依据之一。做好生产能力需求与规划工作，一方面，有利于企业充分地利用生产能力，避免资源的闲置；另一方面，有利于企业抓住市场机会，更好地满足市场需求，提高经济效益。

7.3.1　生产能力概述

1. 生产能力概念及类型

生产能力是生产运作系统在一定时期内可以实现的最大产出量。对制造业而言，生产能力是指在一定时期内，在先进合理的技术组织条件下所能生产一定种类产品的最大数量。

对服务业来讲，生产能力可以表现为一定时间内被服务的人数。

生产能力有设计能力、查定能力和现实能力之分。设计能力是建厂或扩建后一定时期内应该达到的最大产量；查定能力是原设计能力已不能反映实际情况，重新调查核实的生产能力；现实能力为计划期实际可达到的生产能力，是编制生产计划的依据。国外有的人将生产能力分成固定能力(Fixed Capacity)和可调整能力(Adjustable Capacity)两种，前者指固定资产所表示的能力，是生产能力的上限；后者是指以劳动力数量和每天工作时间和班次所表示的能力，是可以在一定范围内调整的。

2. 生产能力的计量

由于企业种类的广泛性，不同企业的产品和生产运作过程差别很大，所以必须根据企业具体生产运作情况对生产能力进行计量。主要有以下 3 种计量方法。

1) 以产出量为计量单位

从生产能力的定义可知，生产能力与产出量和投入量有关，因此有些企业的生产能力可以用产出量直接表示。如钢铁厂、水泥厂，都以产品吨位作为生产能力的计量单位；家用电器生产厂，如彩电、冰箱、洗衣机等是以产品台数作为生产能力的计量单位，这类企业的产出数量越大，产能也越大。

2) 以原料处理量为计量单位

有的企业使用单一原料生产多种产品，这时以工厂年处理原料的数量作为生产能力的计量单位是比较合理的，如炼油厂以一年加工处理原油吨位作为它的生产能力的计量单位。

3) 以投入量为计量单位

有些企业是以投入量的大小来计算生产能力的，如糖厂以榨多少吨甘蔗、甜菜来表示其生产能力，发电厂用装机容量来表示其生产能力。这种情况在服务业中更为普遍，如：航空公司以飞机座位数量而不以运送的客流量为计量单位；医院以病床数而不是以诊疗的病人数为计量单位；零售商店以营业面积或者标准柜台数来计量，而不用接受服务的顾客数作为计量单位；电信局以交换机容量来计量，而不用接通电话的次数来作为计量单位。

3. 影响生产能力的因素

影响生产能力的因素很多。归纳起来，主要受到以下因素的影响。

(1) 设施的数量和质量。设施是决定企业生产能力的重要因素，设施的数量包括：生产面积、设备数量等；设施的质量包括：生产设备的工作效率、生产面积可利用系数等。

(2) 计划期内的有效工作时间。

在不同企业，由于生产条件和工作制度的不同，工作时间也是不同的。在连续生产的企业中，有效工作时间一般等于日历时间减去设备修理所需要的停工时间。在间断生产的企业中，设备的有效工作时间，是在日历时间中扣除节假日停工的时间以后，按企业规定的工作班次来计算的，同时也要扣除设备修理的停工时间。其计算公式如下：

$$F_e = F_s - D_t$$

其中：F_e——设备有效工作时间

F_s——设备制度工作时间

D_t——设备停修时间

注意点：除了设备修理停工时间以外，由于其他原因造成的设备停工时间，如停工待料时间、动力供应中断的停工时间等，在计算时一般不予考虑。

(3) 产品的技术工艺特征。生产能力是综合平衡各个生产环节后确定的，而对各环节能力起决定作用的除资源的可利用量外，就是产品的技术工艺特征。对于不同的产品、不同的加工方法，各个生产环节的能力是不同的。

(4) 劳动组织与生产组织条件。这包括劳动者的技术以及熟练程度，它主要会影响加工单位产品的时间；生产组织方式的合理性，它会影响系统各环节的平衡、流程的结构和时间，以及系统中的存储、瓶颈等。

要点总结：企业的生产能力受内外部多种因素制约，如何最大限度挖掘生产能力是检验管理者能力的尺度。

7.3.2 生产能力的计算

正确计算生产能力既是企业经营决策的前提，也是落实生产计划的基础。企业生产能力的计算，应当在技术组织条件比较合理、定额水平比较先进的条件下进行。各种企业的生产方式和生产技术条件差别很大，有的主要利用机器设备生产，其产量基本上取决于各种机器设备、流水线、自动线的生产率；有的以手工操作为主，很少使用或基本不用机器设备进行生产，如铸件造型、手工焊接、设备维修、果品分级等，其产量基本上取决于劳动力和作业面积的数量及利用率。因此，计算生产能力时，就有设备生产能力、作业场地生产能力和劳动能力之分。

1. 设备生产能力的计算

1) 单一品种生产能力的计算

当只生产一种产品时，生产能力可以直接采用以产品的实际产量计算。计算公式：

$$M = F_e \cdot S/t$$

其中：M——设备组的生产能力；

F_e——计划期单台设备的有效工作时间；

S——设备组内的设备数量；

t——单位产品的台时定额。

【例 7-2】 某工厂的工作中心有 10 台相同的设备，生产单一的 A 产品，如果生产一件 A 产品所需该中心的加工时间为 2 小时，每年按 250 工作日计算，每天两班制，每班按 8 小时计算，设备计划停修率为 2%，计算该中心的年生产能力。

解：$F_e = 250 \times 8 \times 2 \times (1 - 2\%) = 3\,920$(小时)

$M = F_e \cdot S/t = 3920 \times 10/2 = 19\,600$(件)

2) 多品种生产能力的计算

对于按工艺专业化原则组织的生产单位而言，较多的情况是加工多种产品，即给定一个产品组合求其生产能力。虽然可以采用能够提供的最大工时数表示生产能力，但这种方法不直观，与计划和市场需求的表示不一致。所以实际管理工作中仍需计算以产量表示的生产能力，此时可以采用代表产品法与假定产品法来计算生产能力。

3) 代表产品法

代表产品法的基本特点是确定某种产品为代表产品,将其他产品按工作量折算成代表产品,计算出设备组的生产能力。实际工作中一般将企业的主导产品,或者产量最大的产品作为代表产品。

【例 7-3】 某车床组有 8 台车床,生产 A、B、C、D 四种产品,各产品的计划年产量分别为 280 台、200 台、120 台和 100 台,台时定额分别为 25、50、75、100 台时,试计算该车床组的生产能力。

解:本题中 A 产品的产量为 280 台,产量最大,故可选择该产品作为代表产品来计算车床组的生产能力。

首先,分别将单位 B、C、D 折算成 A 产品,其方法是生产单位产品台时与生产单位 A 台时(25 台时)进行比较,计算出折算系数。具体计算如下:

单位 B 产品的折算系数:50/25=2;
单位 C 产品的折算系数:75/25=3;
单位 D 产品的折算系数:100/25=4。

其次,用折算系数乘以各自的产品产量就可得出以 A 产品为代表性产品计算车床组的生产能力,计算方法为:

$$280 \times 1 + 200 \times 2 + 120 \times 3 + 100 \times 4 = 1\,440(台)$$

当然上述只是粗略的计算生产能力,请同学思考这是为什么。

2. 作业场地的生产能力计算

当作业组的生产能力主要取决于作业面积时,其生产能力的计算公式如下:

$$M_0 = (F_e \cdot A)/(a \cdot t)$$

其中:M_0——某作业组的生产能力;
F_e——作业面积的有效利用时间;
A——作业面积;
a——单位产品占用的生产面积(平方米台或件);
t——单位产品占用的时间。

3. 劳动能力计算

当作业组的生产能力主要取决于劳动力时,公式如下:

$$M_0 = F_e \cdot N / t$$

其中:M_0——作业组的生产能力(台或件);
F_e——计划期每个工人的有效工作时间(小时);
N——作业组的工人数;
t——单位产品的工时定额。

7.3.3 生产能力的综合平衡

企业的生产能力是企业内部各环节生产能力综合平衡的结果。各环节生产能力的不平衡是绝对的。所以,在计算各环节生产能力后,要由下而上地逐级平衡,即先平衡计算设备组或作业组生产能力,再平衡计算车间生产能力,最后进行全厂生产能力的综合平衡。

生产能力综合平衡还应包括基本车间之间生产能力的平衡，基本生产能力与辅助生产能力的平衡，生产能力与生产准备能力的平衡，生产能力与储运能力的平衡等。通过平衡就可发现生产过程中的薄弱环节和瓶颈环节，然后根据企业计划期内可以动用的资源条件以及所能采取的组织技术措施，克服薄弱环节，使企业的生产能力得到充分发挥，以保证生产计划任务完成。

7.3.4 生产能力需求

对生产能力需求的计算是将产品的市场需求转换为能力需求的度量指标。在制造企业中，生产能力通常是用可以利用的设备数量来表示的。在这种情况下，管理人员必须把市场需求(通常是用产品产量来表示的)换算为所需的设备数量。下面是一种把市场需求换算为设备数量的方法。

首先，通过下式计算出每年所需的设备小时数：

$$R=\sum D_i P_i$$

其中：R——每年所需的全部设备小时数；

D_i——每年所需的产品 i 或服务 i 的数量；

P_i——单位产品 i 或服务 i 所需的平均加工(处理)时间。

其次，计算每台设备可提供的最大工作小时数。这首先需要计算该设备的制度总工作时数，可以用下式计算：

$$N=每天制度工作时数 \times 每年制度工作日数$$

这得到是理论上总工作时数，在此基础上还要再考虑其实际利用率进行调整。如下式：

$$H=N(1-C)$$

其中，H——某设备一年可提供的实际工作时数；

N——某设备一年的制度工作时数；

C——设备的停修率。

最后，根据用设备时数表示的市场需求量和每台设备所能提供的实际工作时数，计算出所需的设备数量：

$$M=R/H$$

需要指出的是，一个制造业的生产系统一般是由多种设备构成的，分别计算所有设备的需求量会很困难，而且可能出现数量之间的矛盾，所以可以根据对系统流程的分析找出关键设备，确定关键设备的需求量后，再根据设备之间的连接关系确定其他设备的数量。

在其他类型的组织中，如服务类型的企业，也可以用类似的方法来计算生产能力需求。例如，医院的生产需求可转换成对手术室或床位的需求；银行的顾客需求可转换为对服务窗口设置数的需求；运输企业的市场需求可转换为对车辆的需求等。但一般来说，在相同的计划期内，服务需求比产品需求更难预测，它们往往在一天的不同时段内就有很大变化。

【例 7-4】 某企业的一个面包生产车间的关键设备为烤炉，如果该车间能够生产两种产品(A 和 B)，每种产品的需求量及相关数据如表 7-6 所示，该生产车间每年的工作日为 250 天，每天工作 8 小时，设备利用率 90%。为预防需求波动，需要保持 20%的能力缓冲，那么至少需要多少台烤炉？

表 7-6　面包生产车间产品的需求量及相关数据

	产品 A	产品 B
年需求量(箱)	10 000	12 500
每箱烤制时间(小时，烤炉每次烤制一箱)	0.5	0.8

解：首先，计算全年所需的设备小时数：
$$R=(1\,000\times0.5+12\,500\times0.8)\times(1+20\%)=18\,000(小时)$$
其次，计算一台设备的年工作时数：
$$H=8\times250\times90\%=1\,800(小时)$$
最后，计算所需设备数：
$$M=18\,000\div1\,800=10(台)$$
所以，该车间至少要配置 10 台烤炉才能满足目前的需求，至于其他资源的配置，如人员、辅助设备等可以根据流程对各环节的时间要求确定。

7.3.5　生产能力规划

1. 生产能力规划的影响因素

企业进行生产能力规划时，必须综合考虑多方面的影响因素，主要包括备用生产能力、生产的经济规模、扩展生产运作能力的时机与规模、生产设施的小型化和集中化等。

1) 备用生产运作能力

在制定生产运作能力时，首先要对企业现有的能力有一个明确的把握，同时为保证在市场的需求发生短期的增加(或出现高峰)时有足够的生产运作能力作保障，这就要求对企业生产能力的平均利用率和备用生产运作能力进行考虑。

能力的利用率指生产运作能力被利用的平均程度，其基本表达式为：
$$生产能力利用率＝平均产出率/生产能力$$
能力的利用率通常不是百分之百，而应留有一定余地，即备用生产能力。公式表示为：
$$备用能力＝1－利用率$$
备用生产能力低，则意味着企业对生产能力利用率高；备用能力高，则说明企业生产运作能力利用率低。不同行业和企业，其最佳备用生产运作能力的确定也有差异。对于资本集约度较高的企业，由于设备造价昂贵，备用生产运作能力通常较小，低于 10%。但也有例外的，如电力行业，其资本集约度也较高，但其备用发电能力往往达到 15%～20%，以避免用电高峰时供电不足。对于服务行业来说，每天接待顾客的业务能力是一定的，但顾客的到达是非均匀分布的，在一周甚至一天内的不同时段的顾客量差别很大，如为火车客运在节日、周末与平常的客流量。而服务性行业的特点决定了不可能通过库存调节或长时间等候的方式使之均匀一些，此时就要求企业必须有较高的备用能力来满足顾客到来高峰期的需要，否则就有可能失去顾客。

当企业未来需求不确定时，有必要保留较大的备用生产运作能力，特别是可供生产或服务调用的资源缺乏灵活性的情况下，需求的不确定性程度越大，所拥有的备用生产运作能力应越高。但也并不是说企业的备用能力越充分越好，因为过高的备用能力如果不能得到充分利用而会使其资源浪费,成本增加。不同企业应根据其实际情况来定。

2) 生产的经济规模

企业在生产运作过程中,单位产品成本的高低同其生产设施规模有直接关系。在一定条件下,生产规模越大,单位产出的平均成本越低(即规模经济现象)。因为随着生产规模的扩大,企业固定费用和最初的投资费用可被更多的产品分摊,从而使其成本降低;此外,大规模生产在制造工艺方面有很多可减少成本的机会,例如,规模越大,专业化程度越高,分工越细,学习效应越明显,同时还可以减少作业交换时间、采用高效专用设备、减少中间库存等。但在一定条件下,并不是生产规模越大越经济。相反,当规模扩大到一定地步时,会导致一系列非经济因素的滋生。比如过大的规模会使生产过程的管理与协调变得复杂,间接成本急剧增加,生产效率下降,从而使产品成本不降反升。因此,在一定时期内,每个企业都要确定一个适度的经济规模(图 7.6)。

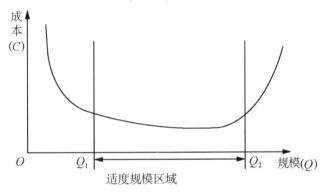

图 7.6 规模经济与规模不经济

企业所处行业的不同,决定其产品结构、生产运作技术条件及市场条件等具体因素也各不相同,在规模经济上会存在较大差别。确定企业规模经济性的大小,无疑会对生产能力决策提供重要帮助。一般而言,资本密集型企业规模经济效应更加突出,适宜选择较大的生产规模。例如,汽车、电力、冶金、石油化工等企业,被认为存在明显的规模经济性。

3) 扩展生产运作能力的时机与规模

企业在制定其生产运作能力计划时,还必须考虑今后需求增长而扩大生产运作能力的问题,这主要是指什么时间扩大能力,扩大多少。图 7.7 给出了能力扩大的时间与规模的不同策略。①积极策略,即生产运作能力扩展的时间超前于需求,每次扩展的规模较大,而两次扩展的时间间隔较长;②消极策略,即每次扩展的规模较小,持续时间短而扩展次数较多,且扩展时间滞后于需求;③中间策略,即介于二者之间的策略。

能力扩展的时间和规模是相互联系的,当预测需求增长一定时,扩展间隔时间长则每次扩展的量也必然大,反之亦然。积极策略的生产运作能力扩展通常超前于生产需求可使企业拥有较多的备用生产能力,使企业减少因能力缺乏而带来的机会损失。特别是在学习效应比较强,规模经济有较大优势时,此策略可降低生产成本,以强大的生产运作能力占领市场,提高市场份额。但采用积极策略大规模扩展企业的生产运作能力,会在一定时期内形成过剩,使生产成本增加。消极策略下生产能力的扩展滞后于需求,能力不足部分可以采取一些短期措施来弥补,如加班加点、雇用临时工、任务外包、租赁设备等。企业在短期内可以较低的资本投入来保持较高的投资回报率,降低经营的风险。但采用该策略,较为频繁的设备更新会增加生产设施的置换成本和人员培训费用。因此，在制定生产运作能力计划时必须结合实际合理选择能力扩展的时机和规模，既保证经营的需要，增强竞争力，又能降低成本，提高效益。

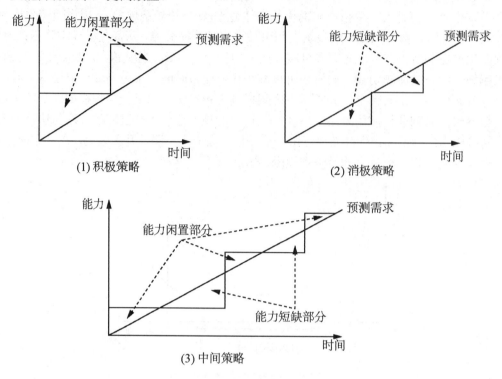

图 7.7　生产能力扩大的时间和规模

4) 设施的小型化、集中化

大规模生产虽有助于形成规模经济，降低成本，但有柔性低和对市场需求变化应变能力差等缺点。随着市场竞争特点的变化和消费者需求的多样化，个性化趋势的发展，仅有经济生产规模不再能完全确保竞争优势，因此在生产经营中出现了生产设施小型化、集中化的趋势。即一个大规模生产的企业转向缩小生产设施的规模及范围，或将整个企业的生产分为几个较小的工厂(即"厂中厂")。在一个生产设施单元内只集中进行小范围的、少数品种的产品生产或服务提供，这样可将管理的注意力集中于较少的工作任务中，员工的工作目标也比较单一和明确，从而提高其工作效率与绩效。因此，生产设施的小型化、集中化会影响到企业生产能力规划的制定。同时，通过生产设施的小型化、集中化还能减少管理层次，使决策迅速，加快不同部门之间的信息沟通。鉴于此生产设施小型化、集中化的概念从 20 世纪 70 年代初产生后，就很快被许多企业所接受和采纳。此概念同样适用于服务行业，例如，一些综合性大商场设立面向特定顾客或专卖某类产品专业连锁店。

2. 生产能力规划的决策方法

制定生产能力计划，需要对未来相当长时期内需求进行预测，但随着预测时期的延长，预测的准确程度在下降。因为预测期越长，不确定性因素越多，竞争情况也难以准确预测，并且某一时期内的需求也并不是均匀分布的。因此，对于生产能力规划的决策往往是在不确定的情况下作出的，此时较好的一种决策方法就是决策树分析法。采用该法评价不同生产运作能力计划方案是非常有效的。

决策树是由各个候选方案和每个方案所可能产生的结果所组成的一个图解模型；应用决策树分析法的步骤如下。

(1) 给出决策点(以"□"表示)。
(2) 按不同方案从决策点绘出方案枝。
(3) 在方案枝末给出自然状态结点，用"○"表示。
(4) 由自然状态结点绘出若干概率分枝(每一概率分枝代表一种可能发生事件的状态)。
(5) 若某一状态下仍有进一步候选的方案，则重复上述的(1)~(4)步骤。
(6) 将各事件状态出现的概率(即出现可能性大小)标于各概率分枝上，将每一候选方案在各状态出现时的结果标在各概率分枝之后。
(7) 计算每一候选方案的期望收益值，即：期望收益值=∑事件收益值×事件概率，然后比较后选出期望收益值最大的方案，将其他方案舍弃。

【例 7-5】 某企业准备在一个选定的新地区开设一家工厂，产品主要供应该地区市场。现有两个关于新建工厂规模的方案——大规模方案和小规模方案；根据预测分析该地区的商场需求也有两种可能——需求很大和需求较小，概率分别为 0.6 和 0.4。因此可能的结果有：

① 小规模方案，需求很大。在这种情况下，还需要进一步选择，是维持该规模还是进一步扩大。预计两种选择的经营结果分别是：①维持规模，所获利润为 22.3 万元；②进一步扩大规模，利润为 27 万元。

② 小规模方案，需求也较小。这种情况无须进一步选择，因为没有必要扩大规模，预计可获利润为 20 万元。

③ 大规模方案，需求较小。这种情况有两种选择：不进行促销，所获利润为 14 万元；进行促销活动，可获利 16 万元。

④ 大规模方案，需求很大。可获利 50 万元。

解：这一规划问题的决策树模型如图 7.8 所示。

小规模方案期望收益值=270 000×0.6+200 000×0.4=242 000(万元)
大规模方案期望收益值=160 000×0.4+500 000×0.6=364 000(万元)
由此可见，应该选择大规模方案。

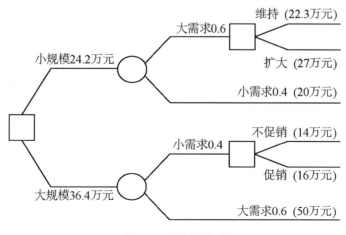

图 7.8　决策树模型

3. 学习曲线

1) 学习效应

所谓学习效应是指当一个人或一个组织重复地做某一产品(或工作)时,完成单位产品(或工作)所需的时间会随着产品生产(或工作)数量的增加而逐渐减少,然后趋于稳定。它一般包括两个阶段:一是学习阶段,单位产品的生产时间会随着产品产量的增加而逐渐减少;二是标准阶段,学习效应逐步减弱,可忽略不计,用标准时间进行生产(图7.9)。

学习效应有个人学习效应和组织学习效应两种。个人学习效应是指一个人重复生产某一产品时,由于动作逐渐熟练,或者摸索到更为有效的操作方法,而使单件产品的生产作业时间随着产量的积累而减少;组织学习效应是指管理方面的学习,随着管理经验的积累和管理方法的不断改进,管理人员的管理效率会逐渐提高。

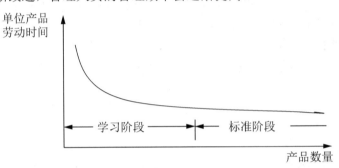

图 7.9 学习曲线

2) 学习曲线

人们很早就从直觉上感觉到了学习曲线的存在,真正进行研究并应用是在第二次世界大战后。二战时,人们发现在飞机生产中,每架飞机所需的直接劳动时间随着飞机累积数量的增加而有规律地减少。研究显示,生产第 4 架飞机的人工工时数同第 2 架相比,降到了 80%左右,第 8 架飞机又只花了第 4 架飞机工时的 80%,第 16 架又是第 8 架的 80%,等等。把这种过程表示成图形,可得到如图 7.9 所示的曲线,称为学习曲线。以后在其他产业也都发现了类似现象,尽管不同产品或企业的工时下降速率不同,但每当累积产量增加一倍时,产品直接人工工时会按同样的百分比有规律递减的现象却是相似的。

学习曲线给生产计划工作和能力计划提供了一个重要的分析工具。利用它可以估计未来劳动力需要量和生产运作能力,估计成本和编制预算,制订计划和安排作业进度。但需要注意的是,学习效应规律和环境有一定关系,如果环境变化中的不测因素过多,则可能使学习曲线遭到破坏。

学习曲线的建立基于以下一些基本假设:

(1) 生产第 $n+1$ 件产品所需的直接人工总是少于第 n 件产品。

(2) 当累积生产数量增加时,所需直接人工劳动时间按照一个递减的速率减少。

(3) 时间的减少服从指数分布。

在这样的假设下,给定第 1 件产品的直接人工工时和学习率,可建立下面的数学模型来描述学习曲线现象的规律,通过这一函数即可描绘出学习曲线。

$$y_x = k \cdot x^b$$

其中：y_x——生产第 x 件产品的直接人工工时；

k——生产第 1 件产品的直接人工工时；

x——生产的累积数量；

b——幂指数 $\lg r/\lg 2$；

r——学习率，$r=1-$工时变化率。

3) 学习率的确定

如果企业各项数据齐备且合理，那么学习率就可利用前述模型来求解；如果产品生产中数据缺乏，则学习曲线的学习率可利用相同或相似产品的历史资料来估计。当产品的工艺过程与相似产品的工艺过程相同时，就可认为两种产品具有相同的学习率；若产品不尽相似，则在利用历史资料时，考虑产品设计、生产数量、使用工艺装备等的差别来进行调整。

【例 7-6】 若企业甲产品在结构、加工工艺等方面与原来所生产的老产品相似，已知该老产品的学习率为 80%，甲产品在生产时第 1 件的直接工时为 10 000 小时。试确定第 8 件产品的直接工时。

解：因为甲产品在结构、加工工艺等方面与各产品相似，确定甲产品的学习率亦为 80%，则：

$$y_8 = 10\,000 \times 8^{\lg 0.8/\lg 2} = 10\,000 \times 8^{-0.322} = 5\,120(\text{小时})$$

即生产第 8 件产品的直接工时为 5 120 工时

有时，在生产某产品的开始阶段，由于多种因素的干扰，取不到确切的反映学习曲线效应的数据。经过一段时间的生产，生产状况渐趋于稳定才开始收集资料。这时需利用部分历史资料来估计学习率。下面，结合实例介绍在这种情况下估计学习率的方法。

【例 7-7】 已知生产第 10 件产品的人工工时为 100 小时，生产第 40 件产品的人工工时为 70 小时，求该产品的学习率，并建立起学习曲线模型。

解：由已知条件可得：

$$y_{10} = k \cdot 10^b = 100$$
$$y_{40} = k \cdot 40^b = 70$$

则：$y_{40}/y_{10} = (40/10)^b = 70/100$，求得：$b = -0.257\,3$

$$r = 2^b = 83.7\%$$

故该产品的学习率为 83.7%，建立学习曲线模型为：

$$y_x = k \cdot x^{-0.257\,3}$$

学习曲线现象告诉我们，生产中永远有潜力可挖，但我们也应该认识到，沿着学习曲线改进生产的过程不会自动发生，需要工人和整个企业自觉地不断改进生产方法和组织管理方法，从而获得学习曲线的效果。同时，可以运用学习曲线推算出产量增加到任一水平时的时间消耗，这对于生产能力规划，以及工时定额管理都是非常有用处的。

学习曲线原理主要适用于新产品，特别是没有相似产品的复杂产品。但学习效应的获得却相应带来了生产系统的刚性化，使得生产系统变得缺乏适应变化和更新产品的能力。因此，只有当产品定型，需求增长时，才可能也有必要利用学习曲线来促进各部门不断提高生产效率。

本章小结

本章首先讲述了生产计划体系的构成以及它们之间的关系;其次详细介绍了为了适应市场需求,综合性生产计划的如何决策和制定相应的策略;再次介绍了生产能力的基本概念和核算方法,通过能力的核算目的是强调计划能否得到很好落实;最后介绍了学习效应现象,说明生产能力在实际运作过程中是有潜力可挖的。

思 考 题

1. 判断题(正确的打"√",错误打"×")
(1) 长期计划比较粗,短期计划则比较细。 (   )
(2) 综合生产计划规定企业在计划期内应达到的生产目标。 (   )
(3) 短期计划决策的问题集中于如何完成品种、数量、顺序、生产进度时间等。 (   )
(4) 企业通过增加或减少劳动力的方式来调节产品供给。 (   )
(5) 顾客参与是企业调节需求的一种手段。 (   )
(6) 企业可利用价格杠杆来调节市场需求。 (   )
(7) 平准策略就是在综合计划时间跨度内保持产出率或劳动力水平不变。 (   )
(8) 追逐策略和平准策略、混合策略相比较更有优势。 (   )
(9) 设计能力就是指的理论能力。 (   )
(10) 生产规模越大,成本越低,因此企业应该尽量扩大规模。 (   )

2. 选择题
(1) 生产车间计划是(   )。
　　A. 长期计划　　　B. 中期计划　　　C. 短期计划　　　D. 战略计划
(2) 下列属于长期计划决策问题的是(   )。
　　A. 扩大生产规模　B. 劳动力数量的调整　　C. 库存控制　　D. 生产品种的调整
(3) 下列属于调节供给能力决策方式的是(   )。
　　A. 调整产品价格　B. 临时聘用工人　　C. 推迟交货　　D. 以上都不对
(4) 下列属于调节需求决策方式的是(   )。
　　A. 外包　　　　　B. 实施峰谷电　　C. 加班加点　　D. 加强库存管理
(5) 编制生产计划的依据是(   )。
　　A. 设计能力　　　B. 查定能力　　　C. 现实能力　　D. 以上都不对
(6) 现实能力和设计能力的关系是(   )。
　　A. 小于　　　　　B. 大于　　　　　C. 等于　　　　D. 以上几种情况都有可能
(7) 学习曲线存在于(   )。
　　A. 新产品　　　　B. 老产品　　　　C. 成熟产品　　D. 以上都不对

3. 掌握基本概念:生产计划、综合生产计划、追逐策略、平准策略、生产能力、规模经济与规模不经济、学习效应。

4. 问答题
(1) 阐述生产计划体系的构成及不同层次计划的特点。
(2) 综合生产计划的基本决策方式有哪些?

(3) 制订综合生产计划应考虑哪些相关成本？
(4) 影响生产能力的因素有哪些？
(5) 什么是规模经济？为什么在企业生产运作过程中存在规模经济现象？
(6) 生产能力调整的策略有哪些？
(7) 企业在进行生产能力规划时应该综合考虑哪些因素？

4. 计算题

(1) 某化工车间有 10 台反应器，每台平均年有效工作时间为 2 500 小时，加工 A、B、C 三种化工产品，年计划产量分别为 100、200 和 250 吨。每吨产品所需反应器台时分别为 20、30 和 40 小时。求：①该车间以 C 产品为代表产品的年生产能力；②该车间以假定产品为计量单位的年生产能力。

(2) 某企业生产甲产品的设备在技术上已落后，需要马上更新。现有两种方案：方案一是在更新设备的同时扩大规模，总共需投资 60 万元，若遇高需求，前三年每年可收益 12 万元，后七年每年可收益 15 万元；若遇低需求，每年只能收益 3 万元。方案二是目前只更新设备，需投资 35 万元，若遇高需求，每年收益 6 万元；若遇低需求，每年收益 4.5 万元。三年后企业再决定是否在更新设备的基础上继续扩大规模。若扩大规模，则需追加投资 40 万元，若遇高需求，今后七年每年可收益 15 万元；若遇低需求，后七年每年仅能收益 3 万元。目前对前三年预测出现高需求的概率为 0.7，低需求的概率为 0.33 在前三年出现高需求时，后七年出现高需求的概率为 0.85，出现低需求的概率为 0.15；在前三年出现低需求时，后七年出现高需求的概率仅为 0.1，出现低需求的概率为 0.9。此时，企业应选用哪种能力扩展方案更优？

第 8 章　生产作业计划与控制

学习目标

1. 了解生产作业计划的任务、制订的基本要求和步骤；
2. 掌握期量标准的概念，不同的生产类型下期量标准；
3. 掌握生产作业计划的编制方法；
4. 掌握生产作业控制的含义和控制的内容。

引例

杭州惠利公司生产作业控制问题的处理

杭州惠利公司是由李先生靠 2 万元创建起来的一家生产家具与办公用品公司。开始时只经营与生产家具，后来逐渐发展成为颇具规模的家具与办公用品公司，资产已达 3 千万元。李先生发现自己能力已不适应未来企业发展需要之后，在 2000 年对公司的发展采取了两个重要措施：

(1) 制定公司要开拓国际市场的发展目标；
(2) 优惠薪金聘请张先生接替自己的职位，担任董事长。

张先生上任后采取一系列措施推行李先生为公司制定的进入国际市场的计划，新开辟了美国市场，整合产品市场的运输和销售渠道。与此同时，他在全公司内建立了一条严格的生产计划与控制系统，明确要求生产、经营等部门制定出每月的预算报告，要求生产、经营等部门在每月初都要对本部门的问题提出切实的解决方案，要求每周定期举行一次由各部门经理参加的生产作业控制管理会议。要求各部门经理在会上提出自己本部门在当月和本周主要工作目标和经济来往数目。同时他特别注意降低生产成本费用方面、资金回收率、销售边际利润等生产经营发展动向。

由于实行了上述措施，杭州惠利公司获得巨大成功。到 2005 年代末期，每年销售收入提高 150%，但该公司目前又逐渐出现以下几方面的主要问题：公司从 2005 年以来出现了商品滞销、价格下跌、人员不稳、产品质量不稳定等。其主要原因：

(1) 国内外低价家具与办公用品市场的销售量已趋于饱和状态。
(2) 该公司制造的家具未能打开高档家具市场，其主要原因是生产高档产品质量不能满足用户要求。
(3) 生产同类低档产品国内公司对杭州惠利公司原有市场构成威胁。
(4) 销售人员缺少国际市场经营高档家具的经验和知识，产品更新慢、款式不能适应市场要求。
(5) 国际市场变化情况一般要半年至 1 年以后，才能在制定生产作业计划中考虑，往往失掉参与竞争机会。

(6) 近几年内生产规模不断扩大,新设备、新工艺不断增加,许多新工人不能很好地操作设备。
(7) 产品生产作业计划不断地根据销售部门要求而调整。
(8) 原材料供应、资金保证等方面也存在许多问题,常常出现短缺等现象。

李先生与张先生都已意识到公司存在的问题,准备采取有力措施改变公司目前的处境。他计划要不断加强对国际市场开拓研究,主要从计划与控制机制等方面进行调整。

资料来源:杭州电子科技大学,生产与运作管理案例。

8.1 生产作业计划概述

8.1.1 生产作业计划的任务

(1) 具体落实生产计划。即生产计划的各项指标分解到各车间、工段、班组以至每个工作地和工人,规定他们在月、旬、周、日以至轮班和小时内的具体任务,并组织实施,使生产计划落到实处,从而保证按品种、数量、质量、成本和期限完成企业生产任务。

(2) 合理组织生产过程。生产作业计划的任务之一就是要把生产过程中的物质流、信息流和资金流合理组织协调起来,用最少的投入获得最大的产出。

(3) 实现均衡生产。均衡生产是指生产过程的各个环节做到有节奏的工作,按计划规定的品种、数量、质量和交货期的要求,均衡地出产产品。要实现均衡生产,就必须依靠生产作业计划来合理安排组织各个生产环节的生产活动,及时处理生产过程中出现的矛盾和问题,按计划规定的进度要求全面完成生产任务。

(4) 提高经济效益。企业经济效益的高低,在很大程度上取决于产品的质量和成本,而产品的质量和成本都是在生产技术准备和生产过程中形成的。生产作业计划的根本任务就是要在产品的生产过程中,严格保证产品质量达到规定的标准,并最大限度降低生产成本,力求取得最好的经济效益。

8.1.2 制订生产作业计划的基本要求

1. 确保按期交货

生产计划中规定的生产任务都有不同的交货期要求,为了保证按期交货,需要在生产作业计划中精心策划和安排,确定产品或零部件在各个生产环节的投入产出时间,尽可能满足所有任务的交货期限。如果因生产能力的限制或其他条件的制约不能保证所有任务按期完成,也应使延期的损失最小。

2. 减少作业人员和设备的等待时间

提高生产效率的有效方法是使人员和设备能够满负荷工作,增加作业时间,减少非作业时间,特别是等待时间。因此,生产作业计划要妥善地做好各生产环节的衔接,保证各工序连续作业或平行作业,缩短加工周期,减少时间损失。

3. 使作业加工对象的流程时间最短

流程时间是指作业加工对象如(产品、零件或部件)投入某个工艺阶段起始,直到被加工完为止的全部时间。在制订生产作业计划时，运用科学方法，进行合理的作业排序，可以明显地缩短流程时间，给按期交货创造有利条件。

4. 减少在制品的数量和停放时间

在制品是指从原材料投入开始到成品产出为止，处于生产过程中尚未完工的所有毛坯、零件、部件和产品的总称。在制品数量越多、在车间停放时间越长，流动资金的周转速度越慢，造成的损失就越大，同时还会增加搬运作业量和在制品管理业务，占用场地。因此制定生产作业计划必须考虑在制品的影响，确定合理的占用量。

8.1.3 编制生产作业计划的步骤

1. 收集信息资料，为编制生产作业计划提供依据

(1) 生产任务。主要有年度(季、月)生产计划、产品开发计划、订货合同、厂外协作计划、厂内各车间和部门之间的协作计划等。

(2) 设计和工艺。主要有产品、零部件的设计图纸、整机装配系统图、自制件及外协件明细表、工艺路线和工艺规程等技术文件。

(3) 生产能力。主要有厂房生产面积，设备数量及其完好率，设备停修计划，每个工种生产工人的数量及技术等级，各类产品分工种、零件、工序的工(台)时定额及压缩系数。

(4) 生产准备。主要有原材料、外购件、外协件、工装器具等供应及库存情况。

(5) 编制生产作业计划的期量标准。

(6) 上期计划的执行情况。主要有品种、规格、数量、质量、配套完成情况、在制品结存情况、设备利用率、工时利用率、工人出勤率等。

(7) 企业的流动资金状况。

2. 确定计划单位

(1) 以产品作为分配生产任务的计算单位。下达作业计划时只统一规定产品的名称、规格、型号和计划投入产品数、出产的产品数和相应的时间，不具体规定每个车间生产的零件品种、数量和进度，而由车间根据产品零件分工明细表进行安排。其优点是计划工作简单，便于管理，生产单位有较大的灵活性与主动性；缺点是生产周期长，在制品占用量大。

(2) 以部件作为分配生产任务的计算单位。编制生产作业计划时，根据装配先后顺序来规定各部件的生产数量和投入出产时间。各个生产车间按照某一部件组成的全套零件明细表和相应的生产周期自主安排投入产出数量和时间。其优点是能充分保证部件生产的成套性，在制品占用量减少，车间也有一定灵活性；缺点是编制作业计划工作量加大，且成套部件中生产周期短的零件仍有积压等待现象，由于不同部件中的同类零件不能集中进行批量生产，降低了生产效率。

(3) 把产品中具有相似结构、工艺、生产组织形式的零件，划分为零件组作为分配任务的计算单位。下达生产任务时，不要列出零件名称，只要按零件组下达，生产单位按零件组分组明细表组织生产。其优点是可以组织同类零件的成批生产，扩大了批量，提高了效率，又能减少零件停放等待时间，经济效果好；缺点是零件编组复杂，计划工作量大。

(4) 以产品中每种零件作为下达生产任务的计算单位。编制生产作业计划时，规定每种零件投入产出的时间和数量。其优点是可以按零件的不同特点组织生产,有利于零件在各生产环节之间衔接,大大减少零件停放等待时间,缩短了生产周期,同时生产过程的在制品占用量较小,有利于节约流动资金,经济效果好;缺点是计划工作量很大,由于零件种类繁多,难以保证产品的成套出产,且车间灵活性小,不利于发挥主动性和积极性。

产品计划单位的选择,一般根据生产类型的特点,按有利于简化生产作业计划工作,发挥各生产环节的主动性,保证按期、按量成套地完成生产任务的原则确定。上述四种计划单位往往结合起来使用,一个企业可同时采用几种计划单位,不同的产品采用不同的计划单位,同一产品在不同的生产环节也可采用不同的计划单位。

3. 制定和修定期量标准

制定和核定期量标准是一件非常细致复杂的工作,为了使期量标准充分发挥作用,在制定时应遵循以下原则:

(1) 所取数据应经过必要的计算和深入分析研究,要有充分的科学依据。
(2) 各种"期"和"量"应互相配合、协调一致,反映合理组织生产的要求。
(3) 对劳动力、设备、生产面积负荷等要进行试算平衡,充分挖掘生产潜力,合理利用生产能力,提高生产效率。
(4) 要便于整理,易于计划(调度)人员所掌握。

期量标准是按每种产品分别制定的,不同生产类型条件下生产的产品,其生产过程的各个生产环节在时间上和数量方面联系的方式不同,期量标准也不同。

4. 确定编制方法

由于生产类型、生产专业化形式、生产方法不同生产作业计划的编制方法有不同特点。

在对象专业化车间里,是以产品(或零部件)为对象建立的相对封闭的生产单位,能够独立地完成产品的全部或大部分生产过程。在这种条件下,厂部下达车间的作业计划任务就比较简单,只要根据车间的分工、生产能力、生产条件等直接将该产品分配给车间即可。

按工艺专业化原则建立的生产车间,只能完成产品加工的部分工艺阶段,产品要经过几个车间,各个车间之间是依次加工半成品的关系。此时,编制生产作业计划的方法是反工艺顺序法,即按照工艺过程的反顺序,从成品车间出产任务开始,依次规定各个车间的投入、出产任务。

5. 做好综合平衡工作,及时编制下达生产作业计划

在编制生产作业计划时,还需要进一步做好综合平衡工作,制定措施,以确保生产任务的完成。最后将生产作业计划及时编好下达给车间、工段、班组等生产环节,以便提前做好各项生产准备工作。

8.2 生产作业计划编制的基础——期量标准

8.2.1 什么是期量标准

所谓期量标准,就是为制造对象(产品、部件、零件等)在生产期限和生产数量方面所

规定的标准数据。它是编制生产作业计划的重要依据。又称作业计划标准。

期量标准是经过科学分析和计算而规定的一套标准，它是编制生产作业计划的依据。合理的期量标准，有助于建立正常的生产秩序和工作秩序，组织均衡生产，充分利用生产能力，缩短产品生产周期，加速流动资金周转，提高企业经济效益。值得注意的是，不同类型的企业，由于生产过程的组织形式不同，应采用不同的期量标准。

注意点：期量标准是编制生产作业计划的依据。

8.2.2 期量标准的类型

不同生产类型的企业有不同的期量标准。大量流水生产的期量标准有：节拍、标准计划、在制品定额等；成批生产的期量标准有：批量、生产间隔期、生产周期、投入产出提前期、在制品定额等；单件小批生产的期量标准有：产品生产周期、提前期等。

1. 在制品定额

在制品定额分为车间内(或流水线内)和车间之间的在制品定额两种。
1) 在大量流水线生产条件下，在制品定额的确定
(1) 流水线内部在制品定额的制定。
它包括工艺在制品、运输在制品、周转在制品和保险在制品。
① 工艺在制品是指处于加工、装配和检验中的在制品数量。其数量计算公式为：
   工艺在制品定额＝∑每道工序的工作地数×一个工作地上同时加工零部件数
② 运输在制品是指处于流水线内工序之间运输状态中的在制品数量。
   其数量计算公式为：运输在制品定额＝(流水线工序数－1)×运输批量
③ 保险在制品是为在发生意外时能保证流水线正常生产而规定在制品数量。
   其数量计算公式为：保险在制品定额＝消除工序故障的最低时间/工序单件时间
④ 周转在制品是指因间断流水线各工序生产效率不一，为保持工序间的工作衔接而形成的在制品数量。周转在制品主要是前后工序之间的生产效率不同而形成的，这个数量呈现周期性有规律的变化。

假如两道相邻的工序，前道工序 A 的生产率低，单件加工时间为 4 分钟/件，后道工序 B 的生产率高，为 2 分钟/件，如果在一个看管周期 120 分钟内需要完成 30 件产量，且同时开始加工，A 工序是在整个周期 120 分钟内完成 30 件，而 B 工序在第一个 60 分钟就完成 30 件，为了让 B 工序连续生产，在开始加工时间就要给 B 工序一定的周转在制品，具体的数量就是在两者同时加工的时间内产量之差。即：
   周转在制品定额＝(60/2)－(60/4)＝15(件)

计算公式可以归纳为：
周转在制品定额＝(在一个看管周期中两者同时加工时间/较高效率工序的单件加工时间)
       －(在一个看管周期中两者同时加工时间/较低效率工序的单件加工时间)
反之亦然。
(2) 不同流水线之间的在制品定额。
通常流水线之间的在制品保存在中间仓库内，因此又称为库存在制品定额。库存在制

品定额包括保险在制品和周转在制品两部分。

保险在制品是为应付突然需要,如发生废品、延期交货、暂时追加生产任务等,以防影响正常生产而储备的在制品数量。计算方法和流水线内部的基本相同。

周转在制品是因相邻两流水线的供求在数量和时间上的差异而形成。

周转在制品定额=(高效率流水线的延续工作时间/供应流水线的节拍)
　　　　　　　－(高效率流水线的延续工作时间/需求流水线的节拍)

2) 成批生产条件下,在制品定额的确定

(1) 车间内部在制品定额。

一方面与该种零件的生产批量有关,批量越大,在制品定额也相应地越大,反之亦然;另一方面,与该种零件在该生产车间的生产周期及生产间隔期的比值有关,计算公式如下:

$$Z_i=(T/R)\times n$$

式中:Z_i——车间内部在制品平均占用量定额;
　　　T——一批零件在该车间的生产周期;
　　　R——该种零件在该车间的生产间隔期;
　　　n——该种零件在该车间的批量。

因此,车间内部在制品的批数取决于 T/R 和具体的投入出产日期。即:

① $T<R$,月末可能有一批,也可能没有。

② $T=R$,任何时间都有一批在制品。

③ $T>R$,分几种情况,有可能 T/R 就是月末车间在制品的批数,有可能不是。

具体如图 8.1 所示几种情况下在制品的平均占用量和期末占用量。

	生产周期 T(天)	生产间隔期 R(天)	$\dfrac{T}{R}$	进度			在制品平均占用量	在制品期末占用量
				上旬	中旬	下旬		
T=R	10	10	1				一批	一批
T>R	20	10	2				二批	二批
T>R	25	10	2.5				二批半	二批
T>R	25	10	2.5				二批半	三批
T<R	5	10	0.5				半批	0 批
T<R	5	10	0.5				半批	一批

图 8.1 成批生产时在制品占用的各种情况

(2) 车间之间周转在制品定额。

它是处于车间之间的中间仓库。如毛坯库、零件库中的在制品储备量,主要是由周转半成品和保险半成品构成。它们的储备量经常处于变动之中,假如是前车间是成批入库,后车间每日领用,其变化如图 8.2 所示。

假设用 Q 为前车间的批量,Z_i 库存周转在制品平均储备量。则
$Z_i=(1/2)\times Q$,最大库存量为 Q。在制品定额应为($Q/2$+保险储备量)。

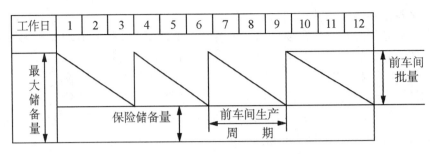

图 8.2　中间仓库库存量的变化情况

2. 批量和生产间隔期

采用周期性生产类型的企业，由于产品体积大、结构复杂，再加上品种多等因素，不能采取月度计划一次投料生产的方法。否则不但使在制品充满生产现场，使现场一片混乱，甚至发生生产场地不够用的现象，还会占用大量的流动资金。但又不能像流水生产那样每天小批量的投料生产，所以需要确定一个合理的生产批量。

批量是指相同产品(或零件)一次性投入或出产的数量。每投一次需要消耗一次准备结束时间，用于熟悉图纸、领取工具、量具、调整设备工艺装备等作业。

生产间隔期是相邻两批产品(或零件)投入(或产出)的时间间隔。

在周期性重复生产条件下批量和生产间隔期有如下关系：

批量＝平均日产量×生产间隔期

在生产任务稳定条件下，日产量不变，则批量与生产间隔期成正比。批量大，则间隔期长，相应的在制品数量也大，生产周期较长，流动资金占用量大。反之，批量小，会导致频繁变动产品，增加准备结束作业次数，多消耗准备结束时间，降低设备利用率，也是不利的。因此确定批量和生产间隔期，需要在这些因素之间进行平衡，达到既有利于流动资金的有效使用，又提高设备的利用率。确定批量和生产间隔期通常有两种方式。

1) 以量定期法

所谓以量定期法，是指根据提高经济技术效果的要求，确定一个最初的批量，然后相应地计算出生产间隔期。当平均日产量不变时，批量与生产间隔期互为因果关系，此方法的思路为，先根据综合经济效果确定批量，然后推算生产间隔期，对间隔期做适当的修正后，再对批量做调整。这种方式又有两种具体的方法：最小批量法、经济批量法等。

(1) 最小批量法。

最小批量法是指以保证设备充分利用为主要目标的一种计算批量方法。此方法从设备利用和生产率方面考虑批量的选择，要求选定的批量能够保证一次设备的调整时间对批量加工时间的比值不大于给定的数值。

$$\delta \geq t_{ad}/(t \times Q_{min}) \qquad Q_{min} \geq t_{ad}/\delta t$$

式中：δ——准备结束时间损失系数；

t_{ad}——准备结束时间；

Q_{min}——最小批量；

t——单件工时。

δ损失系数由经验确定，可参考下表 8-1(设备的调整时间损失系数)，一般应根据企业生产规模、设备性能、工艺特点的不同而选择,一般应在 0.02～0.1 间。当零件的加工需经过若干道工序时,可按设备调整时间与单件加工时间之比最大的工序计算。

表 8-1 设备的调整时间损失系数

零件体积	生产类型		
	大 批	中 批	小 批
大件	0.03	0.04	0.05
中件	0.04	0.05	0.08
小件	0.05	0.08	0.1

(2) 经济批量法。

经济批量法是指根据单位产品支付费用最小原则确定批量的方法,又称"最小费用法"。生产批量的大小对成本影响主要有两个因素:一是设备的调整费用,二是库存保管费用。批量大,设备调整次数少,分摊到每个产品(零件)的调整费用就越小;批量小,设备调整的次数就越多,分摊到每个产品的调整费用就越大。但是批量大,库存的保管费用如仓库管理费用、资金呆滞损失、存货的损耗费用等。这些费用就相应的增加。批量小这些费用就相应的减少。经济批量的原理就是用数学方法求得这两项费用之和为最小的的批量,即经济批量。两种费用与批量之间的关系如图 8.3 所示。图中 Q 点为总费用最小的批量。

设 A 为每次设备的调整费用,N 为年产量,Q 为批量,单位产品的年库存保管费用为 C_0,总费用为 C。则一年中设备的调整费用为:$C_1 = A \times (N/Q)$

库存保管费用为:$C_2 = (Q/2) \times C_0$

总费用 C 为两项费用之和:$C = C_1 + C_2 = A \times (N/Q) + (Q/2) \times C_0$

利用导数求最小值,当 $dc/dq = 0$ 时,C 值最小,经济批量为:$Q = (2NA/C_0)^{1/2}$

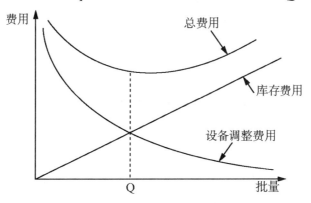

图 8.3 经济批量模型图

由上式计算出的批量还应当进行适当调整,以适应生产的要求,其调整原则是:

① 应使一批产品在主要工序的加工时间不少于半个轮班的产量,或在数量上与月产量成倍数关系。

② 批量的大小应与工艺装备的使用寿命相适应。并与夹具、工位器具的要求相适应。

③ 应遵循大件小批量,小件大批量的原则。

④ 一般情况下应当是:毛坯批量 > 加工批量 > 装配批量,相互之间最好是成倍数关系。

2) 以期定量法

就是先确定生产间隔期,再据以确定相应的批量。首先根据计划期产量的多少、单位产品价值的大小、生产组织的特点和生产稳定情况等因素,确定出产品装配的生产间隔期(产品装配的生产间隔期一般定为月度工作日数的简单倍数或约数);然后再按零件的工艺复杂程度、工艺特点、生产周期长短、体积、重量、数量和价值的大小等因素进行分类. 根据经验分别确定各类零件在机加工和毛坯制造阶段的生产间隔期。凡是工艺技术复杂、生产周期长、体积、重量、价值大的零件类别,其机加工和毛坯制造阶段的生产间隔期可规定得短一些,批量小一些;反之则生产间隔期可长一些,批量大一些。这种方法的优点是:

(1) 简便易行,对产量多变的适应性强。当产量增减时,只调整批量,不需调整生产间隔期。因此,在中小批量生产类型的企业,或在企业内外条件变化大的情况下,这种方法比较适用。但是,这种方法缺乏数量分析,经济效果考虑不够。因此,对计划产量大、单位产品价值高、生产周期长的产品,可先用经济批量法计算出经济批量对应的生产间隔期,然后以此为标准,在标准生产间隔期表中,选用与其相近的生产间隔期,以便收到既考虑经济效益,又简化生产管理的双重效果。

(2) 由于生产间隔期与月工作日数之间互成倍数或约数,批量又是根据生产间隔期制定的,因此就保持了各种必要的比例关系,易于保证产品与零部件生产的成套性,有利于组织均衡生产。

3. 生产周期

生产周期是指从原材料投入生产开始,到成品验收入库为止,所经过的整个生产过程的全部日历时间。

在成批生产条件下,产品和零部件是一批一批投入或出产的,所以成批零件的生产周期就是一批零件从投入到出产的全部日历时间。而产品的生产周期则包括毛坯准备、零件加工、部件装配、成品总装、试验、油漆、包装入库为止的全部日历时间,如图 8.4 所示。每一工艺阶段(毛坯准备、机械加工、成品装配)的生产周期,包括工艺过程时间、检验时间、运输时间、自然过程时间、等待时间等。

在成批生产中,通常先要计算一批产品的各工序的生产周期、各工艺阶段生产周期再加上保险期,然后得出产品的生产周期。其计算公式如下:

一批产品生产周期＝毛坯制造生产周期＋保险期＋机加工生产周期＋保险期＋部件装配生产周期＋保险期＋总装生产周期

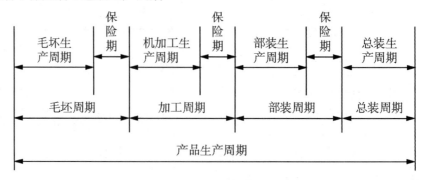

图 8.4 产品生产周期结构示意图

确定成批生产的产品生产周期,由于各个零部件和成品的加工装配程序比较复杂,企业通常采用图表法确定。

为简化工作和便于观看,产品生产周期图的绘制,一般只绘出主要零部件即可。复杂的大型产品,可以用网络图的形式来确定其生产周期。

注意:生产周期是先计算工序的生产周期、再计算各个阶段的周期,然后再计算总的周期,比较复杂,这里是已经简化的了计算方法。

4. 生产提前期

生产提前期是指产品、零部件、毛坯等在各工艺阶段投入和出产的日期比成品出产的日期应提前的时间。前者称为投入提前期,后者称为出产提前期。产品装配出产日期是计算提前期的起点,生产周期和生产间隔期是计算提前期的基础。

提前期的确定方法有两种:一种是图表法,通过绘制产品生产周期图表来确定提前期与生产周期、保险期的关系,如图 8.5 所示。另一种方法是根据公式计算。

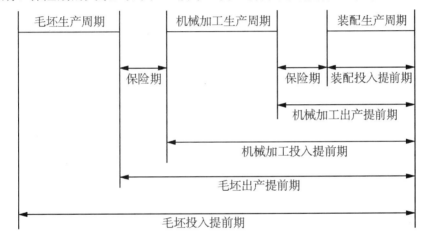

图 8.5 提前期与生产周期、保险期的关系

1) 投入提前期

投入提前期是指产品在某一工艺阶段(车间)投入的日期比出产成品的日期应提前的时间,其计算公式为:某车间投入提前期＝本车间出产提前期＋本车间生产周期

2) 出产提前期

出产提前期是指产品在某一工艺阶段(车间)出产的日期比出产成品的日期应提前的时间,其计算公式为:某车间出产提前期＝后车间投入提前期＋保险期

保险期是为防止可能发生的出产误期以及办理入库、领用、运输等预留的时间,它是根据经验统计数据确定的。

当前后工艺阶段(车间)的批量与生产间隔期不等时(一般是前车间的批量为后车间的批量的若干倍),各车间的投入提前期不受影响,因而计算公式不变;但出产提前期的计算则有所不同,因前车间出产一批可供后车间若干批之用,即前后车间的生产间限期不等,会使前车间的出产更提前(因前车间批量大、生产间隔期长),在这种情况下计算公式为:

某车间出产提前期＝后车间投入提前期＋保险期
　　　　　　　　＋(本车间生产间隔期－后车间生产间隔期)

生产提前期的计算是按反工艺顺序进行的,首先根据订货交货期限,决定装配车间的出产日期,因此装配车间的出产时间也就是成品的出产时间,故装配车间的出产提前期为零。根据装配车间的生产周期确定装配车间投入提前期,然后计算加工车间的出产提前期和投入提前期,依次类推,一直计算到毛坯车间的投入提前期为止。

有了提前期标准,就可根据生产计划或合同规定的产品交货期限,正确地确定一批产品的毛坯、零件投入和出产的日期,以保证产品按时完成交货。

【例 8-1】 对于某批产品,装配车间生产周期为 30 天。机加工车间生产周期为 50 天,保险期为 5 天。毛坯车间生产周期为 20 天,保险期为 5 天。试确定各车间的投入出产提前期。

解:计算如下:

装配车间投入提前期=30(天)

机加工车间出产提前期=30+5=35(天)

机加工车间投入提前期=35+50=85(天)

毛坯车间出产提前期=85+5=90(天)

毛坯车间投入提前期=90+20=110(天)

以上计算是净的提前期,如有节假日,就顺延。

注意点:不同生产类型有不同的期量标准,计算方法要掌握,是实施 ERP 的基本数据。

8.3 生产作业计划的编制方法

制订生产作业计划的目的在于具体落实生产计划,保证年度(季、月)生产计划的实现。一般分两级进行:第一级是制定各车间生产作业计划,第二级是制订各生产班组的作业计划。这里主要介绍如何制订车间的生产作业计划。

制订车间生产作业计划,就是要在合理利用设备、劳动力等资源、提高生产率前提下,确定各车间的生产任务和计划进度,保证各车间的生产任务在时间上和数量上(包括任务数量和交接日期)的衔接平衡。

车间生产作业计划制定是根据不同生产类型来进行的,由于生产类型不同,生产组织方式不同,生产作业计划的制定方法也不相同。

8.3.1 在制品定额法

在制品定额法是指运用在制品定额,结合在制品实际结存量的变化,按产品反工艺顺序,从产品出产的最后一个车间开始,逐个往前推算各车间的投入、出产任务。这种方法适用于大量大批流水线生产的企业。各车间投入、出产的计算公式:

某车间出产量=后车间投入量+该车间外销量+(库存半成品定额
  −期初库存半成品预计结存量)

某车间投入量=该车间出产量+该车间计划废品量+(车间在制品定额
  −期初车间在制品预计结存量)。

在制品定额法适用于流水生产或大批大量生产企业的生产作业计划编制方法。在这类企业中,产品品种比较单一,产量较大,工艺和各车间的分工协作关系比较稳定,因而各个生产环节所占用的在制品,经常应保持一个稳定的数量。按照在制品数量经常保持在定额水平上的要求,来计算各生产环节的投入和生产任务,以保证生产过程连续协调进行。

表 8-2 某厂各车间和中间仓库的在制品定额

车间	单位	在制品或半成品定额	在制品或半成品期初预计结存量
装配	只	3 500	2 500
中转仓库	只	8 000	9 000
油漆	只	20 000	18 000
制管	只	15 000	16 000

【例 8-2】 某自行车厂某月计划任务为 10 万辆,油漆车间车架外销半成品 1 万架,油漆车间、制管车间计划允许废品率均为 0.5%,中间库存半成品与各车间在制品车架期初预计存量和定额如表 8-2 所示。试确定各车间的投入与出产量。

解:由在制品定额法中各车间投入、出产的计算公式:

某车间出产量＝后车间投入量＋该车间外销量＋(库存半成品定额
　　　　　　－期初库存半成品预计结存量)

某车间投入量＝该车间出产量＋该车间计划废品量＋(车间在制品定额
　　　　　　－期初车间在制品预计结存量)。

各车间投入、出产量分别计算如下:
(1) 装配车间　　出产量＝100 000(只)
　　　　　　　　投入量＝100 000＋(3 500－2 500)＝101 000(只)
(2) 油漆车间　　出产量＝101 000＋10 000＋(8 000－9 000)＝110 000(只)
　　　　　　　　投入量＝[110 000＋(20 000－18 000)]÷(1－0.5%)＝112 563(只)
(3) 制管车间:　　出产量＝112 563(只)
　　　　　　　　投入量＝[112 563＋(15 000－16 000)]÷(1－0.5%)＝112 124(只)

8.3.2 累计编号法

1. 累计编号法的含义

累计编号法,也称为提前期法。是指根据预先制定的提前期标准,规定各车间出产和投入应达到的累计号数的方法。这种方法将预先制定的提前期转化为提前量,确定各车间计划其应达到的投入和出产的累计数,减去计划期前已投入和出产的累计数,以求得各车间应完成的投入和出产数。采用这种方法,生产的产品必须实行累计编号。累计编号法只适用于需求稳定而均匀,成批轮番生产的产品。

累计编号,是指从年初或从开始生产这种产品起,按照产品出产的先后顺序,为每一件产品编上一个累计号码。由于成品出产号是按反工艺顺序排列编码的,因此在同一时间上某种产品的累计编号越接近完成阶段,其累计编号越小,越是处于生产开始的阶段其累计编号越大。在同一时间上产品在某一生产环节上投入或出产的累计号数,同成品出产累计号数相比,相差的号数叫提前量,它的大小和提前期成正比例,累计编号法据此确定提前量的大小。

$$提前量＝提前期\times 平均日产量$$

2. 采用累计编号法的步骤

采用累计编号法编制企业的生产作业计划的方法一般应用于成批生产的企业，一般应遵循以下步骤：

(1) 计算各车间在计划期末产品出产和投入应达到的累计号数。

某车间出产累计号数＝成品出产累计号数＋该车间出产提前期定额×成品的平均日产量
　　　　　　　　　＝成品出产累计号数＋出产提前量

某车间投入累计号数＝成品出产累计号数＋该车间投入提前期定额×成品的平均日产量
　　　　　　　　　＝成品出产累计号数＋该车间投入提前量

(2) 计算各车间在计划期内应完成的投入量和出产量。

计划期车间出产量＝计划期末出产的累计号数－计划期初已出产的累计号数
计划期车间投入量＝计划期末投入的累计号数－计划期初已投入的累计号数

(3) 把根据上面计算出的投入量和出产量，根据零件的批量进行修正，使车间出产或投入的数量和批量相等或与批量成整数倍关系。

【例 8-3】 某产品上月累计出产到 150 台，本月计划为 50 台，每月工作 25 天，装配车间生产周期为 11 天，累计投入编号为 170，机加工车间保险期为 2 天，生产周期为 8 天，上月出产、投入累计编号为 175、200，根据上述资料请计算装配车间、加工车间的计划期末出产、投入累计号数，出产量、投入量。

解：(1) 根据生产提前期公式计算各车间的投入、出产提前期：

　　　　　　装配车间投入提前期＝11(天)
　　　　　　机加工车间出产提前期＝11＋2＝13(天)
　　　　　　机加工车间投入提前期＝13＋8＝21(天)

(2) 依据累计编号法的公式得：

由于该厂规定每月工作 25 天，则平均每天的产量为 50÷25＝2 台，根据给定的资料计算装配车间、加工车间的计划期末出产和投入累计号数

装配车间：　　　出产累计号数＝150＋50＝200(台)
　　　　　　　　投入累计号数＝200＋11×2＝222(台)
机加工车间：　　出产累计号数＝200＋13×2＝226(台)
　　　　　　　　投入累计号数＝200＋21×2＝242(台)
　　　　　　　　装配、加工两车间的出产量和投入量
装配车间：　　　出产量＝200－150＝50(台)
　　　　　　　　投入量＝222－170＝52(台)
机加工车间：　　出产量＝226－175＝51(台)
　　　　　　　　投入量＝242－200＝42(台)

3. 累计编号法的优点

(1) 它可以同时计算各车间任务，故而加快了计划编制速度。

(2) 由于生产任务用累计号数来表示，所以不必预计期初在制品的结存量。这样就可以简化计划的编制工作。

(3) 由于同一产品所有零件都属于同一累计编号,只要每个生产环节都能出产(或投入)到计划规定的累计号数,就保证零件的成套性,防止零件不成套或投料过多等不良现象。

注意：以上这两种基本方法一定要理解和掌握,它是制定生产作业计划的基本方法。

8.3.3 生产周期法

1. 含义

生产周期法是指根据每项订货编制的生产周期图表和交货期要求,用反工艺顺序依次确定产品或部件在各生产阶段投入和出产时间的一种计划方法。

生产周期法根据产品生产周期进度表及合同规定的交货期,在生产能力综合平衡的基础上,编制各项订货综合产品生产周期进度表,并从中获取各车间的投入时间和产出时间。

2. 适用性

此法适用于单件小批量生产的企业。单件小批量生产企业的生产作业计划编制方法既不同于大量生产企业,也不同于成批生产企业,由于这种生产方法不重复生产或不经常重复生产,因而不规定在制品占用额,并且,单件小批生产的企业不必规定编号,因而不宜采用在制品定额法或累计编号法编制生产作业计划。这类企业组织生产时,各种产品的任务数量是接受订货的数量,不需进行调整,编制生产作业计划要解决两个方面的问题：一是保证交货期;二是保证企业在生产车间相互衔接。为了实现这一目标,单件小批量生产的企业经常使用生产周期法编制生产作业计划。

3. 编制步骤

(1) 根据接受顾客订货的情况,分别安排生产技术准备工作。

(2) 根据合同规定的交货期,采用网络计划技术及相关技术,为每一项订货编制生产周期进度表,它是单件小批生产企业的主要期量标准。并且根据合同规定的交货期和生产周期进度表,为每一项产品编制一个订货生产说明书,详细规定该产品在某一车间投入和出产的时间,订货生产说明书的格式如下表 8-3 所示。

表 8-3 订货生产说明书

订货编号	交货期限	成套部件编号	工艺路线	投入期	出产期
320	4月30日	120	铸工车间	2月20日	3月20日
			车工车间	3月25日	4月10日
			装配车间	4月15日	——
		121	铸工车间	2月25日	3月15日
			车工车间	3月20日	4月15日
			装配车间	4月20日	——

(3) 进一步调整平衡后,编制月度生产作业计划,正式确定各车间的生产任务。在编制计划时,将计划月份应该投入和出产的部分摘出来按车间归类,并将各批订货的任务汇总起来,这就是计划月份各车间的投入和出产的任务。

8.3.4 服务业的生产作业计划的编制

服务业是通过员工与顾客直接接触为顾客服务，顾客的参与程度高，服务活动的顾客化程度较高，由于顾客的参与使得制订服务作业计划变得很复杂；许多服务只有在明确了服务对象之后，才能设计服务内容与服务方式，如医生给病人看病，所以制订作业计划时需要确定的作业人员、作业时间、作业标准和方法就很难做到如制造业那样标准化、规范化。而且顾客参与导致服务的效率降低，因此在制订作业计划尽量避免顾客参与或者将员工服务与顾客参与相分离。

1. 减少与顾客的参与具体的方法

(1) 通过服务标准化减少服务品种。顾客需求的多样性会造成服务品种无限多。服务品种增加会降低效率。服务标准化可用有限的服务满足不同的需求。最典型的麦当劳快餐。

(2) 通过自动化减少同顾客的接触。有的服务业通过操作自动化限制同顾客的接触，如银行使用自动柜员机，商店使用自动售货机。这种方法按不仅降低了劳动力成本，而且减少了顾客的参与程度。

(3) 将部分操作与顾客分离。服务业提高效率的一个常用方法就是将不需要和顾客接触的部分操作与顾客分离。如在酒店，服务员在顾客不在时才清扫房间。这样做不仅避免打扰顾客，而且可以减少顾客的干扰，提高清扫的效率。另一种方法是设置前台和后台，前台直接与顾客打交道，后台专门从事生产运作，不与顾客直接接触。例如，对于麦当劳快餐店，前台服务员接待顾客，采用顾客化服务方式；后台对快餐的生产可以不与顾客直接打交道，采用流水作业或机械化作业的形式。这样做的好处是既可改善服务质量，又可提高效率。此外，前台服务设施可以建在交通方便、市面繁华的地点，这样可以吸引更多的顾客，是顾客导向；相反，后台设施可以集中建在地价便宜的较为偏僻的地方。

(4) 设置一定量库存。纯服务是不能库存的，但很多一般服务还是可以通过库存来调节生产活动。例如批发和零售服务，都可以通过库存来调节。

2. 服务作业计划制定的一般方法

(1) 设立固定的服务时间表。对于那些顾客直接参与服务过程程度较低的服务业，如汽车和火车客运、民用航空、电影歌舞等，如果完全按照顾客的需要来安排服务，会造成巨大的浪费。例如，随时都有顾客要出门旅行，如果要满足他们的要求，则需要无数次航班、汽车和火车。采用固定时间表来满足顾客的需要，使顾客按固定时间表行动，既可以满足绝大多数顾客的需求，又可以减少服务能力的浪费。

(2) 使用预约系统。对于那些顾客参与程度较高的服务业，为了正确处理服务能力一定与需求波动的关系，可采用预约系统，使顾客的需求和服务时间与能力之间矛盾得到一定程度的协调。如医生看病，通过预约，既满足了病人的需要，又可使其不致因排队浪费时间，还使得医生的时间得到充分利用。

(3) 推迟交货。由于服务能力有限，无论采用什么方法都会有一些顾客的要求得不到及时满足，这时就要推迟交货。如家用电器突然出现故障需要修理是难以预约的，如果维修站无任务，则可及时修理，如果有很多，就需要排队，按一定的优先顺序修理，某些修理任务就要推迟。

(4) 利用价格进行调节。有许多服务业需求的波动太大，如果按照最高负荷配置服务设施，其投资将很大，最为典型的是铁路客运、饭店、空调的安装服务。为了使有限的服务设施得到充分利用，可以采用转移需求的策略，对处于低潮时的需求提供价格或其他优惠。如在晚上 9 点钟之后打电话实行半价。

3. 实施服务作业计划中措施

服务需求的非均匀性，而且服务企业为了自身的利益不可能建立适应最大需求时的生产能力，因此在制定服务作业计划时需要采取针对性措施以应对各种处理非均匀需求。其的措施从以下几个方面考虑。

1) 人员安排上改进

(1) 改善人员班次安排。很多服务是每周 7 天，每天 24 小时进行的。如医院不论白天或晚上，都必须有医生和护士，其中有些时间是负荷高峰，有些时间是负荷低峰。完全按高峰负荷安排人员，会造成人力资源的浪费；完全按低峰负荷安排人员，又造成供不应求，丧失顾客。因此，要对每周和每天的负荷进行预调，在不同的班次或时间段安排数量不同的服务人员。这样既保证服务水平，又减少了人员数量。

(2) 利用临时工作人员。采用临时工作人员可以减少全职工作的固定人员的数量。对一天内需求变化大的服务业或者是季节性波动大的服务业，都可以雇佣临时工作人员。在服务业采用临时工作人员来适应服务负荷的变化，如同制造业采用库存调节生产一样。

(3) 雇用多技能员工。相对于单一技能员工，多技能员工具有更大的柔性。当负荷不均匀时，多技能员工可以到任何高负荷的地方工作，从而较容易地做到负荷能力平衡。

2) 顾客服务手段上改进

(1) 让顾客自己选择服务水平。设置不同的服务水平供顾客选择，既可满足顾客的不同需求，又可使不同水平的服务得到不同的收入。如邮寄信件，可采用普通平信或特快专递，顾客希望缩短邮寄时间，就得多花邮费。

(2) 顾客自我服务。如果能做到顾客自我服务，则需求一旦出现，能力也就有了，就不会出现能力与需求的不平衡。如顾客自己加油和洗车、超级市场购物、自助餐等，都是顾客自我服务的例子。

3) 生产能力提高上改进

(1) 业务外包。即在服务需求量波动大但本企业又很难达到规模经济要求的服务类型，可以将此类业务外包给专业服务公司，这样减少了本单位设施和设备的投资，又降低了服务成本。如机场、火车站可以将运输货物的任务交给专门运输公司去做。

(2) 流水线生产。一些准制造式的服务业，如麦当劳、肯德基采用生产线方法来满足顾客需求。在前台，顾客仍可按菜单点他们所需的食品；在后台，则采用流水线生产方式加工不同的零件(食品)，然后按订货型生产方式，将不同的食品组合，供顾客消费。这种方式生产效率非常高，从而做到成本低、效率高和及时服务。

注意：由于服务业本身的特点，决定了无论采用何种作业计划和针对性措施都不可能像制造业实现均衡生产，只能一定程度上缓解服务业困境，供需矛盾是无法调和的，铁路客运的供需就是鲜明的例子。

案例

麦当劳的作业排序

美国一位经营麦当劳食品的企业主在马里兰州的坎伯兰市拥有四家麦当劳餐厅。他遇到一个常出现于小型商业企业中的运作问题:每周各餐厅的经理都得花费8个多小时为150个员工亲手准备作业计划流程。这项每周的例行工作包括预测每小时销售量,再将这些销售量转交成每小时在烤肉间、柜台及各工作间的传送等岗位对人员的需求,然后使可用的兼职员工人数及其工作技能与麦当劳每小时需求相匹配。这种耗时很多的活动,随着高离职率、员工在各饭店之间的自由流动及学生兼职人数不断变化等变得更加复杂。

该企业主意识到他需要一种既便宜又简单易用的以电脑为基础的排序系统,以大大减少经理的时间损失。借助于线性规划,他发现一个饭店有 3 个工作间、150 个员工和 30 个工作班次。要明确表达这个作业流程问题需要 10 万个决策变量和 3 000 个限制条件。很明显这样一个庞大的问题在 PC 机上不可能很快地解答出来。但把这个线性规划问题分解成许多简单的子问题,用一种称为"分解成网状系统流"的方法时,排序可在短短 15 分钟内得到解决。

运用该电脑排程系统后,在安排员工作业流程方面所花时间减少了 80%~90%。由于减少了过多的人员配备,成本一直下降,员工士气和效率也大大改善。另外,该企业还有一套很有价值的条件推理式方法来衡量员工作业流程对各种运作条件的敏感性。

资料来源:武振业,等. 生产与运作管理. 成都:西南交通大学出版社,2000;题目为编者所加。

8.4 生产作业控制

8.4.1 生产作业控制的含义

又称生产进度控制,是在生产作业计划执行过程中,对有关产品生产的数量和期限的控制。目的是保证完成生产作业计划所规定的产品产量和交货期限指标。狭义的生产作业控制就是指生产进度控制。

8.4.2 实行生产作业控制的原因和条件

1. 原因

生产作业计划是在作业活动发生之前制定的,尽管制定计划时充分考虑了现有的生产能力,但计划在实施过程中由于以下原因,往往造成实施情况与计划要求偏离。

(1) 加工时间估计不准确。特别是对单件小批量生产类型,很多任务都是第一次碰到,很难将每道工序的加工时间估计得很精确。而加工时间是编制作业计划的依据,加工时间不准确,计划也就不准确,实施中就会出现偏离计划的情况。

(2) 随机因素的影响。即使加工时间的估计是精确的,但很多随机因素的影响也会引起偏离计划的情况。如工人的劳动态度、劳动技能的差别,人员缺勤,设备故障,原材料的差异,供应不及时等等,这些都是造成实际进度与计划要求不一致的随机因素。

(3) 加工路线的多样性。调度人员在决定按哪种加工路线加工时,往往有多种加工路线可供选择,不同的加工路线会造成完成时间的偏离。

(4) 企业环境的动态性。尽管制造了一个准确的计划,但第二天又来了一个更有吸引力的新任务,或者关键岗位的职工跳槽,或者物资不能按时到达,或者发生停电等等。这些都使得实际生产难以按计划进行。

当实际情况与计划发生偏离,就要采取措施。要么使实际进度符合计划要求,要么修改计划使之适应新的情况。这就是生产作业控制问题。

2. 条件

(1) 生产控制标准。主要标准就是生产计划和生产作业计划。没有标准就不能衡量作业实际情况是否发生了偏移。生产计划规定的品种、数量、质量、出产期,生产作业计划规定的各种期量标准、投入产出进度安排,都是实行生产控制的标准。

(2) 生产控制信息。只有掌握实际生产作业状况偏离计划的信息,才能实施有效的控制。这些信息主要是计划在执行过程产生的,具体包括:生产能力、产品数量及其配套、库存量、在制品占用量、生产进度等,总之产品生产进度和数量方面每个点上的信息都要及时掌控,便于管理人员随着作出反应。因此生产控制的任务不仅要保证生产过程中物质流的畅通,同时还要保证信息流的畅通。因为只有保证生产信息的有效传递和反馈,才能及时发现问题。

(3) 生产控制措施。针对生产作业产生的偏差,分析原因采取有效措施来解决,保证生产活动的正常进行。

8.4.3 生产作业控制的内容

1. 生产调度

生产调度的任务是按照作业计划的要求,及时、准确、全面地掌握生产过程的情况,对企业生产活动进行有效的组织、指挥、监督和控制,加强进度管理,不断克服不平衡和不均衡的现象,并且通过各种信息的收集和处理,积极预防生产中的事故和失调现象的发生,使生产过程中各环节能协调一致,保证生产计划与作业计划的全面完成。实际上生产调度是从企业总体运营的高度对整个生产过程进行控制。生产调度工作的主要内容如下。

1) 做好生产前的作业准备工作。

主要是检查、督促和协调各生产部门为完成生产作业计划所开展的活动,如图纸、工艺装备、工艺文件、材料毛坯、外购件、仪器仪表、设备及运输工具等的准备。调度部门必须经常检查各项作业准备工作的进展情况,督促生产单位和有关部门按时完成任务,发现问题及时协调并予以解决。

2) 组织日常生产活动。

主要是按照作业计划要求,经常检查计划的执行情况,掌握产品在各工艺阶段的投入和产出情况,解决生产中出现的各种问题,特别要抓好关键产品、关键零部件、关键工序、关键设备的安排与检查。

3) 保证均衡生产。

根据生产需要,合理调配劳动力,保证各个生产环节、各道工序协调、均衡地进行生产。对轮班、昼夜、周、旬或月计划完成情况做好统计和分析工作。

4) 做好组织协调工作。

主要是组织好厂级和车间的生产调度会议,协调车间之间及工段(班组)之间的生产进度和衔接,研究和制定克服生产中薄弱环节的措施,并组织有关部门予以解决。

2. 生产进度控制

1) 投入进度控制

投入进度控制指对开始投入物料的日期、数量、品种进行控制，使其符合生产作业计划要求，同时核查外围辅助保障是否到位，具体包括检查各个生产环节、各种原材料、毛坯及零部件、人力、技术措施、运输车辆等项目投入产出是否符合规定日期。

投入进度控制是预防性控制，假如投入不及时必然会造成生产中断、赶工突击，影响成品按时出产；假如投入过多又会造成半成品积压，等待加工，因而影响经济效益。根据企业类型的不同，投入进度控制方法大致可以分为以下几种：

(1) 大批量生产作业投入进度控制方法，只需根据投产指令、投料单、投料进度表、投产日报表等进行控制。

(2) 成批和单件生产投入进度控制方法，这种方法比大批量生产作业投入进度控制方法稍微复杂，一方面要控制投入的品种、数量和成套性；另一方面要控制投入提前期，利用投产计划表、配套计划表、加工线路单、工作命令及任务分配箱来控制投入任务。

2) 工序进度控制

工序进度控制指在生产过程中，对产品或零部件所需的加工工序进度进行控制。主要是在成批或单件的生产情况下进行的控制，如缺少此项控制生产作业秩序便会发生混乱。

(1) 按加工路线单经过的工序顺序进行控制。由班组将加工路线进行登记后，按工序性质进行派发员工，另外如果发现问题，立即采取相应措施解决，以免耽误生产作业计划。

(2) 按工序票进行控制。即按零部件加工顺序进行控制。主要为将应加工的零部件，由操作人员进行加工，完成后将工序票交回，在派工时又开一工序票通知加工，用此办法进行控制。

(3) 跨车间工序进度控制。明确协作车间分工以及交付时间，由零部件加工主要车间负责，建立健全零部件台账，及时登记进账，按加工顺序派工生产。协作车间主要工作为认真填写"协作单"，并将协作单号、加工工序、送出时间标注在加工路线单上，待加工完毕，将协作单与零件一同送回。

3) 出产进度控制

出产进度控制是指对产品(或零部件)的出产日期、提前期、产品质量、出产数量、出产均衡性和成套性的控制。出产进度控制是保证完成生产作业计划的前提，同时也是保证生产车间各生产部门的紧密衔接，保证各零部件出产成套，保证均衡生产的有效手段。

实施出产进度控制，通常把生产作业计划进度表与生产作业实际进度表放在一起进行对比。当然按照不同的生产类型有不同的控制方法。

(1) 大量生产出产进度控制方法。主要用班组生产记录、班组和车间的生产统计日报等表格与出产日历进度计划表进行比较，控制每日的出产进度、计算出产进度和一定时间内生产均衡度。

(2) 成批生产出产进度控制方法。主要根据零部件标准生产计划、出产提前期、零部件日历进度表、零部件成套进度表及成批出产日历装配进度表等进行控制。

(3) 单件小批生产出产进度控制方法。主要根据各项订货合同所规定的交货期进行控制，通常直接利用作业计划图表，在计划进度下用不同颜色标出进度即可。

第8章 生产作业计划与控制

3. 在制品占用量控制

在制品占用量控制是指对生产过程各个环节中尚未完工的毛坯、零件、部件的所在位置和数量的控制。有效地控制在制品占用量，对组织均衡生产、保证产品质量、加速资金周转、降低产品成本、提高经济效益有重要意义。其主要工作内容有以下内容。

1) 管好车间在制品、库存在制品的流转和统计

车间在制品是指车间内部正在加工、检验、运输和停放而尚未完工入库的在制品。库存半成品是指车间之间待配套装配和加工的在制品，通常存放在毛坯库和零件库(中间库)。这两种类型的在制品储存具有调节和缓冲的需求波动作用，通常通过作业统计进行管理。

要管好在制品的流转和统一，必须及时处理在制品的增减，建立严格的交接手续，严格控制投料，及时处理废次品，定期清点盘存，保证账物相符。在大批量生产情况下，在制品数量比较稳定，并有标准定额，在生产过程中的移动是沿一定的路线有节奏地进行的，因此通常采用轮班表，结合统计台账来控制在制品的数量及其流转。在单件小批生产和成批生产条件下，由于产品品种以及投入和产出批量比较复杂，通常是采用加工路线单和工作票等凭证以及统计台账来控制在制品的数量及其流转。

2) 确定半成品、在制品的合理储备和进行成套性检查

各种半成品、在制品的合理储备是组织均衡配套生产的重要条件。合理储备量的确定，取决于企业的生产类型和生产组织形式以及原材料、外配件、生产批量等因素，应根据各道工序需要的情况加以确定。车间和仓库都要建立毛坯、零件成套率的检查制度和对储备量的检查制度，要掌握在制品变化情况，及时进行调节，使在制品数量保持在定额水平上。

3) 加强存储管理，发挥中间仓库的控制作用

要规定在制品的保管场所和方法，明确保管责任，严格准确地执行车间(工序)之间的收付制度。重点是要求严格掌握库存在制品数量动态的变化，做到账物相符，账账相符。中间仓库要做好在制品的保存、配套工作，并要定期组织在制品的盘点，查清数量，调整库存台账的数字。

8.4.4 生产作业控制基本方法

1. 进度分析

进度分析就是实际的生产进度与计划要求进行对比分析，掌握计划的执行情况。

例如：某装配线在4月上旬的每日计划产量和实际执行进度产量情况，通过表可以看出每日产量的计划数、累计数，实际执行的每日产量数与累计数，计算出每日执行情况与计划要求的差距，分析其原因，提出解决的措施。具体如表8-4所示。通过表的数据还可以画出进度分析坐标图和甘特图。

表8-4 某装配线4月上旬产品的出产计划和实际执行进度表

日	期	1	2	3	4	5	6	78	8	9	10
计划	日产量	30	30	30	30	30	30	30	30	30	30
	累计	30	60	90	120	150	180	210	240	270	300
实际	日产量	15	20	20	20	25	30	35	35	40	40
	累计	15	35	55	75	100	130	165	200	240	280

续表

日	期	1	2	3	4	5	6	78	8	9	10
差异	当日	−15	−10	−10	−10	−5	0	+5	+5	+10	+10
	累计	−15	−25	−35	−45	−50	−50	−45	−40	−30	−20

2. 倾向性分析

倾向分析的主要工具是折线图，就是把各工序每日实际完成的数量按时间序列绘制成坐标图，如图 8.6(a)、8.6(b)所示。但这个图很难掌握其规律和趋势，必须进一步作倾向分析，其具体做法如下：

第一步，将每日实际完成的零件数量，每 3 天一平均，得到若干平均值，连成一条曲线，称为短波，以观其规律与发展趋势。

第二步，将短波各尖蜂(峰值)连成一线，各谷底另连成一线，则此连成的两线叫外覆线。

第三步，在两条外覆线的中间绘一曲线，这条曲线叫作中波。这就是我们所寻求的倾向线，据此进行倾向分析。

倾向线所采用的统计资料，一般仅一个月的时间，可画到中波为止。但在按订货或市场需要组织生产的条件下，需要运用三个月至半年，甚至一年的中波的曲线，再重复一次上述步骤，得到一条曲线，叫长波，可用于分析生产趋势，通过趋势来研究实际生产状况。

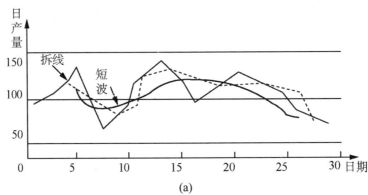

(a)

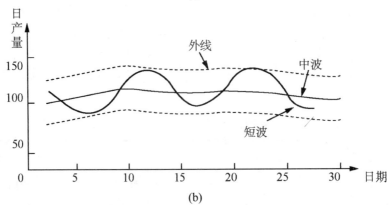

(b)

图 8.6 倾向性分析

3. 统计分析

统计分析就将标准差的理论应用到生产进度控制中，当每日的产量在围绕着计划产量指标上下波动时，求得计划产量的平均值 $\bar{x}$，再求每日的实际产量与平均值的标准差即可。

具体计算公式如下：

$$\sigma^2 = \sum (X_i - \bar{x})^2 / n$$

其中 n 为取值的数目，作出判断时是按 $\bar{x} \pm \sigma$ 为控制界限，如果出现日产量的偏差超出界限的情况，应立即查明原因，采取相应的解决措施。

4. 日程分析

日程分析，也叫生产周期分析。日程是指零件的加工时间、前后发生的停滞时间和搬运时间的总和。日程分析对缩短生产周期、减少中断时间和在制品占用量有着明显的作用。进行日程分析可借助于加工路线单、工票及其他生产记录，逐日将投入与完工的零件数量计入统计台账，并绘制动态指示图表进行分析。

【例 8-4】 设某工厂加工曲轴，在 10 日内车工工序每天投入与完工数量统计资料如表 8-5 所示。

表 8-5 加工曲轴的车工工序的投入量和完工交付量统计　　　　　　　　单位：件

日　　期		1	2	3	4	5	6	7	8	9	10	Σ
投入量	当日	80	20	20	10	10		20	10	30	20	
	累计		100	120	130	140	140	160	170	200	220	220
交付量	当日		10	30	10	10	20	10	20	40	20	
	累计		10	40	50	60	80	90	110	150	170	170
结存量		80	90	80	80	80	60	60	60	60	50	700

解：根据表 8-5 的资料，投入量指该零件由上道工序转入本工序的数量，交付量指本工序完工后转入后道工序继续加工的零件数量。按下列公式求出该工序的平均生产周期(日)：

　　　　某工序的平均生产周期(日)＝该工序在计划期间的结存累计
　　　　　　　　　　　　　　　　　÷该工序在计划期间交付累计

则：曲轴的车工工序的平均生产周期为：700÷170＝4.1(日)

由此可知在制品结存量愈大，平均生产周期就愈长。

本　章　小　结

本章首先讲述了生产作业计划的任务、基本要求和编制计划的步骤；其次重点讲述了在制品定额、批量与生产间隔期、生产周期和生产提前期四类期量标准，利用在制品定额法、累计编号法和生产周期法编制制造性企业生产作业计划，还介绍了服务性企业生产作业计划的编制。最后介绍了生产作业控制的原因和条件，控制的内容和基本方法。

思 考 题

1. 判断题(正确的在后面括号中打"√",错误打"×")

(1) 期量标准是编制生产作业计划的依据。( )

(2) 周转在制品是指因间断流水线上各工序生产效率不同,为了保持工序间工作衔接而形成的。
( )

(3) 成批生产条件下在制品定额有车间内部在制品和车间之间周转在制品。( )

(4) 在生产任务稳定的条件下,日产量不变,批量和生产间隔期成反比。( )

(5) 生产周期就是将生产的各阶段如毛坯生产周期、机加工生产周期、部装生产周期和总装生产周期所用时间加总即可得出。( )

(6) 生产提前期是指产品、零部件、毛坯等在各工艺阶段的投入和出产时间比成品投入的日期应提前的时间。( )

(7) 某车间投入提前期=本车间的生产周期+后车间的出产提前期。( )

(8) 在制品定额法适用于大量大批流水线的生产企业制定生产任务的方法。( )

(9) 生产周期法适用于单件小批量生产企业制定生产任务的方法。( )

(10) 进度分析就是将实际生产进度与计划进度进行对比分析。( )

2. 选择题

(1) 流水线内部在制品包括工艺在制品、运输在制品、周转在制品和( )。
　　A. 保险在制品　　B. 库存在制品　　C. 在途在制品　　D. 以上都不对

(2) 在成批生产的条件下当生产周期 $T=25$ 天,而生产间隔期 $R=10$ 天时,在制品平均占用量为( )。
　　A. 一批　　B. 二批　　C. 二批半　　D. 三批

(3) 生产批量的大小对成本的影响主要有两个因素:一个库存保管费用,另一个是( )
　　A. 设备的调整费用　　　　B. 设备的维修费用
　　C. 资金利息　　　　　　　D. 工装的准备费用

(4) 生产提前期的计算是按( )。
　　A. 合同规定计算的　　　　B. 反工艺顺序进行推算
　　C. 工艺顺序进行推算　　　D. 以上都不对

(5) 累计编号法适用于( )企业制定生产任务的方法
　　A. 大量大批生产　　　　　B. 单件小批量生产
　　C. 成批生产　　　　　　　D. 以上都不对

(6) 生产进度控制包括:投入进度控制、出产进度控制和( )
　　A. 工艺进度控制　B. 工序进度控制　C. 产量进度控制　D. 质量进度控制

(7) 批量与生产间隔期之间的关系是( )。
　　A. 批量越大,生产间隔期越短,　B. 批量越大,生产间隔期越长,
　　C. 批量越小,生产间隔期越长,　D. 以上答案均不对

(8) 批量与设备调整费用之间的关系是( )。
　　A. 成正比例关系　B. 成反比例关系　C. 没有关系　D. 以上答案均不对

(9) 批量与库存费用之间的关系是( )。
　　A. 成正比例关系　B. 成反比例关系　C. 没有关系　D. 以上答案均不对

(10) 单件小批量生产企业的生产作业计划编制方法是( )。
　　A. 在制品定额法　B. 累计编号法　C. 生产周期法　D. 以上答案均不对

第 8 章 生产作业计划与控制

3. 掌握的基本概念：期量标准、批量、生产间隔期、生产周期、生产提前期、在制品定额、累计编号、生产控制。

4. 问答题

(1) 生产作业计划编制的基本要求是什么？

(2) 在大量流水线生产条件下，在制品定额包括的类型及计算方法是什么？

(3) 成批轮番生产条件下，在制品定额的确定方法是什么？

(4) 经济批量法的计算方法、生产提前期的计算方法。

(5) 在制品定额法和累计编号法的方法。

(6) 服务业生产作业计划编制的一般方法和应对波动需求的措施是什么？

(7) 生产作业控制的原因和条件有哪些？

(8) 生产作业控制的内容有哪些？

(9) 生产作业控制的基本方法有哪些？如何开展？

5. 计算题

(1) 某批产品，装配车间的生产周期为 20 天，机加工车间生产周期为 40 天，保险期为 5 天，毛坯车间生产周期为 10 天，保险期为 3 天，试确定各车间的投入和出产提前期。

(2) 某产品上月累计出产到 1 500 台，本月计划为 500 台，每月工作 25 天，装配车间生产周期为 11 天，累计投入编号为 1 700 号，机加工车间保险期为 2 天，生产周期为 8 天，上月出产、投入累计编号为 1 750、2 000，根据上述资料请计算装配车间、机加工车间的计划期末出产、投入累计号数、出产量与投入量。

第9章 物料需求计划与企业资源计划

> **学习目标**
>
> 1. 理解订货点法的局限性；
> 2. 了解 MRP 产生与发展；理解 MRP 的基本思想与原理
> 3. 理解 MRP 的系统结构及相关计算；
> 4. 理解企业资源计划(ERP)的核心管理思想及功能构成。

应该如何计算零部件需求？

宏宇汽车制造厂是一个装配轻型卡车的小型工厂，专门承接大型汽车制造商不愿承接的、用户有一定特殊要求的轻型卡车。这种轻型卡车生产批量小，品种较多，适合宏宇公司生产。

今年 2 月份，宏宇公司接到生产 100 辆某种型号轻型卡车的订单。生产科李科长要新来的科员小张安排生产和采购计划。由于过去该公司生产过这种车型，尚有余下的零部件。经小张查点，库房里还有该车型可以使用的零部件。其中，变速箱 2 件，该变速箱用的齿轮箱组件 15 件，用于齿轮箱的最大齿轮 7 个以及制造这种齿轮的毛坯 46 件。

小张看了零件清单和图纸，发现 1 辆轻型卡车除了其他零部件以外，还包含变速箱 1 件，每个变速箱包括齿轮箱组件 1 件，每个齿轮箱中有最大齿轮 1 个，而制造这种最大齿轮需要锻件毛坯 1 件。

小张计算了一下，生产 100 辆轻型卡车还需要 98(100－2)件变速箱，需要 85(100－15)件齿轮组件，需要 93(100－7)个最大齿轮，需要 54(100－46)件毛坯。

当小张兴致勃勃地找到李科长，告诉他需要生产和采购的零部件数量后，李科长连连摇头，说："错了！错了！"小张顿时感到不解，难道我连最简单的算术都不会了吗？

资料来源：陈荣秋、马士华编著，《生产与运作管理》(第三版)，高教出版社。

由于存在大量的产品、工艺流程、配件和不确定性，制造业都要面对复杂的问题。例如，典型的制造厂商可能有几千种需要管理的产品和零部件，还要面对无休止的加工转换和难以预测的需求。同样，在服务业(如餐饮、医院和电力公司等)的运作过程中也有大量的库存，存有各种物品，以支持他们的服务交付系统和为顾客提供服务，这些库存一般都难以管理，并且需要用到复杂的管理方法。然而，通过基于计算机技术计划和控制系统——物料需求计划(Material Requirements Planning，MRP)可以解决这些问题。

9.1 物料需求计划产生与基本思想、基本原理

9.1.1 订货点法的局限性

早在 20 世纪 40 年代初期，西方学者就提出了订货点法的理论，并将其应用于企业的库存管理，它的应用是基于以下假设条件的：①对物料的需求是相互独立的；②物料的需求是连续均匀发生的；③订货提前期是已知的和固定的；④库存消耗后，应被重新填满。主要解决的是订什么、订多少以及何时订货三个基本问题。订货点方法来处理制造过程中的相关需求问题，有很大的盲目性，结果会造成大量的原材料及在制品库存，具体来讲有以下的缺点：

1. 盲目性

对需求的情况不了解，盲目地维持一定的库存会造成资金积压。例如，对某种零件需求可能出现如表 9-1 所示的三种情况。按传统的经济订货批量(EOQ)公式，可以计算出经济订货批量，比如说为 80 件。对于情况 1：第 1 周仅需 30 件，若一次订 80 件则余下 50 件还需存放 3 周，到第 4 周消耗 30 件，余下的 20 件还需存放 4 周，而且还满足不了第 8 周的需要，因此在第 8 周前又要提出数量为 80 件的订货；对于情况 2：订货量不足以满足前 3 周的需要；对于情况 3：剩余的 50 件无缘无故地存放了 9 周，而且还不满足第 10 周的需要。靠经常维持库存来保证需要，是由于对需求的数量及时间不了解所致，盲目地造成浪费。

表 9-1 企业对某个零件的需求量表

周次	1	2	3	4	5	6	7	8	9	10
情况 1	30	0	0	30	0	0	0	30	0	0
情况 2	30	0	60	0	0	0	0	0	0	0
情况 3	30	0	30	0	0	0	0	0	0	60

2. 高库存与低服务水平

由于对需求的情况不了解，只有靠维持高库存提高服务水平，这样会造成很大浪费。传统的订货点方法使得低库存与高服务水平两者不可兼得，服务水平越高库存越高，而且当服务水平达到 95%以上时，再要提高服务水平，库存量上升很快。从理论上讲，服务水平接近 100%，则库存量必然趋于无穷大。例如，装配一个部件需要 5 种零件，当以 95%的服务水平供给每种零件时，每种零件的库存水平会很高，即使如此，装配这个部件时，5 种零件都不发生催货的概率仅为$(0.95)^5 = 0.774$，即装配这种部件时几乎 4 次中就有一次碰到零件配不齐的情况。一个产品中常常包含上千种零部件，装配产品时不发生缺件的概率就更低了，这就是采用订货点方法造成零件积压与短缺共存局面的原因。

3. 应用订货点法处理相关需求带来的库存问题

1) 在制造业生产过程中的两种不同需求

独立需求 是指当对某项物料的需求与对其他物料的需求无关时，则称这种需求为独立需求。其需求变化独立于人们的主观控制能力之外，因而其数量与出现的概率是随机的、

不确定的、模糊的。例如对于企业(如汽车厂)而言,对产品(如汽车)、备件或维修件(如轮胎)的需求就是独立的需求,因为其需求的数量与需求时间对于作为系统控制主体——企业管理者而言,一般是无法预先精确确定的和控制的,只能通过一定的预测方法得出。

相关需求 是指当对一项物料的需求与对其他物料项目或最终产品的需求相关时,称为相关需求。根据这种相关性,企业可以精确地计算出它的需求量和需求时间,它是一种确定型需求。例如用户对企业产成品(如汽车)的需求一旦确定,与该产品(如汽车)有关的零部件(如汽车方向盘、刮雨器)、原材料(如钢材)的需求就随之确定,对这些零部件、原材料的需求就是相关需求。

生产制造性企业在生产与运作过程对物料的需求通常就是这两种需求,但由于这两种需求的特性和变化规律的不同,处理这两种的方法应该是不同的,但是过去采用却是同一种方法,给企业库存管理带来诸多问题。

2) 应用订货点法处理相关需求带来库存问题

采用订货点方法的条件是对物料的需求是相互独立的,需求为均匀的,但是,在制造过程中由于顾客对成品的需求而形成的对零件和原材料的需求是相关需求,一般都是非均匀的"块状需求",即一旦需要就是一批,不需要的时候为零。结果是采用订货点方法处理这种需求则加剧了这种需求的不均匀性。图 9.1 表示了某产品对零件和原材料的库存水平变化情况。

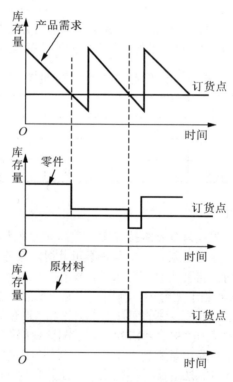

图9.1 订货点方法与块状需求

由于对产品的需求由企业外部大量用户的需求所决定,如果对产品的需求比较均匀,那么产品的库存水平变化的总轮廓呈锯齿状,当产品的库存量下降到订货点以下时。就要组织该产品的生产。而原材料的需求是由产品的需求所决定的,没有组织产品生产前,原材料的库存维持高的水平,开始生产后要从原材料库中取出大批的原材料,但原材料的库

第 9 章 物料需求计划与企业资源计划

存水平未降到订货点以下,所以不必提出订货,此时原材料的库存水平又维持不变。随着时间的推移,当下一次组织产品的装配后,又要消耗一部分原材料库存,如果这时原材料的库存水平降到订货点以下,就要组织原材料的订购。所以,即使在产品的需求率均匀变化的条件下,由于采用订货点方法,造成对原材料的需求率不均匀,呈"块状"。"块状"需求与"锯齿状"需求相比,平均库存水平几乎提高一倍,因而占用更多的资金。

由上述分析可看出,订货点方法是用于处理独立需求问题的,它不能令人满意地解决生产系统内发生的相关需求问题。

注意点:不同类型的需求采用不同处理方法,用处理独立需求方法来处理相关需求,不但无助问题解决,还带来了一系列新问题。

9.1.2 物料需求计划的产生和发展

在 20 世纪 60 年代初期,人们就提出了 MRP 理论的雏形。1975 年,美国管理专家约瑟夫·奥里奇(Joseph Orlicky)出版发表的《物料需求计划:生产与库存管理的新方式》,提出了具有重要影响的新观点,标志着 MRP 理论与方法体系的成熟。

知识介绍

奥里奇主要观点

1. 装配制造业生产中的零部件、原材料的库存管理,与产品或用于维修服务的零部件库存不同,不能当作独立需求看待,它们的需求是根据由它们装配而成的最终成品的需求所决定的,属相关需求。

2. 在各时间区间,对最终产品的需求一经确定(即确定了主生产计划),有关时间区间中对所有零部件、原材料的需求量都能计算出来。

3. 假设对最终产品的库存用订货点法进行控制,由它引起的相关零部件(原材料)的需求可能是非连续的、不均衡的波动需求。即使在产品需求量是均衡的情况下,考虑到零部件的生产批量以及一种零部件可能用于生产不同的最终产品,这些都引起对零部件需求的波动。所以,订货点法不宜用于制造装配业生产中的零部件的库存控制。

4. 计算机提供的数据处理能力,可以迅速地完成对零部件需求的计算。

资料来源:编者整理。

根据美国生产与库存控制协会(American Production and Inventory Control Society,APICS)对物料需求计划的定义:物料需求计划就是依据主生产计划、物料清单记录、库存记录和已订未交订单等资料,经由计算而得到各种相关需求物料的需求状况,同时提出各种新订单补充建议,以及修正各种已开出订单的一种实用技术。MRP 经历了以下四个阶段:

1. 初期的 MRP

初期 MRP 处理过程如图 9.2 所示,它通过产品结构文件将主生产计划中对产品的需求进行分解,生成对部件、零件以及材料的毛需求量计划,进而利用毛需求量、库存情况、计划期内各零部件订购或在制品情况等数据进行计算,以确定在产品结构各层次上零部件的净需要量以及零部件的生产(或订购)计划。初期 MRP 将产品计划转化为零部件生产(订购)计划,它计算出为完成生产计划应该生产哪些零部件?生产多少数量?何时下达零部件生产任务?何时交货?

初期 MRP 能根据有关数据计算出相关物料需求的准确时间与数量,对制造业库存管理有重要意义。但是它还不够完善，其主要缺陷是没有解决好保证零部件生产计划成功实施的问题：它缺乏对完成计划所需的各种资源进行计划与保证的功能，也缺乏根据计划实施实际情况的反馈信息对计划进行调整的功能。因此，初期 MRP 主要应用于订购的情况，涉及的是企业与市场的界面，而没有深入到企业生产管理核心中去。

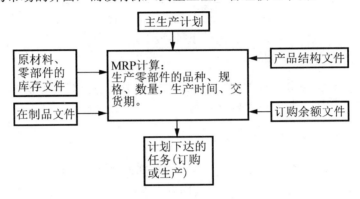

图 9.2　初期 MRP 的逻辑流程

2. 闭环 MRP

在初期 MRP 的基础上，引入资源计划与保证、安排生产、执行监控与反馈等功能，形成闭环的 MRP 系统，其处理过程如图 9.3 所示。

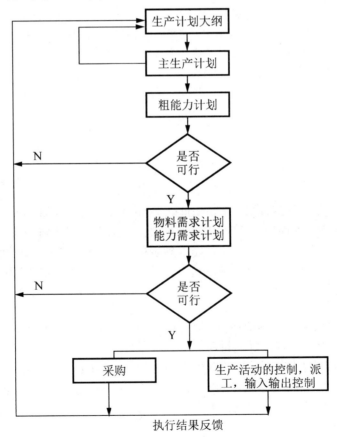

图 9.3　闭环 MRP 系统的逻辑流程

在闭环 MRP 中，主生产计划及物料需求计划计算以后，要通过物料需求计划、能力需求计划等模块进行生产能力平衡。若生产能力不能满足计划要求，应根据能力调整相应的计划。同时、它还能收集生产(采购)活动执行结果以及外界环境变化的反馈信息，作为制定下周期计划或调整计划的依据。由于增加了上述功能，使之形成"计划→执行→反馈"的生产管理循环，可以有效地对生产过程进行计划与控制。

3. MRPⅡ

生产管理系统是企业经营管理系统中的一个子系统，它与其他子系统，尤其是经营与财务子系统有着密切的联系。进入 80 年代后，在闭环 MRP 完成对生产的计划与控制基础上，进一步扩展，将经营、财务与生产管理子系统相结合，形成制造资源计划——MRPⅡ(Manufacturing Resources Planning，制造资源计划)。

MRPⅡ处理过程如图 9.4 所示。由于 MRPⅡ将经营、财务与生产系统相结合，并且具有模拟功能，因此它不仅能对生产过程进行有效的管理和控制，还能对整个企业计划的经济效果进行模拟，对帮助企业高级管理人员进行决策具有重要的意义。由图 9.3 可知，MRPⅡ系统实际上已将企业的生产管理系统与企业的管理信息系统(MIS)直接联系起来，在一定程度上发挥了 MIS 系统的作用。

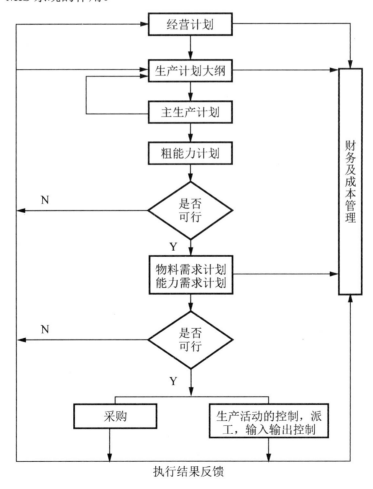

图 9.4　MRPⅡ的逻辑流程

MRPⅡ是以MRP为核心，覆盖企业生产制造活动所有领域、有效利用制造资源的人/机应用系统。与闭环MRP相比，它具有以下一些特点：

(1) 计划的一贯性和可行性。MRPⅡ系统是一种计划主导型的管理模式，计划层次从宏观到微观，从战略到战术，由粗到细逐层细化，但始终保持与企业经营战略目标一致。"一个计划"是MRPⅡ系统的原则精神，编制计划集中在职能部门，并且做到车间执行计划、调度和反馈信息同时提供。计划下达前反复进行能力平衡，并根据反馈信息及时调整，处理好供需矛盾，保证计划的一贯性、有效性和可执行性。

(2) 管理的系统性。MRPⅡ系统是一种系统工程，它把企业所有与生产经营直接相关部门的工作连接成一个整体，每个部门都从系统整体出发做好本岗位工作，每个人都清楚自己的工作同其他职能的关系。只有在"一个计划"下才能成为系统，条框分割各行其是的局面将被团队精神所取代。

(3) 数据共享性。MRPⅡ系统是一种管理信息系统，企业各部门都依据同一数据库的信息进行管理，任何一种数据变动都能及时地反映给所有部门，做到数据共享，在统一数据库支持下按照规范化的处理程序进行管理和决策，改变过去那种信息不同、情况不明、盲目决策、相互矛盾的现象。为此，要求企业员工用严肃的态度对待数据，专人负责维护，保证数据的及时、准确和完整。

(4) 动态应变性。MRPⅡ系统是一个闭环系统，它要求跟踪、控制和反馈瞬息万变的实际情况，管理人员可随时根据企业内外部环境条件的变化迅速做出响应，及时决策调整，保证生产计划正常进行。它可以保持较低的库存水平，缩短生产周期，及时掌握各种动态信息，因而有较强的应变能力。为了做到这一点，必须树立全员的信息意识，及时准确地把变动了的情况输入系统。

(5) 模拟预见性。MRPⅡ系统是生产经营管理客观规律的反映，按照规律建立的信息逻辑必然具有模拟功能。它可以解决"如果怎样……将会怎样"的问题，可以预见相当长的计划期内可能发生的问题，事先采取措施消除隐患，而不是等问题已经发生了再花几倍的精力去处理。这将使管理人员从忙忙碌碌的事务中解脱出来，致力于实质性的分析研究和改进管理工作。

(6) 物流、资金流的统一。MRPⅡ系统包括了成本会计和财务功能，可以由生产经营活动直接产生财务数字，把实物形态的物料流动直接转换为价值形态的资金流动，保证生产和财会数据一致。财会部门及时得到资金信息用来控制成本，通过资金流动状况反映物流和生产作业情况，分析企业的经济效益。

4. ERP(Enterprise Resources Planning，企业资源计划)

20世纪90年代以来，由于经济全球化的发展趋势，市场竞争进一步加剧。以顾客为中心、基于时间、面向整个供应链，成为新的形势下制造业发展的新动向。1990年4月，美国加特纳集团公司(Cantner Group INC.)发表了一篇题为《ERP：下一代MRPⅡ的远景设想》的报告，首次提出了ERP的概念，认为企业资源计划是以市场和客户需求为导向，以实现企业内外资源的优化配置，消除生产经营过程中资源的浪费，实现信息流、物流、资金流、价值流和业务流的有机集成和提高客户满意度为目标，以计划与控制为主线，以网络和信息技术为平台，集客户、市场、销售、采购、计划、生产、财务、质量、服务、信息集成和业务流程重组等功能为一体,面向供应链管理(supply chain management,简称 SCM)的现代企业管理思想和方法。

ERP 的逻辑流程如图 9.5 所示。它扩展了 MRP Ⅱ 功能,功能更加强大、更加完善,可覆盖企业全部业务并扩展到供应链的有关合作方(主要内容在本章第三节讲述)。

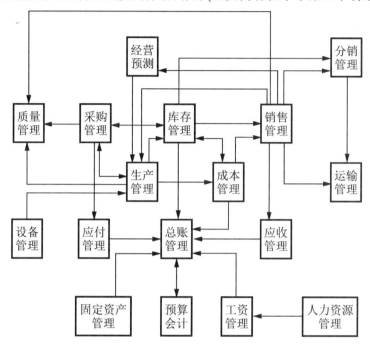

图 9.5 ERP 的逻辑流程

要点总结:闭环 MRP、MRP Ⅱ 和 ERP 三个不同阶段进化,是人们不断强化生产与运作管理的计划制定与落实过程,它特别强调计划与各方能力资源之间的平衡,计划与各方管理要求的吻合,是企业在强化执行力过程中如何做好平衡的表现。

9.1.3 物料需求计划(MRP)的基本思想和原理

1. 物料需求计划的基本思想

MRP 的基本思想是:围绕物料转化组织制造资源,实现按需要准时生产。

在生产过程中物料不断改变其形态和性质,从原材料逐步转变为产品。企业很大一部分流动资金被物料所占用,同时企业的固定资金主要为设备所占用。因此管好设备和物料对于提高企业的经济效益有举足轻重的作用。

是以设备为中心还是以物料为中心来组织生产?代表了两种不同的指导思想。

以设备为中心来组织生产,即有什么样的设备就生产什么样的和多少数量的产品,这是传统的以产定销思想的体现。

以物料为中心组织生产体现了为顾客服务的宗旨。物料的最终形态是产品,它是顾客所需要的东西,物料的转化最终是为了提供使顾客满意的产品。因此围绕物料转化组织生产是按需定产思想的体现。同时以物料为中心来组织生产,要求一切制造资源围绕物料转。即要生产什么样的产品,决定了需要什么样的设备和工具,决定了需要什么样的人员,这样可以把企业内各项活动围绕顾客的需求有目的地组织起来。显然，以物料来组织生产能够更好地适应现代市场环境。

另外一方面，还要按需组织准时生产。因为准时生产是最经济的手段，既消除了误期完工，又可以避免因为提前完工所造成的库存成本的增加和资金积压等问题。

2. 物料需求计划的基本原理

物料需求计划的基本原理是根据产品的主生产计划所确定的产品生产量和时间，并明确物料清单、库存状态信息、提前期等，反工艺顺序地求出相关需求的物料需求量和时间。

9.2 物料需求计划系统结构

这里说的物料需求计划(MRP)系统，指的是仅涉及物料需求的基本 MRP 系统，它是 MRP 的核心部分。没有涉及能力问题，也没有涉及反馈环节。MRP 系统由输入、处理、输出三部分构成，如图9.6所示。

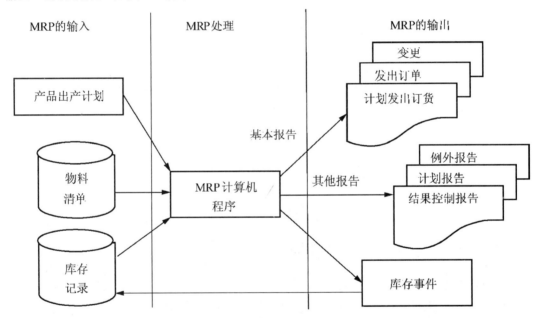

图 9.6　MRP 的系统结构

9.2.1　MRP 的输入

MRP 的输入主要有三个部分：产品出产计划、产品结构文件和库存状态文件。

1. 产品出产计划

产品出产计划是按时间段(通常按周)来确定各种独立需求的物料(即产成品和备品备件等)的需求数量和需求时间。这些独立需求是不确定的，不是企业内部可以控制的，而是建立在实际的客户订单和市场需求预测基础上的，所以说 MPS 是生产、营销部门的信息沟通纽带。

表 9-2 综合生产计划和主生产计划

月份	一月				二月			
综合生产计划 (产品大类：放大器)	1 500				1 200			
周次	1	2	3	4	1	2	3	4
主生产计划(MPS)								
240 瓦特放大器	100		100		100		100	
150 瓦特放大器		500		500		450		450
75 瓦特放大器		300				100		

MPS 是对综合生产计划的分解和细化，如表 9-2 所示。因此，MPS 首先必须满足的约束条件是，MPS 所确定的生产总量必须等于综合生产计划确定的生产总量；其次，MPS 必须考虑资源的约束，如设备能力、人员能力、库存能力、流动资金总量等，根据产品的轻重缓急来分配资源，将关键资源用于关键产品。

2. 产品结构文件

产品结构文件，又称为物料清单(Bill Of Materials，简称 BOM)，是一个包含完整产品描述、罗列所有物料、零部件与配件及产品生产顺序的计算机文件。它不只是所有元件的清单，还反映了产品项目的结构层次以及制成最终产品的各个阶段的先后顺序。

在产品结构文件中，各个元件处于不同的层次、每一层次表示制造最终产品的一个阶段。通常，最高层为零层，代表最终产品项；第一层代表组成最终产品项的元件；第二层为组成第一层元件的元件……依此类推，最低层为零件和原材料。各种产品由于结构复杂程度不同，产品结构层次数也不同。BOM 详细说明了一个最终产品项是由哪些原材料、零件、组件、部件所构成以及这些构件相互之间的从属关系和数量关系，对于具有从属关系的相邻两级，上一级被称为父项，下一级被称为子项，通常用产品结构树表示。如图 9.7(a) 所示，最终产品 P 由一个 A、2 个 C 以及 1 个 B 构成；而 1 个 A 又是由 1 个 D 和 2 个 B 构成(注意：物料清单中的每个物料，都必须具有唯一的标识码)。

由图 9.7(a)可以发现，相同的元件 B 出现在不同的层次上，这固然可以清楚地表示各个不同的生产阶段，但也给计算机处理带来了麻烦。为了便于计算机处理，通常采用低层编码原则(Low-Level Coding)，即凡是遇到同一元件出现在不同层次上的情况时，取其出现的最低层次号，作为该元件的低层码。基于低层编码原则，就应该将构成产品 P 的元件 B 调整至第二层，如图 9.7(b)所示。

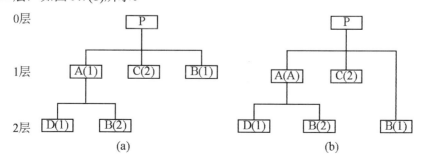

图 9.7 基于低层编码原则的物料清单

知识介绍

产品结构树

产品结构树(Product Structure Tree，PST)是描述某一产品的物料组成及各部分文件组成的层次结构树状图。它是将产品数据管理中产品信息结合各个零部件之间的层级关系，组成一种有效的属性管理结构。

产品结构树根据该产品的层次关系，将产品各种零部件按照一定的层级关系组织起来，可以清晰地描述产品各个部件、零件之间的关系，树上的节点代表部件、零件或者组件，每个节点都会与该部件的图号、材质、规格、型号等属性信息以及相关文档有所关联。在 PST 中，根节点代表产品或部件，枝节点代表部件或子部件，叶节点代表零件。

资料来源：百度百科。

3. 库存状态文件

库存状态文件的数据主要有：一是静态数据，在运行 MRP 之前就确定的数据，如物料编号、提前期、安全库存等；二是动态数据，如总需求量、库存量、净需求量、计划发出(订货)量等(如表 9-3 所示)。MRP 在运行时不断更变的是动态数据。对这几个数据说明如下：

(1) 总需求量(Gross Requirements)。如果是产品级物料，则总需求由 MPS 决定；如果是零件级物料，则总需求来自于上层物料(父项)的计划发出订货量。

(2) 预计到货量(Scheduled Receipts)。该项目有的系统称为在途量，即计划在某一时刻入库但尚在生产或采购中，可以作为 MRP 使用。

(3) 现有数(On Hand)。表示上期末结转到本期初可用的库存量。

现有数＝上期末现有数＋本期预计到货量－本期总需求量。

(4) 净需求量(Net Requirements)。当现有数加上预计到货不能满足需求时产生净需求。

净需求量＝总需求量－期初现有数－预计到货。

(5) 计划发出订货量(Planned Order Release)。计划发出订货量与净需求量相等，但是时间上提前一个时间段，即订货提前期。订货日期是计划接收订货日期减去订货提前期。

另外有的库存状态数据还包括一些辅助数据项，如订货情况、盘点记录、尚未解决的订货、需求的变化等。

表 9-3 某零件的库存状态文件　　　　　　　　　　　　　　LT＝2 周

周次	1	2	3	4	5	6	7	8	9	10	11
总需要量						300			300		300
预计到货量		400									
现有数	20	420	420	420	420	120	120	120	－180	－180	－480
净需求									180		300
计划发出订货量							180		300		

9.2.2 MRP 的处理过程

物料需求计划的计算过程是按产品结构层次，由上而下逐层进行的。按照此法，先处理所有产品的零层，再处理第一层，按产品层的需要量和时间来计算确定第一层各部件、零件的需要量,查询各部件、零件的现有库存量后计算它的净需要量,并根据产品层对第一层各物料的需要时间,并结合该物料的提前期确定其投产时间。然后处理第二层,第三层,…,一直到最低层。

【例9-1】 假设某厂要在第10周生产出A产品500件,产品结构如图9.8所示。表9-4是从库存记录中读到的各项物料的库存量和提前期的资料。试为该厂制定每项物料在计划期内的物料需求计划。

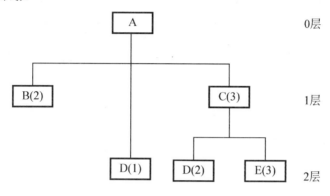

图9.8 A产品结构图

表9-4 产品A及所属物料库存与提前期资料

物 料 项 目	现有库存量	提前期(周)
A	10	2
B	50	1
C	80	2
D	100	1
E	80	2

解:将上述A产品的物料需求计划的生成过程表示为表9-5所示的处理过程。

第一步:从第零层物料开始,计算A第十周的毛需要量为500件,由于A有库存量10件,故其净需求量为490件。因A的提前期为2周,按直接批量法确定应在第8周(10−2=8)投入A产品490件的订货。

第二步:根据产品结构图计算A的子项物料,即B、C、D、E的总需要量和净需求量,
B的总需求量为　490×2=980件;
B的净需求量为　980−50=930件
C的总需求量为　490×3=1 470件;
C的净需求量为　1 470−80=1 390件
D的总需求量为　来自于两个方面需求:
　　一是零件C对它的需求:1 390×2=2 780件,
　　二是零件A对它的需求:490×1=490件;
D的净需求量为　2 780+490−100=3 170件。
E的总需求量是由C的需求而产生,具体为　1 390×3=4 170件;
E的净需求量 4 170−80=4 090件

再根据它们的现有库存量和提前期分别确定出各物料的计划订货量和订货时间。计算结果见表 9-5。

表 9-5 产品 A 的物料需求计划

物料	项目	时间(周)							
		3	4	5	6	7	8	9	10
A (0层)	总需要量								500
	现有库存 10	10	10	10	10	10	10	10	−490
	净需求								490
	计划订货量						490		
B (1层)	总需要量						980		
	现有库存 50	50	50	50	50	50	−930		
	净需求						930		
	计划订货量					930			
C (1层)	总需要量						1470		
	现有库存 80	80	80	80	80	80	−1390		
	净需求						1390		
	计划订货量				1390				
D (2层)	总需要量				2780		490		
	现有库存 100	100	100	100	−2680	−2680	−3170		
	净需求				2680		490		
	计划订货量			2680		490			
E (2层)	总需要量				4170				
	现有库存 80	80	80	80	−4090				
	净需求				4090				
	计划订货量		4090						

9.2.3 MRP 的输出

既然 MRP 程序可以接受主生产计划、库存状态文件和物料清单，所以其输出的形式与范围几乎是无限的。这些报告通常分为主要报告和辅助报告。

1. 主要报告

主要报告是用于库存和生产控制的最普遍和最主要的报告。包括：

(1) 零部件投入出产计划。零件和部件投入出产计划规定了每一个零件和部件的投入数量和投入时间、出产数量和出产时间。如果一个零件要经过几个车间加工，则要将零部件投入出产计划分解成"分车间零部件投入出产计划"。分车间零部件投入出产计划规定了每个车间一定时间内投入零部件的种类、数量时间，出产零部件的种类、数量及时间。

(2) 原材料需求计划。规定了每个零件所需的原材料和种类、需要数量及需要时间，并按原材料品种、型号、规格汇总,以便供应部门组织供料。

(3) 互转件计划。规定了互转零件的种类、数量、转出车间和转出时间、转入车间和转入时间。

(4) 库存状态记录。提供各种零部件、外购件及原材料的库存状态数据,随时供查询。

(5) 工艺装备和机器设备需求计划、提供每种零件不同工序所需的工艺装备和机器设备的编号、种类、数量及需要时间。

(6) 计划将要发出的订货。

(7) 对已发出订货的调整。包括改变交货期、取消和暂停某些订货等。

(8) 零部件完工情况统计及外购件原材料的到货情况统计。

(9) 对生产及库存费用进行预算的报告。

(10) 交货期模拟报告。

(11) 优先权计划。

2. 辅助报告

(1) 计划执行情况报告:评价系统运作状况,帮助管理者衡量实际偏离计划的程度。如送货遗漏与缺货等。

(2) 计划报告:帮助预测未来库存需求,包括采购约定以及其他用于评价未来物料需求的信息。

(3) 例外报告:唤起人们对重大差异的注意,包括最新订单与到货延迟、过多的残次品率、报告失误、对不存在部件的需求等。

9.2.4 MRP 系统的决策参数

要运行 MRP 系统除了需要主生产计划、产品结构以及库存状态等反映生产情况的信息外,还涉及一系列参数,如计划展望期、周期、提前期、批量等。

1. 计划展望期

系统生成物料需求计划所覆盖的未来时间区间,称为计划展望期。计划展望期内,又分为许多时间段或周期。计划展望期的长度要足以覆盖计划中物料的最长累计提前期。最长累计提前期是产品结构各层次上最长提前期之和。通过层层提前期求和,找出最长路径,才能决定计划展望期。

2. 时间段(周期)

计划展望期被分成小时间区域称为时间段,把各项目的需求量、预计到货量、可利用库存量、生产指令下达等一系列活动的连续时间,分割为时间段,按时间段组织生产作业。规定各时间段的生产活动,一定要在该时间段内完成。对生产活动的调整,也要在时间段交界处进行。在整个计划展望期内,通常采用相等的时间段,时间段可采用周、日等。

3. 提前期

MRP 中使用的提前期与我们通常所讲的提前期在含义上有差别。前者实际上是指零件的加工周期和产品的装配周期;后者是以产品的出产时间作为计算起点,来确定零件加工和部件装配何时开始的时间标准。

MRP 使用的提前期按周计,这是比较粗糙的。例如,提前期为 5 个工作日时,按 1 周计;提前期为 1 天,也按 1 周计。这是因为必须与计划时间段保持一致。同时,确定提前期要考虑的因素有:排队(等待加工)时间、运行(切削、加工、装配等)时间、调整准备、等待运输、检查时间和运输时间等,在现实中,特别是在自动化程度不高的情况下,要精确地计算出提前期也是不可能的。但尽管这样,MRP 采用固定提前期,即不论加工批量如何变化,事先确定的提前期均不改变,这也是 MRP 的一大根本缺陷。

4. 批量

在 MRP 计算中,计划订购的数量并不一定正好等于净需求量,需要按调整的批量生产。常用决定批量的方法有静态和动态两类:

静态方法有:①经济订货批量;②将生产能力定为固定批量;③按运输能力及包装容器大小定为批量;④逻辑上的订货倍数(如打、箱等)。

动态方法有:

(1) 直接批量法。它是将每个时期对项目的净需求量,直接作为订货批量。直接批量法最适用于价格昂贵的项目,因为它们不保存无用的批量库存。一般来说,直接批量法不适用于标准件和通用件。

(2) 固定周期批量法。它是将生成订单的订货量等于固定的几个周期的净需求之和。如表 9-6 所示。表 9-6 所使用的固定周期为 3 周。使用固定周期批量法,订货间隔期保持相对稳定,但订货量可能随需求的不同而变化。

表 9-6 固定周期批量示意表

时间(周)	1	2	3	4	5	6	7	8	9	合计
净需求	35	25		25		30	30	20	15	180
计划	60			55			65			180

另外还有最小批量总费用法、最小单位费用法等多种动态方法。

5. 安全库存

一般来说,相关需求库存不需要设置安全库存,因为一旦产品出产计划确定,对零部件的需求量都可以准确地计算出来。这是 MRP 的主要优点之一。然而,在使用 MRP 的企业里生产过程中仍存在着不确定性,如不合格品的出现、设备故障、停电、工人缺勤等,所以还应该持有一定的安全库存量。不过一般仅对产品结构中的最低层项目设置安全库存,不必对其他层次项目设置安全库存。

9.3 企业资源计划(ERP)

9.3.1 企业资源计划(ERP)的核心管理思想

ERP 给企业带来的核心管理思想是供应链管理。供应链实质上就是链上每一个环节都含有供与需两方面的双重含义,供与需总是相对而言。ERP 系统把客户需求和企业内部的制造活动以及供应商的制造资源整合在一起形成一个完整的供应链,并对供应链上的所有环节进行有效管理,这样就形成了以供应链为核心的 ERP 管理系统思想。供应链跨越部门与企业,形成了以产品或服务为核心的业务流程。这种以供应链管理为核心的管理思想,主要体现在以下 3 个方面。

1. 体现对整个供应链资源进行管理的思想

现代企业的竞争已经不是单一企业与单一企业间的竞争,而是一个企业供应链与另一个企业供应链之间的竞争,即企业不但要依靠自己的资源,还必须把经营过程中的有关各方中的供应商、制造工厂、分销网络和客户纳入一个紧密的供应链中,才能在市场上获得竞争优势,ERP 系统正是适应了这一市场竞争的需要,实现了对整个企业供应链的管理。

2. 体现精益生产、同步工程和敏捷制造的思想

ERP 系统支持混合型生产方式的管理,其带给企业新的管理思想表现在两个方面:其一是精益生产的思想,即企业把客户、销售代理商和供应商协作单位纳入生产体系,同他们建立起利益共享的合作伙伴关系,进而组成一个企业的供需链。其二是敏捷制造的思想,当市场上出现新的机会,而企业的基本合作伙伴不能满足新产品开发生产的要求时,企业组织一个由特定的供应商和销售渠道组成的短期或一次性供应链,形成"虚拟工厂",把供应和协作单位看成是企业的一个组成部分,运用"同步工程"组织生产,用最短的时间将产品打入市场,时刻保持产品的高质量,多样化和灵活性,这即是敏捷制造的核心思想。

3. 体现事先计划与事中控制的管理思想

ERP 系统中的计划体系主要包括:主生产计划、物流需求计划、能力计划、采购计划、销售执行计划、利润计划、财务预算和人力资源计划等,而且这些计划功能与价值控制已完全集成到整个供应链系统中。另一方面,ERP 通过定义事务处理相关的会计核算科目与核算方式,在事务处理发生的同时自动生成会计核算分录,保证了资金流与物流的同步记录和数据的一致性。从而实现了根据财务资金现状,可以追溯资金的来龙去脉,并进一步追溯发生的相关业务活动,便于实现事中控制和实时做出决策。

9.3.2 企业资源计划(ERP)的功能构成

探讨 ERP 的功能要从基本功能、扩展功能两方面来看。基本功能是所有 ERP 系统软件必须提供的入门功能,强调将企业"内部"价值链上所有功能活动加以整合;扩展功能则是将整合的触角由企业内部拓展到企业的后端厂商和前端顾客,与后端厂商信息系统加以整合的是属于供应链管理(Supply Chain Management,SCM)方面的功能,加强整合前端顾客信息的则是属于顾客关系管理(Customer Relationship Management,CRM)和销售自动化(Sales Force Automation,SFA)方面的功能,目前最受瞩目的则是推出了电子商务(Electronic Commerce,EC)方面的解决方案。

1. 基本功能

一般至少应提供 5 个基本功能:

(1) 物料管理。协助企业有效地控制物料,以降低存货成本。包括采购、库存管理、仓储管理、发票验证、库存控制、采购信息系统等。

(2) 生产规划系统。让企业以最优水平生产,并同时兼顾生产弹性。包括生产规划、

物料需求计划、生产控制及制造能力计划、生产成本计划、生产现场信息系统。

(3) 财务会计系统。提供企业更精确、跨国且实时的财务信息。包括间接成本管理、产品成本会计、利润分析、应收应付账款管理、固定资产管理、作业成本、总公司汇总账等。

(4) 销售、分销系统。协助企业迅速地掌握市场信息，以便对顾客需求做出最快速的反应。包括销售管理、订单管理、发货运输、发票管理、业务信息系统。

(5) 企业情报管理系统。提供决策者更实时有用的决策信息。包括决策支持系统、企业计划与预算系统、利润中心会计系统。

除这5个功能块外，很多厂商也提供了其他基本模块来加强企业内部资源整合的能力，例如，SAP提供了13个基本功能模块。

2. 扩展功能

一般ERP软件提供的最重要的四个扩展功能块是：供应链管理(SCM)、顾客关系管理(CRM)、销售自动化(SFA)以及电子商务(E-commerce)。

(1) 供应链管理(SCM)。供应链管理是将从供应商的供应商、到顾客的顾客中间的物流、信息流、资金流、程序流、服务和组织加以整合化、实时化、扁平化的系统。SCM系统可细分为三个区隔：供应链规划与执行、运送管理系统、仓储管理系统。

(2) 顾客关系管理(CRM)及销售自动化(SFA)。这两者都是用来管理与顾客端有关的活动，销售自动化系统(SFA)指能让销售人员跟踪记录顾客详细数据的系统；顾客关系管理系统(CRM)则指能从企业现存数据中挖掘所有关键的信息，以自动管理现有顾客和潜在顾客数据的系统。CRM及SFA都是强化前端的数据仓库技术，其通过分析、整合企业的销售、营销及服务信息，以协助企业提供更客户化的服务及实现目标营销的理念，因此可以大幅改善企业与顾客间的关系、带来更好的销售机会。目前提供前端功能模块的ERP厂商数、相关的功能模块数都不多，且这些厂商几乎都是将目标市场锁定在金融、电信等拥有客户众多、需要提供后续服务多的几个特定产业。

(3) 电子商务(E-commerce)。产业界对电子商务的定义存在分歧。电子商务(EC)一般指具有共享企业信息、维护企业间关系，及产生企业交易行为等三大功能的远程通信网络系统。有学者进一步将电子商务分为：企业与企业间、企业与个人(消费者)间的电子商务等两大类。目前ERP软件供应商提供的电子商务应用方案主要有三种：一是提供可外挂于ERP系统下的SCM功能模块，如：让企业依整合、实时的供应链信息去自动订货的模块，以协助企业推动企业间的电子商务；二是提供可外挂于ERP系统下的CRM功能模块，如：让企业建置、经营网络商店的模块，以协助企业推动其与个人间的电子商务；最后则提供中介软件来协助企业整合前后端信息，使其达到内外信息全面整合的境界。

在上述四个延伸的功能中，SCM是最早发展且最成熟的领域，CRM、EC都尚在初始阶段，有待投入更多心力去研究。

9.3.3 成功实施ERP的关键

1. 最高管理层的重视和积极参与

ERP常被称为"头脑工程"或"一把手工程"。实施ERP，势必会对企业原有的管理思想和管理模式带来冲击,也会对原有的利益体系进行一次新的组合。大量的研究与实践表明,ERP成功实施的关键因素是企业最高领导必须明确实施ERP的目的和战略意义。ERP是企业的战略工具,其作用范围广、影响深远、自身庞大复杂。因此,最高领导需要从企业长期发展的战略高度来研究和审视实施ERP的目的和意义,正视ERP实施过程中可能遇到的各种阻力和困难,坚定信心,勇于承担责任,才能更好地降低成本、提高产品质量和客户满意度,实现对市场的快速反应等预期目标。

在实施ERP过程中,最高领导层的工作职责主要包括:

(1) 提出系统的目标、开发策略和开发计划。

(2) 组织协调ERP系统与其他计算机应用系统,如计算机辅助设计(CAD)、计算机辅助工艺(CAPP)、计算机辅助制造(CAM)等的接口与系统集成问题。

(3) 调动与组织有关管理部门和信息管理机构逐步实施ERP系统。

(4) 组织调整不合理及与新系统不相适应的机构、体制与制度。

(5) 在系统实施的主要阶段,组织方案审批和成果技术鉴定。

2. 企业必须建立有效、规范的管理基础

包括建立科学的管理模式、完善的管理制度、合理的业务流程、可靠的基础数据、齐全的文件档案等,为成功实施ERP创造一个适宜的管理环境。否则ERP将成为无源之水、无本之木。尤其重要的是企业组织结构的变革,ERP的模块跨越了传统的部门界限,因此,需要企业业务从以智能划分转变为以流程重组,需要许多部门甚至合作伙伴一起共享信息、协调工作。

 知识介绍

检验数据准确性的方法

美国生产与运作管理专家菲利普•奎克力提出了检验数据正确性的三个抽样检查测试方法:

1. 已装箱和准备发货的最终产品拆散,并与其BOM相核对,必须100%准确。

2. 仓库中取出三种样本零件,查其实际库存量与库存记录相对照,误差应控制在1%之内。

3. 由生产调度部门取得当前生产状况报表,如本周期下达任务,下周期(或下月份)的计划,并从物料控制与装配部门取得相应的信息。从不同部门取得的信息误差应在允许的范围内。

说明:在这些测试中,1和2是用于证实ERP系统输入数据的正确性,3则是保证主管部门与生产第一线的协调。为使ERP成功运行,必须周期性地检验其正确性。如设计与编制校验程序,对成套性、正确性进行自动校验;同时建立并严格执行数据整理与录入规章制度和处理规程,加强数据管理与录入人员的责任感,减少工作中的失误也是十分重要的。

3. 企业全体员工的支持

"人"的因素对于ERP系统能否成功实施至关重要。ERP的实施关系到企业每个部门及人员,如果只凭少数管理人员和技术人员的摸索与努力,那么企业ERP系统是绝对不可能成功的。首先,必须在思想上理解和接受这种先进的管理思想和管理模式;其次,各部门及人员必须通力配合、紧密合作;对照本职工作学习和掌握ERP知识和操作技能。因此,企业需要建立相应的竞争机制、激励机制和约束机制,把实施ERP与制定企业长期发展发展战略和企业全员绩效考核有机地结合起来,促使他们自主地投入到ERP的实施中来。

4. 企业必须建立 ERP 项目管理体系和运作机制

与其他固定资产设备投入产出相比较，ERP 的投入产出不是一朝一夕、立竿见影的，而是一个具有系统复杂、实施难度大、应用周期长和投资大等特点的系统工程。因此，实施 ERP 需要循序渐进，需要长期不断地运用 ERP 辅助业务流程重组、贯彻先进的管理思想、变革管理机制、提高管理水平，才能凸显经济效益。因此，企业在 ERP 应用过程中必须从系统工程和科学管理的角度出发，建立和健全项目管理体系和运作机制，采取"分步实施、逐步过渡"的实施策略，确保 ERP 项目的成功实施。主要内容包括：制定明确的、量化的 ERP 应用目标，进行 ERP 等现代科技知识的培训教育，引入管理咨询，进行 ERP 项目需求分解，开展企业管理创新、实行业务流程重组，建立 ERP 项目风险管理机制，实行 ERP 项目监理制和评价制等。

案例

许继集团 ERP 项目被迫暂停

河南许继集团是一家以电力系统自动化、保护及控制设备的研发、生产及销售为主的国有控股大型企业，国家 520 户重点企业和河南省重点组建的 12 户企业集团之一。许继集团在坚持把主业做强、做大的同时，不失时机地跻身于民用机电、电子商务、环保工程、资产管理等行业，并取得了喜人的业绩。多年来，许继集团坚持"一业为主，多元发展"的经营战略，支撑着企业的快速发展。

20 世纪 90 年代后期，该公司决定上 ERP 项目。许继上 ERP 希望能解决三个方面的问题：第一方面是希望通过 ERP 规范业务流程；第二方面是希望信息的收集整理更通畅；第三方面是通过这种形式，使产品成本的计算更准确。

在 ERP 选型时，许继公司接触过包括 SAP、Symix、浪潮通软、利玛等国内外 ERP 厂商。开始许继想用 SAP 的产品，但是 SAP 的出价是 200 万美元：软件费 100 万美元，实施服务费 100 万美元。而当时许继上 ERP 的预算只有 500 万元人民币。国外 ERP 软件用不起，许继并没有把目光转向国内软件企业。因为在考察了浪潮和利玛等几家国内厂商之后，许继觉得国内软件厂商的设计思路和自己企业开发设计软件已实现的功能相差不大。挑来挑去，许继最终选择了 Symix（现更名 Frontstep 公司），一家面向中型企业的美国管理软件厂商。许继当时的产值是 15 亿元，与美国的中小型企业相当，而 Symix 在中小型企业做得不错，价位也比较适中。而且按照一般的做法，签单的时候，一般企业的付款方式是分三笔：5：3：2 模式。而 Symix 开出的条件非常优惠：分 7 步付款的方式。双方就这样成交了。

从 1998 年初签单，到同年 7 月份，许继实施 ERP 的进展都很顺利。包括数据整理、业务流程重组，以及物料清单的建立都很顺利。厂商的售后服务工作也还算到位，基本完成了产品的知识转移。另外，在培养许继自己的二次开发队伍方面也做了一定的工作。如果这样发展下去，或许许继会成为国内成功实施 ERP 企业的典范。

然而，计划赶不上变化。到了 1998 年 8 月份，许继内部为了适应市场变化，开始发生重大的机构调整。原来，许继没有成立企业内部事业部，而是以各个分厂的形式存在。各个分厂在激烈的市场竞争中，出现了这样的怪现象：许继自己制造的零部件，比如每个螺钉在公司内部的采购价格是 5 分钱，在市场上却 3 分钱就可以拿到。这样必须进行大调整。大调整的结果是将这些零部件分厂按照模拟法人的模式来进行运作。许继的想法是给这些零部件厂商两到三年的时间，如果还生存不下去，再考虑其他办法。如工人下岗、企业转产、倒闭等。

实施 ERP 在先，公司结构大调整在后。但是许继高层在调整的过程中，更多的是关注企业的生存，企业经营的合理化和利润最大化，显然没有认真考虑结构调整对 ERP 项目的影响。企业经营结构变了，而当时所用的 ERP 软件流程却已经定死了，Symix 厂商也似乎无能为力，想不出很好的解决方案。于是许继不得不与 Symix 公司友好协商，项目暂停，虽然已经运行了 5 个月，但是继续运行显然已经失去了意义。Symix 的 ERP 只是在许继一些分公司的某一些功能上还在运行。

案例点评：许继实施 ERP 不成功的根源，有三个主要因素。

第一个因素许继进行非常大的经营结构调整，关键业务流程重组，在上 ERP 之前应该有明确的计划和认识，或者提前进行，或者同时进行。但关键业务流程重组是应该提前进行，同时进行的只能是部分非关键业务流程的改造。那么如果选择功能更强大的管理软件会不会好一些？也许当时选用 SAP 是个正确的选择。如果软件的适应性比较强，也就不会出现这么大的影响。但是当时选择 SAP，这个时候 SAP 还要 100 万美元，许继又当如何？

第二个因素是厂商。美国人在设计软件的时候，是不会想到中国企业会在短短几个月的时间里出现这么大的变化。任何一个产品都有它的适应性，它也有所不擅长的领域，企业发生这么大的变动，肯定超出了软件所能适应的范围。但厂商的责任应该更重的，因为厂商或者顾问咨询公司有责任来帮助企业进行分析业务流程，指出一些不合理性，Symix 在来中国之前并非不知道咨询顾问的作用。

第三个因素是"一把手"的作用不能贯彻始终和有效发挥。企业上 ERP 是"一把手工程"，是考验企业最高领导人意志和魄力的过程。许继的决策层在 1998 年将花 500 万元上 ERP，决心不可谓不大。可是老总毕竟精力有限，你不可能指望他把所有的时间都用在这一方面。在实施过程中，许继高层的做法是把这个权力移交给信息中心，并要求各部门积极配合，谁不配合谁下岗。然而，即使手中拿着老总的"尚方宝剑"到处挥舞，但信息中心依然发现，在执行过程中其他部门仍然没有按照信息中心的整体布局执行。那么为什么不能"杀一儆百"，或者采取其他的强制措施？因为软件流程已经设定了，而这时企业为了适应市场做了一个结构调整，于是出了问题也就分不清责任在哪一方，到底是软件不行，还是人的配合不够，造成流程不顺畅？无法界定责任，惩罚谁？但是联想是在拆分前实施 SAP 系统的，分为联想和神州数码两个公司，ERP 系统也进行了分拆，现在运行得很好。关键的因素还是企业负责人的决心和一把手这个"尚方宝剑"的有效性。

资料来源：互联网。

本 章 小 结

> 本章首先介绍了用订货点法的局限性，MRP 的产生与发展的历程，MRP 的基本思想与原理；其次详细介绍了 MRP 系统的结构及相关计算，MRP 系统的决策参数；最后介绍了 ERP 的核心管理思想、功能、成功实施 ERP 的关键。

思 考 题

1. 判断题(正确的打"√"，错误的打"×")

(1) 订货点适用于相关需求的库存管理。 （   ）
(2) 顾客对电视机的需求是独立需求。 （   ）
(3) 由于顾客购买电脑，而引申出生产厂商对 CPU 的需求，此需求是相关需求。 （   ）
(4) 独立需求是块状需求。 （   ）
(5) 闭环 MRP 与初期的 MRP 的区别在于它强调了计划与生产能力的平衡，以及针对反映外部环境变化的反馈信息对下期计划进行调整。 （   ）
(6) MRP 的基本思想是围绕设备的生产能力来组织生产。 （   ）

(7) 产品结构文件只明确了生产某种所需要的各种零部件的品种、规格和数量。（　）

(8) ERP 核心思想之一是对整个供应链资源进行管理。（　）

(9) ERP 要成功的实施，合理的业务流程、可靠的基础数据、齐全的文件档案是基础。（　）

(10) 主生产计划是按时间段来确定的各种相关需求物料的需求数量和时间。（　）

2. 选择题

(1) 下列哪种行业最适合应用 MRP(　)。
　　A．医院　　　　　　　　　　B．机床厂
　　C．造纸厂　　　　　　　　　D．炼油厂

(2) 以下哪项不是 MRP 的输入(　)。
　　A．生产大纲　　　　　　　　B．主生产计划
　　C．产品结构文件　　　　　　D．库存状态文件

(3) 某种零件的总需要量是由(　)决定的。
　　A．净需要量　　　　　　　　B．现有数
　　C．上层元件的总需要量　　　D．上层元件的计划发出订货量

(4) 下列哪一项不是相关需求(　)。
　　A．原材料　　　　　　　　　B．在制品
　　C．成品　　　　　　　　　　D．产品说明书

(5) MRP 的输出是(　)。
　　A．总需要量　　　　　　　　B．净需要量
　　C．零部件投入出产计划　　　D．现有数

(6) 在绘制产品结构树的过程中，如果相同的元件出现在不同的层次上，则通常采用(　)处理。
　　A．高层编码原则　　　　　　B．低层编码原则
　　C．计算机自动识别　　　　　D．以上均不对

(7) ERP 核心管理思想是(　)。
　　A．需求链的思想　　　　　　B．降低库存
　　C．供应链管理　　　　　　　D．提高计划适应性

3. 掌握基本概念：MRP、MRPⅡ、ERP、物料清单、提前期、总需求、净需求、独立需求、相关需求。

4. 问答题

(1) 阐述 MRP 的发展历程。

(2) 订货点法的主要局限性表现在哪些方面？

(3) MRP 的基本思想是什么？

(4) 与闭环 MRP 相比较 MRPⅡ的特点有哪些？

(5) 阐述 ERP 的核心管理思想是什么？

(6) 简述 ERP 的功能构成。

(7) 成功实施 ERP 的关键条件是什么？

5. 计算题

如图 9.9 产品结构树所示，产品 X 由 2 个单位的 Y 与 3 个单位的 Z 组成，Y 由 1 个单位的 A 与 2 个单位的 B 组成，Z 由 2 个单位的 A 与 4 个单位的 C 组成。X 的提前期是 1 周，Y＝2 周，Z＝3 周，A＝2 周，B＝1 周，C＝3 周。

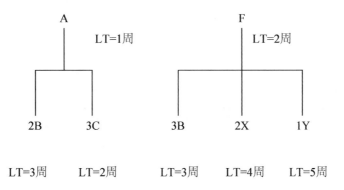

图 9.9 产品结构图

要求：

(1) 画出产品结构树；如果第 10 周需要 100 单位的 X，试计算每一种物料的订货数量和订货时间。

(2) 已知 A 和 F 两种产品的结构(见图 9.9)和主生产计划(见表 9-7)。求元件 B 的总需求量。

表 9-7 A 和 F 主生产计划

周次	1	2	3	4	5	6	7	8	9	10
产品 A			200	150	200	150	250	300	300	200
产品 F			90	200	150	200	210	100	180	150

第 10 章 库存管理

学习目标

1. 理解库存、库存管理及库存控制系统的基本概念;
2. 掌握经济订货批量法、定期订货法、定量订货法、ABC 分类法的基本原理;
3. 理解定量订货法与定期订货法的区别及其各自的适用范围;
4. 理解 ABC 分类法的实施步骤。

关注库存跌价损失

不久之前,业界龙头企业英特尔推出了全新的迅驰芯片,而且得到许多笔记本厂商的支持。随即市场上的奔 4 笔记本开始了大规模的降价跳水。业内人士的分析是,新产品上市后,原先的奔 4 笔记本失去卖点,喜新厌旧是 IT 市场的真理。

而产品在终端市场自然的折价在 IT 业来说也不是新鲜事,笔记本产品每个月都会有 3～5 次的降价,而像一些配件的价格变动更是几乎以小时来计算,据说北京中关村的 CPU 商家,手中的资金几乎是每三天周转一次。而像内存条这样的产品,更是因为市场中抄手的存在而导致价格波动几乎无规律可循。

所以大多数的 IT 企业不得不面对同样一个问题,那就是如何控制库存。明电通信息技术有限公司物流部经理于仁告诉记者,IT 行业的技术更新升级快,产品生命周期比其他行业相对短得多,每当新技术开始应用,旧有技术的产品就必须降价。

对 IT 产业来说,库存除了意味着最基本的存货成本支出,比如房租、水电费和人力支出外,库存跌价损失就更为重要。"IT 产品库存跌价损失很大,如果库存控制得不好,将会给企业带来很大的问题。"于仁说,"所以 IT 企业才要做物流,控制好其中各种资源的调配。"

另外一方面,整个产业的发展也显示了这样的趋势:越是符合个人口味和个性化的产品就越容易受到市场的追捧,比如明基的 Q-DESK 套装,其特点就是艺术化的液晶显示器。但这样发展的趋势背后是对物流提出了更高的要求。比如越是多型号的产品就越要进行严格的库存控制,因为多一种型号,就会多一定比例的库存,库存种类和数量越多,就意味着库存跌价损失的风险越大。

高库存同时也意味着另一个问题,那就是占用更多的资金,这对于毛利率日益降低的 IT 产业来说,尤其不利。于仁说，库存周期的降低实际意味着资金周转速度的加快。

于仁提供了一组模拟数字，以一个 IT 企业每月营业收入 2.4 亿元计算，假设产品的市场价格每月平均损失 4%计算，如果库存周期是 30 天，那么企业每月的正常损失是 960 万元，如果库存周期达到 10 天，那么企业的损失是 108 万元，如果当库存周期下降到 5 天，那么企业的损失只有 27 万元，其中的差异是显而易见的。

对于高速运转的 IT 企业来说，控制库存就是要求生产部门严格按照订单生产。订单的来源是营销部门，生产出来的产品从工厂到中转仓库，再到采购商手里是一个分秒必争的过程，订单没有按时生产出来无法交货，但一下生产多了，企业自己的库房也会无法安排。

资料来源：熊伟. 采购与仓储管理. 北京：高等教育出版社，2006.

库存占用大量的流动资金，带来了成本增加，影响了经济效益，因此减少库存，追求零库存是库存管理的中心与极点，也是企业"第三利润源泉"的重点所在，是企业竞争力的重要表现之一。

10.1 库存管理概述

10.1.1 库存的相关概念

1. 库存的定义

一般意义上来说，库存(inventory or stock)是为了满足将来的需要而暂时闲置的资源。闲置的资源可以是在仓库里、生产线上或车间里，也可以是在运输中。由此看来库存与其所处的运动或静止的状态没有任何关系，而对于资源来说只要存在着闲置的状况，企业就可以将其视为库存。比如上海大众生产的捷达轿车通过物流渠道运输至天津地区销售，从上海到天津运输的过程中，捷达轿车处于闲置状态，那么此时的捷达轿车仍然应被视为库存，是一种在途库存。显然库存与其字面上的"库"没有任何必然的联系。由此看来，我们常常看到国内学者将库存(inventory)翻译为"存储"或"储备"是有其渊源的。

在日常的生产生活中，资源的定义极为广泛。物质资源固然是一方面，通过这一点来理解库存的定义相对较为轻松。然而我们仍然可以看到人力资源、信息资源、知识资源、货币资源等等术语或概念，那么如果这些资源出现闲置，是否应将其视为库存呢？答案当然是肯定的。人力资源库存形成人才储备，从而为企业的未来服务；信息库存形成企业的情报系统或后台数据库系统，以应付环境变化或竞争对手可能采取的行动。因此对于库存来说不仅仅包括闲置的有形物品，闲置的无形资源同样隶属于本书界定的库存概念范畴。

要点总结：现在对库存的理解和传统理解相差很大，只要是闲置资源均视为库存，包括人、财、物、信息等。而不是通常所理解的库存是指原材料、在制品或产成品等。

2. 库存的分类

对库存可以从不同角度进行分类。

(1) 按资源需求的重复程度划分为单周期库存和多周期库存。单周期需求也称一次性订货，这种需求具有偶然发生的特点或者该物品的生命周期极其短暂，因而很少重复订货，在这种需求状态下的库存属于单周期库存。单周期库存的典型例证是库存管理领域较为经典的"报童问题",还有中秋节的月饼,元旦的挂历等。

多周期需求是在长时间内需求反复发生,库存需求不断补充。这是生产企业中最为常见的,如电视、手机、空调等,它本章重点需要论述的内容。

(2) 按库存的作用划分为周转库存、安全库存、调节库存和在途库存。周转库存是为满足日常生产经营需要而保有的库存。库存的大小与采购量直接有关。企业为了降低物流成本或生产成本,需要批量采购、批量运输和批量生产,这样便形成了周期性的周转库存,这种库存随着每天消耗而减少,当降低到一定水平时需要补充库存。

安全库存是为了防止不确定因素的发生(如供货时间延迟、库存消耗速度突然加快等)而设置的库存。安全库存的大小与库存安全系数或者说与库存服务水平有关。从经济性的角度看,安全系数应确定在一个合适的水平上。例如国内为了预防灾荒、战争等不确定因素的发生而进行的粮食储备、钢材储备、麻袋储备等,就是一种安全库存。

调节库存是用于调节需求与供应的不均衡、生产速度与供应的不均衡以及各个生产阶段产出的不均衡而设置的库存。

在途库存是处于运输以及停放在相邻两个工作或相邻两个组织之间的库存,在途库存的大小取决于运输时间以及该期间内平均需求。

知识链接

控制周转库存的缘由

为什么唯独周转库存要进行库存量的控制呢?因为周转库存是为生产或流通环节服务的。生产企业、流通企业为了降低成本、提高经济效益,都希望库存能够保持一个合适的水平。库存不能太小,因为库存太小了,就会产生缺货,影响生产或销售。不能满足生产或销售的需要,就会直接影响企业的经济效益,这显然不好。但是库存也不能太大,因为太大要多占用仓库,需要人保管,要承担一定的保管费用。另外,储存的物资,从价值形态上看,是一种资金的积压。而作为资金的积压,一是占用了流动资金,二是这些占用的资金还要支付银行利息。这些费用就构成了企业的负担,增加了企业的生产成本或流通成本,降低了经济效益。另外,超量库存还存在库存风险,因为库存积压品,在市场需求日新月异的形势下,很容易成为过时、滞销、淘汰产品,变成"死"库存。积压越多,费用越高,浪费越大,风险越大。所以,企业的周转库存既不能过小,也不能过大,一定要适量。也就是说,周转库存只有进行库存控制,才能使企业利润最大化。

资料来源:张晓华. 采购与库存控制. 北京:华中科技大学出版社,2011。

(3) 按在生产过程和配送过程中所处的状态划分为原材料库存、在制品库存、维修库存和成品库存。原材料库存包括原材料和外购零部件。如压缩机生产厂通常外购毛坯件进行加工,把毛坯件视为原材料,而很多标准化的螺母和螺丝都属于外购而来的零部件。这些都属于原材料,而归为原材料库存。

在制品库存包括处在产品生产不同阶段的半成品。很多企业的半成品直接放在生产线或生产车间,等待进入下一个生产环节。还有一些企业则是将很多生产出来的半成品入库保管,在需要进一步生产时,再通过生产车间的派工单到半成品仓库领取。

产成品库存是准备运送给消费者的完整的或最终的产品。

维修库存包括用于维修与养护的经常消耗的物品或部件,维修备件库存属于这一类。

(4) 按用户对库存的需求特性划分为独立需求库存与相关需求库存。独立需求库存是指用户对某种库存物品的需求与其他种类的库存无关,表现出对这种库存需求的独立性。从库存管理的角度来说,独立需求库存是指那些随机的、企业自身不能控制而是由市场所决定的需求。独立需求库存无论在数量上还是在时间上都有很大的不确定性,但可以通过预测方法粗略地估算,本章主要讨论独立需求的库存。

相关需求库存是指其需求水平与另一项目的生产有直接联系形成的库存。由于相关需求库存的需求数量和时机可以精确地加以预测,因此,此库存处于组织的完全控制之下。

3. 库存的作用

(1) 维持销售产品的稳定。备货型企业对最终销售产品必须保持一定数量的库存,其目的是应付市场的销售变化。这种方式下,企业并不预先知道市场真正需要什么,只是按市场需求的预测进行生产,因而产生一定数量的库存是必需的。但随着供应链管理的形成,这种库存也在减少或消失。

(2) 维持生产的稳定。企业按销售订单与销售预测安排生产计划,并制订采购计划,下达采购订单。由于采购的物品需要一定的提前期,这个提前期是根据统计数据或者是在供应商生产稳定的前提下制订的,但存在一定的风险,有可能会拖后而延迟交货,最终影响企业的正常生产,造成生产的不稳定。为了降低这种风险,企业就会增加原材料的库存量。

(3) 平衡企业物流。企业在采购材料、生产用料、在制品及销售物品的物流环节中,库存起着重要平衡作用。采购材料会根据库存能力(资金占用等),协调来料收货入库。同时对生产部门的领料应考虑库存能力、生产线情况(场地、人力等)平衡物料发放,并协调在制品库存管理。另外,对销售产品的物品库存也要视情况进行协调(各个分支仓库的调度与出货速度等)。

(4) 平衡流通资金的占用。库存的原材料、在制品及成品是企业流通资金的主要占用部分,因而库存量的控制实际上也是进行流通资金的平衡。例如,加大订货批量会降低企业的订货费用,保持一定量的在制品库存与材料会节省生产交换次数,提高工作效率,但这两方面都要寻找最佳控制点。

4. 库存过大过小产生的问题

库存量过大所产生的问题:增加仓库面积和库存保管费用,从而提高了产品成本;占用大量的流动资金,造成资金呆滞,既加重了货款利息等负担,又会影响资金的时间价值和机会收益;造成产成品和原材料的有形损耗和无形损耗;造成企业资源的大量闲置,影响其合理配置和优化;掩盖了企业生产、经营全过程的各种问题,不利于提高管理水平。

库存量过小所产生的问题:造成服务水平的下降,影响销售利润和企业信誉;造成生产系统原材料或其他物料供应不足,影响生产过程的正常进行;使订货间隔期缩短,订货次数增加,使订货(生产)成本提高;影响生产过程的均衡性和装配时的成套性。

10.1.2 库存管理的相关概念

1. 库存管理的定义

库存管理(Inventory Management)又称库存控制(Inventory Control),是对制造业或服务业生产、经营全过程的各种物品,产成品以及其他资源进行管理和控制,使其储备保持在经济合理的水平上,是在保障供应及有效运作的前提下,使库存物品的数量最少所进行的

有效管理的技术经济措施。不同企业对于库存管理历来有不同的认识,观点也不一样,概括起来主要有以下3种:

(1) 持有库存。一般而言,在库存上有更大的投入可以带来更高水平的客户服务。长期以来,库存作为企业生产和销售的物资保障服务环节,在企业的经营中占有重要地位。企业持有一定的库存,有助于保证生产正常、连续、稳定进行,也有助于保质、保量地满足客户需求,维护企业声誉,巩固市场的占有率。

(2) 库存控制保持合理库存。库存管理的目的是保持合适的库存量,既不能过多积压也不能短缺。让企业管理者困惑的是:库存控制的标准是什么?库存控制到什么量才能达到要求?如何配置库存是合理的?这些都是库存管理的风险计划问题。

(3) 以日本丰田为代表的企业提出的所谓"零库存"的观点。主要代表是准时生产方式(JIT)。他们认为,库存即是浪费,零库存就是其中的一项高效库存管理的改进措施,并得到了企业广泛的应用。

2. 库存管理的作用

对于库存管理在企业经营中的角色,不同的部门有不同的看法,所以,为了实现最佳库存管理,需要协调各个部门的活动,使企业内每个部门不仅以有效实现本部门的功能为目标,更要以实现企业整体效益为目标。库存管理在企业经营中的作用可归纳为以下几点:

(1) 增强生产计划的柔性。激烈的市场竞争造成的外部需求波动性是正常现象,而生产能力却是比较稳定的,加强库存管理能减轻企业生产能力不适应外部需求波动的压力。

(2) 满足需求的不断变化。顾客可能是从街上走进来买一套立体音响设备的人,不同时间地点每个人对音响设备需要功能不同,品种规格上也有差异,这些需求的变化就涉及了预期库存,通过库存可以更好地满足预期不同需求。

(3) 防止生产中断。制造企业为保持生产的连续运行不致中断,一般用库存作缓冲。

(4) 阻止脱销。持有安全库存可以弥补到货延误。此处的安全库存是指为应对需求和交付时间的多变性而持有的超过平均需求的库存。

(5) 充分利用经济订购量的折扣优势。订购量大时一般折扣较大。

(6) 缩短订货周期。产品的生产周期与生产系统的库存成正比,与产出率成反比。一般而言,库存高生产周期长,会加大生产管理的复杂性与难度,使企业难以保证产品交货期。搞好库存管理既能缩短产品生产周期,保证产品的交货期,又能提高生产系统的柔性,提高对用户多样化需求的服务能力。

 案例

麦德龙的库存管理

1964 年,Otto Beisheim 教授在德国成立了第一家针对专业顾客的麦德龙现购自运有限公司。麦德龙以其崭新的理念和管理方式在德国及欧洲其他 19 个国家迅速成长并活跃于全世界,拥有 2 000 多家 C&C 制商场、大型百货商场、超大型超市折扣连锁店和专卖店。如今,德国麦德龙集团(Metro)是《财富》500 强企业,全球零售业排名第三,欧洲第二。1995 年,麦德龙携成功的管理模式和先进的信息管理系统落户上海,与著名的上海锦江集团成立了合资公司——麦德龙锦江现购自运有限公司,并迅速向外扩展。麦德龙是第一家获得中国政府批准在公司总部所在地以外城市开设分店的外资商业企业。至 2004 年,麦德龙已相继在上海、无锡、宁波、南京、福州、杭州、青岛、大连、重庆、成都、天津、西安、厦门、东莞、武汉、长沙、南昌等地开设24家分店。2004年在中国的24家店销售达63.64亿元人民币，出口额约20亿欧元。

麦德龙的库存管理以其现购自适配销制(也称为现付自运制)为基础，在供应链管理的过程中，对库存进行管理。

现付自运制的主要特征是：进销价位低，现金结算，勤进快出，自备运输工具，降低流通成本，缩短流通时间。所谓C&C，就是Cash&Carry。Cash即现金结算，顾客用现金购物，公司用现金接受工厂供货，公司与工厂结算时间在10天至30天，守信誉，不拖欠，保证资金及时回笼，与供货方保持良好的关系。Carry即自己运送，商品由工厂送货上门，客户自己来车选购，麦德龙免费提供停车场地。

现付自运制堪称营销创新的典范，它彻底改变了传统的商业分工方式，使顾客分摊了一部分传统上应由商业企业来负责的工作——商品的配送，而麦德龙可以以较低价格供应优良的产品和服务，因而大幅度降低了其运营成本，具体体现在三个方面。①降低资金占用。商品在供应商、麦德龙、买方之间能以最低的运营成本和最少的资金占用时间完成流通(9~12天的周转时间大大低于一般的标准)，减少了经营风险。②降低采购价格。现金支付和借助麦德龙巨大的销售网络对于供应商是一种极大的便利，一则货出款到，利于厂家回笼资金，二则可依托麦德龙广泛的营销体系，便于寻求生产的均衡点，三则利于节约，进一步招展市场的各种成本，四则利于企业提高知名度。因此，供应商愿以较低的出厂价提供商品。③降低商场的运输成本和服务成本。公司不设配送中心，厂家直接送货到商场，商场不需要到厂家提货和向买方送货，减少了运输支出和服务成本。总之，麦德龙提供给买方和供应商的这种"分工、合产"安排，让后者看待价值的方式也有了新的角度：买方成了供应商(提供时间、劳力、信息和运输等)，供应商也是顾客(享受了麦德龙的技术和业务服务等)，而麦德龙本身成为一个拥有服务、管理、支援、设计甚至娱乐的价值星系组合中最耀眼的关键之星。

如今有越来越多的中国企业经理人认识到供应链管理——指对商品、信息和资金在由供应商、制造商、分销商和顾客组成的网络中的流动的管理——是企业提高经营效率、创造竞争优势的关键，而麦德龙可谓是建立快速反应的供应链的佼佼者，因为它能解决供应链中最困难的部分，即降低商品库存。

"做到有效的物流跟踪与库存控制，是整个供应链在最优化状态下运行的基本保证。"麦德龙公司中国区总经理奥利维·赫尔先生一语道破其中奥秘。

在麦德龙，电脑控制系统掌握了商品进销存货的全部动态，将存货控制在最合理的范围。当商品数量低于安全库存时，电脑就能自动产生订单，向供货单位发出订货通知，而且运用计算机系统能有效防止各个环节上的人情干扰、无谓损失，从而保证商品持续供应和低成本经营。麦德龙为了它的长期经营，专门成立了自己的软件开发公司(MGI)，设计出一套结合其管理体制的商品管理系统。对于这套系统的重要性，赫尔先生说："电子化商品管理系统是管理物流的关键。我能在任何时间知道，我们有哪些存货，进了多少，放在哪里，卖了多少，这样就能对整个经营进行掌握。如果能控制整个经营，当然也可以控制成本。"他甚至这样说："麦德龙最大的优势就是从一开始就建立了库存信息管理系统。"

当然，进行电脑控制还需要人工的监督和决策配合。麦德龙培养专门的监督人员检查整个系统，检查订货数量和交货数量是否相符。"一般的订货程序是电脑提出采购预测，管理者再结合经验做出决定。"赫尔先生说。采购预测是影响整个供应链的关键环节，预测的准确性将影响到其他各个环节的效率，对成本产生直接影响。电脑根据顾客的需求信息，提出采购预测，管理者要根据电脑的预测并参考其他的因素，如季节变化、促销计划、社会上的大型活动，以及整个供应链各个环节的负荷能力等，结合经验做出最后决定。麦德龙在中国的连锁店经营全都依靠这种国际先进库存管理信息技术，效果有口皆碑。以上海锦江麦德龙为例，其开业至今，与近1 500家供货商发生数十万笔巨额交易，系统从未出现过差错。

资料来源：《采购与库存控制》，张晓华主编，华中科技大学出版社，2011。

3. 库存管理的新方式

(1) 供应商管理库存(Vendor Managed Inventory，VMI)。在商品分销系统中使用越来越广泛，认为是未来发展的趋势，甚至是导致整个配送管理系统的革命(Marke，1996)，支撑这种理念的理论非常简单，通过集中管理库存和各个零售商的销售信息，生产商或分销商补货系统就能建立在真实的销售市场变化基础上，能够提高零售商预测销售的准确性、缩短生产商和分销商的生产和订货提前期，在链接供应和消费的基础上优化补货频率和批量。

(2) 客户管理库存(Custom Managed Inventory，CMI)。配送系统中很多人认为，按照和消费市场的接近程度，零售商在配送系统中由于最接近消费者，在了解消费者的消费习惯方面最有发言权，因此应该是最核心的一环，库存自然应归零售商管理。持这种观点的人认为，配送系统中离消费市场越远的成员就越不能准确地预测消费者需求的变化。

(3) 联合库存管理(Jointment Management Inventory，JMI)。是介于供应商管理库存和客户管理库存之间的一种库存管理方式，就是由供应商与客户共同管理库存，进行库存决策。它结合了对产品的制造更为熟悉的生产或供应商，以及掌握消费市场信息能对消费者消费习惯做出更快更准反映的零售商各自的优点，因此能更准确地对供应和销售做出判断。在配送系统的上游，通过销售点提供的信息和零售商提供的库存状况，供应商能够更加灵敏地掌握消费市场变化，销售点汇总信息使整个系统都能灵活应对市场趋势；在系统另一端，销售点通过整个系统的可视性可以更加准确的控制资金的投入和库存水平。通过在配送系统成员中减少系统库存、增加系统的灵敏度。由于减少了需求的不确定性和应对突发事件所产生的高成本，整个系统都可以从中获益。在 JMI 环境下，零售商可以从供应商那里得到最新的商品信息以及相关库存控制各种参数的指导或建议，但是由于是独立的组织，零售商同样需要制定自己的库存决策。

10.1.3 库存控制系统的相关概念

1. 库存控制系统的定义

库存控制系统(Inventory Control System)是以控制库存为目的的相关方法、手段、技术、管理及操作过程的集合，这个系统贯穿于从物料的选择、规划、订货、进货、入库、储存及至最后出库的一系列过程，这些过程的相互影响和相互作用，形成一个有序的系统，从而实现企业控制库存的目标。

库存控制系统包括输入、输出、约束条件和运作机制 4 个方面，如图 10.1 所示。与其他系统有差异的地方在于库存控制系统中输入和输出的物品和资源都是相同的，在库存补给系统中没有资源形态的转化。输入是为了保证系统的输出(对用户的供给)。约束条件包括库存资金的约束、空间约束等。运行机制包括控制哪些参数以及如何控制。在一般情况下，在输出端，独立需求不可控；在输入端，库存系统向外发出订货的提前期也不可控，它们都是随机变量。可以控制的一般是何时发出订货(订货点)和一次订多少(订货量)两个参数。库存控制系统正是通过控制订货点和订货量来满足外界需求并使总库存费用最低。

第 10 章 库存管理

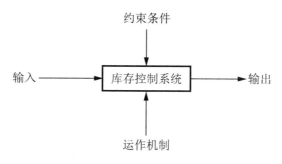

图 10.1 库存控制系统

2. 库存控制系统的要素

一般的库存控制系统中,起决定作用或较大作用的要素主要是:

(1) 企业的地理位置和产品。这是库存控制系统中决定库存控制结果的最初要素。在规划一个企业时,企业的地理位置对未来控制库存水平的关系极大,如果这个企业远离原材料产地而运输条件又差,则库存水平便很难控制到低水平,库存的稳定性也很难控制。同样,企业产品的选择也是一个重要因素,有的产品不易控制(比较稀少紧缺),有的产品季节性强或价格变动大,造成决定库存控制的难度大。企业的地理位置和产品一定意义上是对库存对象的供应条件的选择,即该供应条件是否能保证或满足某种方式的控制。

(2) 订货。订货批次和订货数量是决定库存水平的非常重要的因素。对于一个企业而言,库存控制是建立在一定要求的输出前提下,因此,需要调整的是输入,而输入的调整是依赖于订货,所以,订货与库存控制关系十分密切,乃至不少企业的库存控制转化为订货控制,以此解决库存问题。

(3) 运输。订货只是商流问题,是否能按订货意图的批量和批次以实现控制,这便取决于运输的保障。运输是库存控制的一个外部影响要素,有时候库存控制不能达到预期目标并不是控制本身或订货问题,而是运输的提前或延误,提前则一下子增大了库存水平,延误则使库存水平下降甚至会出现失控状态。

(4) 信息。在库存控制中,信息是控制的依据,因此在库存控制系统中监控信息的采集、传递、反馈是控制的关键,信息要素在这个系统中处于突出地位。

(5) 管理。管理是库存控制的一个重要因素,库存控制系统并不靠一条流水线、一种高新技术工艺等硬件系统支持,而是靠管理,许多企业的库存问题实际上是管理不善造成的,这是个总体问题,有库存的设施也有人员素质问题。

3. 库存控制系统的分类

任何库存控制系统都必须解决 3 个问题:隔多长时间检查一次库存量?何时提出补充订货?每次订多少?对以上 3 个问题解决方式的不同,可将库存控制系统分为:

(1) 定量库存控制系统。所谓定量库存控制系统就是订货点和订货量都是固定量的库存控制系统,如图 10.2 所示。当库存控制系统现有库存量降到订货点(Reorder Point, RP)及以下时,库存控制系统就向供应厂家发出订货,每次订货量均为一个固定的量 Q,经过一段时间(Lead Time, LT,我们称之为提前期),所发出的订货到达,库存量增加 Q(假设在运输途中货物没有任何毁损)。订货提前期(LT)是从发出订货至到货的时间间隔,其中包括订货准备时间、发出订单、供方接受订货、供方生产、产品发运、提货、验收和入库等。显然提前期一般为随机变量。

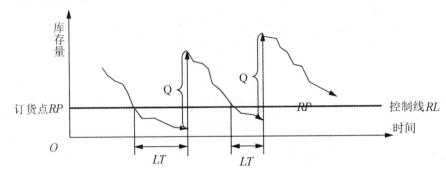

图 10.2　定量库存控制系统

对于定量库存控制系统来说，其关键点是在对库存数量的考虑上，如果库存数量到达某一点，企业就开始发出订货指令，因而对库存数量随时监控就显得尤为必要，此时对库存的盘货采取的是永续盘存制度。要知道现有库存量是否达到订货点 RP，要随时检查库存量。

因此，对于定量库存控制系统来说需要随时检查库存，并随时发出订货，这无形中就增加了库管人员的工作量，从另外一个侧面来说也增加了库存控制能力。由此看来，定量库存控制系统适用于对重要物资或关键物资的库存控制，从而确保库存不出任何纰漏。

当然，为了减少盘点带来的庞大工作量，可以通过其他方法对其进行部分化解，现实生活中通常采用双堆法或双仓系统(Two Bin System)。所谓双仓系统是将同一种物资分放两仓(或两个容器)，当一个仓使用完后，系统就发出订货。订货发出后，企业则开始使用另一仓的货物，直到订货到达为止，再进行物资的两仓存放。

(2) 定期库存控制系统。定量库存控制系统需要随时监视库存变化，对于物资种类很多且订货费用较高的情况，是很不经济的。定期库存控制系统可以弥补定量库存控制系统的不足。学术界将这一系统称为 P 模型(P Models)。定期库存控制系统就是每经过一个相同的时间间隔，发出一次订货，订货量为将现有库存补充到一个最高水平 M(Maximum)，如图 10.3 所示。

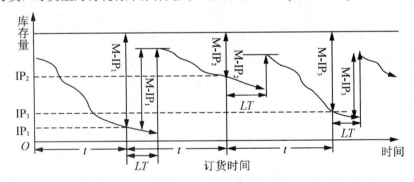

图 10.3　定期库存控制系统

从图 10.3 中可以看出，当经过固定间隔时间 t 之后，发出订货，这时库存量降到 IP_1(Inventory Position 1：库存位置 1)，需要的订货量为 $M-IP_1$；经过一段时间(LT)到货，库存量增加 $M-IP_1$；再经过固定间隔期 t 之后，又发出订货，这时库存量降到 IP_2，订货量为

M-IP$_2$，经过一段时间(LT)到货，库存量增加 M-IP$_2$，如此反复进行下去。在这一系统内，库存的订货点在横轴(时间轴)上。

与定量库存控制系统相比，定期库存控制系统无须随时检查库存量，到了固定的间隔期，才对不同物资进行盘点，根据库存状态(库存与最高物资水平间的差距，不同的货品最高物资水平可以有差异)同时订货(未曾消耗的物资可以不发出订货指令)。因而简化了管理、节省了费用。

然而定期库存控制系统的缺点是不论库存水平 IP(Inventory Position，库存位置)降得多还是少(即便企业消耗的库存量极小，无须发出订货)，都要按期发出订货，当 IP 很高时，订货量是很少的。为了弥补定期库存控制系统的缺陷，需要将订货点重新放回纵轴上来，结合定量库存控制系统，重新确定订货时间。此时就出现了修正的固定间隔期系统——最大最小系统。

(3) 最大最小库存控制系统。显然最大最小系统仍然是一种固定间隔期系统，与初始的固定间隔期不同的是它需要确定一个订货点，本书将其界定为补充订货点(Adjusted Reorder Point，ARP)。当经过时间间隔 t 时，如果库存量下降到 ARP 及以下，则企业开始发出订货；否则，企业会再经历一个 t 周期并同时审查现有库存是否在 ARP 及以下，然后考虑是否发出订货。经过修正的固定间隔期系统又可被称为最大最小系统(如图 10.4 所示)。从图可以看出在经过时间间隔 t 之后，库存量降到 IP$_1$，显然 IP$_1$ 小于 ARP，此时企业开始下达订货指令，订货量为 M-IP$_1$，在经过时间间隔 LT 后到货，此时库存量将增加 M-IP$_1$。再经过同样的时间 t 之后库存量将降到 IP$_2$，从途中可以看出 IP$_2$ 大于 ARP，此时由于库存量在补充订货点以上，企业决定暂不订货，因而此时库存量随着时间的推移将继续下降。又经历另一个时间间隔 t 之后，库存量下降到 IP$_3$ 水平，IP$_3$ 小于 ARP，企业又开始发出订货，订货量为 M-IP$_3$，经过一段时间 LT 到货，库存量增加 M-IP$_3$，如此反复下去。

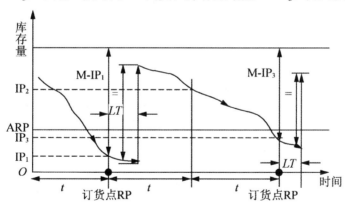

图 10.4 最大最小库存控制系统

10.2 库存决策模型

库存控制的基本模型有单周期库存基本模型和多周期库存基本模型。多周期库存基本模型包括经济订货批量模型、经济生产模型。

10.2.1 单周期库存模型

单周期模型用于易腐物品(如新鲜水果、鲜花、面包)、使用寿命短的物品(如报纸、杂志)或者与特定的节日相联系的物品(如月饼、粽子)的订货。这些未售出的或未使用的商品不能跨期持有,至少不能无损失地持有。例如一天没有卖掉的面包往往只能降价出售,报纸当天不能卖出,只能当废纸卖,有时处置剩余商品甚至还可能发生费用。

单周期分析通常集中于两种成本:缺货与过期。缺货成本包括对企业来讲是信誉的损失和错过销售的机会成本。一般情况下缺货成本只指每单位的未实现利润,即

$$C_{缺货}=C_u=单位销售价格-单位成本$$

过期成本与期末剩余有关,即产品卖不出去产生损失,如折价销售或残值处理产生损失,实际上过期成本是购买成本与残值之差,即

$$C_{过期}=C_o=原始单位成本-单位残值$$

单周期的目的是确定订货量或库存水平,使期望的缺货成本或过期成本为最小。或者是获得的期望利润最大。

$$期望损失 L_E(Q)=C_{缺货}+C_{过期}$$

1. 期望损失最小法

已知库存物品的单位成本为 C,单位售价为 P。若在预定的时间内卖不出去,则单价只能降为 $S(S<C)$,单位过期成本为 $C_o=C-S$;若需求超过存货,则单位缺货损失(机会损失)$C_u=P-C$。

设订货量为 Q 时的期望损失为 $L_E(Q)$,则取使 $L_E(Q)$ 为最小的 Q 作为最佳订货量,d 为市场需求量,$p(d)$需求量为 d 时概率。

$$L_E(Q)=\sum_{d>Q} C_u(d-Q)p(d)+\sum_{d<Q} C_o(Q-d)p(d)$$

【**例 10-1**】 依据过去的销售情况记录,顾客在夏季对某服装店时尚衣服的需求分布率如表 10-1 所示。

表 10-1 某服装店时尚衣服的需求分布率

需求 d(件)	0	5	10	15	20	25
概率 $p(d)$	0.05	0.15	0.20	0.25	0.20	0.15

已知每件时尚衣服的进价为 $C=50$ 元,售价 $P=80$ 元。若在夏季卖不出去,则每件时尚衣服只能按 $S=30$ 元在秋季卖出去。则该服装店应该进多少件衣服为好?

解:设该商店买进时尚衣服的数量为 Q,则

当实际需求 $d<Q$ 时,将有部分时尚衣服卖不去,每件过期损失为

$$C_o=C-S=50-30=20(元)$$

当实际需求 $d>Q$ 时,将有机会损失,每件缺货损失为

$$C_u=P-C=80-50=30(元)$$

当 $Q=15$ 件时,由于 $L_E(Q)=C_{缺货}+C_{过期}$ 则

$$L_E(Q)=[30\times(20-15)\times 0.20+30\times(25-15)\times 0.15]+[20\times(15-0)\times 0.05+20\times(15-5)\times 0.15+20\times(15-10)\times 0.2]+0\times 0.25=140(元)$$

当 Q 取其他值时,可按同样方法算出 $L_E(Q)$,结果如表 10-2 所示,由表可以得出最佳订货量为 15 件。

表 10-2 期望损失计算表

订货量 Q (件)	实际需求 d						期望损失 $L_E(Q)$ (元)
	0	5	10	15	20	25	
	$p(d)$						
	0.05	0.15	0.20	0.25	0.20	0.15	
0	0	150	300	450	600	750	427.5
5	100	0	150	300	450	600	290.0
10	200	100	0	150	300	450	190.0
15	300	200	100	0	150	300	140.0
20	400	300	200	100	0	150	152.5
25	500	400	300	200	100	0	215.0

2. 期望利润最大法

期望利润最大法就是比较不同订货量下的期望利润,取得期望利润最大的订货量作为最佳订货量。

期望利润＝需求量小于订货量的期望利润＋需求量大于订货量的期望利润

设订货量为 Q 时的期望利润为 $P_E(Q)$,则

$$P_E(Q)=\sum_{d<Q}[C_u d-C_o(Q-d)]p(d)+\sum_{d>Q}C_u Q p(d)$$

【例 10-2】 已知数据同上例,求最佳订货量。

解:当 $Q=15$ 件时,则

$$P_E(Q)=287.5(元)$$

当 Q 取其他值时,可按同样方法算出 $P_E(Q)$,结果如表 10-3 所示,由表可得出最佳订货量为 15 件,与期望损失最小法得出的结果相同。

表 10-3 期望利润计算表

订货量 Q (件)	实际需求 d						期望利润 $P_E(Q)$(元)
	0	5	10	15	20	25	
	$p(d)$						
	0.05	0.15	0.20	0.25	0.20	0.15	
0	0	0	0	0	0	0	0
5	−100	150	150	150	150	150	137.5
10	−200	50	300	300	300	300	237.5
15	−300	−50	200	450	450	450	287.5
20	−400	−150	100	350	600	600	275.0
25	−500	−250	0	250	500	750	212.5

10.2.2 多周期库存模型

1. 经济订货批量模型

库存控制中每次订货的数量多少直接关系到库存的水平和库存总成本的大小。因此,为了控制库存就希望找到一个合适的订货数量,使它的库存总成本最小。经济订货批量模型能满足这一要求。经济订货批量模型就是通过平衡采购进货成本和保管仓储成本,确定一个最佳的订货数量来实现最低库存总成本的方法。

1) 经济订货批量的定义

所谓经济订货批量,是指库存总成本最小时的订货批量。库存控制中的成本主要包括保管费、订货费、缺货费和购买费。

(1) 保管费。又叫年维持库存费。保管费是指库存物料在保管过程中所发生的一切费用,即物料在收货、存储和搬运时发生的费用,包括出入库时的装卸、搬运、验收、堆码、检验费用,保管用具用料费用,仓库建造、供暖、照明与设备配备、折旧、修理等维持仓库费用,保管人员工资、福利及有关费用,保管过程中物料毁损、陈旧、盗窃、存货价值下跌等所损失的费用,税金以及保险费用,库存资金应支付的银行利息以及造成的机会损失费用等。显然,保管费用的大小与被保管物资数量的多少和保管时间的长短有关。库存保管费随着库存量的增加而增加。

(2) 订货费。订货费是指库存物料在订货过程中发生的全部费用,即企业在提出订货申请单、分析货源、填写采购订货单、跟踪订货时发生的费用,包括订货人员的差旅费、检验仪器的折旧费用、通信费、手续费以及跟踪订单的费用等。订货费与订货次数成正比,而与每次订货量多少无关。在年需求量一定的情况下,订货次数越多,则每次订货量越小。

(3) 缺货费。缺货费是指由于库存物料缺货而造成的缺货损失费用,包括失去销售机会而减少的赢利收入,违反合同而遭受的罚款,紧急订货而支付的特别费用、加班费用、失去商誉与失去客户的损失等。增大库存量,可减少缺货,但库存保管费会大大增加。在最简单的情况下,可以认为缺货费用与缺货量成正比,缺货量越大,缺货费越高。

(4) 购买费。购买费是指库存物料的实际购买费用,它与购买价格和购买数量有关。当物料从外部购买时,购买价格应包含物料的运杂费以及运输过程的保险费;当物料由企业内部制造时,购买价格为物料的单位生产成本。

在制定库存策略时,应综合考虑这四类费用。购买费只与物资的数量有关,在计划期间订购量一定的情况下,与订购批量无关,因此,购买费用可视为固定成本。而订货费、保管费、缺货费都与订货批量有关,批量不同,费用也不同,因此,它们可视为可变成本。只有可变成本才与订货批量有关,因此在考虑计算订货批量时,可以只考虑可变成本,而不考虑固定成本。

2) 经济订货批量模型的基本原理

经济订货批量(Economic Order Quantity,EOQ)是固定订货批量模型的一种,可以用来确定企业一次订货(外购或自制)的数量。当企业按照经济订货批量来订货时,可实现订货成本和储存成本之和最小化。订货批量概念是根据订货成本来平衡维持存货的成本。了解这种关系的关键是要记住,平均存货等于订货批量的一半。因此,订货批量越大,平均存货就越大,相应地,每年的维持成本也越大。然而,订货批量越大,每一计划期需要的订货次数就越少,相应地,订货费也就越低。把订货批量公式化可以确定精确的数量,据此,对于给定的销售量,订货和维持存货的年度联合总成本是最低的。使订货成本和维持成本总计最低的点代表了总成本。上述讨论介绍了基本的批量概念,并确定了最基本的目标。简单地说,这些目标是要识别能够使存货维持和订货的总成本降低到最低限度的订货批量或订货时间。

购进库存商品的经济订货批量,是指能够使一定时期购、存库存商品的相关总成本最低的每批订货数量。企业购、存库存商品的相关总成本包括购买成本、相关订货费用和相关储存成本之和。

经济订货批量模型最早是由 F.W.Harris 于 1915 年提出的。该模型有如下假设条件:①企业对库存的需求是已知的,且对于库存的消耗是均匀的(即需求率均匀且为常量),年需求量以 D 表示,单位时间需求率以 d 表示;②一次订货量无最大最小限制;③采购、运输均无价格折扣;④订货提前期已知,且为常量;⑤订货费与订货批量无关;⑥维持库存费是库存量的线性函数;⑦不允许缺货;⑧补充率为无限大,全部订货一次交付;⑨采用定量库存控制系统。

在以上假设条件下,库存量的变化如图 10.5 所示(由于需求率是固定的且为常量,因此库存消耗趋势是一条斜率为 d 的直线)。从图 10.5 可以看出,系统的最大库存量为 Q,最小库存量为 0,不存在缺货。库存按数值为 d 的固定需求率减少。当库存量降到订货点 RP(Reorder Point)时,就按固定订货量 Q 发出订货。经过固定的订货提前期 LT,新的一批订货 Q 到达(订货刚好在库存变为 0 时到达),库存量立即达到 Q。显然平均库存量为 $Q/2$。

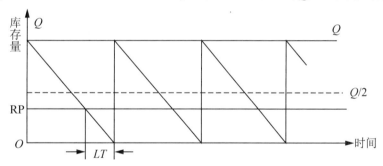

图 10.5 经济订货批量假设条件下的库存量变化

$$C_T = C_H + C_R + C_P = H(Q/2) + S(D/Q) + p \cdot D \tag{10.1}$$

式中,S 为一次订货费或调整准备费;H 为单位维持库存费,$H = p \times h$,p 为单价,h 为资金效果系数;D 为年需求量。

年维持库存费 C_H 随订货量 Q 增加而增加,是 Q 的线性函数;年订货费 C_R 与 Q 的变化呈反比,随 Q 增加而下降。不计年采购费用 C_P,总费用 C_T 曲线为 C_H 与 C_R 曲线的叠加。为了求出经济订货批量,按照求极值的要求,对式(10.1)对 Q 求导,并令一阶导数为零,可得:

$$Q^* = EOQ = \sqrt{\frac{2DS}{H}} \tag{10.2}$$

式中,Q^* 为最佳订货批量或称经济订货批量。

由于 C_P 与订货量大小无关(年需求量是固定的),C_T 曲线最低点对应的订货批量就是最佳订货批量,如图 10.6 所示。

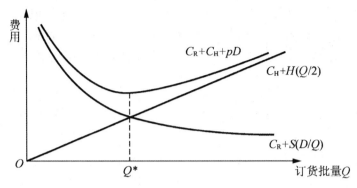

图 10.6　年费用曲线

订货点 RP 可按式(10.3)计算(假设间隔期以天为单位进行计量):

$$RP=(D/365)\cdot LT \tag{10.3}$$

在最佳订货批量下

$$C_R+C_H=S(D/Q^*)+H(Q^*/2)$$
$$=\frac{DS}{\sqrt{\frac{2DS}{H}}}+\frac{H}{2}\sqrt{\frac{2DS}{H}}=\sqrt{2DSH} \tag{10.4}$$

从公式(10.2)可以看出,经济订货批量随单位订货费 S 增加而增加,随单位维持库存费 H 增加而减少。因此,价格昂贵的物品订货批量小,难采购的物品一次订货批量要大一些。这些都与人们的常识一致。

下面将用 2 个例子来说明,经济订货批量的计算方法。

【例 10-3】某企业购进某商品,全年进货总量为 20 000 件,每次采购费用为 2 000 元,单位商品储存费用为 5 元。求该商品的经济批量、进货次数、进货周期。(注:一年以 365 天计算)

解:根据题意:$D=20\,000$ 件,$S=2\,000$ 元,$H=5$ 元

$$Q=\sqrt{\frac{2DS}{H}}=\sqrt{\frac{2\times 20\,000\times 2\,000}{5}}=4\,000(件)$$

$$T=\frac{Q}{D}=\frac{4\,000}{20\,000}=0.2(年)\quad 或者\quad 0.2\times 365=73(天)$$

$$N=\frac{D}{Q}=\frac{20\,000}{4\,000}=5(次)$$

所以,该企业平均 73 天采购一次,每次采购的数量为 4 000 件,每年采购 5 次。

【例 10-4】某厂生产需要一种标准件,年需要量 10 000 件,每件价格为 1 元,每次采购费用 25 元,年保管费率 12.5%(即每件标准件储存一年所需要的存储费用为标准件单价的 12.5%),试求最优采购量、采购批次。

解:根据题意:$D=10\,000$ 件,$S=25$ 元,$H=12.5\%\times 1$ 元

$$Q=\sqrt{\frac{2DS}{H}}=\sqrt{\frac{2\times 10\,000\times 25}{0.125\times 1}}=2\,000(件)$$

$$N=\frac{D}{Q}=\frac{10\,000}{2\,000}=5(次)$$

所以，该企业每次采购的数量为 2 000 件，采购批次为 5 次。

2. 经济生产批量模型

EOQ 假设整批订货在一定时刻同时到达，补充率为无限大，这种假设不符合企业生产过程的实际。一般来说，在进行某种产品生产时，成品是逐渐生产出来的，也就是说，当生产率大于需求率时，库存是逐渐增加的，不是一瞬间增加上去的。要使库存不致无限增加，当库存达到一定量时，应该停止生产一段时间。由于生产系统有设备调整准备费用的存在，在补充成品库存的生产中，也有一个一次生产多少最经济的问题，这就是经济生产批量模型(Economic Production Lot，EPL)，又称经济生产量模型(Economic Production Quantity，EPQ)，其假设条件除了与经济订货批量模型第 8 条假设不一样之外，其余都相同。

图 10.7 描述了在经济生产批量模型下库存量随时间变化的过程。生产在库存为 0 时开始进行，经过生产时间 t_p 结束，由于生产率 q 大于需求率 d，库存将以$(q-d)$的速率上升。经过时间 t_p，库存达到最大量 I_{max}。生产停止后，库存按需求率 d 下降。当库存减少到 0 时，又开始了新一轮生产。Q 是在 t_p 时间内的生产量，Q 又是一个补充周期 T 内消耗的量。

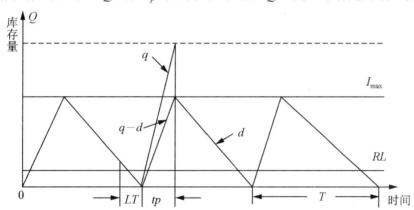

图 10.7　经济生产批量模型假设下的库存量变化

图 10.7 中，q 为生产率(单位时间内产量)，d 为需求率(单位时间内的出库量)，$q>d$，t_p 为生产时间，I_{max} 为最大库存量，Q 为生产批量，RL 为订货点，LT 为生产提前期。

在 EPL 模型的假设条件下 C_p 与订货批量大小无关，为常量。与 EOQ 模型不同的是由于补充率不是无限大，这里平均库存量不是 $Q/2$，而是 $I_{max}/2$。S 为设备的调整费，于是：
$$C_T=C_H+C_R+C_P=H(I_{max}/2)+S(D/Q)+PD$$

现在的问题是如何求 I_{max}，由图 10.7 所示看出：$I_{max}=t_p(q-d)$

$Q=qt_p$，可以得：$t_p=Q/q$，所以，$I_{max}=Q/q(q-d)=Q(1-d/q)$

$C_T=C_H+C_R+C_P=H(I_{max}/2)+S(D/Q)+PD=(HQ/2)(1-d/q)+S(D/Q)+PD$

通过求导得出经济生产批量：$EPL=[2DS/H(1-d/q)]^{1/2}$

【例 10-5】根据预测市场每年对某公司生产的产品的需求量为 9 000 台，一年按 300 个工作日计算，生产率为每天 50 台，生产提前期为 4 天，单位产品的生产成本为 60 元，单位产品的年维持库存费用为 30 元，每次生产的生产设备调整费用为 40 元。试求经济生产批量 EPL、年生产次数、订货点和最低年总费用。

解：由题目可知：$D=9\,000$(台)，$N=300$(天)

则：$d=D/N=9\,000/300=30$(台/日)

又 $q=50$(台)，$S=40$(元)，$H=30$(元)

则：$EPL=[2DS/H(1-d/q)]^{1/2}$
$=[(2\times9\,000\times40)/30(1-30/50)]^{1/2}$
$=245$(台)

年生产次数 $n=D/EPL=9\,000/245=36.7$(次)

订货点 $RL=d\times LT=30\times4=120$(台)

最低年库存费用 $C_T=C_H+C_R+C_P=(HQ/2)(1-d/q)+S(D/Q)+PD$
$=30\times(245/2)(1-30/50)+40\times(9\,000/245)+60\times9\,000$
$=542\,938$(元)

EPL 模型比 EOQ 模型更具有一般性，当生产率 q 趋于无穷大时，EPL 公式就同 EOQ 公式一样。

3. 定量订货模型

1) 定量订货法的原理

定量订货模型也叫 Q 模型。定量模型是"事件推动"，只有在库存量降低到规定的订货水平才能订货。因此，订货可能在任何时间发出，这主要取决于库存物料的需求状况。

定量订货模型是随着信息技术的进步，包括条形码、条形码扫描器以及 POS 机的出现，大大降低了库存盘点成本，从而逐渐普遍应用起来。定量订货模型是对库存量进行连续性监控，当库存量降低到某一确定数值时，开始订购固定数量物资用以补充库存，而订货的日期或时间跨度不定，即每次订货的订货点相同、订货量相同，但订货间隔期不同。因此定量订货模型需要解决两个问题：一是确定订货时所需要的库存水平，即订货点；二是确定有利于降低库存成本的合适订货批量。定量订货控制系统框架如图 10.8 所示。

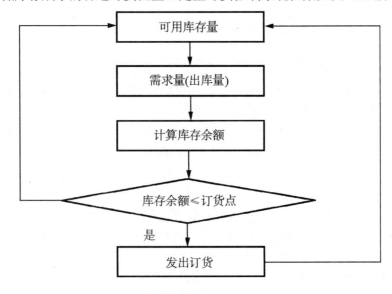

图 10.8　定量订货控制系统的控制框架图

运用定量订货模型时，必须时刻检测库存的存量，要求每次从库存取货或者向库存里加货时都必须对库存记录进行刷新，以确定是否达到订货点。图10.9说明了定量订货模型的原理。预先确定一个订货点 Q_K 和一个订货批量 Q^*，随时检查库存，当库存量下降到订货点 Q_K 时，就发出订货。

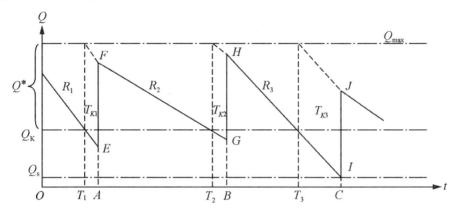

图 10.9 定量订货模型

首先假定物料需求速率不是均匀稳定的，即 $R_1 \neq R_2 \neq R_3$，在 OA 时间段内，库存以 R_1 的速率下降，在 T_1 时刻，库存下降到 Q_{K1}，则进行第一次订货，订货量为 Q^*。在 T_1A 时间段内，库存继续以 R_1 的速率下降到 E 点，第一次订货物料到达，库存提高了 Q^*，到达 F 点。在 AB 时间段内，库存以 R_2 的速率下降，由于 $R_2 < R_1$，所以库存消耗周期长些。在 T_2 时刻，库存下降到 Q_{K2}，第二次订货，订货量仍为 Q^*。在 T_2B 时间段内，库存继续以 R_2 的速率下降到 G 点，第二次订货物料到达，库存提高了 Q^*，到达 H 点。由于 $R_2 < R_1$，所以在 T_2B 时间段内，库存消耗量少，G 点库存较高，因而 H 点库存也较高。BC 时间段内，库存以 R_3 的速率下降。在 T_3 时刻，库存下降到 Q_{K3}，由于 $R_3 > R_1 > R_2$，所以库存消耗量最大，下降到最低点 I 点，此时库存量等于安全库存量 Q_S，同时，库存消耗时间最短。当第三次订货物料到达后，库存又提高了 Q^*，到达 J 点。库存量就是这样周期性地变化。

2) 定量订货法中订货点的确定

在实施定量订货法时，需要确定两个最主要的订货控制参数：每次订货量 Q 和订货点 R。Q 通常可以采用 EOQ，或者能够得到价格折扣的最小量，或特定容器的容量，或管理者选择的其他量。关于经济订货批量本节开头已做介绍，这里重点介绍订货点 R 的确定。

所谓订货点就是库存物料必须订货的警戒点。到了订货点如果不订货，就会出现缺货。因此，订购点也就是订货的启动控制点，是库存物料发出订货的时机，它控制了库存量的水平。

在日常库存运行中，随着物料的出库，库存量会慢慢下降。当库存量下降到一定程度就应该订货，否则就会产生缺货。但是库存量究竟下降到什么程度才应该订货？直观的概念是在发出订货时尚剩下的库存量能维持在订货过程中的出库消耗，也就是说，在下一次所订货物到达并入库之前，库存量应该能维持出库消耗的正常进行。这种思想也就是确定订货点大小的依据。

在实际运用时，通常把订货点看成是由两部分构成。一部分是平均订货提前期的需求

量,另一部分是安全库存量。其计算公式为

$$订货点 = 平均订货提前期的需求量 + 安全库存量 \tag{10.5}$$

$$平均订货提前期的需求量 = 平均订货提前期的天数 \times 日平均需求量 \tag{10.6}$$

$$安全库存量 = (预计日最大需求量 - 日正常需求量) \times 平均订货提前期的天数 \tag{10.7}$$

【例 10-6】 某公司甲种物料的经济订货批量为 890 吨,平均订货提前期为 12 天,平均每天正常需求量为 32 吨,预计日最大需求量为 42 吨,求订货点。

解:$Q_K = 12 \times 32 + (42 - 32) \times 12 = 504$(吨)

所以,订货点的库存量为 504 吨。

3) 定量订货法的应用

(1) 定量订货法的优点。定量订货法的优点主要体现在以下 3 个方面。①实际操作简单易行。实践中常常采用双堆法(双仓法)进行库存控制。所谓双堆法,就是将某物料分成两堆,一堆为订货点库存,另一堆为周转库存。平时使用周转库存,当消耗完就开始订货;订货期间则使用订货点库存,直到订货物料到达。双堆法省去了随时检查库存的工作,简化和方便了包装、装卸和运输。实施起来简单方便。②及时掌握库存动态。由于平时要详细检查和盘点库存,看是否降低到订购点,因此可以随时了解库存的动态。③充分发挥了经济订货批量的作用,可以降低库存量和库存成本,有利于节约费用,提高经济效益。

(2) 定量订货法的缺点。此法缺点主要有:①增加了库存保管费用。需要经常对库存进行详细检查和盘点,工作量大且需花费较多的时间、人力和物力;②订货方式过于机械化,缺乏灵活性;③订货时间不能预先确定,不利于严格管理,也不易做出较精确人员、资金、工作等计划安排。

(3) 定量订货法的适用范围。定量订货法主要用于需求量大且价格昂贵的重要物资及市场上随时可以采购到的物资。往往对应于 ABC 分类法中的 A 类物资,即对那些单价较高而需求数量较多的物料实施库存控制,做到既满足需求,又使总费用最低。

4. 定期订货模型

1) 定期订货法的原理

定期订货模型也叫 P 模型。定期订购控制法是指按预先确定的订货间隔期按期订购商品,以补充库存的一种库存控制方法。定期模型是"时间推动",它取决于预先确定的订货间隔期,只有到了规定的订货时间才能订货。在定期订货模型中,库存盘点只有在盘点期内发生,在盘点期外是不进行任何盘点的。图 10.10 说明了定期订货模型的原理。预先设定一个订货周期和一个最高库存量,周期性地检查库存,发出订货要求。它们的订货周期相同,前置期相同,每次订购数量不同。

首先假定物料需求速率不是均匀稳定的,即 $R_1 \neq R_2 \neq R_3$,在 OA 时间段内,库存以 R_1 的速率下降。由于预先确定了订货周期 T,也就是规定了订货时间,到了订货时间,不论实际库存量是多是少,都要进行订货。所以当到了第一次订货时间,即 T_1 时刻,就检查库存,确定 T_1 时刻的库存量 Q_{K1},并计算订货量 Q_1,进行订货,使"名义库存量"上升到最高库存量 Q_{max}。在 T_1A 时间段内,库存继续以 R_1 的速率下降到 E 点,此时第一次订货物料到达，库存量由 E 点上升到 F 点。在 AB 时间段内，库存以 R_2 的速率下降，由于 $R_2 < R_1$，所以当到了第二次订货时间，即 T_2 时刻，库存量 $Q_{K2} > Q_{K1}$。此时再次计算订货量 Q_2，进行订货，使"名义库存量"又上升到最高库存量 Q_{max}。在 $T_2 B$ 时间段内，库存继续以 R_2 的速率下降到 G 点，第二次订货物料到达，库存由 G 点上升到 H 点。在 BC 时间段内，库存以 R_3 的速率下降，当到了第三次订货时间，即 T_3 时刻，库存下降到 Q_{K3}，由于 $R_3 > R_1 > R_2$，所以库存消耗量最大，即 $Q_{K3} < Q_{K1} < Q_{K2}$，但订货时间间隔相同，即 $T_2 - T_1 = T_3 - T_2 = T$，此时进行订货，订货量为 Q_3。当第三次订货物料到达后，库存由 I 点上升到 J 点。库存量就是这样周期性地变化。

在定期订货法中，不使用经济订货批量，而是按固定的订货时间间隔订货。如每间隔 5 天订货一次，或 1 个月订货三次。通常订货时间间隔又称为订货周期，所谓订货周期，是指相邻两次订货之间的时间间隔。在定量订货法中，订货周期是变化的，而每次订货数量保持不变；在定期订货法中，恰好相反，即每次订货数量变化而订货周期不变。

定期订货法是一种基于时间的订货控制方法，它主要靠设定订货周期和最高库存量以达到控制库存的目的。只要订货周期和最高库存量控制得当，既不会造成缺货，又可以节省库存费用。

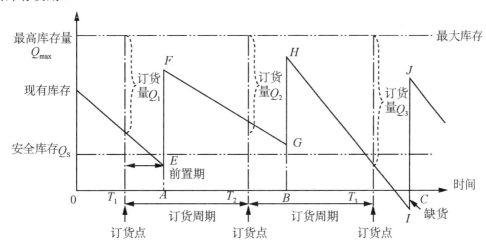

图 10.10　定期订货模型

2) 定期订货法中订货点与订货量的确定

(1) 订货点的确定。定量订货法是一个基于数量的订货方法，所以订货点用一个库存数量水平来确定。而定期订货法是一个基于时间的订货法，所以订货点用一个特定的时间来确定，这时的订货点不用订货数量表示，而用订货周期 T 表示。

订货周期实际上就是定期订货的订货点，其间隔时间总是相等的。订货间隔期的长短直接决定最高库存量的大小，即库存水平的高低，进而也决定了库存成本的多少。所以，订货周期不能太长，否则会使库存成本上升；也不能太短，太短会增加订货次数，使得订货费用增加，进而增加库存总成本。一般情况下，从费用角度出发，如果要使订货过程中发生的总费用最低，可以采用经济订货周期的方法来确定订货周期 T，其公式为

由经济订货批量公式 $T=Q/D$ 得

$$T=\sqrt{\frac{2S}{DH}} \tag{10.8}$$

式中，T 为经济订货周期，H 为单位维持库存费，D 为年需求量，S 为单位订货费。

在实际操作中，经常结合供应商的生产周期或供应周期来调整经济订货周期，从而确定一个合理可行的经济订货周期。因为有些供应商是多品种轮番批量生产，或是季节性生产，都有一个生产周期或供应周期，这样确定经济订货周期便于所需物料的采购。当然也可以结合人们比较习惯的时间单位，如周、旬、月、季、年等来确定经济订货周期，因为人们通常按日历时间安排生产计划、工作计划，这样确定经济订货周期可以与生产计划、工作计划相吻合，比较方便。

(2) 订货量的确定。定期订货法的订货量是不固定的，订货量的多少是由当时实际库存量的大小决定的。考虑到订货点时已订货但还没有到达的物料数量(在途物料量)和顾客延迟购买量，每次订货的订货量计算公式为

$$订货量=最高库存量-实际库存量-订货未到量+顾客延迟购买量 \tag{10.9}$$

在实际运用时，也可以采取一些简单办法计算每次订货的订货量，计算公式为

$$订货量=平均每天的需求量\times(订货提前期+订货周期)+安全库存量-$$
$$实际库存量-在途物料量+顾客延迟购买量 \tag{10.10}$$

【例 10-7】 某企业甲种物料订货周期为 30 天，订货提前期为 10 天，平均每日正常需求量为 25 吨，预计日最大需求量为 40 吨，订货时的实际库存量为 600 吨，在途物料量和顾客延迟量均为 0，求订货量。

解：$Q_{\max}=25\times(10+30)+(40-25)\times10=1\ 150(吨)$

订货量$=1\ 150-600-0=550(吨)$

所以，订货量为 550 吨。

3) 定期订货法的应用

(1) 定期订货法的优点。定期订货法的优点主要体现在以下 3 个方面：①可以合并订货与进货，减少订货管理费与物料运输费；②周期盘点比较彻底、精确，不需要每天检查和盘点库存，减少了工作量，节省了管理费用，提高了工作效率；③库存管理的计划性强，能预先制订订货计划和工作计划，有利于实现计划管理。

(2) 定期订货法的缺点。定期订货法的缺点主要有：①需要较大的安全库存量来保证物料需求。由于不能及时监测库存动态，为避免突发性的大量物料需求引起缺货而带来的损失，需要制定较高的安全库存量。②每次订货的批量不固定，无法确定经济订货批量，不能发挥经济订货批量的优越性，因而运营成本较高，经济性较差。③手续麻烦，每次订货都得检查储备量和订货合同，并要计算出订货量。

(3) 定期订货法的适用范围。由于不经常检查和盘点库存，对货物库存动态不能及时掌握，遇到突发性的大量需要，容易造成缺货现象带来的损失，因而企业为了应对订货间隔期间内需要的突然变动，往往库存水平较高。定期订货方式适用于品种数量大、占用资金较少的 C 类库存和 B 类库存。

(4) 定期订货法与定量订货法的比较。定期订货法与定量订货法是库存控制中最重要的两种方法。两者各有所长，它们的基本区别是：定量订货法采用"事件驱动"的控制方法；而定期订货法采用"时间驱动"的控制方法。也就是说，在定量订货法中，当预先规定的再订货水平(订货点)的事件发生后就进行订货，这种驱动事件有可能随时发生，主要取决于对该物料的需求情况。相对而言，在定期订货法中，只限于在预定时期期末进行订货，是由时间来驱动的。

在定量订货法中，必须连续监控剩余库存量。因此，定量订货法采用永续盘存制度盘点库存，它要求每次从库存里取出物料或者住库存里增添物料时，必须更新记录以确认是否已达到订货点。而在定期订货法中，库存盘点只在盘点期进行。定量订货模型与定期订货模型的比较见表10-4所示。

表10-4 定量订货模型与定期订货模型的比较

特 征	定量订货模型	定期订货模型
订购量	Q是固定的(每次订购量相同)	Q是变化的(每次订购量不同)
订货点	固定	可变
何时订购	库存量降低到再订货点时发出订购请求	订购的时间间隔是固定的，每隔一个固定的间隔期，就可发出订购请求，即在盘点期到来时进行订购
库存记录	每次出库都作记录	只在盘点期记录
库存大小	比定期订货模型小	比定量订货模型大
存货类型	价格昂贵，关键或重要物资，且该物资易于采购，并且具备进行来料检查的条件	一般的物资，供货渠道较少或供货来自物流企业的物资，需定期盘点，采购或生产的物资；具有相同供应来源的物资

5. ABC分类法

企业库存的物料品种繁多，每种物料的价格都不一样，库存数量也不相等，有的物料库存数量不多但是占用的资金很多，有的物料库存数量很多但占用的资金却很少。在这种情况下，对所有的库存物料不加区别地进行管理是不现实和不经济的，因为不断地盘点、发放订单、接受订货等需要耗费大量的时间和资金。为了使有限的时间、资金、人力、物力等企业资源得到更有效的利用，企业应对库存物料进行分类，依据物料重要程度的不同，采用不同的库存管理策略，即按ABC分类法管理库存。

1) ABC分类法的基本原理

ABC分类法的基本原理是将库存物料按品种和占用资金的多少分为非常重要的物料(A类)、一般重要的物料(B类)和不太重要的物料(C类)，然后针对不同重要级别分别进行管理与控制。其核心是"分清主次，抓住重点"。ABC分类法的标准见表10-5所示。

表10-5 ABC分类法的分类标准

类 别	品种数占总品种数的百分比(%)	资金占总库存资金的百分比(%)
A	10%左右	70%左右

续表

类别	品种数占总品种数的百分比(%)	资金占总库存资金的百分比(%)
B	20%左右	20%左右
C	70%左右	10%左右

 知识链接

ABC 分类法和 80/20 原则

ABC 分类法是由意大利经济学家帕累托首先提出的，1879 年，意大利经济学家帕累托在研究米兰的财富时发现，占人口总数很小比例的人口拥有占财富总数很大比例的财富，而占人口总数很大比例的人口却只拥有占财富总数很小比例的财富，这一现象也广泛存在于社会的其他领域，被总结为"关键的少数和次要的多数"，称为帕累托原则，也叫 80/20 原则。例如在库存管理中，一个仓库存放的物料品种成千上万，但是，在这些物料中，只有少数品种价值高、销售速度快、销售量大、利润高，构成仓库利润的主要部分，而大多数品种价值低、销售速度慢、销售量小、利润低，只能构成仓库利润的极小部分。

1951 年，美国通用电气公司的迪克在对公司的库存产品进行分类时，首次提出将公司的产品，根据销售量、现金流量、前置时间或缺货成本，分成 A、B、C 三类。A 类库存为重要的产品，B 类和 C 类库存依次为次重要的产品和不重要的产品。

资料来源：编者根据相关资料整理改编。

如果用累计品种百分比曲线表示(又称帕累托曲线)，可以清楚地看到 A、B、C 三类物料在品种和库存资金占用额上的比例关系，如图 10.11 所示。

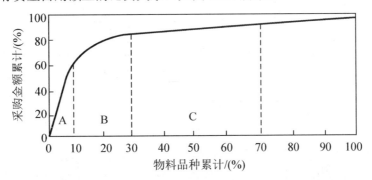

图 10.11 ABC 分类法曲线示意图

由图 10.11 可以看出，A 类物料的品种数很少，但占用了大部分库存资金，因此，物料品种数增加时，库存资金累计额百分比增长很快，曲线很陡；B 类物料的品种数累计百分比与库存资金累计额百分比基本相等，因此曲线较平缓；C 类物料品种数很多，但是库存资金累计额百分比很小，因此曲线十分平缓，基本呈水平状。

2) ABC 分类法实施的步骤

(1) 收集数据。对库存物品的平均资金占用额进行分析，以了解哪些物品占用资金多，以便实行重点管理。应收集的数据为：每种库存物资的平均库存量、每种物资的单价等。

(2) 按价值高低排序。平均库存量乘以单价，计算各种物品的平均资金占用额，并按价值从高到低进行排列。

(3) 计算整理，制作 ABC 分析表。ABC 分析表栏目构成如下：第一栏物品名称；第二栏品目数累计，即每一种物品皆为一个品目数，品目数累计实际就是序号；第三栏品目数累计百分数，即累计品目数对总品目数的百分比；第四栏物品单价；第五栏平均库存；第六栏是第四栏单价乘以第五栏平均库存，为各种物品平均资金占用额；第七栏为平均资金占用额累计；第八栏平均资金占用额累计百分数；第九栏为分类结果。具体见表10-6所示。

(4) 分类。根据 ABC 分析表确定分类。按 ABC 分析表，观察第三栏累计品目百分数和第八栏平均资金占用额累计百分数，将累计品目百分数为 10%左右而平均资金占用额累计百分数为 70%左右的前几个物品，确定为 A 类；将累计品目百分数为 20%左右，而平均资金占用额累计百分数也为 20%左右的物品，确定为 B 类；其余为 C 类，C 类情况正好 A 类相反，其累计品目百分数 70%左右，而平均资金占用额累计百分数仅为 10%左右。

表10-6 ABC 分析表

物品名称	品目数累计	品目数累计百分数	物品单价	平均库存	单价*平均库存	平均资金占用额累计	平均资金占用额累计百分数	分类结果

【例 10-8】 某公司对上一年度的 20 种库存物料统计了平均需求量和平均购买价格，见表10-7。为了对这些库存物料进行有效的控制，公司决定采用 ABC 分类法。试用 ABC 分类法对该公司的库存物料进行分类。

表10-7 物料需求信息表

物品编号	年需求量	单位价格(元)	占用库存资金额(元)	物品编号	年需求量	单位价格(元)	占用库存资金额(元)
W01	5	210	1 050	W11	10	8	80
W02	75	15	1 125	W12	25	60	1 500
W03	2	3 010	6 020	W13	90	110	9 900
W04	2 000	5	10 000	W14	200	950	190 000
W05	700	80	56 000	W15	50	80	4 000
W06	1	18 000	18 000	W16	1 500	140	210 000
W07	250	10	2 500	W17	150	10	1 500
W08	10 000	5	50 000	W18	20	50	1 000
W09	400	30	12 000	W19	350	20	7 000
W10	650	25	16 250	W20	65	75	4 875

解：第一步：将库存物料按占用库存金额的大小排序，并分类汇总(表10-8)。

表10-8 ABC 分类汇总表

物品编号	占用库存资金额(元)	占用库存资金额百分比(%)	累计占用库存资金额(元)	累计占用库存资金额百分比(%)	物品品种数	物品品种数百分比(%)	累计物品品种数	累计物品品种数百分比(%)
W16	210 000	34.84	210 000	34.84	1	5	1	5
W14	190 000	31.52	400 000	66.36	1	5	2	10

续表

物品编号	占用库存资金额(元)	占用库存资金额百分比(%)	累计占用库存资金额(元)	累计占用库存资金额百分比(%)	物品品种数	物品品种数百分比(%)	累计物品品种数	累计物品品种数百分比(%)
W05	56 000	9.29	456 000	75.65	1	5	3	15
W08	50 000	8.29	506 000	83.94	1	5	4	20
W06	18 000	2.99	524 000	86.93	1	5	5	25
W10	16 250	2.70	540 250	89.63	1	5	6	30
W09	12 000	1.99	552 250	91.62	1	5	7	35
W04	10 000	1.66	562 250	93.28	1	5	8	40
W13	9 900	1.64	572 150	94.92	1	5	9	45
W19	7 000	1.16	579 150	96.08	1	5	10	50
W03	6 020	1.00	585 170	97.08	1	5	11	55
W20	4 875	0.81	590 045	97.89	1	5	12	60
W15	4 000	0.66	594 045	98.55	1	5	13	65
W07	2 500	0.41	596 545	98.96	1	5	14	70
W12	1 500	0.25	598 045	99.21	1	5	15	75
W17	1 500	0.25	599 545	99.46	1	5	16	80
W02	1 125	0.19	600 670	99.65	1	5	17	85
W01	1 050	0.17	601 720	99.82	1	5	18	90
W18	1 000	0.17	602 720	99.99	1	5	19	95
W11	80	0.01	602 800	100	1	5	20	100

第二步：按照分类标准，编制 ABC 分析表进行分类，确定 A、B、C 各类物品见表 10-9。

表 10-9 ABC 分析表

类别	占用库存资金额分类(万元)	品种数	品种数百分比(%)	累计品种数百分比(%)	占用库存资金额(元)	占用库存资金额百分比(%)	累计占用库存资金额百分比(%)
A	19 以上	2	10	10	400 000	66.36	66.36
B	1.2~19	5	25	35	152 250	25.25	91.61
C	1.2 以下	13	65	100	50 550	8.39	100.00

第三步：确定 A、B、C 各类物料。

A 类物料，占用库存资金额为 190 000 元及以上，物品编号为 W16、W14，品种数为 2。

B 类物料，占用库存资金额为 12 000~190 000，物品编号为 W05、W08、W06、W10、W09，品种数为 5。

C 类物料，占用库存资金额为 12 000 元以下，物品编号为 W04、W13、W19、W03、W20、W15、W07、W12、W17、W02、W01、W18、W11，品种数为 13。

3) ABC 分类控制的准则

对库存物料进行 ABC 分类后，仓库管理人员应根据企业的经营策略和 A、B、C 3 类物料各自不同的特点对其实施相应的管理和控制。ABC 分类控制的准则如下。

(1) A 类。A 类物料品种数量少，但占用库存资金多，是企业重要物料，要重点管理。

① 在满足客户对物料需求的前提下，尽可能降低物料库存数量，增加订货次数，减少订货批量和安全库存量，避免浪费大量的保管费与积压大量资金。

② 与供应商建立良好的合作伙伴关系，尽可能缩短订货提前期和交货期，力求供应商供货平稳，降低物料供应变动，保证物料及时供给。

③ 严格执行物料盘点制度，定期检查，严密监控，尽可能提高库存物料精度。

④ 与客户勤联系多沟通，了解物料需求的动向，尽可能正确地预测物料需求量。

⑤ 加强物料维护和保管，保证物料的使用质量。

(2) B 类。B 类物料品种数量和占用库存资金都处于 A 类与 C 类之间，是企业一般重要的物料，可以采取比 A 类物料相对简单而比 C 类物料相对复杂的管理方法，即常规管理方法。B 类物料中占用库存资金比较高的品种可以采用 A 类物料的控制方式。另外，B 类物料对物料需求量的预测精度要求不高，只需每天对物料的增减加以记录，到了订货点时以经济订货批量加以订货。

(3) C 类。C 类物料品种数量多但占用库存资金少，是不太重要物料可用简单管理方法。

① 减少物料的盘点次数，对部分数量很大、价值很低的物料不纳入日常盘点范围，并规定物料最低出库的数量，以减少物料出库次数。

② 为避免缺货现象，可以适当提高物料库存数量，减少订货次数，增加订货批量和安全库存量，减少订货费用。

③ 尽量简化物料出库手续，方便领料人员领料，采取双堆法控制库存。

4) ABC 分类控制的注意事项

此法目标是把重要与不重要的物料区分开来，对其进行分类控制，还要注意以下几点。

(1) ABC 分类与物料单价无关。A 类物料占用库存资金很高，可能是单价不高但需求量极大的组合，也可能是单价很高但需求量不大的组合。与此类似 C 类物料可能是单价很低，也可能是需求量很小。通常对于单价很高的物料，在控制上要比单价较低的物料更严格，并且可以取较高的安全系数，同时加强控制，降低因安全库存量减少而引起的风险。

(2) 有时仅依据物料占用库存资金的大小进行 ABC 分类是不够的，还需以物料的重要性作为补充。物料的重要性主要体现在缺货会造成停产或严重影响正常生产、缺货会危及安全、缺货后不易补充三个方面。对于重要物料，可以取较高的安全系数，一般为普通物料安全系数的 1.2～1.5 倍，提高可靠性，同时加强控制，降低缺货损失。

(3) 进行 ABC 分类时，还要对诸如采购困难、可能发生的偷窃、预测困难、物料变质或陈旧、仓容、需求量和物料在经营上的急需情况等因素加以考虑，做出适当的分类。

(4) 可根据实际情况，将库存物料分为适当的类别，并不要求局限于 A、B、C 3 类。

(5) 分类情况不反映物料的需求程度，也不揭示物料的获利能力。

本 章 小 结

本章主要介绍了库存、库存管理、库存控制系统等相关概念,分析了单周期模型、经济订货批量模型、经济生产批量模型、定期订货模型、定量订货模型、ABC 分类法等四种常用的库存决策模型的基本原理、主要参数的控制及其各自的应用范围等。当然,对企业来讲,控制库存的方法虽然很多,但是如何寻求一条适合企业自身需求的方法则是非常困难的。

思 考 题

1. 选择题

(1) 在库存控制中,对 A 类货物的管理方法是( )。
　　A. 同供应商建立良好关系　　　　B. 采用定期订购法或定量混合的订购方式
　　C. 减少这类货物的盘点次数　　　D. 给予最低的优先作业次序

(2) 通过平衡订货成本和保管仓储成本,确定一个最佳的订货批量来实现最低总库存成本的方法称为( )。
　　A. 定期订购控制法　　　　　　　B. 经济订货批量模型
　　C. 定量订货控制法　　　　　　　D. 物料需求计划库存控制法

(3) 预先确定一个订货点和一个订货批量,然后随时检查库存,当库存下降到订货点时,就发出订货,订货批量的大小每次都相同。这种采购模式称为( )。
　　A. 定期订货法采购　　　　　　　B. 定量订货法采购
　　C. MRP 采购模式　　　　　　　　D. JIT 采购模式

(4) 库存控制管理的定量订货法中,关键的决策变量是( )。
　　A. 需求速率　　B. 订货提前期　　C. 订货周期　　D. 订货点和订货量

(5) 关于定量订购控制法,下列说法不正确的是( )。
　　A. 能经常地掌握库存储备动态,及时地提出订购,不易出现缺货
　　B. 保险储备量较少
　　C. 每次订购量固定,便于包装运输和保管作业
　　D. 由于多种物品一起订购,可以编制较实用的采购计划

(6) 下列不属于库存的是( )
　　A. 原材料　　　B. 信息　　　　C. 在制品　　　D. 废品

(7) 在制定库存量的决策时,下列哪个费用不需考虑( )
　　A. 保管费　　　B. 缺货费　　　C. 被盗损失　　D. 购买费

(8) 下列哪个物品需求是多周期需求
　　A. 电视机　　　B. 粽子　　　　C. 报纸　　　　D. 圣诞树

(9) 下列不是经济订货批量模型的假设条件是
　　A. 不允许缺货　　　　　　　　　B. 有数量折扣
　　C. 补充率为无限大　　　　　　　D. 年需求率为已知常量

(10) 假定无须安全库存,某产品的平均日消耗量为 30 件,提前期为 10 天,现有库存量为 500 件,订货点是( )
　　A. 200　　　　B. 300　　　　　C. 400　　　　D. 100

2. 判断题

(1) 定期库存控制方法也称为固定订购周期法，这种方法的特点是按照固定的时间周期来订购(一个月或一周等)，而订购数量也是固定的。( )

(2) 使用 EOQ 经济订货批量模型时必须满足的假设条件之一是允许缺货。( )

(3) 定量库存控制也称订购点控制，是指库存量下降到一定水平订购点时，按固定的订购数量进行订购的方式。( )

(4) ABC 分类法中 C 类是年度货币量最高的库存，这些品种可能只占库存总数的 15%，但用于它们的库存成本却占到总数的 70%～80%。( )

(5) ABC 分类法又称重点管理法或 ABC 分析法，它是一种从名目众多、错综复杂的客观事物或经济现象中，通过分析，找出主次，分类排队，并根据其不同情况分别加以管理的方法。( )

(6) ABC 分类法是按照物品的单价高低进行分类的。( )

(7) 库存控制的目标是要降低库存的维持费用。( )

(8) 独立需求是指可以精确计算和控制的需求。( )

(9) 消费者对中秋节月饼的需求是单周期需求。( )

(10) 双堆法是定期库存控制系统。( )

3. 掌握的基本概念：库存、库存管理、库存控制系统、经济订货批量

4. 问答题

(1) 为什么周转库存要进行库存量控制？

(2) 定量订货法有哪些优点和缺点？

(3) 定期订货法适用于哪些情况？

(4) 在 ABC 分类法中，如何对 A、B、C 各类物料进行控制？

(5) 库存过大必然会增加物品的保管费用，那么是否可认为每个企业现在均要将库存压到最低的程度，请说明原因。

5. 计算题

(1) 某加工企业对某种原材料的年需求量为 8 000 吨，每次的订货费用 2 000 元，每吨原材料的单价为 100 元，存贮费用为 8%(即每吨原材料储存一年所需要的存储费用为原材料单价的 8%)，试求经济订货批量，年订货次数，订货时间间隔及总库存成本。

(2) 某自行车公司计划下年度生产特种轮胎 40 000 只，生产率为每天 200 只，一年按 250 天计算。一次生产准备费用为 200 元，提前期为 5 天，单位生产费用为 15 元，单位维持库存费用为 11.5 元。试求经济生产批量和订货点。

(3) 某种时令产品在适销季节到来前一个月，批发单价为 16.25 元，零售时单价为 26.95 元，如果该时令产品销售完，当时是不能补充的。过时卖不出去时，只能折价销售其单价为 14.95 元。根据往年情况，该产品需求分布律如表 10-10 所示。求使期望利润最大的订货量。

表 10-10 时令产品需求分布律

需求量	6	7	8	9	10	11	12	13	14	15
需求概率	0.03	0.05	0.07	0.15	0.20	0.20	0.15	0.07	0.05	0.03

第 11 章 项目管理

> **学习目标**
>
> 1. 理解项目及项目管理的相关概念、特点；
> 2. 掌握双代号网络图的绘制方法，学会双代号网络图时间参数的计算；
> 3. 了解项目管理知识体系。

 引例

瑞康公司的新型阀门开发计划

瑞康公司是生产用于工业水槽的水阀门的制造型企业，其产品主要用于建筑行业。但现在，瑞康公司计划开发一种新型阀门，以进入空间更大、利润更为丰厚的市场。瑞康公司新型阀门计划的目标是设计和生产比竞争对手质量更高、成本更低的新型阀门。

考虑到公司的具体情况，瑞康公司决定实施开发和设计外包。于是它准备了一份 RFP 文件，包括下列目标和客户需求：

(1) 产品目标：创新设计出比竞争对手更好的阀门产品，并在价格上具有竞争力，产品附加值高。

(2) 市场需求：①容易安装；②不会堵塞；③操作噪声小；④在压力发生变化时能保持水位；⑤水位容易设定，高度可以调节。

瑞康公司将 RFP 发给了四家公司，并最终选择了伟邦公司作为产品开发商，其重要的原因是该公司的投标价格最低。伟邦公司的项目申请书主要是由其市场部的人员编写的。该公司在阀门设计方面没有太多的经验。其销售团队把这次中标看作是一个赢得与主要设备供应商合作，获得较大利润的良好机会。市场部根据以前完成项目的计划标准任务和工作包来估计该项目的进度和成本。

伟邦公司设计团队由一个经验丰富的工程师费先生领导，还包括另外两名工程师和两名设计师。费先生在仔细研究了市场和项目计划之后认为，原先对项目的投资估计过低。于是，

他不得不对项目进度和费用安排进行重新计划。

由于前期工作过于粗糙，在项目实施的过程中不得不多次改变设计思想、工作任务和工期安排。伟邦公司发现，要实现瑞康公司产品开发低成本、高性能的目标实在是太困难了。伟邦公司已经为该项目花费了超过预算四倍的费用，因此不得不要求瑞康公司也追加投资。

此外，该项目进展困难的另外一个原因是两个公司对于原先的交付物存在疑义。例如，两家公司对于产品原型的要求和交付时间存在分歧。为了达到瑞康公司对原型的要求，伟邦公司不得不追加时间和经费。

交付时间被拖延,伟邦公司不得不交叉工作,在原型还没有完成时就开始准备生产样品了。这样做的结果是完成的原型无法生产,既浪费了金钱,又浪费了时间。

最后,伟邦公司确实完成了一个真正具有创新意义的阀门,但是生产这种产品的成本太高,这使得瑞康公司追加的投资超过预算至少50%以上。

虽然新阀门的研发工作已经完成90%,瑞康公司还是终止了与伟邦公司的合同,决定自己来完成剩余的10%工作。但是,工作的艰巨是瑞康公司没有想到的;虽然花费的时间和经费是预算的两倍,却仍然没能生产出一个产品出来。因为,即使完成这个产品的开发,由于其高昂的开发和制造成本,产品的价格也绝对没有市场竞争力。

资料来源:项目管理者联盟网站。

人类的活动可以分为两类:一类是连续不断、周而复始的活动,称为"运作";另一类是临时性、一次性的活动,即"项目"。随着经济的不断发展和人们需求多样化程度的提高,项目对各类经济活动和人们日常生活产生着越来越重要的影响。项目管理作为一种现代化管理方式,已经成为组织管理的重要组成部分,并影响到组织的整体发展。

11.1 项目及项目管理概述

11.1.1 项目

1. 项目的概念

"项目"一词现在已经成为人们使用得越来越频繁的词汇。项目的历史源远流长,埃及的金字塔、中国的古长城、都江堰水利工程等已被世人誉为古代成功项目的经典。在当今世界,项目已经成为推动生产发展和社会的巨大动力,项目无处不在。那么项目的确切定义到底是什么呢?

我们认为,项目就是以一套独特而相互联系的任务为前提,有效地利用资源,为实现一个特定的目标所做的一次性努力。

上述定义说明,项目是一个有待完成的任务,有特定的环境和目标;在一定的组织、有限的资源和规定的时间内完成。

项目的例子包括:

(1) 开发一种新产品或提供一种新服务。
(2) 实现组织结构、工作人员和经营风格的一次改变。
(3) 设计一种新型运输工具。
(4) 开发或获取一个新的信息系统或者改进原有信息系统。
(5) 建造一座建筑物或设施。
(6) 在一个发展中国家为某个社区建造一个水利系统。
(7) 为政治机构开展一场竞选活动。
(8) 实施一套新的商业程序或过程。

2. 项目的基本特征

通过对项目定义的理解和认识,可以归纳出项目作为一类特殊的活动(任务)所表现出来的区别于其他活动的特征：

1) 唯一性

又称独特性，这一属性是"项目"得以从人类有组织的活动中分化出来的根源所在，是项目一次性属性的基础。每个项目都有其特别的地方，没有两个项目会是完全相同的。建设项目通常比开发项目有更多的相同之处，显得更程序化些，但在有风险存在的情况下，项目就其本质而言，不能完全程序化，项目主管之所以被人们强调很重要，是因为他们有许多例外情况要处理。

2) 一次性

由于项目的独特性，项目任务一旦完成，项目即告结束，不会有完全相同的任务重复出现，即项目不会重复，这就是项目的"一次性"。但项目的一次性属性是对项目整体而言的，它并不排斥在项目中存在着重复性的工作。

3) 多目标属性

项目的目标包括成果性目标和约束性目标。在项目过程中成果性目标都是由一系列技术指标来定义的，同时受到多种条件的约束，其约束性目标往往是多重的。因而，项目具有多目标属性。

4) 生命周期属性

项目是一次性的任务，因而它是有起点也有终点的。任何项目都会经历启动、实施、结束这样一个过程，人们常把这一过程称为"生命周期"。项目的生命周期特性还表现在项目的全过程中启动阶段比较缓慢，实施阶段比较快速，而结束阶段又可能比较缓慢的规律。

5) 相互依赖性

项目常与组织中同时进展的其他工作或项目相互作用，但项目总是与项目组织的标准及手头的工作相抵触的。组织中各事业部门(营销、财务、制造等)间的相互作用是有规律的，而项目与事业部门之间的冲突则是变化无常的。项目主管应清楚这些冲突并与所有相关部门保持适当联系。

6) 冲突属性

项目经理与其他经理相比，生活在一个更具有冲突特征的世界中，项目之间有为资源而与其他项目进行的竞争，有为人员与其他职能部门的竞争。项目组的成员在解决项目问题时，几乎一直是处在资源和领导问题的冲突中。

3. 项目利益相关者

项目利益相关者就是积极参与项目，或其利益因项目的实施或完成而受到积极或消极影响的个人和组织，他们会对项目的目标和结果施加影响。项目利益相关者在参与项目时的责任与权限变化较大，并且在项目生命周期的不同阶段也会所变化。然而，有时要准确识别项目利益相关各也不大容易。

项目利益相关者对于项目的影响，有可能是积极的，也有可能是消极的。积极的利益相关者通常是从项目的成功结果中获得利益的人，而消极的利益相关者是从项目的实施中看到消极影响的人。

每个项目都包括的利益相关者有：

(1) 项目经理：负责管理项目的个人。

(2) 顾客/用户：使用项目产品的个人或组织。

(3) 项目实施组织：雇员最直接参与项目工作的单位。
(4) 项目管理团队：完成项目工作的集体。
(5) 项目团队成员：直接参与项目管理活动的团队成员。
(6) 赞助人：为项目提供资金或实物财力资源的个人或团体。
(7) 施加影响者：与项目产品的取得和使用没有直接关系，但是因其在顾客组织中或实施组织中的地位而能够对项目的进程施加积极或消极影响的个人或集体。

11.1.2 项目管理

1. 项目管理的概念

项目管理就是以项目为对象的系统管理方法，通过一个临时性的专门的柔性组织，对项目进行高效率的计划、组织、指导和控制，以实现项目全过程的动态管理和项目目标的综合协调与优化。

所谓全过程的动态管理是指项目管理贯穿于项目的整个生命周期，通过不断进行资源配置和协调，不断做出科学决策，使项目过程始终处于优化运行状态，产生最佳效果。所谓综合协调与优化是指项目管理应综合协调好时间、费用、质量等约束性目标，在较短的时间内成功实现一个特定的成果性目标。项目管理的日常活动通常是围绕着项目计划、项目组织、质量管理、费用控制和进度控制五项基本任务展开的。

项目管理贯穿于项目的整个寿命周期，它是运用一定规律和方法对项目进行高效率的计划、组织、指导和控制的管理手段，并在时间、费用和质量的约束下达到预定的项目目标。一般地说，采用项目管理的专门方法进行管理的项目往往都是技术上比较复杂、工作量比较繁重、不确定性因素很多的项目。比如，第二次世界大战期间美国原子弹试验项目、后来的阿波罗登月计划等重大科学实验项目，是最早采用项目管理的典型例子。项目管理的专门方法在20世纪50至60年代被广泛应用，尤其是在电子、核工业、国防和航空航天等工业领域中应用最多。目前项目管理已经应用于所有的工业领域中。

知识延伸

项目管理的发展历程

现在通行的看法认为，项目管理是二战后的产物，主要是战后重建和冷战阶段为国防建设项目而创建的一种管理方法。项目管理的发展基本上可以划分为两个阶段：80年代之前被称为传统的项目管理阶段，80年代之后被称为现代项目管理阶段。

1. 传统项目管理发展阶段

从四十年代中期到六十年代，项目管理主要是应用于发达国家的国防工程建设和工业/民用工程建设方面。此时采用的传统项目管理方法主要是致力于项目的预算、规划和为达到项目目标而借用的一些一般运营管理的方法，在相对较小的范围内所开展的一种管理活动。当时的项目经理仅仅被看作是一个具体执行者，他们只是被动地接受一项给定的任务或工作，然后不断接受上级的指令，并根据指令去完成自己负责的项目。从60年代起，国际上许多人对于项目管理产生了浓厚的兴趣。随后建立的两大国际性项目管理协会，即：以欧洲国家为主的国际项目管理协会(International Project Management Association，IPMA)和以美洲国家为首的美国项目管理协会(Project Management Institute-PMI)，以及各国相继成立的项目管理协会，为推动项目管理的发展发挥了积极的作用，做出了卓越的贡献。但是在这一传统项目管理阶段中，发达国家的国防部门对于项目管理的研究与开发占据了主导地位,他们创造的许多项目管理方法和工具一直沿用至今。例如,20世纪50年代在美国出现了关键路径法(Critical Path Method,CPM)和计划评审技术计划评审方法(Project Evaluation and Review Technique,PERT)。1957年美国杜邦公司把CPM应用于设备维修,使维修停工时间由125小时锐减为7小时;1958年美国人在北极星导弹设计中,应用PERT技术,竟把设计完成时间缩短了两年。

2. 现代项目管理阶段

80年代之后项目管理进入现代项目管理阶段,随着全球性竞争的日益加剧,项目活动的日益扩大和更为复杂,项目数量的急剧增加,项目团队规模的不断扩大,项目相关利益者的冲突不断增加,降低项目成本的压力不断上升等一系列情况的出现,迫使作为项目业主/客户的一些政府部门与企业以及作为项目实施者的政府机构和企业先后投入了大量的人力和物力去研究和认识项目管理的基本原理,开发和使用项目管理的具体方法。特别是进入90年代以后,随着信息系统工程、网络工程、软件工程、大型建设工程以及高科技项目的研究与开发项目管理新领域的出现,促使项目管理在理论和方法等方面不断地发展和现代化,使得现代项目管理在这一时期获得了快速的发展和长足的进步。同时,项目管理的应用领域在这一时期也迅速扩展到了社会生产与生活的各个领域和各行各业,而且项目管理在企业的战略发展和例外管理(这些都属于企业高层管理者所做的管理工作)中的作用越来越重要。例如,欧洲的ABB公司作为一个处于领先地位的全球性工程公司,其绝大部分工作都要求开展项目管理;IBM公司是世界上最大的计算机制造商之一,它公开承认项目管理是对其未来发展起关键作用的因素;摩托罗拉公司是世界上最成功的通信设备和服务供应商之一,它在九十年代中期启动了一个旨在改善其项目管理能力的计划,这一计划使公司获得了很大的发展。今天,项目已经成为我们社会创造精神财富、物质财富和社会福利的主要生产方式,所以现代项目管理也就成了发展最快和使用最为重要的管理领域之一。

2. 项目管理的过程

项目管理的过程分为:启动、计划、实施、控制与收尾,贯穿于项目的整个生命周期。

1) 项目的启动过程

项目的启动过程就是一个新的项目识别与开始的过程。从这种意义上讲,项目的启动阶段显得尤其重要,这是决定是否投资,以及投资什么项目的关键阶段,此时的决策失误可能造成巨大的损失。重视项目启动过程,是保证项目成功的首要步骤。启动涉及项目范围的知识领域,其输出结果有项目章程、任命项目经理、确定约束条件与假设条件等。

2) 项目的计划过程

项目的计划过程是项目实施过程中非常重要的一个过程。通过对项目的范围、任务分解、资源分析等制定一个科学的计划,能使项目团队的工作有序地开展。也因为有了计划,我们在实施过程中,才能有一个参照,并通过对计划的不断修订与完善,使后面的计划更符合实际,更能准确地指导项目工作。计划是管理的一种手段,仅是通过这种方式,使项目的资源配置、时间分配更为科学合理而已,而计划在实际执行中是可以不断修改的。

3) 项目的实施过程

项目的实施,一般指项目的主体内容执行过程,但实施包括项目的前期工作,因此不光要在具体实施过程中注意范围变更、记录项目信息、鼓励项目组成员努力完成项目,还要在开头与收尾过程中,强调实施的重点内容,如正式验收项目范围等。在项目实施中,重要的内容就是项目信息的沟通,即及时提交项目进展信息,以项目报告的方式定期通过项目进度,有利开展项目控制,对质量保证提供了手段。

4) 项目的控制过程

项目管理的过程控制，是保证项目朝目标方向前进的重要过程，就是要及时发现偏差并采取纠正措施，使项目进展朝向目标方向。控制可以使实际进展符合计划，也可以修改计划使之更切合目前的现状。修改计划的前提是项目符合期望的目标。控制的重点有这么几个方面：范围变更、质量标准、状态报告及风险应对。基本上处理好以上四个方面的控制，项目的控制任务大体上就能完成了。

5) 项目的收尾过程

一个项目通过一个正式而有效的收尾过程，不仅是对当前项目产生完整文档，对项目干系人的交代，更是以后项目工作的重要财富。在经历的很多项目中，更多重视项目的开始与过程，忽视了项目收尾工作，所以项目管理水平一直未能得到提高。项目收尾包括对最终产品进行验收，形成项目档案，吸取的教训等。

3．项目管理系统

从系统的观点看，项目是一个系统，而项目管理则是一项系统工程。在项目管理系统中包含了三个层次的管理活动，即基础技术层、组织层和制度层，它们和项目所处的环境相互作用，形成了项目管理的特定系统，如图 11.1 所示。

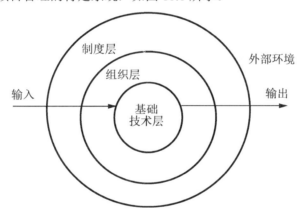

图 11.1　项目管理系统图

1) 基础技术层

基础技术层包含实施项目的基本技术，如网络计划技术、施工技术、控制技术、试验技术等，是项目实施的基础。该层面的工作趋向于标准化和常规化，管理者通常以任务为导向实施管理，其决策大多是依据标准、规范和规则而程式化的。

2) 组织层

组织层是指对基础技术层的整合方式，如职能式组织结构、矩阵式组织结构、项目式组织结构等，是项目管理的核心。该层面的工作主要是协调项目各职能的相互关系，确保各项技术活动输入，并对其输出进行有效的控制，具有很强的指导性和控制性，其决策活动部分是程式化的，但大部分是非程式化的。

3) 制度层

制度层是项目活动与环境相关的层次，也是项目管理系统的最高层次。项目的最高管理者针对不同的项目内外环境制定项目目标，以及适合于项目组织运行的组织制度和项目方案，确保项目满足客户需求。该层面工作的特点是概念性、长期性和不确定性，因而其决策也常常是非程式化的。

11.1.3 项目管理知识体系

随着经济全球化步伐的加快和市场竞争的日益加剧，项目管理更加注重人的因素、注重市场和顾客、注重柔性和适应性的特征，显示了强大的优越性，项目管理正在成为企业应对日益变化的环境的一种组织方式、管理方式和思想方法，企业运用项目管理的思想力求在变革的环境中更好地生存和发展。

1. 国际上广为流行的项目管理知识体系

1) PMBOK

PMBOK 是 Project Management Body of Knowledge 的缩写，即项目管理知识体系，是美国项目管理协会(Project Management Institute,简称 PMI)为全球项目管理专业人士制定的行业标准，于1996年正式发布，此后每四年更新一版，目前已经发展到第四版，已经成为美国项目管理的国家标准之一。

PMBOK 使用了"知识领域"(Knowledge Areas)的概念，将项目管理需要的知识分为9个相对独立的部分：范围管理、时间管理、质量管理、成本管理、人力资源管理、沟通管理、采购管理、风险管理和集成管理。上述每个知识领域包含若干过程，这些知识领域以及过程组成整个项目管理知识体系框架的一个方面；另一个方面就是项目管理的管理过程，包括启动、计划、执行、控制、收尾。

2) PRINCE2

PRINCE 是 Project In Controlled Environments(受控环境下的项目)的简称，是一种项目管理方法。PRINCE2 在 1996 年作为一种通用的项目管理方法正式出版，当前的最新版本是 OGC2009 年出版的 PRINCE2 2009。PRINCE2 现在已发展成为通用于各个领域、各种项目的管理方法。

PRINCE2 中涉及 8 类管理要素、8 个管理过程以及 4 种管理技术。管理要素包括组织、计划、控制、项目阶段、风险管理、项目环境中的质量、配置管理以及变更控制等。8 类管理要素是 PRINCE2 管理的主要内容，贯穿于 8 个管理过程中。PRINCE2 提供了从项目开始到项目结束覆盖整个项目生命周期的基于过程的结构化项目管理方法，共包括 8 个过程，每个过程描述了项目为何重要(Why)、项目的预期目标何在(What)、项目活动由谁负责(Who)以及这些活动何时被执行(When)。管理过程包括：项目准备、项目计划、项目活动、项目指导、阶段控制、产品交付管理、项目阶段边界管理和项目收尾。项目管理过程中常用一些技术主要有基于产品计划、变化控制方法、质量评审技术以及项目文档化技术等。

2. 中国项目管理知识体系

为建立适合我国国情的"项目管理知识体系"，形成我国项目管理学科和专业的基础，我国于 1993 年开始研究中国项目管理知识体系，并于 2001 年 7 月正式推出中国项目管理知识体系文件——＜中国项目管理知识体系＞(c-PMBOK)。中国项目管理知识体系主要以项目生命周期为基本线索进行展开，从项目及项目管理的概念入手，按照项目开发及其相应知识内容,同时考虑到项目管理过程中所需要共性知识及方法工具(如表 11-1、表 11-2 所示)。

表 11-1 中国项目管理知识体系
(基于项目生命周期的框架)

2 项目与项目管理			
2.1 项目 2.2 项目管理			
3 概念阶段	4 开发阶段	5 实施阶段	6 收尾阶段
3.1 一般机会研究	4.1 项目背景描述	5.1 采购规划	6.1 范围确认
3.2 特定项目机会研究	4.2 目标确定	5.2 招标采购的实施	6.2 质量验收
3.3 方案策划	4.3 范围规划	5.3 合同管理基础	6.3 费用决算与审计
3.4 初步可行性研究	4.4 范围定义	5.4 合同履行和收尾	6.4 项目资料与验收
3.5 详细可行性研究	4.5 工作分解	5.5 实施计划	6.5 项目交接与清算
3.6 项目评估	4.6 工作排序	5.6 安全计划	6.6 项目审计
3.7 项目商业计划书的编写	4.7 工作延续时间估计	5.7 项目进展报告	6.7 项目后评价
	4.8 进度安排	5.8 进度控制	
	4.9 资源计划	5.9 费用控制	
	4.10 费用估计	5.10 质量控制	
	4.11 费用预算	5.11 安全控制	
	4.12 质量计划	5.12 范围变更控制	
	4.13 质量保证	5.13 生产要素管理	
		5.14 现场管理与环境保护	
7 公用知识			
7.1 项目管理组织形式	7.9 组织规划	7.17 风险量化	
7.2 项目办公室	7.10 团队建设	7.18 风险应对计划	
7.3 项目经理	7.11 冲突管理	7.19 风险监控	
7.4 多项目管理	7.12 沟通规划	7.20 信息管理	
7.5 目标管理与业务过程	7.13 信息分发	7.21 项目监理	
7.6 绩效评价与人员激励	7.14 风险管理规划	7.22 行政监督	
7.7 企业项目管理	7.15 风险识别	7.23 新经济项目管理	
7.8 企业项目管理组织设计	7.16 风险评估	7.24 法律法规	
8 方法与工具			
8.1 要素分层法	8.8 环境影响评价	8.15 甘特图	
8.2 方案比较法	8.9 项目融资	8.16 资源费用曲线	
8.3 资金的时间价值	8.10 模拟技术	8.17 质量技术文件	
8.4 评价指标体系	8.11 里程碑计划	8.18 并行工作	
8.5 项目财务评价	8.12 工作分解结构	8.19 质量控制的数理统计方法	
8.6 国民经济评价方法	8.13 责任矩阵	8.20 挣值法	
8.7 不确定性分析	8.14 网络计划技术	8.21 有无比较法	

表 11-2　中国项目管理知识体系

(基于项目管理职能领域的框架)

2 项目与项目管理
2.1 项目　2.2 项目管理

论证与评估			企业项目管理
3.1 一般机会研究 3.4 初步可行性研究 3.7 项目商业计划书的编写 3.2 特定项目机会研究 3.5 详细可行性研究 3.3 方案策划 3.6 项目评估 6.7 项目后评价			7.7 企业项目管理 7.8 企业项目管理组织设计 7.1 项目管理组织形式 7.2 项目办公室 7.4 多项目管理 7.5 目标管理与业务过程 7.6 绩效评价与人员激励
范围管理	时间管理	费用管理	
4.1 项目背景描述 4.2 目标确定 4.3 范围规划 4.4 范围定义 4.5 工作分解 4.6 工作排序 5.12 范围变更控制 6.1 范围确认 6.4 项目资料与验收 6.5 项目交接与清算	4.7 工作延续时间估计 4.8 进度安排 5.5 实施计划 5.7 项目进展报告 5.8 进度控制	4.9 资源计划 4.10 费用估计 4.11 费用预算 5.9 费用控制 6.3 费用决算与审计 6.6 项目审计	工具与方法 8.1 要素分层法 8.2 方案比较法 8.3 资金的时间价值 8.4 评价指标体系 8.5 项目财务评价 8.6 国民经济评价方法 8.7 不确定性分析 8.8 环境影响评价 8.9 项目融资
质量管理	沟通管理	风险管理	8.10 模拟技术 8.11 里程碑计划 8.12 工作分解结构 8.13 责任矩阵 8.14 网络计划技术 8.15 甘特图 8.16 资源费用曲线
4.12 质量计划 4.13 质量保证 5.10 质量控制 6.2 质量验收	7.11 冲突管理 7.12 沟通规划 7.13 信息分发 7.20 信息管理	7.14 风险管理规划 7.15 风险识别 7.16 风险评价 7.17 风险量化 7.18 风险应对计划 7.19 风险监控	
人力资源管理	采购管理	综合管理	8.17 质量技术文件 8.18 并行工程 8.19 质量控制的数理统计方法 8.20 挣值法 8.21 有无比较法
7.9 组织规划 7.10 团队建设	5.1 采购规划 5.2 招标采购的实施 5.3 合同管理基础 5.4 合同履行和收尾	5.6 安全计划 5.11 安全控制 5.13 生产要素管理 5.14 现场管理与环境保护 7.3 项目经理 7.21 项目监理 7.22 行政监督 7.23 新经济项目管理 7.24 法律法规	

案例故事

查尔斯·史瓦波，美国伯利恒钢铁公司的总裁。他一度陷入公司的文山会海里不能自拔，终于有一天，他亲自拜会著名的时间管理专家阿维·利，向他请教时间效率管理的秘诀。阿维·利告诉他，可以在五分钟之内使史瓦波一样东西，使他的公司业绩提高至少 50%。然后，他递给史瓦波一张空白纸。

"我们来做一个实验件事，先在这张纸上写下你明天要做的最重要的五件事。"

史瓦波照他所说写下了五件事。

"用数字标出每件事情对于你和你的公司的重要性次序。"阿维·利又说道。

史瓦波只用了不到两分钟，就把这些事情标出来了。阿维·利看了看他，把那张纸折叠起来，递给史瓦波，对他说道："从明天早上开始，你就按照这张纸条上所写的第一件事去做。不要看其他的，只看第一件事。着手办第一件事，直至完成。然后再去做第二件事、第三件事……直到你下班。如果直到下班，你只做完第一件事，那也不要紧。因为你总是做着最重要的事情。"

整个拜会，只用了不到半个钟头。临出门的时候，阿维·利说："这个实验你愿意做多久就做多久，然后给我寄张支票来，你认为值多少就给我多少。"

几个星期之后，史瓦波 给阿维·利寄去一张 2.5 万美元的支票和一封信。信上说无论从哪个角度看，这都是他一生中最有价值的一课。

史瓦波每天都坚持这样做。后来，他又叫公司所有的人都这样做。五年之后，这个当年不为人知的小钢铁厂一跃成为了世界上的超级钢铁厂。

资料来源：《项目管理案例分析》，赵振宇编著，2013。

11.2 网络计划技术

网络计划技术是一种指定计划和对项目进行管理的方法，它广泛地应用于一次项目的管理，如国防项目、大型科研项目、建设工程项目等。项目越大，协同关系就越多，网络计划技术就越能够显示其优越性。有关统计资料表明，大型项目采用网络计划技术进行管理，一般可缩短时间 15%～20%，节约费用 10%～15%。常用的网络计划技术类型包括双代号网络计划、单代号网络计划、双代号时标网络计划和单代号搭接网络计划。下面着重介绍双代号网络计划。

11.2.1 双代号网络图的概念

双代号网络图是以箭线及其两端节点的编号表示工作的网络图，如图 11.2 所示。

图 11.2 双代号网络图

1. 箭线(工作)

在双代号网络图中，工作是用箭线表示的。箭尾表示工作的开始，箭头表示工作的完成。对于某项工作来说，紧排在其前面的工作，称为该工作的紧前工作，紧接在其后面的工作称为该工作的紧后工作，和它同时进行的工作称为平行工作。

在双代号网络图中，为了正确表达图中工作事件的逻辑关系，往往需要使用虚箭线。虚箭线是实际工作中并不存在的一项虚设工作，故它们既不占用时间，也不消耗资源，一般起着工作之间的联系、区分和断路三个作用。

(1) 联系作用是指应用虚箭线正确表达工作之间相互依存的关系。

(2) 区分作用是指双代号网络图中每一项工作都必须用一条箭线和两个代号表示，若两项工作的代号相同时，应使用虚工作加以区分，如图 11.3 所示。

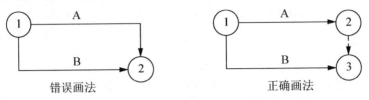

图 11.3　虚箭线的区分作用

(3) 断路作用是用虚箭线断掉多余联系(即在网络图中把无联系的工作连接上了时，应加上虚工作将其断开)。

2. 节点(又称结点、事件)

节点是网络图中箭线之间的连接点。在双代号网络图中，节点既不占用时间、也不消耗资源，是个瞬时值，即它只表示工作的开始或结束的瞬间，起着承上启下的衔接作用。网络图中有三种类型的节点：

(1) 起点节点。网络图的第一个节点叫"起点节点"，它只有外向箭线，一般表示一项任务或一个项目的开始，如图 11.4 所示。

(2) 终点节点。网络图的最后一个节点叫"终点节点"，它只有内向箭线，一般表示一项任务或一个项目的完成，如图 11.5 所示。

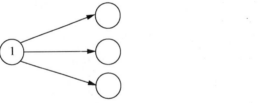
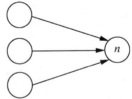

图 11.4　起点节点示意图　　　　　图 11.5　终点节点示意图

(3) 中间节点。网络图中即有内向箭线，又有外向箭线的节点称为中间节点，如图 11.6 所示。

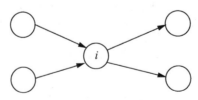

图 11.6　中间节点示意图

(4) 在双代号网络图中，节点应用圆圈表示，并在圆圈内编号。一项工作应当只有唯一的一条箭线和相应的一对节点，且要求箭尾节点的编号小于其箭头节点的编号。例如在图 11.7 中，应有：$i<j<k$。网络图节点的编号顺序应从小到大，可不连续，但不允许重复。

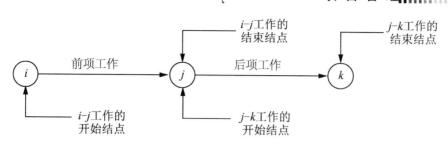

图 11.7 箭尾节点和箭头节点示意图

3．线路

网络图中从起点节点开始，沿箭头方向顺序通过一系列箭线与节点，最后达到终点节点的通路称为线路。在一个网络图中可能有很多条线路，线路中各项工作持续时间之和就是该线路的长度，即线路所需要的事件。

在各条线路中有一条或几条线路的总时间最长，称为关键线路，用双线或粗线标注。

11.2.2 双代号网络图的绘制

1．逻辑关系

各工作间的逻辑关系，既包括客观上的由工艺所决定的工作上的先后顺序关系，也包括施工组织所要求的工作之间相互制约、相互依赖的关系。逻辑关系表达得是否正确，是网络图能否反映项目实际情况的关键，而且一旦逻辑关系搞错，图中各项工作参数的计算以及关键线路和项目工期都将随之发生错误。

(1) 工艺关系。工艺关系是指生产工艺上客观存在的先后顺序。例如，建筑工程施工时，先做基础，后做主体；先做结构，后做装修。这些顺序是不能随意改变的。

(2) 组织关系。组织关系是指在不违反工艺关系的前提下，人为安排的工作的先后顺序。例如，建筑群中各个建筑物的开工顺序的先后；施工对象的分段流水作业等。这些顺序可以根据具体情况，按安全、经济、高效的原则统筹安排。无论工艺关系还是组织关系，在网络图中均表现为工作进行的先后顺序。

2．绘图规则

(1) 双代号网络图必须正确表达已定的逻辑关系。

(2) 双代号网络图中，严禁出现循环回路。所谓循环回路是指从网络图中的某一个节点出发，顺着箭线方向又回到了原来出发点的线路。如图 11.8 所示。

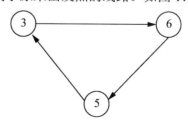

图 11.8 循环线路示意图

(3) 双代号网络图中，在节点之间严禁出现带双向箭头或无箭头的连线。如图 11.9 所示。

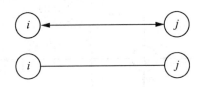

图 11.9　箭线的错误画法示意图

(4) 双代号网络图中，严禁出现没有箭头节点或没有箭尾节点的箭线。如图 11.10 所示。

图 11.10　没有箭头和箭尾节点的箭线示意图

(5) 当双代号网络图的某些节点有多条外向箭线或多条内向箭线时，为使图形简洁，可使用母线法绘制(但应满足一项工作用一条箭线和相应的一对结点表示)，如图 11.11 所示。

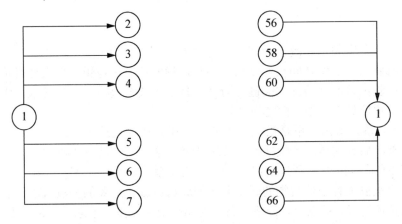

图 11.11　母线表示方法示意图

(6) 绘制网络图时，箭线不宜交叉；当交叉不可避免时，可用过桥法或指向法。如图 11.12 所示。

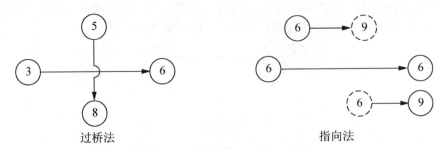

图 11.12　箭线交叉的表示方法示意图

(7) 双代号网络图中应只有一个起点节点和一个终点节点(多目标网络计划除外)；而其他所有节点均应是中间节点。如图 11.13 所示。

第 11 章 项目管理

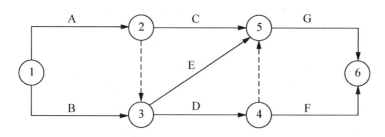

图 11.13 一个起点节点、一个终点节点的网络图

11.2.3 双代号网络图的时间参数的计算

双代号网络计划时间参数计算的目的在于通过计算各项工作的时间参数,确定网络计划的关键工作、关键线路和计算工期,为网络计划的优化、调整和执行提供明确的时间参数。双代号网络计划时间参数的计算方法很多,一般常用的有:按工作计算法和按节点计算法进行计算;在计算方式上又有分析计算法、表上计算法、图上计算法。本节只介绍按工作计算法在图上进行计算的方法(图上计算法)。

1. 时间参数的概念及其符号

1) 工作持续时间(D_{i-j})

工作持续时间是对一项工作规定的从开始到完成的时间。在双代号网络计划中,工作 $i-j$ 的持续时间用 D_{i-j} 表示。

2) 工期(T)

工期泛指完成任务所需要的时间,一般有以下 3 种:

(1) 计算工期:根据网络计划时间参数计算出来的工期,用 T_C 表示。

(2) 要求工期:任务委托人所要求的工期,用 T_r 表示。

(3) 计划工期:在要求工期和计算工期的基础上综合考虑需要和可能而确定的工期,用 T_p 表示。网络计划的计划工期 T_p 应按下列情况分别确定:

① 当已规定了要求工期 T_r 时, $T_p \leqslant T_r$。

② 当未规定要求工期时,可令计划工期等于计算工期,$T_p = T_C$。

3) 网络计划中工作的六个时间参数

(1) 最早开始时间(ES_{i-j})。是指在各紧前工作全部完成后,本工作有可能开始的最早时刻。工作 $i-j$ 的最早开始时间用 ES_{i-j} 表示。

(2) 最早完成时间(EF_{i-j})。是指在各紧前工作全部完成后,本工作有可能完成的最早时刻。工作 $i-j$ 的最早完成时间用 EF_{i-j} 表示。

(3) 最迟开始时间(LS_{i-j})。是指在不影响整个任务按期完成的前提下,工作必须开始的最迟时刻。工作 $i-j$ 的最迟开始时间用 LS_{i-j} 表示。

(4) 最迟完成时间(LF_{i-j})。是指在不影响整个任务按期完成的前提下,工作必须完成的最迟时刻。工作 $i-j$ 的最迟完成时间用 LF_{i-j} 表示。

(5) 总时差(TF_{i-j})。是指在不影响总工期的前提下,本工作可以利用的机动时间。工作

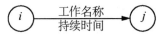

图 11.14 工作时间参数标准形式示意图

$i-j$ 的总时差用 TF_{i-j} 表示。

(6) 自由时差(FF_{i-j})。是指在不影响其紧后工作最早开始的前提下，本工作可以利用的机动时间。工作 $i-j$ 的自由时差用 FF_{i-j} 表示。

按工作计算法计算网络计划中各时间参数，其计算结果应标注在箭线之上，如图 11.14 所示。

2. 双代号网络计划时间参数计算

按工作计算法在网络图上计算六个工作时间参数，必须在清楚计算顺序和计算步骤的基础上，列出必要的公式，以加深对时间参数计算的理解。时间参数的计算步骤为：

1) 最早开始时间和最早完成时间的计算

综上所述，工作最早时间参数受到紧前工作的约束，故其计算顺序应从起点节点开始，顺着箭线方向依次逐项计算。

(1) 以网络计划的起点节点为开始结点的工作的最早开始时间为零。如网络计划起点节点的编号为 1，则：

$$ES_{i-j}=0(i=1)$$

(2) 顺着箭线方向依次计算各个工作的最早完成时间和最早开始时间。

① 最早完成时间等于最早开始时间加上其持续时间：

$$EF_{i-j} = ES_{i-j} + D_{i-j}$$

② 最早开始时间等于各紧前工作的最早完成时间 EF_{h-i} 的最大值：

$$ES_{i-j} = \text{Max}\ [\ EF_{h-i}\ ]$$

或

$$ES_{i-j} = \text{Max}\ [\ ES_{h-i} + D_{h-i}\ ]$$

2) 确定计算工期 T_C

计算工期等于以网络计划的终点节点为箭头节点的各个工作的最早完成时间的最大值。当络计划终点节点的编号为 n 时，计算工期：

$$T_C = \text{Max}\ [\ EF_{i-n}\ ]$$

当无要求工期的限制时，取计划工期等于计算工期，即取：$T_P = T_C$。

3) 最迟开始时间和最迟完成时间的计算

工作最迟时间参数受到紧后工作的约束，故其计算顺序应从终点节点起，逆着箭线方向依次逐项计算。

(1) 以网络计划终点节点($j=n$)为箭头节点的工作最迟完成时间等于计划工期 T_P，即：

$$LF_{i-n} = T_P$$

(2) 逆着箭线方向依次计算各个工作的最迟开始时间和最迟完成时间。

① 最迟开始时间等于最迟完成时间减去其持续时间：

$$LS_{i-j} = LF_{i-j} - D_{i-j}$$

② 最迟完成时间等于各紧后工作的最迟开始时间 LS_{j-k} 的最小值：

$$LF_{i-j} = \min[\ LS_{j-k}\ ]$$

或

$$LF_{i-j} = \min[\ LF_{j-k} - D_{j-k}\ ]$$

4) 计算工作总时差

总时差等于其最迟开始时间减去最早开始时间，或等于最迟完成时间减去最早完成时间：

$$TF_{i-j} = LS_{i-j} - ES_{i-j}$$

$$TF_{i-j} = LF_{i-j} - EF_{i-j}$$

5) 计算工作自由时差

当工作 $i-j$ 有紧后工作 $j-k$ 时，其自由时差应为：

$$FF_{i-j} = ES_{j-k} - EF_{i-j}$$

或

$$FF_{i-j} = ES_{j-k} - ES_{i-j} - D_{i-j}$$

以网络计划的终点节点($j=n$)为箭头节点的工作，其自由时差 FF_{i-n} 应按网络计划的计划工期 T_p 确定，即：

$$FF_{i-n} = T_P - EF_{i-n}$$

3. 关键工作和关键线路的确定

(1) 关键工作。总时差最小的工作是关键工作。

(2) 关键线路。自始至终全部由关键工作组成的线路为关键线路，或线路上总的工作持续时间最长的线路为关键线路。网络图上的关键线路可用双线或粗线标注。

【例 11-1】 已知网络计划的资料见表 11-3 所示，试绘制双代号网络计划；若计划工期等于计算工期，试计算各项工作的六个时间参数并确定关键线路，标注在网络计划上。

表 11-3 网络计划资料表

工作名称	A	B	C	D	E	F	H	G
紧前工作	/	/	B	B	A、C	A、C	D、F	D、E、F
持续时间(天)	4	2	3	3	5	6	5	3

解：

(1) 根据上表中网络计划的有关资料，按照网络图的绘图规则，绘制双代号网络图如图 11.15 所示。

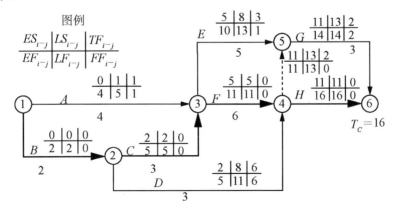

图 11.15 双代号网络计划计算实例示意图(一)

(2) 计算各项工作的时间参数，并将计算结果标注在箭线上方相应的位置。

① 计算各项工作的最早开始时间和最早完成时间。

从起点节点(①节点)开始顺着箭线方向依次逐项计算到终点节点(⑥节点)。

(a) 以网络计划起点节点为开始节点的各工作的最早开始时间为零：
$$ES_{1-2} = ES_{1-3} = 0$$

(b) 计算各项工作的最早开始和最早完成时间：

$EF_{1-2} = ES_{1-2} + D_{1-2} = 0 + 2 = 2$

$EF_{1-3} = ES_{1-3} + D_{1-3} = 0 + 4 = 4$

$ES_{2-3} = ES_{2-4} = EF_{1-2} = 2$

$EF_{2-3} = ES_{2-3} + D_{2-3} = 2 + 3 = 5$

$EF_{2-4} = ES_{2-4} + D_{2-4} = 2 + 3 = 5$

$ES_{3-4} = ES_{3-5} = \text{Max}[EF_{1-3}, EF_{2-3}] = \text{Max}[4, 5] = 5$

$EF_{3-4} = ES_{3-4} + D_{3-4} = 5 + 6 = 11$

$EF_{3-5} = ES_{3-5} + D_{3-5} = 5 + 5 = 10$

$ES_{4-6} = ES_{4-5} = \text{Max}[EF_{3-4}, EF_{2-4}] = \text{Max}[11, 5] = 11$

$EF_{4-6} = ES_{4-6} + D_{4-6} = 11 + 5 = 16$

$EF_{4-5} = 11 + 0 = 11$

$ES_{5-6} = \text{Max}[EF_{3-5}, EF_{4-5}] = \text{Max}[10, 11] = 11$

$ES_{5-6} = 11 + 3 = 14$

将以上计算结果标注在图 11.16 中的相应位置。

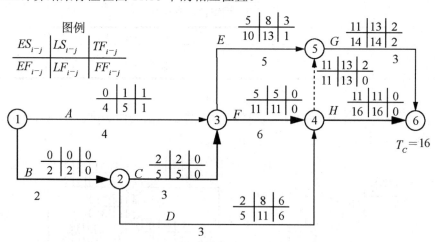

图 11.16 双代号网络计划计算实例示意图(二)

② 确定计算工期 T_C 及计划工期 T_P。

计算工期：$T_C = \text{Max}[EF_{5-6}, EF_{4-6}] = \text{Max}[14, 16] = 16$

已知计划工期等于计算工期，即：

计划工期：$T_P = T_C = 16$

③ 计算各项工作的最迟开始时间和最迟完成时间。

从终点节点(⑥节点)开始逆着箭线方向依次逐项计算到起点节点(①节点)。

(a) 以网络计划终点节点为箭头节点的工作的最迟完成时间等于计划工期：

$LF_{4-6} = LF_{5-6} = 16$

(b) 计算各项工作的最迟开始和最迟完成时间：

$LS_{4-6} = LF_{4-6} - D_{4-6} = 16 - 5 = 11$

$LS_{5-6} = LF_{5-6} - D_{5-6} = 16 - 3 = 13$

$LF_{3-5} = LF_{4-5} = LS_{5-6} = 13$

$LS_{3-5} = LF_{3-5} - D_{3-5} = 13 - 5 = 8$

$LS_{4-5} = LF_{4-5} - D_{4-5} = 13 - 0 = 13$

$LF_{2-4} = LF_{3-4} = \text{Min}[LS_{4-5}, LS_{4-6}] = \text{Min}[13, 11] = 11$

$LS_{2-4} = LF_{2-4} - D_{2-4} = 11 - 3 = 8$

$LS_{3-4} = LF_{3-4} - D_{3-4} = 11 - 6 = 5$

$LF_{1-3} = LF_{2-3} = \text{Min}[LS_{3-4}, LS_{3-5}] = \text{Min}[5, 8] = 5$

$LS_{1-3} = LF_{1-3} - D_{1-3} = 5 - 4 = 1$

$LS_{2-3} = LF_{2-3} - D_{2-3} = 5 - 3 = 2$

$LF_{1-2} = \text{Min}[LS_{2-3}, LS_{2-4}] = \text{Min}[2, 8] = 2$

$LS_{1-2} = LF_{1-2} - D_{1-2} = 2 - 2 = 0$

④ 计算各项工作的总时差：TF_{i-j}。

可以用工作的最迟开始时间减去最早开始时间或用工作的最迟完成时间减去最早完成时间：

$$TF_{1-2} = LS_{1-2} - ES_{1-2} = 0 - 0 = 0$$

或

$$TF_{1-2} = LF_{1-2} - EF_{1-2} = 2 - 2 = 0$$

$TF_{1-3} = LS_{1-3} - ES_{1-3} = 1 - 0 = 1$

$TF_{2-3} = LS_{2-3} - ES_{2-3} = 2 - 2 = 0$

$TF_{2-4} = LS_{2-4} - ES_{2-4} = 8 - 2 = 6$

$TF_{3-4} = LS_{3-4} - ES_{3-4} = 5 - 5 = 0$

$TF_{3-5} = LS_{3-5} - ES_{3-5} = 8 - 5 = 3$

$TF_{4-6} = LS_{4-6} - ES_{4-6} = 11 - 11 = 0$

$TF_{5-6} = LS_{5-6} - ES_{5-6} = 13 - 11 = 2$

将以上计算结果标注在图中 11.17 的相应位置。

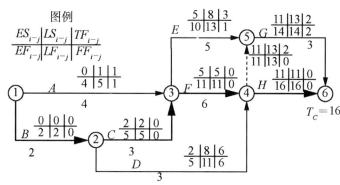

图 11.17 双代号网络计划计算实例(三)

⑤ 计算各项工作的自由时差：TF_{i-j}。

等于紧后工作的最早开始时间减去本工作的最早完成时间：

$FF_{1-2} = ES_{2-3} - EF_{1-2} = 2-2 = 0$

$FF_{1-3} = ES_{3-4} - EF_{1-3} = 5-4 = 1$

$FF_{2-3} = ES_{3-5} - EF_{2-3} = 5-5 = 0$

$FF_{2-4} = ES_{4-6} - EF_{2-4} = 11-5 = 6$

$FF_{3-4} = ES_{4-6} - EF_{3-4} = 11-11 = 0$

$FF_{3-5} = ES_{5-6} - EF_{3-5} = 11-10 = 1$

$FF_{4-6} = T_P - EF_{4-6} = 16-16 = 0$

$FF_{5-6} = T_P - EF_{5-6} = 16-14 = 2$

将以上计算结果标注在图 11.18 中的相应位置。

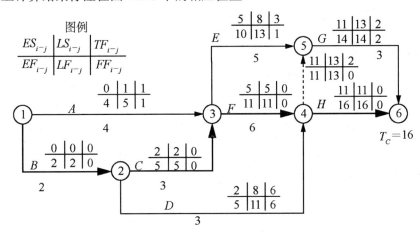

图 11.18 双代号网络计划计算实例(四)

(3) 确定关键工作及关键线路。

在图 11.19 中，最小的总时差是 0，所以，凡是总时差为 0 的工作均为关键工作。该例中的关键工作是：①—②，②—③，③—④，④—⑥(或关键工作是：B、C、F、H)。

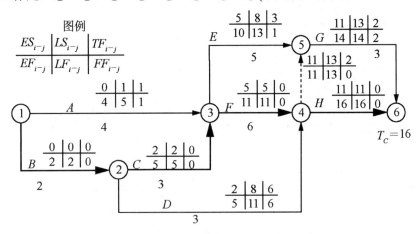

图 11.19 双代号网络计划计算实例(五)

在图 11.20 中，自始至终全由关键工作组成的关键线路是：①—②—③—④—⑥。关键线路用双箭线进行标注，如图 11.20 所示。

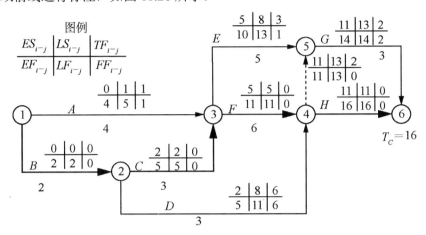

图 11.20 双代号网络计划计算实例(六)

11.2.4 网络计划的优化

网络计划的优化目标按计划任务的需要和条件可分为三方面：工期目标、费用目标和资源目标。根据优化目标的不同，网络计划的优化相应分为工期优化、费用优化和资源优化。

1. 工期优化

当网络计划的计算工期大于要求工期时，就需要通过压缩关键工作的持续时间来满足工期的要求。

工期优化是指压缩计算工期，以达到计划工期的目标，或在一定约束条件下使工期最短的过程。

在工期优化过程中要注意以下两点：

(1) 不能将关键工作压缩成非关键工作；在压缩过程中，会出现关键线路的变化(转移或增加条数)，必须保证每一步的压缩都是有效的压缩。

(2) 在优化过程中如果出现多条关键路线时，必须考虑压缩公用的关键工作，或将各条关键线路上的关键工作都压缩同样的数值，否则，不能有效地将工期压缩。

工期优化的步骤：

(1) 找出网络计划中的关键工作和关键线路(如用标号法)，并计算出计算工期；

(2) 按计划工期计算应压缩的时间 ΔT：

$$\Delta T = T_c - T_p$$

式中，T_c——网络计划的计算工期；

T_p——网络计划的计划工期。

(3) 选择被压缩的关键工作，在确定优先压缩的关键工作时，应考虑以下因素：

① 缩短工作持续时间后，对质量和安全影响不大的关键工作。

② 有充足的资源的关键工作。

③ 缩短工作的持续时间所需增加的费用最少。

(4) 将优先压缩的关键工作压缩到最短的工作持续时间，并找出关键线路和计算出网络计划的工期；如果被压缩的工作变成了非关键工作，则应将其工作持续时间延长，使之仍然是关键工作；

(5) 若已经达到工期要求，则优化完成。若计算工期仍超过计划工期，则按上述步骤依次压缩其他关键工作，直到满足工期要求或工期已不能再压缩为止；

(6) 当所有关键工作的工作持续时间均已经达到最短而工期仍不能满足要求时，应对计划的技术、组织方案进行调整，或对计划工期重新审订。

2. 资源优化

资源是指为完成任务所需的劳动力、材料、机械设备和资金等的统称。离开了资源条件，再好的计划也不能实现，因此资源的合理安排和调整是一项重要内容。

资源优化的目的是通过利用工作的机动时间(工作总时差)改变工作的开始和完成时间，从而使资源按时间分布符合优化的目标。

资源优化的类型可以分为两种：①资源供应有限制的条件下，寻求计划的最短工期，成为"资源有限，工期最短"的优化；②在工期规定的条件下，力求资源消耗均衡，称为"工期固定，资源均衡"的优化

1) 资源有限，工期最短的优化

某种资源单位时间供应量有限，则在编制进度计划时应满足在有限资源条件下的最优工期。

设某工程需某种资源(如劳动力)，单位时间供应量为 $R(t)$，工作 $i-j$ 单位时间的资源需要量为 r_{i-j}。现要求在资源供应有限的条件下，保持预先规定的施工工艺顺序，寻求工期最短方案。其资源分配原则：

(1) 关键工作优先满足，按其资源需要量大小按从大到小的顺序供应资源，即按 r_{i-j} 的递减顺序供应。

(2) 对于非关键工作，按如下顺序进行：首先，保证在前一时段已经开始的工作的资源需求量，使其能继续进行下去；其次，其他工作按总时差的递增顺序供应资源，优先考虑总时差小的工作；最后，对于总时差相等的非关键工作，则按工作资源消耗量 r_{i-j} 的递减顺序供应。

2) 工期固定，资源均衡

项目的建设过程是不均衡的生产过程，对资源的种类、用量的需求等常常会有大的变化。通过网络计划中非关键工作时差的利用对资源计划进行调整(削峰填谷)，尽量减少资源需用量的波动，使资源连续而均衡的分布，其基本思想如图 11.21 所示。

3. 费用优化

工程网络计划一经确定(工期确定)，其所包含的总费用也就确定下来。网络计划所涉及的总费用是由直接费和间接费两部分组成。直接费由人工费、材料费和机械费组成，它是随工期的缩短而增加，比如先进的自动化生产设备、加班加点、更先进的工艺设备可以大大缩短作业时间，但是这些情况需要支付更多的费用；间接费属于管理费范畴，它是随

工期的缩短而减小。由于直接费随工期缩短而增加,间接费随工期缩短而减小,两者进行叠加,必有一个总费用最少的工期,这就是费用优化所要寻求的目标,如图 11.22 所示。

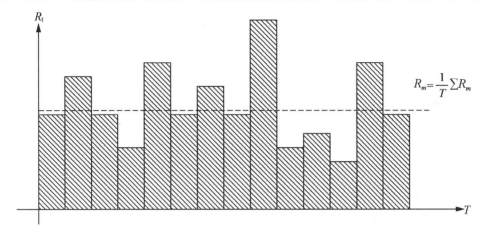

图 11.21　资源均衡基本思想示意图

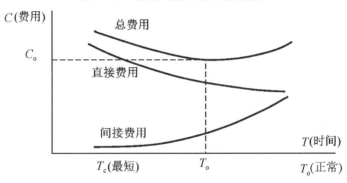

图 11.22　费用优化示意图

费用优化的目的:一是求出工程费用(C_o)最低相对应的总工期(T_o),一般用在计划编制过程中;另一目的是求出在规定工期条件下最低费用,一般用在计划实施调整过程中。

费用优化的步骤:

(1) 算出工程总直接费。它等于组成该工程的全部工作的直接费(正常情况)的总和。

(2) 算出直接费的费用率(赶工费用率)。直接费用率是指缩短工作每单位时间所需增加的直接费,工作 $i\text{-}j$ 的直接费率用 ΔC_{ij}^0 表示。直接费用率等于最短时间直接费与正常时间直接费所得之差除以正常工作历时减最短工作历时所得之差的商值,即

$$\Delta C_{ij}^0 = \frac{C_{ij}^c - C_{ij}^n}{D_{ij}^n - D_{ij}^c}$$

式中,　D_{ij}^n——正常工作历时;

D_{ij}^c——最短工作历时;

C_{ij}^n——正常工作历时的直接费;

C_{ij}^c——最短工作历时的直接费。

(3) 确定出间接费的费用率。工作 $i-j$ 的间接费的费用率用 ΔC_{ij}^k，其值根据实际情况确定。

(4) 找出网络计划中的关键线路和计算出计算工期。

(5) 在网络计划中找出直接费用率(或组合费用率)最低的一项关键工作(或一组关键工作)，作为压缩的对象。

(6) 压缩被选择的关键工作(或一组关键工作)的持续时间，其压缩值必须保证所在的关键线路仍然为关键线路，同时，压缩后的工作历时不能小于极限工作历时。

(7) 计算相应的费用增加值和总费用值(总费用必须是下降的)，总费用值可按下式计算：

$$C_t^0 = C_{t+\Delta T}^0 + \Delta T \left(\Delta C_{ij}^0 - \Delta C_{ij}^k \right)$$

式中，C_t^0——将工期缩短到 t 时的总费用；

$C_{t+\Delta T}^0$——工期缩短前的总费用；

ΔT——工期缩短值。其余符号意义同前。

(8) 重复以上步骤，直至费用不再降低为止。

【例 11-2】 已知网络计划如图 11.23 所示，箭线上方括号外为正常直接费，括号内为最短时间直接费，箭线下方括号外为正常工作历时，括号内为最短工作历时。试对其进行费用优化。间接费率为 0.120 千元/天。

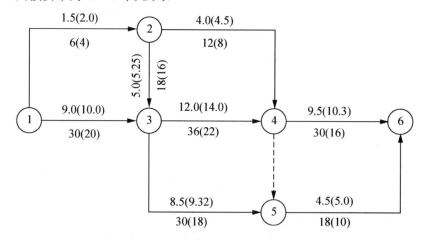

图 11.23 网络谋划示意图(一)

解：(1) 计算工程总直接费。

$$\sum C^0 = 1.5 + 9.0 + 5.0 + 4.0 + 12.0 + 8.5 + 9.5 + 4.5 = 54.0 (千元)$$

(2) 计算各工作的直接费率(见表 11-4)。

表 11-4 计算各工作的直接费率表

工作代号	最短时间直接费－正常时间直接费 $C_{ij}^c - C_{ij}^n$ (千元)	正常历时－最短历时 $D_{ij}^n - D_{ij}^c$ (天)	直接费率 ΔC_{ij}^0 (千元/天)
1－2	2.0－1.5	6－4	0.25
1－3	10.0－9.0	30－20	0.10

续表

工作代号	最短时间直接费－正常时间直接费 $C_{ij}^c - C_{ij}^n$ (千元)	正常历时－最短历时 $D_{ij}^n - D_{ij}^c$ (天)	直接费率 ΔC_{ij}^0 (千元/天)
2—3	5.25—5.0	18—16	0.125
2—4	4.5—4.0	12—8	0.125
3—4	14.0—12.0	36—22	0.143
3—5	9.32—8.5	30—18	0.068
4—6	10.3—9.5	30—16	0.057
5—6	5.0—4.5	18—10	0.062

(3) 找出网络计划的关键线路和计算出计算工期,如图 11.24 所示。

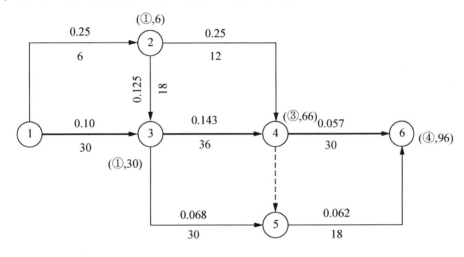

图 11.24 网络计划示意图(二)

(4) 第一次压缩。在关键线路上,工作 4—6 的直接费率最小,故将其压缩到最短历时 16 天,压缩后再用标号法找出关键线路,如图 11.25 所示。

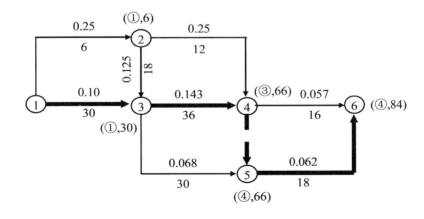

图 11.25 网络计划示意图(三)

原关键工作 4—6 变为非关键工作,所以,通过试算,将工作 4—6 的工作历时延长到 18 天,工作 4—6 仍为关键工作。如图 11.26 所示。

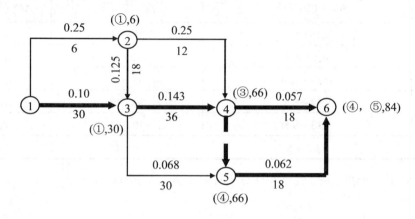

图 11.26　网络计划示意图(四)

在第一次压缩中,压缩后的工期为 84 天,压缩工期 12 天。直接费率为 0.057 千元/天,费率差为 0.057−0.12＝−0.063 千元/天(负值,总费用呈下降)。

(5) 第二次压缩。

方案 1:压缩工作 1—3,直接费用率为 0.10 千元/天;

方案 2:压缩工作 3—4,直接费用率为 0.143 千元/天;

方案 3:同时压缩工作 4—6 和 5—6,组合直接费用率为(0.057＋0.062)＝0.119 千元/天;

故选择压缩工作 1—3,将其也压缩到最短历时 20 天。如图 11.27 所示。

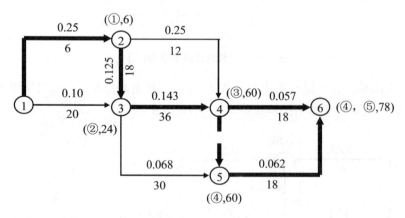

图 11.27　网络计划示意图(五)

从图中可以看出,工作 1—3 变为非关键工作,通过试算,将工作 1—3 压缩 24 天,可使工作 1—3 仍为关键工作。如图 11.28 所示。

第二次压缩后,工期为 78 天,压缩了 84−78＝6 天,直接费率为 0.10 千元/天,费率差为 0.10−0.12＝−0.02 千元/天(负值,总费用仍呈下降)。

(6) 第三次压缩。

方案 1:同时压缩工作 1—2、1—3,组合费率为 0.10＋0.25＝0.35 千元/天;

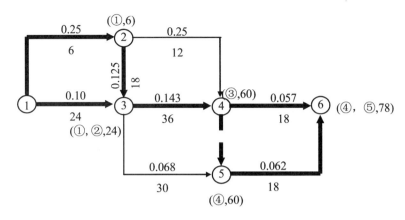

图 11.28 网络计划示意图(六)

方案 2：同时压缩工作 1—3、2—3，组合费率为 0.10+0.125=0.225 千元/天；
方案 3：压缩工作 3—4，直接费率为 0.143 千元/天；
方案 4：同时压缩工作 4—6、5—6，组合费率为 0.057+0.062=0.119 千元/天；
经比较，应采取方案 4，只将它们压缩到两者最短历时的最大值，即 16 天(如图所示)。

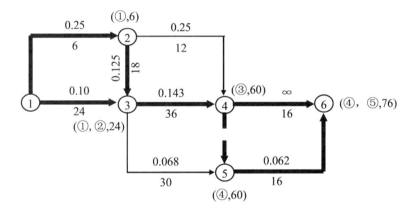

图 11.29 网络计划示意图(七)

至此，得到了费用最低的优化工期 76 天。因为如果继续压缩，只能选取方案 3，而方案 3 的直接费率为 0.143 千元/天大于间接费率，费用差为正值，总费用上升，见表 11-5 所示。

压缩后的总费用为：

$$\sum C_t^0 = \sum \left\{ C_{t+\Delta T}^0 + \Delta T \left(\Delta C_{ij}^0 - \Delta C_{ij}^k \right) \right\}$$
$$= 54 - 0.063 \times 12 - 0.02 \times 6 - 0.001 \times 2 = 53.122 (千元)$$

表 11-5 费用优化结果表

缩短次数	被压缩工作	直接费用率(或组合费率)	费率差	缩短时间	缩短费用	总费用	工期
1	4—6	0.057	−0.063	12	−0.756	53.244	84
2	1—3	0.100	−0.020	6	−0.120	53.124	78
3	4—6 5—6	0.119	−0.001	2	−0.002	53.122	76

本 章 小 结

本章主要介绍了项目和项目管理的概念、特点以及项目管理的过程，网络计划技术。要求学生熟悉项目管理的相关理论，了解项目管理知识体系，熟练掌握双代号网络图的绘制方法，并进行网络图时间参数的计算，理解网络计划的优化。

思 考 题

1. 选择题

(1) 项目是( )。
    A．一个实施相应工作范围的计划
    B．一组以协作方式管理、获得一个期望结果的主意
    C．创立独特的产品或服务所承担的临时任务
    D．必须在规定的时间、费用和资源等约束条件下完成的一次性任务

(2) 以下属于项目的一个实例是( )。
    A．管理一个公司   B．提供技术服务   C．建设一栋楼房   D．提供金融服务

(3) 在双代号网络图绘制过程中，要遵循一定的规则和要求。下列叙述正确的是( )。
    A．必须要有一条以上的虚箭线   B．允许出现循环回路
    C．不能出现交叉箭线   D．一个起始节点和一个终点节点

(4) 根据下表给定的逻辑关系和绘图规则，检查下列给定的双代号网络图如图 11.30 所示，寻找并发现绘图错误。下列表述正确的是( )。

工作名称	A	B	C	D	E	G	H
紧前工作	—	—	A	A	A、B	C、D	E

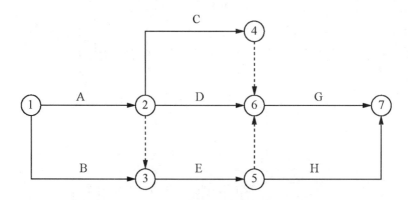

图 11.30 双代号网络绘制图

    A．虚工作表达不规范   B．工作逻辑关系有错误
    C．有循环回路   D．有多个终点节点

(5) 如果 A、B 两项工作的最早开始时间分别为 6 天和 7 天，它们的持续时间分别为 4 天和 5 天，则它们共同紧后工作 C 的最早开始时间为(   )天。

A. 10　　　　　　B. 11　　　　　　C. 12　　　　　　D. 13

(6) 某网络计划中，工作 F 的最早开始时间为第 11 天，持续时间为 5 天；工作 F 有三项紧后工作，他们的最早开始时间分别为第 20 天、第 22 天和第 23 天，最迟开始时间分别为第 21 天、第 24 天和第 27 天。工作 F 的总时差和自由时差分别为(   )天。

A. 5;4　　　　　　B. 5;5　　　　　　C. 4;4　　　　　　D. 11;7

(7) 已知工作 A 的紧后工作是 B 和 C，工作 B 的最迟开始时间为第 14 天，最早开始时间为第 10 天；工作 C 的最迟完成时间为第 16 天，最早完成时间为第 14 天；工作 A 的自由时差为 5 天，则工作 A 的总时差为(   )天。

A. 5　　　　　　　B. 7　　　　　　　C. 9　　　　　　　D. 11

(8) 当网络计划关键线路的实际进度比计划进度拖后时，应在尚未完成的关键工作中，选择(   )的工作进行调整。

A. 资源强度小或直接费用高　　　　　　B. 资源强度小或费用低
C. 资源占用量大或直接费用高　　　　　D. 资源占用量小或直接费用高

2. 判断题

(1) 项目是为完成某一独特的产品、服务或任务所作的一次性努力。　　　　(　　)
(2) 项目的执行应该自始至终以项目计划为依据。　　　　　　　　　　　　(　　)
(3) 关键路径就是完成项目时间最短的路径。　　　　　　　　　　　　　　(　　)
(4) 在箭线图中，虚活动占用时间和资源。　　　　　　　　　　　　　　　(　　)
(5) 在任务赶工时，应该集中于耗费资源多的任务。　　　　　　　　　　　(　　)
(6) 在任务赶工时，应该集中于关键路径的任务。　　　　　　　　　　　　(　　)
(7) 网络图中最多存在一条关键路径。　　　　　　　　　　　　　　　　　(　　)
(8) 关键路径上的某活动延误一天，不影响整个项目的完工时间。　　　　　(　　)

3. 问答题

(1) 项目概念包含哪些基本要素？举出几个你了解的项目的例子。
(2) 项目有哪些特点？
(3) 什么是项目管理，怎样理解这一概念？
(4) 你认为中国项目管理的发展现状如何？发展前景是否令人乐观？
(5) 你对"21 世纪将是项目管理的世纪，项目管理将是 21 世纪的首选职业"是怎样看的？

4. 计算题

有一建筑工程，进行项目分解，可分解为 A、B、C、D、E、F、G、H、I 九项工作，其工作明细表如表 11-6 所示。

表 11-6　某工程工序逻辑关系及作业持续时间表

工作	A	B	C	D	E	F	G	H	I
紧前工作	—	A	A	B	B、C	C	D、E	E、F	H、G
持续时间	3	3	3	8	5	4	4	2	2

要求：请根据表中逻辑关系，绘制双代号网络计划图，并计算各工作的时间参数，找出关键线路。

第4篇 生产与运作系统的维护和改进

第12章 质量管理

学习目标

1. 理解质量及质量管理的相关概念及其它们之间的关系;
2. 理解全面质量管理概念、特点,掌握运用全面质量的实施方法;
3. 了解质量控制的一般方法;
4. 了解ISO 9000系列标准,理解2000版质量管理原则。

引例

不断加高的笼子

出了质量问题,惩处当事人,就万事大吉,错误就不会再犯了?很多人心里会怀疑这一点,但处置这样的事,往往除了处罚员工,而别无他法,管理者会想,不处罚,那么制度就形同虚设,但是在实践中刚性的制度并不能阻止错误的继续产生,处罚就会无休止,而质量或者管理并无丝毫的改善。就像一则寓言里说的:有一天,几只袋鼠从笼子中跑出来,管理员见状大惊,忙把笼子加高了一尺。结果,第二天袋鼠仍然从笼子中跑了出来,管理员又将笼子加高了一米。他们以为从此袋鼠再也不会逃逸,但事实却是,第三天袋鼠们又出现在笼子外,管理员接着将笼子加高了两米,旁边笼子内河马问:"你们觉得他们把笼子加高到什么地步才算完?"袋鼠们说:"不知道,只要他们继续忘了锁门的话,加高到多少米也没有用。"

可以这样说笼子就是制度,加高笼子意味着让制度更加严格,以增加犯错者的代价。在管理中就似管理者通过检验来转嫁产品生产责任风险。用检验来发现不合格的产品,由制造不合格产品的员工来承担全部责任或连带责任,这种兴起于19世纪铁路大发展的管理方法,曾被称做"抓罪犯"。

在美国质量管理大师戴明看来这是一种"颠倒黑白"的错误理念,与现代管理思想背道而驰。这种管理模式对提高企业效率和产品质量都无济于事,而且只会增加成本。实际上,任何检验,当发现产品缺陷时,就已经产生了损失。尽管这种损失可以让员工承担,但员工收入的降低,以及他们受到惩罚的失落感,对企业的可持续发展是一种更大的损失。

戴明认为,"抓罪犯"的举措,隐含的假设前提是把所有不合格品都归咎于员工,而同管理者和系统无关。事实上大量的质量问题属于"系统错误",把这种由于制度和流程的错误归责于员工,管理者似乎心理上得到了平衡,但却断送了企业继续成长的可能性。员工热情与梦想的缺失,将使企业过早地衰老,

第 12 章 质量管理

员工情绪低落,甚至会衍生出其他更加棘手的管理问题。袋鼠笼子的不断加高,给管理员带来的只是虚假的安全感,这无异于掩耳盗铃。当袋鼠一次次走出笼子,对于管理员来说,可能会催生不理智的情绪,就是和笼子的高度较上劲,表现在企业管理中就是处罚力度的加大。从长远看,这是一种近乎自杀的举动。

戴明提出,应当停止处罚员工的举动,将传统的"把次品挑出来"改为"不生产次品",即从秋后算账变为事前预防。如何保证不生产次品,这就需要系统的持续改善。戴明说:"质量不是来源于发现问题后再改进,而是来源于改进生产过程。"在流程的各个环节,都能严格控制,不断改进,才能使生产系统处于高质量状态。在此基础上提高员工的责任意识才有意义,另外质量的不断改善离不开员工的积极参与,如果员工受到伤害,那么积极性就会受损,质量改善流程便无从谈起。之所以丰田在质量管理上能取得巨大的成功,是丰田在管理上尽量简化,同时也得益于日本企业界传统的温情脉脉的劳资关系。丰田的车间对任何竞争对手都开放,甚至欢迎他们去丰田考察学习,丰田有这种底气,质量管理流程可以照搬,但质量管理中最核心部分的是管理者的自省和对员工尊重,如果这点做不到,那么学习丰田,只是临渊羡鱼。

如果有一天管理员终于发现笼子没有锁,然后锁上了,问题是不是解决了呢?质量管理大师朱兰(Joseph M. Juran)举了一个例子:"投宿旅馆时,假设你听到有人高喊失火,并拿灭火器灭火,按警铃通知消防队,让所有人都安全逃出——看来你似乎做对了。但扑灭火焰本身并未改善旅馆的消防系统"。发现并解决一个问题,仅仅是恢复了原来的正常状态,并没有改善。对于动物园来,袋鼠走出笼子虽然只是一次"质量事件",但如果不重新审视流程的合理性的话,那么总有一天狮子、老虎还会从笼子里走出来。

资料来源:世界经理人互动社区,题目为编者所加。

美国著名质量管理专家朱兰说:"20 世纪以'生产力的世纪'载入史册,21 世纪是质量的世纪"。迎接新世纪质量的挑战已经成为全球的共识。随着我国市场经济初步建立和不断完善,WTO 的加入与经济国际化进程加快以及 ISO 9000 系列国际标准的采用,企业已经认识到质量是决定市场竞争的关键要素之一,质量管理在企业管理中起着重要的作用。

12.1 质量与质量管理的基本概念

12.1.1 有关质量的概念

日本企业为什么能够占据世界汽车市场和家用电器市场的领先地位?靠的是优异的产品质量。那么究竟什么叫质量,什么样质量的产品才叫高质量的产品,这些有关质量方面基本问题人们日常生活中理解的与企业以及专家们理解的角度是不同的,区别在哪里,质量越高是不是效益就越好,所有这些都是我们学习本章首先回答的问题。

1. 质量(Quality)的概念

国际标准化组织认为"质量是指一组固有特性满足要求的程度"。依此定义可以理解为:

(1) 质量所涉及的领域。由于此定义对质量的载体不做界定,说明质量是可以存在于不同领域或任何事物中。对质量管理体系来说,质量的载体不仅针对产品,即过程的结果(如硬件、流程、材料、软件和服务);也针对过程和体系或者它们的组合。也就是说"质量",既可以是零部件、计算机软件或服务等产品的质量,也可以是某项活动或某个过程的工作质量,如工人操作过程是否符合规范或程序。还可以是指企业的信誉、体系的有效性。

(2) 质量所涉及的特性,是指事物特有的性质,固有特性是事物本来就有的,它是通过产品、过程或体系设计和开发及其后之实现过程形成的属性。例如:物质特性(如机械、电气、化学或生物特性)、感官特性(如用嗅觉、触觉、味觉、视觉等感觉特性)。这些固有特性的要求大多是可测量的,如抗拉强度、抗压强度、有效载重量等。当然有的是很难或不可测量的,特别是感官特性如菜的色、香、味等。

(3) 质量满足要求程度。就是应满足明示的(如明确各种技术标准规定,像抗拉强度、抗压强度可以用标准加以明确)、通常隐含的(如组织的惯例、一般习惯、习俗等)或必须履行的(如法律法规、行业规则)的需要和期望。只有满足这些要求,才能认为是好的质量。

(4) 质量固有特性的性质。顾客和其他相关方对产品、体系或过程的质量要求是动态的、发展的和相对的。它将随着时间、地点、环境的变化而变化。所以,应定期对质量进行评审,按照变化的需要和期望,相应地改进产品、体系或过程的质量形成一系列新的特性,确保持续地满足顾客和其他相关方的要求。

现代质量管理认为要从用户的角度对质量下定义,美国著名的质量管理权威朱兰(J M Juran)认为"质量就是适用性"。所谓适用性就是产品和服务满足顾客要求的程度。如我国台湾地区生产的出口到美国的雨伞,是一次性用雨伞,如果在大陆销售根本不会有市场,但在美国非常畅销,什么原因呢?是美国人使用雨伞习惯与中国人不同,他们是下雨了才想到用雨伞,去到商店买一把,不下雨不用了就扔掉了。再如中国市民买菜用的一次性塑料袋,所能承受的重量有限,但它能适用于买菜的需要就行了。因为质量的好坏判断的标准不是单纯产品本身工程技术质量,而从目标市场顾客的角度去思考,关键看企业的产品是否使顾客十分满意,是否达到了顾客的期望?如果没有,就说明存在质量问题。不管是产品本身的缺陷还是没有了解清楚顾客到底需要的是什么都是企业的责任。

但是适用性和满足顾客要求比较抽象,为了使之对质量管理工作具有指导性,需具体化。美国质量管理专家戴维教授将适用性概念具体化为八个维度方面作进一步的解释。即:

(1) 性能。产品主要功能达到的技术水平和等级,如产品灵敏度。

(2) 附加功能。为使顾客更加方便、舒适等所增加的产品功能,如空调的遥控器。

(3) 可靠性。产品和服务完全规定功能的准确性和概率,比如燃气灶、打火机每次一打就着火的概率;快递在规定时间内送达顾客手中的概率。

(4) 一致性。产品和服务符合产品说明书和服务规定的程度,如汽车的百公里油耗是否超过说明书规定的数量,饮料中的天然固形物的含量是否达到所规定的百分比等。

(5) 耐久性。产品和服务达到规定的使用寿命的概率。比如洗衣机是否达到有关标准规定的服务使用多少小时内不出故障。

(6) 维护性。产品在使用过程中是否容易修理和维护。

(7) 美学性。产品外观是否具有吸引力和艺术性。如山寨手机畅销的一个原因是它的外观造型对目标市场的顾客具有相当的吸引力。

(8) 感觉性。产品和服务是否使人产生美好联想甚至妙不可言,如服装面料的手感.广告用语给人的感觉和使人产生的联想等。

以上是适用性概念的具体化,明确了顾客对产品和服务要求,并转化为各种标准。

美国著名作业管理专家理查德·施恩伯格认为上述八个维度方面的质量含义偏重于生产制造企业的产品,而对于服务型企业来说,还应进一步补充下列质量内容:

(9) 价值。服务是不是最大限度地满足广大顾客的希望.使其觉得钱花得值。如你住五星级酒店和快捷酒店花费是不一样的,两者服务提供的价值也是有根本区别的。

(10) 响应速度。尤其对于服务业来说,时间是一个主要的质量性能和要求。有资料显示,超级市场出口处的顾客等待时间超过5分钟,就显得很不耐烦,服务质量就会大打折扣。如麦当劳要求服务人员在顾客进入店里 3 分钟内要迎上去，5 分钟内要服务到位。

(11) 人性。这是服务质量中一个最难把握但却非常重要的质量要素。人性不仅仅是针对顾客的笑脸相迎，还包括对顾客的谦逊、尊重、信任、理解、体谅和与顾客有效的沟通；通过沟通了解和理解顾客真正需要关怀什么，做到有的放矢，不要做适得其反的关怀。

(12) 安全性。无任何风险、危险和疑虑。

(13) 资格。具有必备能力和知识来提供一流的服务。如导游的服务质量就在很大程度上取决于导游人员的外语能力和知识素养。

从以上关于质量概念的表述可以看出，质量不是我们通常片面理解的所谓单纯的工程技术质量，而是在正确地认识理解顾客的需求基础之上，如何将其转化为系统性的产品和服务的标准是现代质量管理首先要解决的重要问题。

要点总结：通常，人们对产品质量高低的判断都是从工程技术角度来考虑的，这是错误的理解。从上述对产品质量的定义可以看出，产品质量是与目标市场顾客的满足程度密切相联系的，产品只要达到国家规定的相关技术标准，能够满足目标市场顾客需求的产品就是高质量的产品。而且衡量质量的维度有 13 个，是多方位的，不是单纯指某一个或几个方面。当然不是要求所有维度都要做到一流，但要有特色，即某一个或几个方面是一流。

2. 质量过程

产品和服务质量从形成过程来说，质量可分为：

(1) 设计过程质量　指设计阶段所体现的质量，也就是产品设计符合质量特性要求的程度，它最终是经过图纸和技术文件质量来体现出来的，如果开始产品设计上有缺陷，给企业造成损失将会无法估量的。本书曾经在新产品设计中谈到设计对产品质量影响。

(2) 制造过程质量　指按设计要求、通过生产工序制造而实际达到的实物质量，是制造过程中操作工人、技术装备、原料、工艺方法以及环境条件等因素的综合产物，也称符合性质量。这就要求制造过程中每个环节都要按照设计质量要求去完成。

(3) 使用过程质量　这是在实际使用过程所表现的质量，如产品的可靠性、安全性以及让顾客在使用过程中学会如何正确使用。它是产品质量与质量管理水平的最终体现。

(4) 服务过程质量　指产品进入使用过程中。生产企业(供方)对用户的服务要求满足程度。即售后服务水平的高低。

3. 工作质量

工作质量是指在质量形成过程中的各项工作活动对产品质量、服务质量的保证程度。工作质量涉及各个部门、各个岗位工作的有效性，同时决定着产品质量、服务质量。由于有关质量的一切工作活动是由人去完成的，因此关键是取决于人，包括质量意识、责任心、业务水平。最高管理者(决策层)的工作质量起主导而执行层的工作质量起保证和落实作用。

工作质量不像产品质量那样直观地表现，而是体现在一切生产、技术、经营活动之中，并且通过工作效率及工作成果，最终通过产品质量和经济效果表现出来，一般是通过产品合格率、废品率和返修率等指标表示。如合格率的提高，就意味着工作质量水平的提高。然而，工作质量在许多场合是不能用上述指标来直接定量的，而通常是采取综合评分的方法来定量评价。例如,工作质量的衡量可以通过工作标准,把"需要"予以规定,然后通过质量责任制等进行评价、考核与综合评分。具体的工作标准因不同部门、岗位而异。

对于生产现场来说工作质量通常表现为工序质量。而工序质量是由人(Man)、机(Machine)、料(Material)、法(Method)和环(Environment) 5大因素综合起作用的结果。在生产现场抓工作质量就是要控制这5大因素,通过对工序质量的保证,最终保证产品质量。

要点总结:工作质量反映了员工在工作中执行的各种质量标准的程度,它取决于员工的工作态度和工作能力;员工的工作过程就是质量具体实现过程,前面在质量定义提出的各种质量指标均依赖于工作质量的保证。

案例故事

小和尚撞钟

—工作质量标准制定、考核与培训

工作质量是产品质量的保证,那么员工如何工作才能达到要求,才能保证生产出产品的符合质量要求呢,请看下面故事。

有一个小和尚担任撞钟一职,半年下来,觉得无聊之极,"做一天和尚撞一天钟"而已。有一天,住持宣布调他到后院劈柴挑水,原因是他不能胜任撞钟一职。小和尚很不服气地问:"我撞的钟难道不准时、不响亮?"老住持耐心地告诉他:"你撞的钟虽然很准时、也很响亮,但钟声空泛、疲软、没有感召力。钟声是要唤醒沉迷的众生,因此,撞出的钟声不仅要洪亮,而且要圆润、浑厚、深沉、悠远。"

从以上故事可以得出,企业在对工作质量的管理过程中应注意的问题有:

a. 要明确告知员工工作质量的标准

本故事中的主持犯了一个常识性管理错误,"做一天和尚撞一天钟"的结果,是由于主持没有提前公布工作质量标准造成的。如果小和尚进入寺院的当天就明白撞钟的标准和重要性,我想他也不会因怠工而被撤职。当然光有标准还不行,还应有实施细则,如撞钟要声音圆润,具体实施操作步骤是什么?

b. 工作标准是员工的行为指南和考核依据

缺乏工作标准,往往导致员工的努力方向与公司整体发展方向不统一,造成大量的人力和物力资源浪费。因为缺乏参照物,时间久了员工容易形成自满情绪,导致工作懈怠。制定工作质量标准尽量做到数字化,要与考核联系起来,注意可操作性。

c. 员工要不折不扣执行工作标准

既然我们有了工作质量标准,就应该很好地去执行,不要打折扣,不要等到领导认为你不能胜任工作才后悔。

d. 要加强培训,提高员工执行标准能力

公司、各部门、各岗位的培训都是很重要的,为了让员工知道该怎么做,如何做才是符合要求,这就必须作好培训。

启示:对领导来讲请重视工作质量标准的制定和培训,这样才能提高员工执行力,达到工作质量要求,生产出高质量产品。

对员工来讲请遵守工作质量标准,这样才能胜任工作,你才不会因怠工而被撤职。

资料来源:编者根据相关资料整理改编。

4. 质量环(Quality loop)

朱兰博士提出，为了获得产品的适用性，需要进行一系列工作活动。产品质量是在市场调查、开发、设计、计划、采购、生产、控制、检验、销售、服务、反馈等这些工作活动的全过程中形成的，同时又在这个全过程的不断循环中螺旋式提高，所以也称为质量螺旋。如图12.1所示，它表达产品质量产生、形成、发展的客观规律的，是一条螺旋上升曲线，该图是朱兰博士所创立的，故称为朱兰质量螺旋。

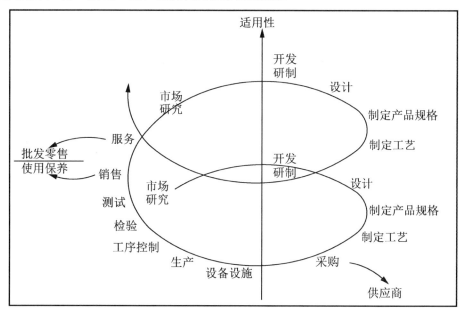

图 12.1 朱兰质量环

这个质量螺旋规律特点如下。

(1) 质量工作活动环环相扣。在螺旋上升过程中，包括一系列环节，这些环节一环扣一环，互相依存，互相促进，不断循环，不能中断，否则提高产品质量目的就不能达到。

(2) 质量责任由涉及的全范围人员或部门共同承担。从螺旋上升过程中可以看出，质量职能的活动不仅在企业范围内进行，它还涉及企业以外的供应商、渠道商、用户等。即使在企业范围内活动，也并不集中在质量管理部门，而是由企业内各有关部门共同承担。因此，质量管理的任务之一，就是把分散在企业各部门的质量工作活动有机地结合起来，进行有效的组织、协调、监督、检查，从而保证和提高产品质量。

(3) 质量提高无止境。朱兰质量螺旋每经过一次循环，产品质量就提高一次，循环工作不断上升，产品质量就不断提高。从这个意义上看提高产品质量是永远不会完结的。

要点： 产品质量决定于员工的工作质量，决定于质量形成过程中的每个环节。

5. 质量成本

根据 ISO 9000 系列国际标准质量成本的定义是：将产品质量保持在规定的质量水平上所需的有关费用。质量成本由两部分构成，即运行质量成本和外部质量保证成本。

1) 运行质量成本

运行质量成本是指企业为保证和提高产品质量而支付的一切费用以及因质量故障所造成的损失费用之和。它又分为：

(1) 企业内部损失成本(内部故障成本)。是指产品出厂前因不满足规定的质量要求而支付的费用。包括：废品损失费用、返修损失费用和复试复验费用、停工损失费用、处理质量缺陷费用、减产损失及产品降级损失费用等。

(2) 外部损失成本。是指成品出厂后因不满足规定的质量要求，导致索赔、修理、更换或信誉损失等而支付的费用。包括：申诉受理费用、保修费用、退换产品的损失费用、折旧损失费用和产品责任损失费用等。

(3) 预防成本。是指用于预防产生不合格品与故障等所需的各种费用。包括：质量计划工作费用、质量教育培训费用、新产品评审费用、工序控制费用、质量改进措施费用、质量审核费用、质量管理活动费用、质量奖励费、专职质量管理人员工资及其附加费等。

(4) 鉴定成本。是指评定产品是否满足规定的质量水平所需的费用。包括：进货检验、工序检验、成品检验费用，质量审核费用、保持检验和试验设备精确性的费用、试验和检验损耗费用、存货复检验费用、质量分级费用、检验仪器折旧费以及计量工具购置费等。

质量成本的各部分费用之间存在着一定比例关系。采用事后质量管理的企业：外部与内部损失成本在质量成本中的比重高达 70%，鉴定成本约占 25%，而预防成本多低于 5%。实行预防为主的全面质量管理，预防成本增加 4%左右，可以取得质量总成本降低大约 30%的良好效果。各部分关系如果合理，可以最大限度降低质量总成本，实现质量成本的优化。

质量成本诸要素之间客观上存在着内在逻辑关系。随着产品质量的提高，预防鉴定成本随着增加，而内外部损失成本则减少。如果预防鉴定成本过少，将导致内外部损失成本剧增，利润急剧下降。从理论上讲，最佳质量水平应是内外部损失成本曲线与预防鉴定成本曲线的交点 P_0。如图 12.2 所示，当投入成本(预防成本和鉴定成本)为 0 时，合格品率几近于 0；而逐步增加投入时，合格品率就迅速上升，损失成本则急剧下降，而总运行质量成本(投入加损失)也迅速下降。在 P_0 点时，如再降低不合格率，则需投入的成本就开始迅速增加，总成本也随之上升。因此，合格品率为 P_0 时所对应的总成本即为最适宜质量成本。

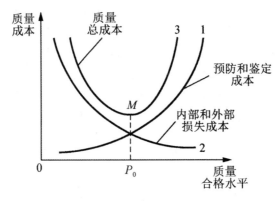

图 12.2　四类成本之间的关系

另外按其发生的性质可将其分为两大类：第一类是企业保证提高产品质量而发生的预防成本和维护成本；第二类是由于产品质量和工作质量而造成的内部故障成本和外部故障成本。从控制的角度考察，第一类属于可控成本，它的增减变动将直接影响第二类成本的大小；第二类属于结果成本，是由于质量达不到要求而产生的厂内和厂外损失，它受可控成本的影响。通过研究这两类成本变动的规律及其相互影响，适当增加可控成本支出，就可以减少结果成本的发生，实现预防为主的要求，同时还要达到总成本最低的目标。

2) 外部质量保证成本

外部质量保证成本是指为用户提供所要求的客观证据所支付的费用。主要包括：

(1) 为提供特殊附加的质量保证措施、程序、数据所支付的费用。

(2) 产品的验证试验和评定的费用。

(3) 满足用户要求，进行质量体系认证所发生的费用。

注意点：质量与成本之间内在关系一定要掌握好，因为企业是讲效益的。

12.1.2 有关服务质量的概念

1. 服务质量

服务质量(Quality of Service)是指产品生产的服务或服务业满足规定或潜在要求(或需要)的特征和特性的总和。特性是用以区分不同类别的产品或服务的概念，如旅游有陶冶人的性情给人愉悦；旅馆有给人提供休息、睡觉的特性。特性则是用以区分同类服务中不同规格、档次、品味的概念。服务质量最表层的内涵应包括服务的安全性、适用性、有效性和经济性等一般要求。

2. 预期服务质量

预期服务质量是指顾客对服务企业所提供服务预期的满意度。即期望质量。如准备到某地旅游就会想到该地的风土人情，青山绿水。住到某旅店之前就想到该旅店的设施和服务水平。预期质量受四个因素的影响：即市场沟通、企业形象、顾客口碑和顾客需求。

(1) 市场沟通，包括广告、直接邮寄、公共关系以及促销活动等，直接为企业所控制。但有时在广告中企业过分夸大自己的产品及所提供的服务，拔高顾客预期质量，然而，当顾客一旦接触企业则发现其服务质量与宣传不符，对其感知服务质量大打折扣，适得其反。

(2) 企业形象和顾客口碑只能间接地被企业控制，这些因素虽受许多外部条件的影响，但基本表现为与企业绩效的函数关系。

(3) 顾客需求则是企业的不可控因素。顾客需求的千变万化及消费习惯、消费偏好的不同，决定了这一因素对预期服务质量的巨大影响。

3. 感知服务质量

感知服务质量是指顾客对服务企业提供的服务实际感知的水平。如：顾客入住旅店所享受到的实际服务。如果顾客对服务的感知水平符合或高于其预期水平，则顾客获得较高的满意度，从而认为企业具有较高的服务质量，反之，则会认为企业的服务质量较低。从这个角度看，服务质量是顾客的预期服务质量同其感知服务质量的比较。

预期服务质量是影响顾客对整体服务质量的感知的重要前提。人们往往会把预期质量过高,不切实际,则即使从某种客观意义上说他们所接受的服务水平是很高的,他们仍然会认为企业的服务质量较低。

要点:企业不要为了达到吸引顾客而去片面地提高预期服务质量,当顾客实际感觉到的服务达不到预期服务质量要求时,顾客会失望,有种被欺骗的感觉,反而会失去顾客。

12.1.3 有关质量管理的概念

1. 质量管理

ISO 8402 标准中将它定义为:确定质量方针、目标和职责,并通过质量体系中的质量策划、质量控制、质量保证和质量改进来使其实现所有管理职能的全部活动。并说明质量管理是各级管理者职责,必须由最高领导者来推动,实施中涉及单位的全体成员。由此可理解为:质量管理(Quality Management)是指为了实现质量目标,而进行的所有管理性质的活动。

2. 质量保证

为使顾客确信产品能满足其质量要求,在质量体系中实施并根据需要进行证实的全部有计划、有系统的活动,称为质量保证(Quality Assurance)。如质量方针、质量计划、质量监督、质量检测、质量控制等,显然,质量保证一般适用于有合同的场合,其主要目的是使用户确信产品或服务能满足规定的质量要求。质量保证分为内部质量保证和外部质量保证,内部质量保证是企业管理的一种手段,目的是为了取得企业领导的信任,使各层管理者确信本企业具备满足质量要求的能力所进行的活动。外部质量保证是在合同环境中,供方取信于需方信任的一种手段。因此,质量保证的内容绝非是单纯的保证质量,而更重要的是要通过对那些影响质量的质量体系要素进行一系列有计划、有组织的评价活动,当然这些大都为第三方评价,为取得企业领导和需方的信任而提出充分可靠的证据。

要点总结:质量保证的目的是为了获得买方的信任,强调质量管理活动不但要实施,而且要通过第三方评价证实实施的可信度和程度。

3. 质量控制

质量控制(Quality Control)是指为达到质量要求所采取的作业技术和活动。这就是说,质量控制是为了通过监视质量形成过程,消除质量环上所有阶段引起不合格或不满意效果的因素,以达到质量要求,而采用各种质量作业技术和活动。如生产线上质量监控点、质量检测点的设置。

4. 质量保证体系

质量保证体系(Quality Assurance System)是指"为实施质量管理的组织机构、职责、程序、过程和资源"。即企业以提高和保证产品质量为目标,依靠必要的组织结构,运用系统方法,把组织内各部门、各环节的质量管理活动严密组织起来,形成的一个任务、职责、权限明确,相互协调、相互促进的质量管理有机整体。包括:领导职责与质量管理职能,质量机构的设置,各机构的质量职能、职责以及它们之间的纵向与横向关系,质量工作网络与质量信息传递与反馈等。它是由若干要素构成。根据 ISO 9000 系列标准它包括:市场调研，设计和规范，采购，工艺准备，生产过程控制，产品验证，测量和试验设备的控制，不合格控制、纠正措施，搬运和生产后的职能，质量文件和记录，人员，产品安全与责任，质量管理方法的应用等。

质量体系有两种形式：一种是用于内部管理的质量体系，一般以管理标准、工作标准、规章制度、规程等予以体现，一种是用于外部证明的质量保证体系。

质量体系作为一个有机体，还应拥有必要的体系文件包括质量手册、程序性文件(包括管理性程序文件、技术性程序文件)、质量计划及质量记录等。

5. 质量管理、质量保证、质量控制与质量保证体系的关系

四个基本概念的关系可用图 12.3 表示，正方形表示全部质量管理工作。要开展质量管理，首先制定质量方针，进行质量策划、设计并建立科学有效的质量体系。而要建立质量体系，则应设置质量管理组织机构，明确其职责权限，然后开展质量控制活动和内部质量保证活动，质量控制活动是作业技术和活动，而内部质量保证活动则是为了取得企业领导的信任而开展的活动。二者之间用虚 S 形分开，说明这两种活动是很难明显区分开来，而大小虚圆则是表示方形内活动和工作都是质量管理。弧形斜线部分表示外部质量保证活动，它是在合同上或法规中有质量保证要求时才发生的。这种外部质量保证活动的开展是为了取得需方的信任。而弧形部分覆盖在方形上则形象地说明了外部质量保证只能建立在企业内部质量管理基础上，即质量保证体系应建立在质量管理体系基础上。离开质量管理和质量控制，就谈不上质量保证。离开质量管理体系，也就不可能建立质量保证体系。

通过质量控制和质量保证活动，发现质量工作中的薄弱环节和存在问题，再采取针对性的质量改进措施，进入新一轮的质量管理 PDCA 循环，以不断获得质量管理的成效。

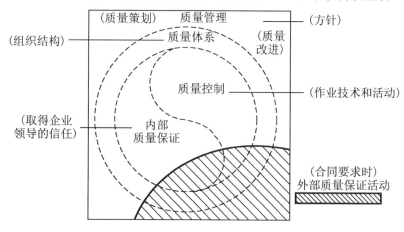

图 12.3 质量管理、质量保证、质量控制与质量保证体系的关系

12.2 全面质量管理

12.2.1 全面质量管理的概念

全面质量管理(Total Quality Management，TQM)是指在全社会的推动下，企业中所有部门、所有组织、所有人员都以产品质量为核心，把专业技术、管理技术、数理统计技术集

合在一起，建立起一套科学严密高效的质量保证体系，控制生产过程中影响质量的各种因素，以优质的工作，经济的办法，提供满足用户需要的产品(服务)全部活动。

 知识介绍

全面质量管理(TQM)的四个发展阶段

从 1961 年菲根堡姆提出全面质量管理的概念开始，世界各国对它进行了全面深入的研究，使全面质量管理的思想、方法、理论在实践中不断得到应用和发展。概括地讲全面质量管理的发展经历了四个阶段：

1. 日本从美国引入全面质量管理

1950 年，戴明博士在日本开展质量管理讲座，日本人从中学习到了这种全新的质量管理的思想和方法。当时，全面质量管理的思路和概念并没有像如今一样被完整地提出来，但是它对日本经济的发展起到了极大的促进作用。到 1970 年，质量管理已经逐步渗透到了全日本企业的基层。

2. 质量管理中广泛采用统计技术和计算机技术

从 20 世纪 70 年代开始，日本企业从质量管理中获得巨大的收益，充分认识到了全面质量管理的好处。日本人开始将质量管理当作一门科学来对待，并广泛采用统计技术和计算机技术进行推广和应用，全面质量管理在这一阶段获得了新的发展。

3. 全面质量管理的内容和要求得到标准化

随着全面质量管理理念的普及，越来越多的企业开始采用这种管理方法。1986 年，国际标准化组织 ISO 把全面质量管理的内容和要求进行了标准化，并于 1987 年 3 月正式颁布了 ISO 9000 系列标准，这是全面质量管理发展的第三个阶段。因此，我们通常所熟悉的 ISO 9000 系列标准实际上是对原来全面质量管理研究成果的标准化。

4. 质量管理上升到经营管理层面

随着质量管理思想和方法往更高层次发展，企业的生产管理和质量管理被提升到经营管理的层次。无论是学术界还是企业界，很多知名学者如朱兰、石川馨等人都提出了很多有关这个方面的观念和理论，"质量管理是企业经营的生命线"这种观念逐渐被企业所接受。

资料来源：编者根据相关资料整理。

12.2.2 全面质量管理的特点

1. 人员的全面性

产品质量是企业各生产环节和各项管理工作的综合反映。任何一个环节、任何一个人的工作质量都会不同程度地直接或间接地影响产品质量，因此"全面"是指全企业各部门、各阶层的全体人员共同参加的活动，而不是少数专职人员的事。但也不是"大家分散地搞质量管理"，而是为实现共同质量目标，所有部门的人员都参加的"有机"组织的系统性活动。同时还要加强各职能和业务部门之间横向合作，这种合作还应延伸到用户和供应商。

2. 过程的全面性

从前面的朱兰的质量螺旋图可知产品质量产生、形成和实现的全过程，已从原来的制造和检验过程向前延伸到市场调研、设计、采购、生产准备等过程，向后延伸到包装、发运、使用、用后处理、售前售后服务等环节，向上延伸到经营管理，向下延伸到辅助生产过程，从而形成一个从市场调查、设计、生产、销售直至售后服务的寿命循环周期全过程。为了实现全过程的质量管理必须建立质量管理体系，将企业的所有员工和各个部门的质量管理活动有机地组织起来,将产品质量的产生、形成和实现全过程的各种影响因素和环节都纳入到质量管理的范畴,这样才能及时地满足用户的需求,不断提高企业的竞争实力。

3. 管理对象的全面性

全面质量管理的对象是广义的质量,包括产品质量、工作质量。只有将工作质量提高,才能最终提高产品和服务质量。管理对象全面性的另一个含义是对影响产品和服务质量因素的全面控制。这些因素概括起来有:人员、机器设备、材料、工艺方法、检测手段和环境等方面,只有对这些因素进行全面控制,才能提高产品和工作质量。

4. 管理方法的全面性

尽管数理统计技术在质量管理的各个阶段都是最有效的工具,但由于影响产品质量因素的复杂性,有物质的因素,有人的因素;有生产技术的因素,有管理的因素。这些仅靠数理统计技术是不行的,应根据不同的情况、针对不同的因素,灵活运用各种现代化管理方法和手段,将众多的影响因素系统地控制起来,实现统筹管理。在全面质量管理中,除统计方法外,还经常用到各种质量设计技术、工艺过程反馈控制技术、最优化技术、网络计划技术、预测和决策技术,以及计算机辅助质量管理技术等。

5. 效益的全面性

效益的全面性是指除保证制造企业能取得最大经济效益外,还应从社会的角度和从产品寿命循环全过程的角度考虑经济效益问题。即要以社会经济效益最大为目的,使供应链上生产者、储运公司、销售公司、用户和产品报废处理者均能取得最大效益。

12.2.3 全面质量管理的实施方法——PDCA 循环

是美国质量管理专家戴明博士提出的,他认为全面质量管理活动的全部过程就是质量计划的制订和组织实现的过程,这个过程就是按照 PDCA 循环不停地周而复始地运转。

1. PDCA 循环的四个阶段八个步骤

第一个阶段:P(计划 PLAN):从问题的定义到行动计划,包括四个步骤,具体如下:
步骤一:分析现状,找出质量问题;
强调的是对现行质量问题的发现和把握的意识、能力,发现问题是解决问题的第一步,是分析问题的条件。如生产现场质量问题主要从人、机、料、法、环这五个方面去找。
步骤二:分析质量问题产生的原因;
找准质量问题后,分析产生问题的原因至关重要,运用头脑风暴法等多种集思广益的科学方法,把导致问题产生的所有原因统统找出来。
步骤三:主要因素的确认;
区分主因和次因是有效解决质量问题的关键。
步骤四:拟定措施、制定计划;(5W1H),
即:为什么制定该措施(Why)?达到什么目标(What)?在何处执行(Where)?由谁负责完成(Who)?什么时间完成(when)?如何完成(How)措施和计划是执行力的基础,尽可能使其具有可操性。

第二个阶段：D(实施 DO)：实施改进质量行动计划。包括第五个步骤，具体如下：

步骤五：执行措施、执行计划；

高效的执行力是组织完成质量目标的重要一环。此阶段除了按计划和方案实施外，还要对过程进行测量，确保工作能够按进度实施。同时要建立起数据采集，收集起过程的原始记录和数据等项目文档。

第三个阶段：C(检查 CHECK)：检查效果。包括第六个步骤，具体如下。

第六步骤：效果检查

方案是否有效、目标是否完成，需要进行效果检查后才能得出结论。将采取的对策进行确认后，对采集到的证据进行总结分析，把完成情况同质量改进的目标进行比较，看是否达到了预定的目标。如果没有出现预期的结果时，应该确认是否严格按照计划实施对策，如果是，就意味着对策失败，那就要重新进行最佳方案的确定。

第四个阶段：A(处理 ACTION)：标准化和进一步推广。包括下面第七、八两个步骤。

步骤七：标准化，固定成绩；

对已被证明对质量改进有成效的措施，要进行标准化，制定成工作标准，以便以后的执行和推广。

步骤八：处理遗留问题。

所有问题不可能在一个 PDCA 循环中全部解决，遗留的问题会自动转进下一个 PDCA 循环，如此周而复始，螺旋上升(图 12.4)。

注意点：PDCA 循环不仅应用于处理质量问题，其他领域也可以使用。

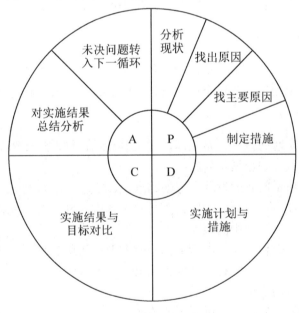

图 12.4　PDCA 循环

2. PDCA 循环的特点

PDCA 循环，可以使我们的思想方法和工作步骤更加条理化、系统化、图像化和科学化。它具有如下特点(图 12.5)。

(1) 大环套小环，小环保大环，互相促进，推动大循环。
(2) PDCA 循环是爬楼梯上升式的循环，每转动一周，质量就提高一步。
(3) PDCA 循环是综合性循环，4 个阶段是相对的，它们之间不是截然分开的。
(4) 推动 PDCA 循环的关键是"处理"阶段。

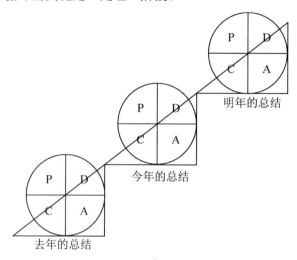

图 12.5　PDCA 循环上升

延伸阅读

实施全面质量管理的七个基本观点

(一) 质量第一、以质量求生存、以质量求繁荣

任何产品都必须达到所要求的质量水平，否则就没有或未完全实现其使用价值，从而给消费者和社会带来损失。从这个意义上讲，质量必须是第一位的。

贯彻"质量第一"就要求企业全体职工，尤其是领导层要有强烈的质量意识；要求企业在确定经营目标时，首先应根据用户或市场的需求，科学地确定质量目标，并安排人力、物力、财力予以保证。当质量与数量、社会效益和企业效益、长远利益与眼前利益发生矛盾时应把质量、社会效益和长远利益放在首位。

"质量第一"并非"质量至上"。质量不能脱离当前的消费水平，也不能不问成本一味讲求质量。应该重视质量成本的分析，把质量与成本加以统一，确定最适宜的质量。

(二) 系统的观点

既然产品质量的形成和发展有个过程，这个过程包含了许多相互联系、相互制约的环节，那么不论是保证和提高质量，或是解决产品质量问题，都应把企业看成是个开放系统，应当运用系统科学的原理和方法，对暴露出来的产品质量问题，实行全面诊断、辨证施治。

(三) 质量是设计、制造出来的，而不是检验出来的

在生产过程中，检验是重要的，它可以起到不允许不合格品出厂的把关作用，同时还可以将检验信息反馈到有关部门。但影响产品质量好坏的真正原因并不在于检验，而主要在于设计和制造。设计质量是先天性的，在设计时就已决定了质量的等级和水平，而制造只是实现设计质量，是符合性质量。二者不可偏废，都应重视，但从我国目前现状来看，对于设计质量还需要格外强调。

(四) 预防为主的观点

全面质量管理要求把管理工作的重点应从"事后把关"转移到"事前预防"，把从管理产品质量"结果"变为管理产品质量的影响"因素"，真正做到防检结合，以防为主，把不合格产品消灭在产品质量的形成过程中。在生产过程中，应采取各种措施，把影响产品质量的有关因素控制起来，以形成一个能够稳

定地生产优质产品的生产系统。

当然，实行全面质量管理、以"预防为主"，并不是说不要检验工作，不要"事后检查"，质量检查和监督工作不但不能削弱，而且必须进一步加强。为了保证产品质量，不让不合格品流入下道工序或出厂，质量检验工作是必不可少的。同时，我们也应该看到，质量检验工作不仅仅具有"把关"的作用，也有着"预防"的作用。

(五) "用户至上"，用户第一，下道工序就是用户

实行全面质量管理，一定要把用户的需要放在第一位。因而，企业必须保证产品质量能达到用户要求，把用户的要求看作产品质量的最高标准，以用户的要求为目标来制定企业的质量标准。

在全面质量管理中，"用户"的概念是广泛的，它不仅仅指产品的购买者、使用者和社会，而且，还认为企业内部生产过程中的每一个部门，每一个岗位也是用户。在全面质量管理中，提出了"下道工序就是用户"的指导思想。上道工序将下道工序作为用户，为下道工序提供合格品，为下道工序服务，下道工序对上道工序进行质量监督和质量信息的反馈。

"使用本企业产品的单位和个人就是用户"，就是说，企业不仅要生产优质产品，而且还要对产品质量负责到底、服务到家，实行"包修、包换、包退"制度，不仅要保质保量、物美价廉、按期交货，而且要做好产品使用过程中的技术服务工作，不断改善和提高产品质量。

(六) 经济的观点

全面质量管理强调质量，我们必须考虑经济性，建立合理的经济界限，这就是所谓经济原则。因此，在产品设计制定质量标准时，在生产过程进行质量控制时，在选择质量检验方式为抽样检验或全数检验时等等场合，我们都必须考虑其经济效益来加以确定。

(七) 数据是质量管理的根本，一切用数据说话

实行全面质量管理，要坚持实事求是，树立科学地分析、控制质量波动规律的工作作风。一切用事实和数据说话，用事实和数据反映质量问题。一定要尽可能使产品质量特性数据化，以利于对产品质量的优劣做出准确的评价，从而进行有效的管理。

资料来源：摘自CTPM华天谋。

12.3 质量控制的基本方法

12.3.1 统计分析表

统计分析表又称调查表，是用表格形式来进行数据整理和粗略分析的一种方法。表12-1为不合格品分项检查表，是将不合格品的原因进行分类记录，能简单、直观地反映出不合格品产生的原因。使用检查表的目的：系统地收集资料、积累信息、确认事实并可对数据进行粗略的整理和分析。也就是确认有与没有或者该做的是否完成(检查是否有遗漏)。

表12-1 某产品质量问题统计分析表

不合格原因	检 查 记 录	小　　计
表面缺陷	正正正正正正正正	40
裂纹	正正正正正正正	35
加工不良	正正正正正	25
形状不良	正正正一	16
其他	正正十	12
合计		128

12.3.2 数据分层法

分层法又称分类法,分组法。用来将混杂在一起的不同类型的数据按照一定的标志或目的进行归类、整理和汇总,以便找出数据的统计规律的方法。严格说来,分层法只能是一种方法,而不能作为一种质量管理工具。它常与其他统计方法结合起来使用,如分层直方图法、分层排列图法、分层控制图法、分层散布图法和分层因果图法等。

分层法的应用步骤如下:

(1) 收集数据。

(2) 选择分层标志。将收集到的数据根据不同的目的选择分层标志。分层的原则是使同一层次内的数据波动幅度尽可能小,而层与层之间的差异尽可能大,否则就起不到归类整理和汇总的目的。分层的目的不同,分层的标志也不一样。一般地可选择以下分层标志:

① 人员。主要是按员工的工龄或按年龄、性别、技术等级分层。

② 机器。按设备类型、型号以及新旧程度分层。

③ 材料。按产地、批号、规格、成分等分层。

④ 方法。按不同的工艺要求、操作方法分层。

⑤ 测量。按测量设备、测量方法、测量人员、测量取样方法和测量部位等分层。

⑥ 时间。按不同的生产日期和生产班次分层。

⑦ 环境。按季节、清洁度、温度、湿度等分层。

⑧ 其他。如按不同的使用地区等分层。

(3) 按目的要求进行分层。

(4) 按层归类。

(5) 根据分层结果结合其他的方法进行质量改进。

分层法是质量管理中分析处理质量问题的有效方法。日本的企业认为分层法是分析处理质量问题成败的关键之一。

12.3.3 因果分析图

此图也称鱼刺图或石川图(日本质量管理学者石川馨于1943年提出)。因果分析图是以质量特性作为结果,以影响质量因素作为原因,在它们之间用箭头联结起来表示因果关系。

质量问题是由错综复杂的多种原因共同作用的结果,鱼刺图可以帮助质量管理人员从纷繁的原因中查到真正的原因。因果图是从产生质量问题的结果出发,先找到影响质量问题的原因,然后再找到影响大原因质量中的中原因,以此类推,直到找到能直接采取措施的原因为止,并对这些原因进行分类,画因果分析图。其注意事项有:

(1) 影响产品质量的大原因有人、机器、原材料、加工方法和工作环境五个方面。每个大原因再具体化成若干个中原因,中原因再化为小原因,越细越好,直到能采取措施为止。

(2) 讨论时要充分发挥技术民主,集思广益。别人发言时,不准打断,不开展争论。各种意见都要记录下来。如图 12.6 所示是某复印机复印不清楚的因果分析图。

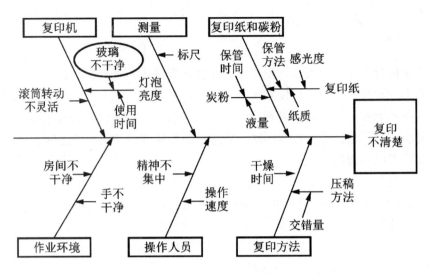

图 12.6 复印不清楚的因果分析图

 知识延伸

大野耐一先生的五个为什么

大野耐一先生是一个彻头彻尾的现场主义者。在生产现场碰见问题他不仅要连问五个 W(为什么)，还要加问一个 H(如何解决)。如果机器开不动了，在大野和员工之间有这样的对话：

1. 为什么机器停了？ 答：负荷过大，保险丝断了
2. 为什么负荷过大？ 答：轴承部分不够润滑
3. 为什么不够润滑？ 答：润滑油泵吸不上油
4. 为什么吸不上油？ 答：油嘴磨损，松动了
5. 为什么磨损了？   答：没有安装过滤器，粉屑进去了。

这5个为什么？打破砂锅问到底，然后他再和技术人员一起研究解决方法。大野耐一先生的五个为什么和因果分析图有异曲同工之处。

资料来源：[日]门田安弘. 新丰田生产方式[M]. 4版. 王瑞珠，译. 保定：河北大学出版社，2013.

12.3.4 散布图

1. 散布图含义

散布图又叫相关图，它是将两个可能相关的变量数据用点画在坐标图上，用来表示一组成对的数据之间是否有相关性。这种成对的数据或许是特性—原因，特性—特性，原因—原因的关系。通过对其观察分析，来判断两个变量之间的相关关系。这种问题在实际生产中也是常见的，例如热处理时淬火温度与工件硬度之间的关系，某种元素在材料中的含量与材料强度的关系等。这种关系虽然存在，但又难以用精确的公式或函数关系表示，在这种情况下用相关图来分析就是很方便的。假定有一对变量 x 和 y，x 表示某一种影响因素，y 表示某一质量特征值，通过实验或收集到的 x 和 y 的数据，可以在坐标图上用点表示出来，根据点的分布特点，就可以判断 x 和 y 的相关情况。例如喷漆时的室温与漆料黏度的关系，零件加工时切削用量与加工质量的关系等。

2. 相关关系的判定

(1) 完全相关。

① 完全正相关,即 X 变量增加时 Y 的变量随着增加,点子逐渐上升成一条斜线(图 12.7)。

② 完全负相关,即 X 变量增加时 Y 的变量却减少,点子逐渐下降成一条斜线(图 12.8)。

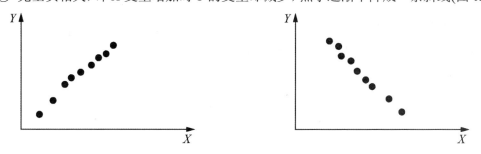

图 12.7 完全正相关　　　　　　　　图 12.8 完全负相关

(2) 正相关,即 X 变量增加时,Y 变量亦增加趋势,点子有逐渐上升趋势谓之正相关(图 12.9)。

(3) 负相关。即 X 变量增加时,Y 变量却减少趋势,点子有逐渐下降趋势谓之负相关(图 12.10)。

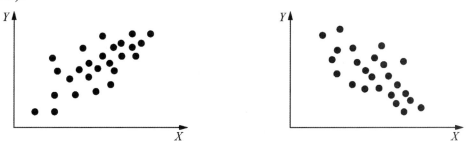

图 12.9 正相关　　　　　　　　图 12.10 负相关

(4) 无相关,即当 X 变量增加时,Y 的变量并未随之增加,点子没有上升或下降之趋势,谓之无相关(图 12.11)。

(5) 曲线相关,即 X 变量与 Y 的变量之间没有直线相关关系,但有曲线关系存在,谓之曲线相关(图 12.12)。

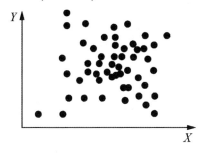 

图 12.11 无相关　　　　　　　　图 12.12 曲线相关

12.3.5 排列图

1. 排列图的概念

排列图也称为巴雷特图(Pareto Diagram),由于质量问题常可以用质量损失的形式表现,而大多数损失往往又是由少数质量问题引起的,这些质量问题又由少数原因引起。因此,明确了"关键的少数",就可集中资源解决之,避免由此所引起的大部分损失。用排列图法,我们可以高效、形象地展现出这些关键少数。

2. 作排列图的步骤

(1) 确定所要调查的问题和收集数据。

(2) 设计一张数据记录表,将数据填入表中,并计算合计栏。

(3) 作排列图用数据表,表中列有各项不合格的数据,累计不合格数,各项不合格所占百分比以及累计百分比。

(4) 按数量从大到小顺序,将数据填入数据表中。"其他"项的数据由许多数据很小的项目合并在一起,将其列在最后,而不必考虑其他项的数据是多大。

(5) 画两根纵轴和一根横轴。左边纵轴,标上件数(频数)的刻度,最大刻度为总件数(总频数)。右边纵轴,标上比率(频率)的刻度,最大刻度为100%。在横轴上按频数大小从大到小依次列出各项。

(6) 在横轴上按频数大小画出直方柱。

(7) 在每个直方柱右侧上方,标上累计值(累计频数和累计频率百分数),描点并用直线连接,绘制累计百分数曲线(巴雷特曲线)。数据如表12-12所示,柱状图和相应的排列图如12.13、12.14所示。通常情况下我们将影响质量的因素分为3类:A类因素中累计比率由0~80%,该类因素称主要因素,也就是说关键的少数因素,是解决质量问题应作为重点考察的因素,此例中为断裂、擦伤和污染这三个因素;B类因素中的累计比率由80%~90%,该类因素称次要因素,此例中为弯曲、裂纹、砂眼;C类因素中的累计比率由90%~100%,该类因素称一般因素,此例中为其他因素。

表 12-2 某产品不合格原因排列图数据表

不合格原因	不合格数	累计不合格数	比率(%)	累计比率(%)
断裂	104	104	52	52
擦伤	42	146	21	73
污染	20	166	10	83
弯曲	10	176	5	88
裂纹	6	182	3	91
砂眼	4	186	2	93
其他	14	200	7	100
合计	200		100	

第12章 质量管理

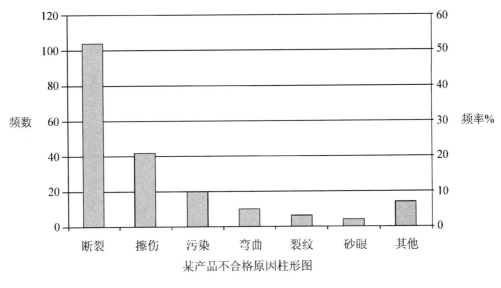

图 12.13 柱状图

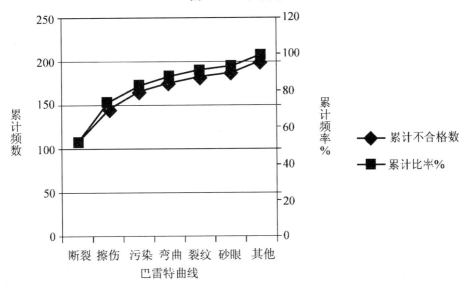

图 12.14 排列图

> **知识延伸**

二 八 原 理

"二八原理"者,即"重要的少数"与"琐碎的多数"之简称也。这是意大利经济学家帕累托提出来的。他认为:在任何特定的群体中,重要的因子通常只占少数,而不重要的因子则常占多数。因此,只要控制重要的少数,即能控制全局。反映在数量比例上,大体就是 2∶8.这就是这则应用很广的"重要的少数与琐碎的多数——2/8 原理"。

二八原理告诉人们:在投入和产出、努力与收获、原因和结果之间,普遍存在着不平衡关系。少的投入,可以得到多的产出;小的努力,可以获得大的成绩;关键的少数,往往是决定整个组织的产出、盈利和成败的主要因素。排列图正是应用这种原理来解决质量问题,以获高的质量效益的。

资料来源:编者根据相关资料整理。

12.3.6 直方图

1. 直方图含义

直方图又称质量分布图,是一种几何形图表,它是根据从生产过程中收集来的质量数据分布情况,画成以组距为底边、以频数为高度的一系列连接起来的直方型矩形图。作直方图的目的就是通过观察图的形状,判断生产过程是否稳定,预测生产过程的质量。

2. 直方图的绘制步骤

(1) 集中和记录数据,求出其最大值和最小值。数据的数量应在 100 个以上,在数量不多的情况下,至少也应在 50 个以上。

(2) 将数据分成若干组,并做好记号。分组的数量在 6~20 之间较为适宜。

(3) 计算组距的宽度。用组的最大值和最小值之差去除以组数,求出组距的宽度,组数可以根据数学家史特急吉斯提出的公式,根据测定的次数 n,来求组数 k,$k=1+3.32\log n$ 例如:$n=60$,则 $k=1+3.32\log 60=1+3.32\times 1.78=6.9$,即可分为 6 组或是 7 组。

(4) 计算各组的界限值。各组的界限可以从第一组开始依次计算,第一组的下界限为最小值减去最小测量单位的一半,第一组的上界限为其下界限值加上组距。第二组的下界限值为第一组的上界限值,第二组的下界限值加上组距,就是第二组的上界限值,依此类推。即整数的最小测量单位为 1,一半即为 1/2;一位小数的最小测量单位为 0.1;一半即为 0.1/2,两位小数的最小测量单位为 0.01。

(5) 统计各组数据出现频数,作频数分布表。

(6) 作直方图。以组距为底长,以频数为高,作各组的矩形图(具体作图方法见统计学原理相关内容,此处略)。

3. 直方图的判断

1) 正常型

正常型是指过程处于稳定的图形,它的形状是中间高、两边低,左右近似对称。近似是指直方图多少有点参差不齐,主要看整体形状,如图 12.15(a)所示。

2) 偏态型

偏态型直方图是指图的顶峰有时偏向左侧、有时偏向右侧。由于某种原因使下限受到限制时,容易发生偏左型。如:用标准值控制下限,不纯成分接近于 0,疵点数接近于 0 或由于工作习惯都会造成偏左型。由于某种原因使上限受到限制时,容易发生偏右型。如:用标准尺控制上限,精度接近 100%,合格率也接近 100%或由于工作习惯都会造成偏右型,如图 12.15(b)所示。

3) 锯齿型

当直方图出现凹凸不平的形状,这是由于作图时数据分组太多,测量仪器误差过大或观测数据不准确等造成的,此时应重新收集数据和整理数据,如图 12.15(c)所示。

4) 双峰型

当直方图中出现了两个峰,这是由于观测值来自两个总体、两个分布的数据混合在一起造成的。如:两种有一定差别的原料所生产的产品混合在一起,或者就是两种产品混在一起,此时应当加以分层,如图 12.15(d)所示。

5) 平顶型

当直方图没有突出的顶峰，呈平顶型，形成这种情况的原因往往是由于生产过程中某种缓慢的带有变动倾向的因素在起作用，如工具的磨损、操作者疲劳等，如图12.15(e)所示。

6) 孤岛型

直方图旁边有孤立的小岛出现，当这种情况出现过程中有异常原因。如原料发生变化，不熟练的新工人替人加班或测量有误等，都会造成孤岛型分布，应及时查明原因、采取措施，如图12.15(f)所示。

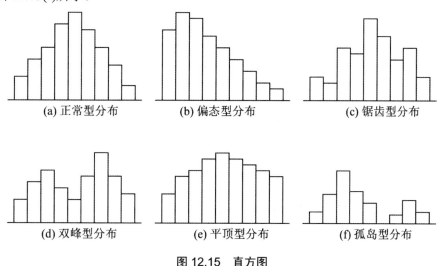

图 12.15　直方图

12.3.7　控制图

1. 基本原理

在一个工序上按照某一产品规格加工出来的一批产品，其质量(特性值)不会完全相同。产品之间总是或多或少存在着质量上的差别。造成质量特性值波动的原因是材料、方法、设备、操作者和环境这五个因素的变异。当生产过程处于控制状态时，误差的大小和方向的变化是随机的，并呈现一种规律性分布(如正态分布)。当处于失控状态时，误差的大小和方向或保持不变或按一定规律变化。

基于制造过程诸因素处于控制状态和失控状态下，其质量特性值波动的原因、波动的大小和统计分布是不相同的。以控制状态下质量特性值变化的统计分布为基础，确定控制界限。当测得的质量特性值超过控制界限，说明制造过程失去控制，有系统原因存在。这时就应该找出原因恢复正常。并采取措施消除系统原因，使制造过程处于控制状态。

2. 类型

控制图基本上分为两大类：

(1) 计量值(尺寸、重量等可以测量的连续性数值)控制图。

(2) 计数值(如不合格品数、缺陷数等离散值)控制图。

这两个大类中又进一步细分，具体的见表12-3。

表 12-3 控制图分类

数据特性		分布	控制图	简记
计量特性值		正态分布	均值-极差控制图	$\bar{x}$-R 控制图
			中位数-极差控制图	$\tilde{x}$-R 控制图
			单值-移动极差控制图	x-RS 控制图
计数特性值	计件值	二项分布	不合格品率控制图	p 控制图
			不合格品数控制图	np 控制图
	计点值	泊松分布	缺陷数控制图	c 控制图
			单位缺陷数控制图	u 控制图

3. 控制图的作法

这里仅讨论平均值和极差控制图，即 $\bar{x}$-R 控制图的作法，其他控制图的作法大同小异。该图是建立在正态分布基础上的。

作图步骤为：

(1) 收集数据。应注意必须在相应条件下随机取样，样本容量大小通常取 $n=4$ 或 5 个，数据在 100 个以上进行分组，假设现搜集 100 个数据，每组样本为 5，共分为 $K=20$(组)；

(2) 用公式计算各组平均值 $\bar{x}$ 和总平均值 $\bar{\bar{x}}$。

(3) 计算各组的极差 R 及极差的平均值 $\bar{R}$，

$$R = 组内最大值 - 组内最小值,$$
$$\bar{R} = (R_1 + R_2 + \cdots + R_K)/K.$$

(4) 计算中心线和控制界限。

$\bar{x}$ 控制图：$CL = \bar{\bar{x}}$

$UCL = \bar{\bar{x}} + A_2 \bar{R}$

$LCL = \bar{\bar{x}} - A_2 \bar{R}$

R 控制图：$UCL = D_4 \bar{R}$ $CL = \bar{R}$ $LCL = D_3 \bar{R}$

式中 A_2、D_4 是由样本容量大小 n 确定的系数，可由表 12-4 查得。

表 12-4 参数估计系数表

系数 n	A_2	A_3	d_2	d_3	D_2	D_3	D_4	m_3	E_2
2	1.880	2.659	1.128	0.853	3.686	0.000	3.267	1.000	2.660
3	1.023	1.954	1.693	0.888	4.358	0.000	2.574	1.160	1.772
4	0.729	1.628	2.059	0.880	4.698	0.000	2.282	1.092	1.457
5	0.577	1.427	2.326	0.864	4.918	0.000	2.114	1.198	1.290
6	0.483	1.287	2.534	0.848	5.078	0.000	2.004	1.135	1.184
7	0.419	1.182	2.704	0.833	5.204	0.076	1.924	1.214	1.109
8	0.373	1.099	2.847	0.820	5.306	0.136	1.864	1.160	1.054
9	0.337	1.032	2.970	0.808	5.393	0.184	1.816	1.223	1.010
10	0.308	0.975	3.078	0.797	5.469	0.223	1.777	1.176	0.975

(5) 画出控制图。下图示例是 $\bar{x}$ 控制图，横坐标为样本序号，纵坐标为 $\bar{x}$ 值。中心线用实线表示。上下控制线用虚线表示如图 12.16 所示。

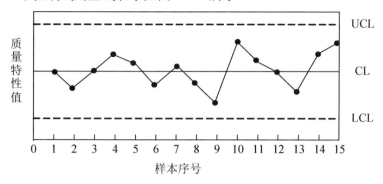

图 12.16　正常状态下质量控制图

4. 控制图的分析与判断

用控制图识别生产过程的状态，主要是根据样本数据形成的样本点位置以及变化趋势进行分析和判断。

1) 受控状态

如图 12.16 所示，如果控制图上所有的点都在控制界限以内，而且排列正常。说明生产过程处于统计控制状态。这时生产过程只有偶然性因素影响，在控制图上的正常表现为：

(1) 所有样本点都在控制界限之内。
(2) 样本点均约分布，位于中线两侧的样本点约各占 1/2。
(3) 靠近中心线的样本点约占 2/3。
(4) 靠近控制界限的样本点极少。
(2) 失控状态。
(1) 样本点出界如图 12.17(a)所示。
(2) 多个样本点接近边界如图 12.17(b)所示，连续 5、7、10 个点分别有 2、3、4 个点在警戒区内。
(3) 样本点明显单侧分布，点子中心线一侧连续出现七点以上，或点子中心线一侧多次出现，如连续 11 个点子中有 9～10 点出现在中心线一侧，如图 12.17(c)所示。
(4) 样本点连续上升或下降，如连续上升或下降 7 个点及以上，如图 12.17(d)所示。
(5) 样本点呈周期波动，如图 12.17(e)所示。

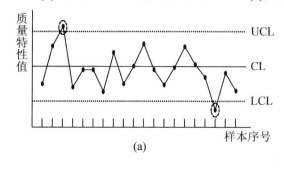
(a)

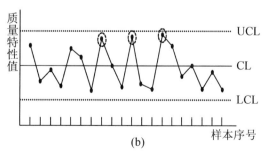
(b)

图 12.17　质量控制图的分析

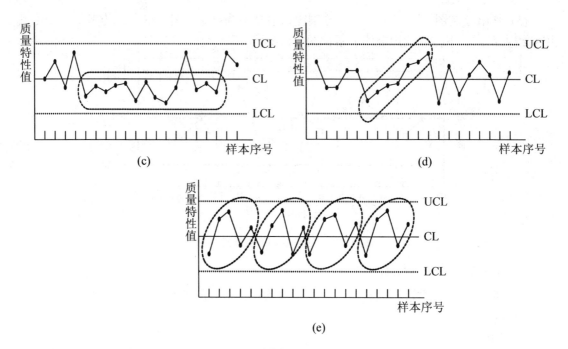

图 12.17　质量控制图的分析(续)

七大手法口诀

查检集数据，排列抓重点，鱼刺追原因，直方显分布，散布看相关，控制找异常层次作解析。

12.4　ISO 9000 简介

12.4.1　ISO 9000 族标准简介

1. ISO 9000 族标准的产生

20 世纪 70 年代后质量已成为商业和工业的新重点，世界各主要工业发达国家都在质量体系领域制定出了各种国家标准，一些标准为指导性文件，而另一些标准则由供需双方在合同中采用。这些标准虽然有一定的共同点，但在细节上还存在许多的不一致和差异，形成贸易壁垒。随着国际技术合作深入发展，要求各国所依据的标准协调一致，以便成为评定各厂商质量保证活动的统一尺度。国际标准化组织(ISO)于 1986—1987 年在总结各国质量保证制度的基础上，颁布了 ISO 9000 质量管理和质量保证系列标准。标准组成如下：

　　ISO 9000－1＝GB/T19000《质量管理和质量保证标准　第一部分：选择和使用指南》

　　ISO 9001＝GB/T19001 质量体系——设计、生产、安装和服务的质量保证模式》

　　ISO 9002＝GB/T19002《质量体系——生产、安装和服务的质量保证模式》

　　ISO 9003＝GB/T19003《质量体系——最终检验和试验的质量保证模式》

　　ISO 9004－1＝GB/T19004《质量管理和质量体系要素　第一部分：指南》

　　其中，ISO 9000 是为该系列标准的选择和使用提供原则、指导；ISO 9001、ISO 9002、

ISO 9003 是三个质量保证模式；ISO 9004 是指导企业内部建立质量体系的指南。

ISO 9000 系列标准颁布后，得到了各国工业界的广泛认同和推广，并以其作为质量认证的依据。由于国际贸易和国际交流的发展，世界范围内市场竞争的加剧促进了 ISO 9000 系列标准的发展与完善。后经修订产生了 ISO 9000：2000 族标准。

2. ISO 9000：2000 族特点

(1) 标准加强了通用性。ISO 9001：2000 标准中 1.2 条款指出："本标准规定的所有要求是通用的，旨在适合于各种类型、不同规模和提供不同产品的组织。"与 1994 年版标准相比，无论在结构上还是在内容上都消除了行业的偏向性，并允许在 ISO 9001 标准的基础上增加特殊条款，从而适应各行各业。

(2) 标准减少了对文件的要求。ISO 9001：2000 标准中，仅有 6 项活动明确提出形成文件程序的要求，与 1994 版标准相比有大幅度的减少，但这并不意味着对组织质量管理体系文件要求的降低，正如 ISO 9001：2000 标准 2.7.2 条款中指出的"每个组织确定其所需文件的多少和详略程度及其使用的媒体。"组织应根据自身的类型和规模、过程的复杂性和相互作用、产品的复杂性和顾客的期望、适用的法规要求、人员的能力，以及满足质量管理体系要求所需的证实程度，自行决定所需的文件数量及其详略程度。

(3) 标准增强了协调性。ISO 9001 和 ISO 9004 在 2000 版中一对协调标准。ISO 9001 旨在给出产品的质量保证并增强顾客满意，而 ISO 9004 则通过使用更广泛的质量管理的观点，提供业绩改进的指南。这两项标准具有不同的范围和目的，但却有相似的结构，成为一对相互协调的标准。

(4) 标准强调了与 ISO 14000 的相容性。ISO 9000：2000 标准中 0.4 条款指出："本标准不包括针对其他管理体系的要求，如环境管理、职业卫生与安全管理、财务管理或风险管理的特定要求。然而本标准使组织能够将自身的质量管理体系与相关的管理体系要求结合或整合。"由于组织的管理体系是一个有机的整体，所以对各子体系提出要求的不同标准应具有相容性。

(5) 标准确立了八项质量管理原则。在总结 1994 年版的基础上，ISO 9000：2000 标准中 0.2 条款明确了质量管理的八项原则，质量管理八项原则科学地总结了世界各国多年来理论研究的成果和实践的经验，体现了质量管理的基本规律，是 2000 版 ISO 9000 族质量管理体系标准的基础。

3. ISO 9000：2000 版质量管理原则

2000 版标准突出体现了管理的八大原则，并作为主线贯穿始终。

原则 1：顾客为中心。

"组织依存于顾客，组织应理解顾客当前的和未来的需求，满足顾客要求并争取超越顾客。"因此，组织要明确顾客是谁，调查他的需求是什么，怎样满足他的要求。具体做法有：

(1) 调查、识别并理解顾客的需求和期望。

(2) 确保组织目标，并与顾客的需求和期望相结合。

(3) 确保在整个组织内沟通顾客的需求和期望。

(4) 测量顾客的满意度并采取相应的措施。

(5) 兼顾顾客和其他相关方的利益。

案例故事

割草的男孩

一个替人割草打工的男孩打电话给一位陈太太说:"您需不需要割草?"

陈太太回答说:"不需要了,我已有了割草工。"

男孩又说:"我会帮您拔掉花丛中的杂草。"

陈太太回答:"我的割草工也做了。"

男孩又说:"我会帮您把草与走道的四周割齐。"

陈太太说:"我请的那人也已做了,谢谢你,我不需要新的割草工人。"

男孩便挂了电话,此时男孩的室友问他说:"你不是就在陈太太那割草打工吗?为什么还要打这电话?"

男孩说:"我只是想知道我做得有多好!"

启示:

1. 这个故事反映的 ISO 9000 的思想:即以顾客为中心,不断地探询顾客的要求,我们才有可能知道自己的长处与不足,然后扬长避短,改进自己的工作质量,牢牢抓住顾客。

2. 如何才能知道顾客对质量要求是什么,需要与顾客沟通。此故事为我们提供了一个好的方法。

资料来源:编者根据相关资料整理改编。

原则 2:领导作用。

"领导必须将本组织宗旨和内部环境统一起来并创造使员工能够参与实现目标的内部环境。"高层管理者是"在最高层指挥和控制组织的个人或一组人。"他们的高度重视和强有力的领导是组织质量管理取得成功的关键。要想指挥、控制好一个组织,必须做到:

(1) 考虑所有方的需求和期望。

(2) 为组织的未来描绘清晰的远景,确定富有挑战性的目标。

(3) 在各个层次上建立价值共享,公平公正和质量道德观念。

(4) 建立信任,消除忧虑。

(5) 为员工提供所需的资源、培训,并赋予其职责范围内的自主权。

 知识延伸

朱兰的"80/20 原则"

朱兰博士尖锐地提出了质量责任的权重比例问题。他依据大量的实际调查和统计分析认为,在所发生的质量问题中,追究其原因只有 20%来自基层操作人员,而恰恰有 80%的质量问题是由于领导责任所引起的。在国际标准 ISO 9000 中,与领导责任相关的要素所占的重要地位,在客观上证实了朱兰博士的"80/20 原则"所反映的普遍规律。

资料来源:编者根据相关资料整理。

原则 3:全员参与。

"各级人员是组织之本,只有充分参与,才能使他们的才干为组织带来最大的收益。"要对员工进行质量意识、职业道德、以顾客为关注焦点的意识和敬业精神的教育,还要激发他们的积极性和责任感。具体做法有:

(1) 让员工了解自身工作重要性及在组织中角色,并就质量职责和有效性方面进行沟通。

(2) 使员工以主人翁的责任感去解决各种问题。

(3) 创造员工充分参与和良好的工作氛围，树立责任感，不逃避责任，而努力发挥个人的潜能，使员工根据工作现状对比目标改进业绩。

(4) 采用过程监视、测量的方式评定工作状况，实施改进。

原则4：过程方法。

"将相关的资源和活动作为过程进行管理可以更高效得到期望的结果。"在应用于质量管理体系时，2000版ISO 9000族标准建立了一个过程。此模式把管理职责，资源管理，产品实现，测量、分析和改进作为体系的4大主要过程，描述其相互关系，并以顾客要求为输入，提供给顾客的产品输出，通过信息反馈来测定顾客满意度，评价质量管理体系的业绩。具体做法有：

(1) 系统地识别组织质量管理过程。

(2) 建立质量管理体系适应系统的识别质量形成过程，策划各阶段过程的控制要求。

(3) 规定过程活动中的职责和权限。

(4) 在质量管理体系运作中识别过程接口，进行内部沟通落实职责；

(5) 注重改进过程的质量。

原则5：管理的系统方法。

"针对设定的，识别、理解并管理一个由相互的过程所组成的体系，有助于提高组织的效率。"这种建立和实施质量体系的方法，可用于新建体系或现有体系的改进。具体有：

(1) 建立一种系统的和透明的管理体系。

(2) 建立质量管理体系提出的系统方法和逻辑步骤。

(3) 策划、管理组织的文件化体系。

(4) 要清晰理解组织内各个过程的相互关系。

(5) 过程模式要求。

(6) 开展质量管理体系的系统管理。

(7) 设定系统目标—系统资源配置—过程运作管理—系统测量、分析、和改进活动。

原则6：持续改进。

"持续改进是组织一个永恒的目标。"改进指产品质量、过程及体系有效性和效率的提高，持续包括了解现状，建立、寻找、评价和解决办法，测量验证和分析结果，把更改纳入文件等活动。具体做法有：

(1) 在组织内使用一致的持续改进的方法。

(2) 利用质量方针、质量目标、审核结果、数据分析、纠正和预防措施以及管理评审实施持续改进，形成通用的改进渠道和方法。

(3) 为员工提供持续改进的方法和手段的培训，主要是员工能力培训、内部审核、数据分析、改进的确认和实施等方面的技能进行培训。

(4) 将产品、过程和体系目标作为改进和持续改进的方向。

(5) 对产品、过程、和体系进行测量、监视提出改进的需求，通过不断的循环活动超越现有的水平，强调了PDCA循环方法的改进应用。

原则 7：基于事实决策方法。

"对数据信息的分析或直觉判断是有效决策的基础。" 以事实为依据。具体做法有：

(1) 确保数据和信息足够精确可靠，对于过程监视、测量的数据和信息进行有效的沟通和及时传递。

(2) 对测量装置的可靠性和准确性进行严格的要求，防止产生错误或失准的数据。

(3) 对质量记录的控制，保证数据和信息真实可靠。

(4) 确保及时获得数据和信息，质量记录应便于查阅和检索。

(5) 基于事实分析做出决策。

知识延伸

质量追溯制——持续改进的动力

质量追溯制就是在生产过程中每完成一个工序或一项工作都要记录其检验结果及存在问题，记录操作者及检验者的姓名、时间、地点及情况分析，在产品的适当部位做出相应的质量状态标志。这些记录与带标志的产品同步流转。需要时很容易搞清责任者的姓名、时间和地点，职责分明，查处有据，这可以极大加强职工的责任感。

我国大中型企业都很重视产品的追溯性管理，甚至实行跟踪管理制度。产品出厂时还同时附有跟踪卡随产品一起流通，以便用户把产品在使用时所出现的问题能及时反馈给生产者，这是企业进行质量改进的重要依据。

质量追溯制有三种管理办法：

1. 批次管理法

根据零件、材料或特种工艺过程分别组成批次，记录批次号或序号，以及相应的工艺状态。在加工和组装过程中要将批次号逐步依次传递或存档。

2. 日期管理法

对于连续性生产过程、工艺稳定、价格较低产品，可采用记录日历日期来追溯质量状态。

3. 连续序号管理法

这种方法就是根据连续序号追溯产品的质量档案。

质量追溯制通过对质量形成过程的事实进行记录，以便于将来出现质量问题时能准确地定位哪个环节，分清责任，关键还是要求查出引起质量问题的根本原因是什么，作出正确的决策彻底解决之。

来源：编者根据相关资料整理改编。

原则 8：互利的供方关系。

"通过建立互利的关系，增强组织及其供方创造价值的能力。" 供方提供的产品对组织向顾客提供满意的产品产生重要影响，因此处理好与供方的关系，影响组织能否持续稳定提供顾客满意的产品。具体做法有：

(1) 以短期利益和长远利益相结合原则确立与供方的关系。

(2) 建立伙伴或联盟关系与供方共享技术和资源。

(3) 对供方人力资源实施培训，识别和选择关键的供方，对关键的供方在采购信息中规定技术和资源的要求，适当的提供技术和资源有助于实现双方创造价值的能力。

(4) 根据供方提供产品对其能力进行评价，选择合格的供方，加强与供方的沟通。

第12章 质量管理

 专栏

质量管理中存在的10个问题

一、缺少远见

远见是指洞察未来从而决定公司将要成为什么样公司的远大眼光，它能识别潜在的机会并提出目标及将来所能获得的利益。远见提供了公司向何处发展、公司如何制定行动计划以及公司实施计划所需要的组织结构和系统中各要素顺序。缺少远见就导致把质量排斥在战略之外，这样公司的目标及优先顺序就不明确，质量在公司中的角色就不易被了解。要想从努力中获得成功，公司需要转变其思维方式，创造不断改进质量的环境。

二、没有以顾客为中心

误解顾客意愿、缺少超前为顾客服务的意识，虽改进了一些工作但没有给顾客增加价值，也会导致公司质量管理的失败。例如，快递公司着迷于准时传递，努力把准时从42%提高到92%，然而令管理者惊讶的是公司失去了市场，原因是公司强调了时间准时却没有时间回答顾客的电话和解释产品。顾客满意是一个动态的持续变化的目标，要想公司质量管理成功就必须集中精力了解顾客的期望，开发的项目要满足或超出顾客的需要。国外一家公司声称对不满意顾客提供全部赔偿，公司为此付出了代价，但收入却直线上升，员工的流动率也从117%降至50%。

三、管理者贡献不够

调查表明大多数公司质量管理活动的失败不是技术而是管理方面的原因。所有的质量管理权威都有一个共识：质量管理最大的一个障碍是质量改进中缺少上层主管的贡献。管理者的贡献意味着通过行动自上而下地沟通公司的想法，使所有员工和所有活动都集中于不断改进这是一种实用的方法。只动嘴或公开演说不适合公司质量管理者，必须参与和质量管理有关的每一个方面工作并持续保持下去。在一项调查中70%的生产主管承认他们的公司现在花费更多的时间在改进顾客满意的因素上。然而他们把这些责任授权给中层管理者因而说不清楚这些努力成功与否。试想这样的质量管理能够成功吗？

四、没有目的的培训

公司许多钱花费在质量管理的培训上，然而许多公司并没有因此得到根本的改进。因为太多的质量管理培训是无关紧要的。例如员工们学习了控制图但不知道在那里用，不久他们就忘记所学的了。可以说没有目标、没有重点的培训实际上是一种浪费这也是公司质量管理失败的一个因素。

五、缺少成本和利益分析

许多公司既不计算质量成本，也不计算改进项目的利益，即使计算质量成本的公司也经常只计算明显看得见的成本(如担保)和容易计算的成本(如培训费)，而完全忽视了有关的主要成本如销售损失和顾客离去的无形成本。有的公司没有计算质量改进所带来的潜在的利益。例如不了解由于顾客离去而带来的潜在销售损失等。国外研究表明：不满意的顾客会把不满意告诉22个人，而满意的顾客只将满意告诉8个人。减少顾客离去率5%可以增加利润25%~95%。

六、组织结构不适宜

组织结构、测量和报酬在公司质量管理培训、宣传中没有引起注意。如果公司还存在烦琐的官僚层次和封闭职能部门，无论多少质量管理的培训都是没有用的。在一些公司中管理者的角色很不清楚，质量管理的责任常常被授给中层管理者，这导致了质量小组之间的权力争斗，质量小组缺少质量总体把握，结果是争论和混乱。扁平结构、放权、跨部门工作努力对质量管理的成功是必需的。成功的公司应保持开放的沟通形式，开展全过程的沟通，消除部门之间的障碍。研究表明：放权的跨部门的小组所取得的质量改进成果可以达到部门内的小组所取得成果的200%到600%。

七、质量管理形成了自己的官僚机构

在公司质量管理活动过程中通常把质量管理授权于某质量特权人物。质量管理机构正成为带有自己的规则标准和报告人员的新的官僚层次和机构，无关的质量报告成为正常。这个质量特权人物权力逐渐扩大与渗透，成为花费巨大而没有结果的庞然大物。质量官僚们把自己同日常的生活隔离开来，不了解真实的情况反而成为质量改进的障碍。

八、缺少度量和错误的度量

缺少度量和错误的度量是导致公司质量管理失败的另一个原因。不恰当地度量鼓励了短期行为而损失了长期的绩效，一个部门的改进以损失另一个部门为代价。例如选择合适的价格改进了采购部门的绩效，但给生产部门带来了极大的质量问题。公司没有参考对比，就如同猎手在黑夜里打猎物，其结果只是乱打一气，偶然有结果更可能是巨大的损失。公司需要与质量改进有关的绩效度量手段，包括过程度量和结果度量。成功的公司都是以顾客为基础度量和监测质量改进的过程。

九、会计制度不完善

现行的会计制度对公司质量管理的失败负有很大的责任。它歪曲了质量成本，没有搞清楚其潜在的影响。例如与不良产品有关的成本如担保甚至没有被看成是质量成本；废弃返工被看成是公司的一般管理费用；顾客不满意和销售减少的损失却没有在账目上反映出来。

十、报酬和承认不够

战略目标、绩效度量、报酬或承认是支持公司质量改进的三大支柱。改变观念和模式转变需要具有重要意义的行为，改变行为在很大程度上是受承认和报酬制度的影响。只有了好的报酬和承认制度，员工才能积极地去做。公司如何承认和回报员工是传递公司战略意图的主要部分。为使质量管理的努力富有成效，公司应当承认和回报有良好绩效者，从而使质量改进成为现实。

资料来源：摘自 CTPM 华天谋。

12.4.2 质量认证

1. 质量认证概述

质量认证也叫合格评定，按认证的对象分为产品质量认证和质量体系认证两类。

(1) 产品质量认证是指依据产品标准和相应技术要求，经认证机构确认并通过颁发认证证书和认证标志来证明某一产品(服务)符合相应标准和相应技术要求的活动。

(2) 质量体系认证的对象是企业的质量体系，或者说是的质量保证能力。企业认证的根据或者说获准认证的条件是企业的质量体系应符合申请的质量保证标准，即 GB/T 19001—ISO 9001 或 GB/T 19002—ISO 9002 或 GB/T 19003—ISO 9003 和必要的补充要求。获准认证的证明方式是通过颁发具有认证标记的质量体系认证证书。但证书和标记都不能在产品上使用。质量体系认证都是自愿性的。不论是产品质量认证，还是质量体系认证都是第三方从事的活动，确保认证的公正性。

质量体系要满足指定质量保证标准要求，证明获准认证的方式是通过颁发产品认证证书和认证标志。其认证标志可用于获准认证的产品上。产品质量认证又有两种：一种是安全性产品认证，它通过法律、行政法规或规章规定强制执行认证；另一种是合格认证属自愿性认证，是否申请认证．由企业自行决定。

自愿性认证，包括质量体系认证和非安全性产品质量认证，这种自愿性体现在：企业自愿决策是否申请质量认证；企业自愿选择由国家认可的认证机构，不应有部门和地方的限制；企业自主选择认证的标准依据，即可在 GB/T 19000—ISO 9000 族标准的三种质量保证模式标准中进行选择，但是在具体选择时，企业和认证机构就使用哪一个标准作为认证的基准达成一致意见。所选择的质量保证模式应是适宜的，并且不会误导供方的顾客。此外，在产品质量认证中，认证现场审核一般以 ISO 9002 为依据，认证产品的产品标准应是达到国际水平的国家标准和行业标准。

2. 企业申请质量认证的条件及认证机构的选择

企业申请产品质量认证必须具备以下条件：中国企业持有工商行政管理部门颁发的"企业法人营业执照"，外国企业持有有关部门机构的登记注册证明。产品质量稳定，能正常批量生产。质量稳定指的是产品在一年以上时间内连续抽查合格。小批量生产的产品，不能代表产品质量的稳定情况，必须正式成批生产产品的企业，才能有资格申请认证。

在选择体系认证机构时，应考虑四个因素：权威性、价格、顾客是否接受和认证机构的业务范围。此外，产品没有出口的企业选择国内认证机构。产品出口时，如果外商没有要求提供指定的认证机构的认证证书时，则向国内认证机构申请；反之，向外商指定的认证机构申请。无论是选择国内的或是国外的都应注意选择那些经国家认可的认证机构，识别办法是请该认证机构出示本国认可机构颁发的认可证书。

成功案例

日立公司的质量管理

日立公司最早可以追溯到小平浪先生于 1910 年在东京创立的一个小电机修理厂，1920 年该厂被改组成名为日立制作所的股份有限公司，日立因此正式得名。随着第二次世界大战前日本工业的迅速发展，日立公司也日益壮大，到 1941 年底二战全面爆发时，日立已经发展成经营涉及电力设备、机车车辆和通信设备等多个领域、日本最大的综合性机械电气制造厂商。现在，日立已经成为世界上最大的电器设备制造商之一。它的生产销售网络遍布五大洲 50 多个国家和地区，在海外拥有 70 余家制造公司和 100 余家销售与维修服务公司。

日立之所以能够取得如此巨大的成功，主要在于它的两大法宝：一个是十分注重技术革新和应用，另一个就是视质量为企业的生命。在质量管理方面，日立公司继承了日本企业重视质量的传统，是世界上产品质量最过硬的公司之一。日立公司的质量管理是典型的日本式质量管理，日立也将其质量管理思想、组织制度和管理方法推广到它在中国的合资和独资企业。在上海日立家用电器有限公司总经理小岛正义主持的公司第一次高级管理人员会议上，主题就是如何抓产品质量，会议提出"把质量意识注入每位员工的血脉之中"。日立在中国的第一家合资企业——福日公司自成立时起一直推行"双零管理"（以降低成本为目的的"零库存"管理和以提高产品质量为目的的"零缺陷"管理）。

日立质量管理的核心是全员参与质量管理，其具体体现是"3N、4M、5S"的质量管理模式。"3N"是指质量管理的原则为"不接受(No Accepting)不合格产品、不制造(No Manufacturing)不合格产品、不移交(No Transferring)不合格产品"。日立要求每个操作者将"3N"原则铭记在心，以便使生产的各个环节始终处于受控状态，使生产过程进入有序的良性循环中。通过执行"3N"原则，日立希望在每一个岗位上，每一个员工中牢固树立起"生产自己和顾客都满意的产品"的市场新理念，形成人人注重质量、环环相扣保证质量的有效机制。"4M"是指对"人(Man)、机器(Machine)、材料(Material)、方法(Methods)" 4 种质量管理要素的科学运用。即人——激发最大的竞争意识；机器——保持最高的开工率；材料——达到合理的投入产出；方法——应用最佳的手段与途径。其中，突出对人的管理和发挥人的能动作用是"4M"的精髓。"5S"是指进行文明生产的 5 个管理手段，即"整理、整顿、清扫、清洁、素养"。

以日立为代表的日本企业能够在竞争中力压美国企业，无疑是凭借着日本式的质量管理模式。其实，二战之前日本产品的质量是很差的，在当时的国际市场上甚至形成了"东洋货即劣等货"的观念。二战后，日本企业为了打开产品的销路，把产品质量看成是"企业的生命""国家兴衰的大事"，经过数十年的不懈努力，终于确立了日本产品质量最好的形象，物美价廉使得日本工业品一度所向披靡。当今中国，企业最迫切的任务就是生产出过硬的中国产品，提高"中国制造"在国内国际市场的竞争力。为此必须树立质量意识，学习先进的质量管理思想，并且将世界先进的质量管理经验与中国的实情相结合。我们看到，日本的质量管理模式正是在美国质量管理模式的基础上，结合本国特点，"青出于蓝而胜于蓝"的。日本和美国的质量管理模式分别号称东、西方文化的代表，其实日本模式充其量不过是东西方文化融合的产物，中国才是最有资格发展出具有东方特色的质量管理模式的国家。

资料来源：http://www.btophr.com/b_article/12877.html

本 章 小 结

本章首先详细介绍了质量、质量过程、质量环及质量成本等相关概念，讨论了质量管理、质量保证、质量控制、质量保证体系的内涵及它们之间的关系。其次重点介绍了全面质量管理的含义、特点以及实施的方法。第三对质量控制常用的 7 种方法作了简要的讲述。最后，对当前企业关心的质量管理中的 ISO 9000 质量认证体系作了初步介绍，并谈了 ISO 9000：2000 版特点、管理原则。

思 考 题

1. 判断题(正确的打"√"，错误打"×")

(1) 产品质量应该是和目标市场顾客的需求相联系的。   （   ）
(2) 员工工作质量是产品质量的保证。   （   ）
(3) 质量环反映了产品质量高低涉及质量形成全过程。   （   ）
(4) 产品的合格率是反映产品质量的指标。   （   ）
(5) 随着产品质量的提高，预防鉴定成本也增加，但内外部的损失成本则减少。   （   ）
(6) 企业应该通过广告适当夸大宣传，提高顾客的预期服务质量来吸引他们。   （   ）
(7) 内部质量保证目的是为了取得企业领导的信任，而外部质量保证则是供方获取需方信任。（   ）
(8) 依据全面质量管理观点，产品质量高低决定于质量管理部门狠抓质量工作的力度。   （   ）
(9) PDCA 循环每循环一次，产品质量就提高一次。   （   ）
(10) PDCA 循环理论只适用于全面质量管理。   （   ）

2. 单项选择题

(1) 下列哪一个维度不属于考察质量的(   )。
    A. 可靠性   B. 响应速度   C. 人性   D. 个性
(2) 下列哪一个指标反映的工作质量指标(   )。
    A. 返修率   B. 交货速度   C. 可靠性   D. 产品灵敏度
(3) 质量过程是由设计过程质量、制造过程质量、使用过程质量和(   )组成
    A. 工作过程质量   B. 服务过程质量   C. 领导过程质量   D. 管理过程质量
(4) 质量成本是由运行质量成本和(   )构成。
    A. 预防成本   B. 鉴定成本
    C. 外部质量保证成本   D. 外部损失成本

(5) 运行质量成本分为内部损失成本、鉴定成本、预防成本和(　　)构成。
　　A．进货检验费用　　　B．质量教育培训费用
　　C．外部质量保证成本　　　　　　D．外部损失成本
(6) 质量审核费用是属于(　　)。
　　A．预防成本　　B．鉴定成本　　C．内部损失成本　　D．外部损失成本
(7) 内部和外部损失成本是属于(　　)。
　　A．可控成本　　B．结果成本　　C．过程成本　　D．损失成本
(8) 住到某旅店之前就想到该店的设施和服务水平，以及服务员的态度，这种质量属于(　　)。
　　A．感知服务质量　　B．预知服务质量　　C．预期服务质量　　D．顾客需求质量
(9) 下列哪一个不是全面质量管理的特点(　　)。
　　A．管理方法的全面性　　　　　　B．管理对象的全面性
　　C．全面由管理人员负责实施　　　D．人员的全面性
(10) 下列哪一个不是质量控制的基本方法(　　)。
　　A．统计分析表　　B．鱼刺图　　C．相关图　　D．正态分布图

3. 掌握基本概念：质量、工作质量、质量环、质量成本、服务质量、质量管理、质量保证、质量控制、质量保证体系、全面质量管理。

4. 问答题：
(1) 如何正确理解质量的概念？
(2) 质量的维度有哪些？
(3) 质量螺旋规律特点是什么？
(4) 质量管理、质量保证、质量控制、质量保证体系之间的关系是什么？
(5) 质量成本的构成，它们之间的内在联系是什么？
(6) 全面质量管理的特点是什么？PDCA 循环实施阶段与步骤是什么？
(7) ISO 9000：2000 版质量管理原则是什么？
(8) 质量控制的 7 种方法的如何具体运用？

第 13 章 流程再造

学习目标

1. 了解流程再造产生的背景；
2. 理解流程再造的概念、核心、指导思想、特点和管理工作的变化；
3. 了解流程再造的原则；
4. 掌握流程再造的主要方法和技术。

引例

海尔的流程再造

海尔集团的流程再造目标是以市场链流程为中心，建立"零管理层"，使全体员工都面向市场，让组织流程与市场信息流结成有机整体。即从市场获得订单，依据订单，人、财、物才能在计算机网络管理下同步流动。按照此设计，海尔把业务流程分为主流程、支持流程和流程基础三个部分。

所谓主流程就是把原来各事业部的财务、采购、销售业务全部分离出来，同时建立海外推进本部、商流推进本部、物流推进本部、资金流推进本部，将企业内部原先分散、各自对外的各种资源整合为全集团统一创品牌服务的营销(商流)、采购(物流)、结算(资金流)体系，整个企业变成一个环环相扣、运行有序的链条。其目的就是通过整合，使海尔同步业务流程中各产品本部从原来分散的负责采购、制造、销售过程转变为统一面向市场客户的开发、生产产品的过程，通过开发、生产出能满足消费者即时与潜在需求的卖点商品，创造有价值的订单。在这个直接面对市场统一的物流、商流、资金流体系下，海尔原来的职能管理部门就不再具有管理职能，而成为其支持流程。

海尔流程再造的特点：一是推倒了企业内外两堵墙，把割裂的流程重新整合形成以订单信息流程为中心的市场链流程。外部，通过推倒企业与上下游企业的墙，构建共生共赢体，上游的分供方与下游企业共同满足终端消费者的需要。内部，海尔将部门职能关系变成市场关系，以市场的效益确定报酬。二是速度制胜，海尔通过输入用户的需求将下达任务转化为用户需求，让企业员工直接感受和快速满足用户的需求。三是全员经营，流程再造的目的是增强企业活力和市场竞争力，只有企业每一位员工都充满活力，企业的活力和竞争力才能得到体现。海尔的再造使其迅速成为我国白色家电的王中王。它成功启迪是：只有搞好以客户为中心的企业再造，才能有力地增强企业的国际竞争力，为企业向国际跨国性公司的发展奠定基础。

资料来源：互联网，编者适当删减，题目为编者所加。

第 13 章 流程再造

13.1 流程再造概述

13.1.1 流程再造产生的背景

1. 企业提高生产效率的理论基础

亚当·斯密于 1776 年，在《国富论》中描写了一个别针工厂的原型。今天大多数企业在工作和组织方式上依然是原型的翻版。这位当时的激进思想家阐释了他称之为劳动分工的原理。他说，一些经过分工的工人各自负责别针制造过程的一个工序，比相同数量的工人从事全过程生产的效率高得多，分工把别针工人生产率提高了几百倍。

当今的航空公司、钢铁厂、会计师事务所和计算机芯片厂都是按照斯密的中心论点组织的，即劳动分工或专业分工，将工作进行条块分割。它不仅适用于制造业，像保险公司也通常指定职员各自负责处理标准化表格的一个栏目，然后再传递给另一职员处理下一栏目。这些人从来没有完整地处理过一份工作，而必须从事零散的工作任务。

当今组织方式的第二次大飞跃，是二十世纪初两位汽车业先驱福特和斯隆推动起来的。

福特把斯密将工作分成重复性的小任务的分工思想加以改进，不是让熟练的装配工人把零散部件装成整车，而是让每个工人只按规定的方式装配零件。通过这样把汽车安装分解成一系列的单项任务，福特大大简化了安装任务，同时却使安装工人之间的协调及工作效果的统一大大复杂化了。

接着，斯隆创立了一个新型的管理体系，满足了福特极为高效的工厂体系的需要。斯隆设立了各种小型的分权部门。经理只要掌握生产和财务指标就能对小企业的总部进行监控。就像福特把亚当·斯密的劳动分工原理应用于生产一样，斯隆在管理上运用了这一原理。

企业发展的最近一次飞跃产生于第二次世界大战结束到六十年代的美国，这是美国经济的大发展时期。福特公司的麦克纳马拉(Robert McNamara)、ITT 的吉宁(Harold Geneen)和通用电气的琼斯(Reginald Jones)是那个时代的管理人物。高级经理们通过周密细致的计划，确定公司从事何种业务、给每一业务配备多少资金、期望有多少回报。他们有大批公司总会计师、计划人员和审计人员帮助监控。

这就是当今企业的根基，是建立现代公司结构的基本原则。如果现代企业仍在把工作分成一项项毫无意义的零散任务，那是因为以前就是这样获得高效率的。如果他们还在通过庞大的机构分散权力和职责，那也是因为他们学的就是这样管理大型公司。

然而现实是斯密的世界及其生产方式成了往日的范式，他留给后人是刻板、冷漠、缺乏顾客意识，强调活动而忽视结果，机构涣散、缺乏创新、费用高昂。我们正在走向二十一世纪，而企业却是十九世纪设计的，需要一种全新企业模式。

2. "流程再造"的背景——现实的挑战与理论的缺陷

1) 现实的挑战

20 世纪六七十年代，西方发达国家完成工业化进程，逐步进入信息化社会后，人们的需求层次逐渐提高，需求的内容也日益多样化，供需矛盾日益突出，企业之间的竞争不断加剧。特别是信息技术革命使得企业的经营环境和运作方式发生了极大的变化，而美国经济的长期低迷，又使得市场竞争日益激烈，企业面临着越来越严峻的挑战。有些管理专家用"3C"理论阐述了这种全新的挑战：

顾客(Customer)——买卖双方关系中的主导权转到了顾客一方。竞争使顾客对商品有了更大的选择余地；随着生活水平的不断提高，顾客对各种产品和服务也有了更高的要求。

竞争(Competition)——技术进步使竞争的方式和手段不断发展，发生了根本性的变化。越来越多的跨国公司越出国界，在逐渐走向一体化的全球市场上展开各种形式的竞争，美国企业面临日本、欧洲企业的竞争威胁。

变化(Change)——市场需求日趋多变，产品寿命周期的单位已由"年"趋于"月"，技术进步使企业的生产、服务系统经常变化，这种变化已经成为持续不断的事情。因此在大量生产、大量消费的环境下发展起来的企业经营管理模式已无法适应快速变化的市场。

在全球企业经营环境迅速变化的过程中，一些业绩颇佳的美国企业由于墨守成规、固步自封，没有及时采取快速变革的措施以适应新的竞争形势，丧失了在日益全球化的经济环境中的优势地位。1980年以后，美国企业开始积极向日本的同行学习，并简单地认为将日本的成功经验移植过来就可以取得成功，但这种改良式的变革，成效不明显。在这种情况下，许多学者认识到必须对现有的企业管理观念、组织原则和工作方法进行彻底的重组再造，做一次脱胎换骨的大手术，才能帮助美国企业获得再生，重新夺回世界领先的位置。

2) 传统理论的缺陷

企业再造理论的出现，一个明确的指向就是亚当·斯密提出的"分工理论"。斯密认为"劳动生产力最大的增进，以及运用劳动时所表现的更大的熟练、技巧和判断力，似乎都是分工的结果。"分工带来的效率提高，可以从以下几个方面来解释：一是分工可以推进劳动者生产知识的专业化，促使劳动者在较短的时间内迅速提高熟练技能，从而形成生产中的高效率；二是分工可以使劳动者长时间专注一项工作，从而节约或减少由于经常变换工作而耽误的时间；三是分工可以促使大量有利于节省劳动的机器和工作方法的出现。

但是分工在不断提高企业生产效率的同时，也给企业的持续发展套上了一道无形的枷锁。首先将一个连贯的业务流程转化成若干个支离破碎的片段，既导致劳动者的技能的专业化，成为一个片面发展的机器附属物，也增加了各个业务部门之间的交流工作和沟通，大大增加交易费用。其次在分工理论的影响下，科层制成为企业组织的主要形态，这种体制将员工分为严格的上下级关系，即使进行一定程度的分权管理，也大大束缚了企业员工的积极性、主动性和创造性。特别是在老的工业经济时代逐步向新的知识经济时代过渡的过程中，流行了200多年的分工理论已经成为亟须变革的羁绊。因此，以恢复业务流程本来面目为根本内容的"流程再造理论"便应运而生了。

要点总结：分工使得工作简单化，提高了工作效率，但也将工作分解得支离破碎，只见树木不见森林，还增加了组织中的交易成本。

13.1.2 流程再造定义

业务流程重组BPR(Business Process Reengineering, BPR)的定义有几种，其中广为人知的是它的奠基人Michael Hammer和James Champy的定义：BPR是针对企业业务流程作的基本问题进行反思，并对它进行彻底的重新设计，以便在成本、质量、服务和速度等当前衡量企业业绩的这些重要的尺度上取得显著的进展。这个定义包含了四个关键词。

第13章 流程再造

关键词：基本的

第一个关键词是"基本的"。企业人员在着手改革前，必须先就自己所属的公司及其如何运作，提出一些最基本的问题：为什么我们要干这项工作？为什么我们要这样干？提出这些基本问题，会促使人们去注意在从事业务工作时所遇到的规则和前提。其结果是人们往往会发现这些规则已经是过时的、错误的或不适当的。

要着手进行再造就不应有前提，也不应以现有的事物作为再造的起点。实际上，要进行再造的公司必须对当前大多数业务流程所预设的假定加以警惕。假如提出的问题是："我们怎样才能进一步提高审核客户信用这项工作的效率？"那么，提出这个问题的前提是必须对顾客的信用进行审核。可是，许多事例表明，审核顾客信用这项工作的费用支出超过了这项审核工作所能防止的坏账损失。一家公司要实行再造，首先要确定必须做的工作是"什么"，其次才确定"怎样"去做。再造意味着任何事物都不是理所应当的。它并不注重事情"现在是"怎样，而是注重事情"应该是"怎样。

关键词：彻底的

定义的第二个关键词是"彻底的"。该词源于拉丁文"radix"，意思是"根本"。彻底的重新设计意指要从事物的根本着手，不是对现有的事物做表面的变动，而是把旧的一套抛掉。在再造中，彻底地重新设计意味着要不顾现有的种种组织结构和工作流程，而是要开辟完成工作的崭新途径。再造不是指对企业现有的业务工作进行改良、提高或修补，而是要重建企业的业务流程。

关键词：显著的

第三个关键词是"显著的"。再造不是要在业绩上取得点滴的改善或逐渐提高，而是要在经营业绩上取得显著的改进。如果一家公司比其应有的地位落后10%，费用支出高出10%，质量低10%，如果需要将其为顾客服务的业绩提高10%的话，那么，它未必需要做重大变革。它通常采取的做法是：动员职工队伍，制订逐步提高的计划，使该公司逐渐提高10%。只有当遭到严重打击而又需要继续生存下去时，它才感到必须进行再造。点点滴滴的改进只需要微调，而显著的改进则需要破旧立新。

根据经验，进行再造的公司可以分为三种情况：

第一种情况是公司感到自己深陷困境，除再造外，别无选择。如一家公司产品的生产成本在数量级上远高于其竞争对手或超出其经营方式的承受能力，如果它在为顾客服务方面很糟，以致遭到顾客公开的指责；如果它产生的产品报废率比其竞争对手高出一倍、二倍或三倍；如果它需要在数量级上取得显著的改进的话，那么，它显然需要对业务流程进行更新。20世纪80年代初福特汽车公司的情况就是一个恰当的例子。

第二种情况是公司尚未陷入困境，其管理层已经预见到企业将面临困境。20世纪80年代下半期的艾特纳人寿和意外事故保险公司就是一例。当时它们的财务状况暂时还能令人满意。但远处已隐约出现了乌云——冒出了新的竞争对手，顾客的需求或特点正在改变，行政管理或经济环境发生了变化——这一切对该公司取得成就的基础构成威胁，有把它摧毁的危险。这种情况的公司有预见，在预见到有可能陷入困境之前就着手进行再造。

第三种情况是着手再造的公司正处于鼎盛时期。无论现在或将来，都不存在可以察觉得到的困境。可是，这种公司的管理层有雄心壮志、富于进取。哈尔马克公司和沃尔玛商店是属于这种情况的例子。这一类公司把再造看成是一种机遇，用来进一步超越其竞争对手。它们试图通过提高自己的业绩去进一步提高竞争者的起跑线,使其竞争对手的处境更加严峻。当你正在赢得这场游戏时,你为什么要去重写游戏规则呢?反映一家公司取得成功的真正的标志是自愿抛弃长期以来行之有效的做法,从不满足于目前取得的成就,以期取得更好的业绩。

我们为了具体说明上述三种公司之间的区别,有时作以下的比喻:第一种情况的公司犹如驾车碰了壁,受了伤,躺在地上,情况危急;第二种情况的公司好比正在驾车高速行驶,但已经看到前面的路上有某种东西,而其显得愈来愈近。它也许是墙壁。第三种情况的公司好比在一个晴朗的下午驾车出游,一望无际,看不到前面有任何障碍物。多么风和日丽,但还是决定停下来,为其竞争对手——别的小伙子设置障碍。

关键词:流程

第四个关键词是流程。尽管这个词在我们所下的定义中是最重要的,但它是大多数公司的经理最难办到的,绝大多数的企业人员并不是"以流程为导向",他们忙于任务,忙于本位工作,重视人事、重视结构,但不重视流程。

我们把业务流程定义为一系列业务活动,其中包括将某种或多种东西投入并创造出对顾客有价值的产品。换句话说,把顾客所订的货物送到顾客手中,也就是流程创造的价值。

亚当·斯密的观点是:把工作分解成若干极其简单的任务,把每一种任务交给专门的人员去做。在这种观点影响下,当代的公司及其管理层把工作的重点放在工作流程中各种任务上,如:接受购货订单、从仓库提货等,忽视想方设法把货物送到订货的顾客手中。整个流程中的各项任务固然是重要的,但如果整个流程不发挥作用,也就是说,如果它未能把货物发送到顾客的手中,那么对顾客来说,上述任何一项任务都是白搭。

注意点:流程再造不是简单地减少几个程序,而是对流程进行彻底变革,并取得显著的绩效。

案例

关注流程,关注流程创造的价值

IBM 信贷公司(IBM Credit Corporation)是为 IBM 公司(IBM Corporation)的计算机、软件销售及服务提供金融支持的企业,其运作是彻头彻尾的冗长烦琐。销售人员电话请求资金支持,接电话的人把电话记录下来。随后,记录转给信用部门检查资信情况,再转给营业部修改标准贷款协议,然后转给信贷员确定利率,最后转给一个工作组制定报价单,再交给销售人员。

整个过程要花整整七天。太长了!这 7 天中顾客很可能被另一家计算机推销商给拉走了。

两位高级经理突发奇想。他们拿份请款单,逐个办理上述五个步骤,全部手续只用了 90 分钟。由此可见其余时间全耗在部门之间传送表格上了。问题不在工作本身,也不在做工作的人,而在整个流程结构。

后来,IBM 信贷公司用通职办事员取代了资信调查员、信贷员等专职办事员。现在,请款单不再从一个办公室转到另一个办公室,一位称为业务主办的人自始至终处理全过程,中间无须传递。这样,IBM 信贷公司把请款时间由 7 天减为 4 小时。人手没有增加,业务量却增加了 100 倍。

20 世纪 80 年代初,福特公司寻求降低日常性开支和管理成本的途径。针对目标之一就是拥有五百多雇员的应付款部门,计算机的运用使一些功能实现了自动化,公司的经理认为可以裁员 20% 就不错了,但参观了马自达之后,他们发现远不够理想。

福特的经理发现马自达这个公认的小巧公司只有五个人处理全部应付款事务。福特用五百人,反差太大了。这不能说是因为马自达规模小、团队精神强、企业有自己的歌、员工一起做早操等理由。显然，即使自动化能裁员 30%，福特也无法获得马自达的工作效率。于是，福特的经理不得不开始反思其应付款部的整个工作流程。

这一决策标志着福特的思维方式起了重大变化，因为公司可以重组的只能是工作流程，而不是作流程的管理架构。应付款部无法重组，因为它不是工作流程，而是一个部门，是共处一隅、循环作业的一批人。这些人无法重组，但他们的工作可以重组。这一区别至关重要，不管理如何强调都不为过分。重组业务专注于重新设计根本工作流程，而不是工作部门。从组织机构的角度来定义业务流程重组注定要失败。重组的是一个真正的工作流程，执行该工作所需的组织架构的雏形就一目了然了。

资料来源：网络收集，编者作适当删改，题目为编者所加。

13.1.3 流程再造的核心——彻底地重组业务流程

1. 重新树立"以流程为导向"的思想

哈默和钱皮强调要打破原有分工理论的束缚，重新树立"以流程为导向"的思想。再造直接针对的就是被割裂得支离破碎的业务流程，其目的就是要重建完整和高效率的新流程，因此，此过程中要牢固树立流程的思想，以流程为现行的起点和终点，用崭新的流程替代传统的以分工理论为基础的流程。

2. 彻底的重组业务流程

(1) 企业再造对固有的基本信念提出挑战。企业在经营过程中会遵循事先假定式的基本信念，它植根于企业内部，影响各种活动的展开和业务流程的设计和执行，历史长的企业尤其如此。再造需要对这些原有的、固定的思维定势进行根本性的手术，催生创造性思维，从而促进基本信念的重大转变。

(2) 企业再造需要对原有的事物进行彻底改造。与日本企业的变革思路不同，以美国企业为主要蓝本的企业再造绝不是渐进式的改良，也不是仅满足于对组织的修补，而是努力开辟完成工作的崭新途径，就是要重建业务流程，使企业产生脱胎换骨般的巨大变化。

(3) 改革要在经营业绩上取得显著的改进。企业再造不是要在业绩上取得点滴的改善或逐渐提高，而是要取得显著改进。哈默和钱皮为此制定了一个标准："周转期缩短 70%，成本降低 40%，顾客满意度和企业收益提高 40%，市场份额增长 25%"。

流程再造的实质

——不是自动化改造而是推倒重来

从实质上讲，再造绝不是过去思维的延续——它要求我们承认一些构成经营基础的规则和基本假设已经过时并应予以摈弃。除非我们改变这些规则，否则我们的改进工作就相当于在泰坦尼克号上重排甲板上的躺椅，并不能使其摆脱沉没的命运。仅靠组织精简或现有流程自动化，我们无法实现绩效上的突飞猛进。相反，我们必须对过去的假设提出质疑，并丢弃那些从根本上造成企业表现不佳的过时规则。

"客户不得自行修理设备""要提供良好服务，一定要有当地仓库""销售决策由总部制订"，这些工作设计的规则所依据的关于技术、人员和组织目标的假设现在已经不再适用。现在可利用的信息技术数量庞大，而且还在迅速扩充。如今质量、创新和服务比成本、增长和控制更重要，相当一部分人口受过教育，而且有能力承担责任，工作者十分珍惜他们的自主权，并且希望对企业的经营方式发表自己的看法。

但是我们的工作结构和流程无法跟上技术、人口和经营目标的变化步伐。通常我们将一连串单独的任务组织成工作，然后利用复杂的机制跟踪它的进展。这种做法可以追溯到工业革命时期，当时的劳动专业化和规模经济可以克服家庭手工业的效率低下问题，企业将工作分解成多个界定狭隘的任务，将开展这些任务的人员重新集合成部门，然后安排管理人员管理他们。

这种精心设计的对实际工作者施加控制和纪律约束的系统起源于二战后，在那个繁荣昌盛的扩张时期，企业一心想着在不会破产的情况下迅速成长，因此它们完全专注于成本、增长和控制。虽然达到基础教育水平的人员比比皆是，受过良好教育的专业人士却很难寻觅，所以控制系统会将信息传送到组织顶层，那里的少数人可能知道如何利用信息。

这些工作组织模式已经变得根深蒂固，因此，尽管它们存在着严重缺陷，人们还是难以想象用任何其他方法来完成工作。传统的流程结构支离破碎，缺乏维持质量和服务所需的整体性，它们让人们变成了井底之蛙，因为人们往往会用自己部门的狭隘目标取代更广大的整个流程的目标。在工作从一个人传递到另一个人、从一个部门传递到另一个部门的过程中，延迟和差错在所难免。责任变得模糊不清，重大问题被抛在脑后。而且，没人能纵观全局从而对新形势作出快速反应。在这种流程结构中，管理人员只得拼命把支离破碎的业务流程拼凑到一起。

管理人员也一直在尝试根据新环境改变他们的流程，但他们的改变方法通常只会带来更多的麻烦。例如，如果客户服务逊色，他们就创造一个提供服务的机制，但却把它叠加在现有组织之上。于是，官僚作风加剧，成本上升，市场份额也落到了有胆识的竞争对手手里。

在再造过程中，管理人员应当抛开过时的业务流程和其背后的设计原理，并重新制订出新的流程和原理。流程再造要求从跨职能的视角审视企业的基本流程。

为了确保从跨职能视角进行再造，我们可以从参加流程再造的职能单位和所有依赖该流程的单位中抽取人员，组成一个代表小组，该小组必须分析并仔细检查现有流程，直到它真正理解了该流程的目的。该小组的工作不是寻求改进现有流程的机遇，而是应当决定它的哪些步骤能够真正增加价值，并寻求实现流程结果的方法。

再造小组必须不停地问"为什么？""如果……，将会……？""这是一个控制机制，还是一个决策点？"等问题。通过提出和解决这样的问题，将流程的根本性因素和表面要素分离开来。

简而言之，再造工作的目的是实现重大改进。它必须摆脱传统思想和组织界限的束缚。它涉及的面应当宽一点，跨越多个职能。它应当利用信息技术创造一个新流程，而不是实现现有流程的自动化。

资料来源：摘编自《哈佛商业评论》，作者：迈克尔·哈默。

13.1.4 流程再造的指导思想

流程再造的指导思想如下：

(1) 以顾客为中心。分工理论将完整的流程分解为若干任务，交给专门的人员去完成，此时工作的重点往往会落在任务上，而忽视了最终目标——满足顾客需要。恢复流程的本来面貌，带来直接好处就是使每位负责流程的人员意识到流程就是向顾客提供较高的价值。

(2) 以员工为中心。"流程再造"将直接导致组织结构变革，扁平化替代传统的金字塔型结构，变革后的企业中主要以流程小组为主，小组成员必须是复合型的人才，需要具备全面知识、综合观念和敬业精神，这一客观要求推动员工不断学习，实现挑战性的目标。

(3) 以效率和效益为中心。重组流程推动了企业生产效率和效益的提高，IBM 公司通过重组流程减少了 9 成的作业时间，并大大降低了人工成本，而且增加了 100 倍的业务量。

注意点：流程的构建关键是以顾客为中心而不是过去以任务为中心。

第13章 流程再造

 知识链接

我们为什么设计出了效率低下的流程？

从某种意义上讲，许多流程根本不是设计得来，而是自然形成的。公司创始人有一天意识到他没有时间处理一项杂事，于是就把它委派给史密斯，史密斯只得临时凑合。随着时间的推移，这项业务不断成长，史密斯雇了一帮人帮助他应付工作，他们全都是在临时凑合。每天都会出现新的挑战和特殊情况，员工们根据情况调整工作。各式各样的特殊情况和应急办法从一代传到下一代。而我们就将这些变成了制度——将临时的方法奉为规则。

为什么一家电器公司每年要花1 000万美元管理一个价值仅2 000万美元的一线库存？从前该库存价值2亿美元，而管理成本是500万美元；之后，仓储成本不断上涨，零件价格不断下降，而且更出色的预测技术已经将库存数量降到最小。但是，库存程序还是一如既往。

设计形成的业务流程，大多数源自20世纪50年代。当时为了控制目标过高的成长——这些业务流程非常像专为减慢打字员的速度而设计的键盘，否则过快的速度会让打字机发生故障。组织扼杀创新和创造力绝非偶然。

我们几乎所有的流程都是在现代计算机和通信技术诞生前出现的，它们内部充斥着用于弥补"信息贫乏"的机制。虽然现在信息丰富了，但是我们仍然在使用这些机制，并且它们已经深深嵌入了自动化系统。

资料来源：摘编自《哈佛商业评论》，作者：迈克尔·哈默。

13.1.5 流程再造的特点

1. 客户至上

全体员工以客户而不是上司为服务中心，工作质量由顾客评价，而不是公司领导。

2. 系统思考

劳动分工将作业流程分割成各种简单的任务，并根据任务的不同组成各个职能管理部门，各部门经理将集中于本部门个别任务效率的提高上，忽视整体目标，不能树立以顾客为中心协调整合流程的思想。流程再造要求以顾客为中心，系统地思考业务流程，强调流程的全局性、动态性和协调性。一方面是企业内部的整体全局最优而不是单个环节或作业任务的最优；一方面是企业间如供应商或客户的业务流程整体最优。

3. 简化流程

将业务的审核与决策点定位于业务流程执行的地方，简化程序，缩短信息沟通的渠道和时间，从而整体提高对顾客和市场的反应速度。

4. 内外整合

企业在实施BPR的过程中，不仅要考虑企业内部的业务流程还要对企业自身与客户、供应商组成的整个价值链的业务流程进行重新设计，并尽量实现企业与外部只有一个接触点，使企业与供应商的接口界面化、流程化。

5. 流程增值

按照整体流程最优化的目标重新设计业务流程中的各项活动，强调流程中每一个环节的活动尽可能的实现增值最大化，尽可能减少无效的或非增值的活动。

6. 团队合作

提倡团队合作精神，并将个人的成功与其所处的流程的成功当作一个整体来考虑。

7. 信息共享

在设计和优化企业业务流程时，强调尽可能利用信息技术手段实现信息的一次处理与共享机制，将串行工作流程改造成为并行工作流程，协调分散与集中之间的矛盾。

8. 员工授权

再造后的企业在组织上应从纵向与横向两个方向进行压缩，这需要赋予工作人员决策权，使他们不必事事都向上级请示，而可以自己进行决定，把决策作为其工作的一部分。

 案例

客户至上了吗？

——"门难进、脸难看、事难办"

"门难进、脸难看、事难办"，是官僚主义作风的典型表现，老百姓最反感。反感不光是因为大家对它的心理感受不好，反感更是因为它是真折腾人、真耽误事。到底有多麻烦？记者最近也亲身体验了一次。

小周家在外地，目前在北京工作。去年10月份公司要派他出国，需要办因私护照，由于在北京缴纳社保不足一年，按规定他必须回户口所在地办理。按说现在办因私护照也不是什么难事，可小周说为了办护照他回距北京三百多公里外的老家多次，跑了大半年一直没有办下来，每次去都还要看办事人员的脸色，想想都打怵。那么到底是怎么回事呢？不久前，记者和小周一起来到了他们县公安局出入境科。

出入境科的办公室面对面坐着两位办事人员，两人都没有穿警服，其中一位一直看着报纸，头始终没有抬一下。

这位看报纸的女士就是前几次接待小周的办事人员，她报纸看得很专注，直到对面的同事叫她，她才如梦方醒般抬起了头。她似乎对小周的来访打扰了她读报有些不满意，不过显然她还记得小周。

小周这已经是第五次来办护照了，前几次他都是无功而返，原因是材料不齐。而这次他自认为让准备的材料都备齐了，应该没有问题了，结果这位办事人员又发现了新问题。

原来小周的身份证是在内蒙古读大学时办的，不是本地的，他要在这里办护照，必须提供本地的身份证才可以。看来为了身份证小周又要折腾一次了，而像这样的折腾已经不是第一次了。

那么来回折腾好几趟，都折腾一些什么呢？据小周说他第一次去办理时，办事人员只告诉他，要到户口所在地派出所开具一个无犯罪证明。等小周办好了证明再次来到县公安局，办事人员才又提出了新的要求，需要公司在职证明。

小周老家到北京有三百多公里，坐火车得三个多小时。为了早点办好护照，小周马不停蹄匆匆赶回北京，到公司开具了在职证明。因为他们县公安局出入境科双休日不上班，只有工作日才办公，一周后他只好请假再次回到老家，他想这次应该没问题了吧？不曾想当他来到公安局办理时，办事人员又让他提供新的材料，还要他们公司的营业执照。

虽然作为一名普通的员工要想拿到单位的营业执照不那么简单，但是为了把护照办下来方便工作，小周回到北京的公司硬着头皮和老板申请复印了公司的营业执照。几天后他又一次请假坐着火车回到老家。不料想当他第四次走进县公安局出入境科时，办事人员又提出了新的要求，要公司具有外派资格的证明。

这次已经是小周跑的第四次了，请着假搭着路费不说，结果还是没办下来，小周未免有些恼火。

恼火归恼火，护照还是要办。没办法，好在这次让换身份证不用去北京，小周打起精神回家换了新的身份证，第六次来到县公安局出入境科。

看看小周一共补办了多少证明：①无犯罪证明；②公司在职证明；③公司营业执照；④公司外派人员资格证明；⑤本地身份证。就是这五张证明，让他多跑三千公里。

而记者在公安部网站了解到，像小周这样的普通公民办理因私护照，其实只需要提供身份证和户口本及复印件，然后就是拍照片填表就行了。说白了，上述办事人员让他补办的那些证明，除本地身份证，其他的其实依法都不需要。

资料来源：央视焦点访谈，2013.10.11。编目为编者所加。

13.1.6 再造后的管理工作变化

业务程序的根本变革将影响到企业的其他部门，引起整个企业发生重大变化。主要在：

(1) 工作单位由职能部门向流程项目组转变。即从专业职能部门转为综合职能组，组成所谓的工作团队，集中所有有关的专业人员在一起进行工作。

(2) 工作由单项业务向多维式工作转变。程序项目组的成员要从事多种不同技能的工作，对程序结果要负责，因此他们成为"多面手"，使他们产生满足感，工作得更有兴趣。

(3) 员工角色由被管理者向被授权者转变。员工成为有一定决策权限的工作人员，特别是作为流程项目组这样一种相对独立的工作集体，他们可在自己的职权范围内自行决定诸如期限、生产进度、质量等问题。

(4) 职业准备从培训向教育转变。传统的员工培训是教给他们如何工作；再造后则把重点从培训转向教育，教给员工"为什么那么干"，以增长他们见识和悟性为重点教育内容。

(5) 业绩评估和奖酬制度由重视活动向重视结果转变。再造前一般根据工作时间给予报酬，更由于分工很细，业务比较简单，企业对职工的业绩评估只能在一个狭窄的工作范围测定效果，这种效率往往并不提高整个程序的效果。再造后企业可以从程序的结果来衡量员工的业绩，并根据他们所创造的价值付给奖酬。

(6) 晋升标准由看表现向看能力转变。工作出色，发给奖金。但晋升不同，应着重看他的能力。再造后严格区分晋升和工作业绩。晋升新职是根据其能力，与工作业绩无关。

(7) 管理者由监督向教练转变。企业实行再造后，业务本身由简单变为复杂，但程序由复杂变为简单。这时对程序项目组来说，需要的不是上司，而是"教练"。从前的上司是设计和分配工作，是对下属进行监督、管理、检查，而现在由程序组自己进行这些工作。他们的管理者将是促进和帮助程序组解决问题。这样才是真正的管理。

(8) 高层领导者由"记分员"向引导者转变。传统的企业高层领导者与实际业务是脱离的，他们关心的主要是财务；再造后的企业高层领导者与顾客、与决定企业价值的人更加接近了，他应非常关心工作是如何进行的。而且被授权人员的态度和努力也成为成功的关键。因此高层领导者必须是引导者，根据他们的言行，对人员的价值观和信念产生影响。

综上所述，再造是通过改变传统的经营程序，将企业的战略、业务、组织、人事、信息技术统一起来，是对传统的管理程序进行大手术，进行根本的改革，从而取得巨大效益。

注意点：再造后的管理工作的变化，强调的不仅仅是组织中流程改变，还有员工素质能力、绩效评价标准、考核方式、领导者角色等这些配套性工作都发生根本性改变。

案例

再造后的工作环境
——MBL 再造保险申请流程

互惠人寿保险公司(MBL)是美国第 18 大人寿保险公司,它对自己的保险申请处理流程进行了再造。在此之前,MBL 处理客户申请的方式和竞争对手的大同小异。这个漫长且复杂的流程包括信用调查、报价、评估、承保等。一份申请必须经过 30 个独立的步骤,跨越 5 个部门,涉及 19 名人员。在最佳情况下,MBL 可以在 24 小时内处理一份申请,但更典型的申请周期是 5~25 天——大多数时间都用来在部门间传递信息。(另一家保险公司估计,对一份处理周期为 22 天的申请来说,它实际占用的工作时间只有 17 分钟。)

这种僵化的顺序式流程带来了许多麻烦。例如,如果一位客户打算退掉现有保单,再买一份新的。老业务部首先必须委托财务部开一张以 MBL 为收款人的支票,然后,将该支票连同书面文件一起交到新业务部。

MBL 总裁迫切希望改善客户服务,因此他要求停止这种做法,将生产率提高 60%。显然,对现有流程的修修补补根本无法达到这个雄心勃勃的目标。公司下令采取强硬措施,而受命的管理小组希望技术能帮助他们实现这些措施。该小组意识到,共享数据库和计算机网络可以让一个人了解多种不同的信息,而专家系统可以帮助缺乏经验的人制订合理的决策。

基于这些认识,MBL 打破了现有的工作界定和部门界限,创立了一个名为"项目经理"(Case Manager)的新职位。项目经理全权负责从收到申请到开具保单的整个过程。与办事员不同的是,项目经理的工作是完全自主的,无须在主管的注视下重复完成固定任务。因此,避免了文件和责任在不同的办事员之间频繁转手,对客户询问互相推诿的现象。

项目经理可以执行与保险申请有关的所有任务,因为他们有强大的基于计算机的工作站作后盾。该工作站拥有一个专家系统,同时还连着某个大型机上的一系列自动系统。尤其是处理棘手项目,项目经理可以请求某个资深代理人或医生协助,但这些专家只是项目经理的咨询师和顾问。

授权个人处理整个申请流程对公司经营产生了巨大影响,现在 MBL 最少只用 4 小时就可以完成一份申请,平均周期缩短到了 2~5 天。公司取消了 100 个一线办事处的职位,而且项目经理处理的新申请的数量是公司原先数量的两倍以上。

资料来源:摘编自《哈佛商业评论》,作者:迈克尔·哈默。

13.2 流程再造的原则与方法

13.2.1 流程再造的原则

迈克尔·哈默在他的开篇之作"再造不是自动化,而是重新开始"一文中为流程再造总结了八条原则:

一是要围绕结果进行组织,而不是围绕任务进行组织。企业应当围绕某个目标或结果,而不是单个的任务来设计流程中的工作。

二是要让利用流程结果的人执行流程。基于计算机的数据和专门技能的普及,部门、事业部和个人可自行完成更多工作。那些用来协调流程执行者和流程使用者机制可以取消。

三是要将信息处理工作归入产生该信息的实际工作流程中。

四是要将分散各处的资源视为集中的资源。企业可以利用数据库、电信网络和标准化处理系统，在获得规模和合作的益处的同时，保持灵活性和优良的服务。

五是要将平行的活动连接起来，而不是合并它们的结果。将平行职能连接起来，并在活动进行中，而不是在完成之后，对其进行协调。

六是要将开展工作的地方设定为决策点，并在流程中形成控制。让开展工作的人员决策，把控制系统嵌入流程之中。

七是要从源头上一次获取信息。当信息传递难以实现时，人们只得重复收集信息。如今，当我们收集到一份信息时，可以把它储存到在线数据库里，供所有需要它的人查阅。

八是领导层要支持。流程再造要获得成功必须具备一个条件：领导层真正富有远见。除非领导层支持该工作，并能经受住企业内的冷嘲热讽，否则人们不会认真对待流程再造。为了赢得安于现状的人的支持，领导层必须表现出投入和坚持——可能再带一点狂热。

 案例

必须彻底地变革
——让人心酸的两张空白营业执照

不久前，江苏省丰县大沙河镇的小狄又一次来到丰县行政服务大厅。小狄大学毕业后自主创业和几名大学生一起办了一个稀有水产养殖专业合作社，他这次来还是为了营业执照和法人执照的事，这是他第11次来这里。

办什么执照需要跑十几趟呢？其实小狄的事很简单。今年三月份，小狄他们为了便于经营稀有水产养殖合作社，从原来的注册地徐州市泉山区迁转到了丰县大沙河镇。在各种手续齐备的条件下，这个迁转的流程并不复杂。只要泉山区工商分局把小狄他们原来的电子档案转到丰县工商局，再由丰县工商局转到大沙河镇工商分局，由那里审核办理即可。但是在办理过程中，不知为什么电子档案却始终转不过来。

是徐州方面没有转过来吗？为了弄清情况小狄还曾经专门跑到徐州市泉山区工商局询问，得到答复说已经转给丰县工商局了，让小狄回去办理，并交代如果那里还没有查到档案，就给泉山区工商局打个电话。于是小狄兴冲冲回到大沙河镇工商分局，但那里的办事人员说档案并没有转过来，还是办不成，让小狄到行政大厅查一查。

小狄到行政大厅去查，说电子档案迁过来了。

不追得紧，就查不到，追得紧了，就查到了，这样的办事方式让小狄感到很无奈。不过好在已经查到了，只要县工商局的办事人员鼠标一点，电子档案就可以转到了大沙河镇工商分局。小狄想，这回执照办理应该没有问题了吧？他又回到镇工商分局，可是那里的工作人员说，电子档案还是没有转过来。让他再到县行政大厅询问。就这样像皮球一样被县镇工商部门踢了几个来回之后，在分局小狄失去了耐心，当时就急了。对方给了他两张空白的营业执照，说让小狄自己去打印。

跑了十几趟办来的只是两张空白的执照，这让小狄哭笑不得。为了讨个说法，不久前小狄给丰县有关部门写了一封信，标题是《让人心酸的两张空白营业执照》，反映了自己遇到的烦恼。而这次也就是他第11次到县工商局，就带着镇分局给的两张空白营业执照和法人营业执照副本，那里的办事人员告诉他，只要到县工商局窗口把内容打印上去就可以了。

到了县工商局，听说小狄办的是农业合作社的执照，办事人员一口回绝，他们让小狄还是回镇分局办。

县工商局让小狄回镇分局办，镇分局让小狄到县里办，这样推来推去让小狄既为难又生气。

不知是不是小狄给县有关部门写的信发挥了作用，小狄发现这次县工商局的办事人员虽然还是让他回分局办，但是态度有了明显的变化，不仅一再解释说这回档案绝对转过去了，为了让小狄放心还专门与分局的人通了电话。

小狄随后来到大沙河镇工商分局，果然这次这里也说执照可以办理了。奇怪的是在办理过程中这位办事人员始终闷闷不乐，最后她忍不住拿出了一张纸放在小狄面前。

原来这正是小狄写给县里有关部门的那封信《让人心酸的两张空白营业执照》，办事员说小狄这封信让她也很心酸。

既然都心酸，为什么一开始不能把事情往好了办呢？一件简单沟通就可以办到的事却拖了三个多月，往返十几次。小狄说因为迟迟办不下来执照，错过了购进饲料的好时候，今年他们合作社农户的收入会受到很大影响。

资料来源：央视，2013.10.11.题目为编者所加。

13.2.2 流程再造的方法模式

1. 迈克尔·哈默的四阶段模式

尽管迈克尔·哈默并没有系统地总结归纳流程再造的方法步骤问题，但是有学者通过对他著作的研读，基于对迈克尔·哈默观念的深入理解，替他总结出了一个四阶段模式。

第一阶段，确定再造队伍：产生再造领导人，任命流程主持人，任命再造总管，必要时组建指导委员会，组织再造小组。

第二阶段，寻求再造机会：选择要再造的业务流程，确定再造流程的顺序，了解客户需求和分析流程。

第三阶段，重新设计流程：召开重新设计会议，运用各种思路和方法重构流程。

第四阶段，着手再造：向员工说明再造理由，前景宣传，实施再造。

2. 乔·佩帕德和菲利普·罗兰的五阶段模式

第一阶段，营造环境。分为六个子步骤：树立愿景；获得有关管理阶层的支持；制订计划，开展培训；辨别核心流程；建立项目团队，并指定负责人；就愿景、目标、再造的必要性和再造计划达成共识。

第二阶段，流程的分析、诊断和重新设计。分为九个子步骤：组建和培训再造团队；设定流程再造结果；诊断现有流程；诊断环境条件；寻找再造标杆；重新设计流程；根据新流程考量现有人员队伍；根据新流程考量现有技术水平；对新流程设计方案进行检验。

第三阶段，组织架构的重新设计。分为六个子流程：检查组织的人力资源情况；检查技术结构和能力情况；设计新的组织形式；重新定义岗位，培训员工；组织转岗；建立健全新的技术基础结构和技术应用。

第四阶段，试点与转换阶段。分为六个子流程：选定试点流程；组建试点流程团队；确定参加试点流程的客户和供应商；启动试点、监控并支持试点；检验试点情况，听取意见反馈；确定转换顺序，按序组织实施。

第五阶段，实现愿景。分为四个子流程：评价流程再造成效；让客户感知流程再造产生的效益；挖掘新流程的效能；持续改进。

通常来说，五大阶段应该顺序推进，但是，根据企业各自的情况，五大阶段可以彼此之间平行推进，或者交叉进行。所以说，五大阶段并不是一个锁定的线性过程，而是相互交融，循环推进的不断再生的过程。

13.2.3 流程再造的主要方法

BPR 作为一种重新设计工作方式、设计工作流程的思想，是具有普遍意义的，但在具体做法上，必须根据本企业的实际情况来进行。美国的许多大企业都不同程度地进行了 BPR，其中一些主要方法有：

1. 简化、合并相关工作或工作组

如果一项工作被分成几个部分，而每一部分再细分，分别由不同的人来完成，那么每一个人都会出现责任心不强、效率低下等现象。而且一旦某一环节出现问题，不但不易于查明原因，更不利整体的工作进展。在这种情况下，企业可以把相关工作合并或把整项工作简化为一个人来完成，这样既提高了效率又使工人有了工作成就感，从而鼓舞了士气。如果合并后的工作仍需几个人共同担当或工作比较复杂，则成立团队，由团队成员共同负责一项从头到尾的工作，还可以建立数据库、信息交换中心来对工作进行指导。在这种工作流程中，大家一起拥有信息，一起出主意想办法，能够更快更好地做出正确判断。

2. 工作流程的各个步骤同时或交叉进行

在传统的组织中，工作在细分化了的组织单位间流动，一个步骤未完成，下一步骤开始不了，这种直线化的工作流程使得工作时间大为加长。如果按照工作本身的自然顺序，是可以同时进行或交叉进行的。这种非直线化工作方式可大大加快工作速度。

3. 同一业务根据在不同工作的情景设置不同工作方式

传统的作法是对某一业务按同一种工作方式处理，因此要对这项业务设计出在最困难最复杂中的工作中情景处理方法，把这种工作方法运用到所有适用于这一业务的工作过程中。这样做存在着很大的浪费，因此可以根据不同的工作情景设置出对这一业务的若干处理方式，以下属根据情景选择使用，这样就可以大大提高效率，也使工作变得简捷。如 IBM 信用公司，它的信用程序就备有三种模式：一是用于简单情况的，可全部由计算机进行；二是稍困难的，由事件处理负责人进行；三是用于情况复杂的，由事件处理负责人依靠专家顾问帮助来进行。

4. 模糊组织界线

在传统的组织中，工作完全按部门划分，为了使各部门工作不发生摩擦，又增加了许多协调工作。因此 BPR 可以使严格划分的组织界线模糊甚至超越组织界线。如 P&G 根据超级市场信息网传送的销售和库存情况，决定什么时候生产多少、送货多少，并不一味依靠自己的销售部门进行统计，同样这也就避免了很多协调工作。

13.3 流程再造的实施技术

需要强调的是这些技术并不是流程重组的专用技术，只是根据流程重组的要求进行整合应用而已。下面对其中几种典型的技术进行说明。

13.3.1 头脑风暴法

根据哈默的观点，头脑风暴法是在考虑 BPR 原则时最成功的方法，可以帮助重组团队创立一些新的思想，找到流程分析与优化重组的步骤与方法。

1. 做好准备工作

需要一个富有经验的组织者，引导大家积极发言，而又不偏离主题。组织者在会前需要做好准备：

(1) 决定将要讨论的对象。最好将每次会议的议题限制在一个较小的范围内，比如只讨论开发流程的一个阶段，而不是整个流程。这样可以集中大家的思想来深入思考。

(2) 会议前要把将要讨论的议题通知大家，使之有足够时间来准备或做预先思考；

(3) 需要确定一个人，负责将会议上大家的提出的问题记录下来。文档工作对整个流程分析与优化重组过程都是非常重要的，一是可以做好记录，为后面的工作准备材料；二是可以整理思想；三是让大家看到讨论的结果。

2. 组织小组讨论

在讨论会上，组织者需要注意以下几个方面：

(1) 引导大家只提自己认为存在的问题，不讨论其合理性，不讨论原因和解决方法；

(2) 互相尊重，不攻击别人，对事不对人；不打断别人的话；

(3) 整理问题。做好记录，将每个人所提的问题都记录下来。会后，将问题分类，将记录下来的问题进行文字整理，去除重复，形成一个清晰的问题列表。

(4) 再次开会讨论。第二次会议，将整理好的问题列表发给大家，共同讨论，按照矩阵法将问题按重要性、解决难易程度分类。经过讨论，决定首先解决哪个问题，并寻找解决问题的方法。小组成员集思广益，提出解决问题的尽可能多的方案。可以采用的方法有：

① 鱼骨图法。

是借助图形，定义问题特性，先画出大原因，再画出大原因之下的小原因。找出主要原因，以它为问题特性，重复上述步骤，直至原因非常明确，解决方案就很容易地形成。

② 六问法。

是从六个方面来巡行问题出现的原因。这六个方面是 5M1E。即：Management(管理)、Man(人)、Method(方法)、Material(物料)、Machine(机器)、Environment(环境)。

③ 5W2H 法。

5W 分别是：Why：为什么要做这件工作？What：内容是什么？Where：在哪儿做？When：什么时候来做？Who：由谁来做？2H 分别是：How：怎么做？How much：要花多少时间或其他资源？

(5) 选择最好的解决方案，指定某一个人负责实施。可以参照 5W2H 制定实施细则。注意，每一步都要做好记录。文档齐全是成功实施流程分析与优化重组的重要保证。

(6) 评估实施结果，修正解决方案，重新实施。

(7) 进行下一问题的解决。

(8) 进行新一轮的流程分析。

单纯地使用"头脑风暴法"，完全依靠人们的主观判断，是无法对一个复杂的系统进行成功的重组的。人们还需要其他的有效的支持工具和评价标准，对重组的经营过程进行有效的仿真、定量的计算和分析，能对重组后的结果进行合理、准确的预测，以避免在 BPR 的实施过程产生很大的突变性和危险因素。

13.3.2 标杆管理

1. 标杆管理的由来

标杆管理由施乐公司首创,起源于20世纪70年代末、80年代初,美国为应对日本威胁而展开学习日本的运动。1976年,一直在世界复印机市场上独占鳌头的施乐公司遇到了来自日本企业的挑战,市场份额直线下降。面对威胁,施乐公司开始了针对日本公司的标杆管理,重新夺回了失去的市场。目前标杆管理已经成为全球通行的有效管理方法。

2. 标杆管理的概念

美国生产力与质量中心对其定义是:标杆管理是一个系统的、持续性的评估过程,通过不断地将企业流程与世界上居领先地位的企业相比较,以获得帮助企业改善经营绩效的信息。通俗地说,标杆管理就是确立具体先进榜样,解剖其各个指标,不断向其学习,发现并解决企业自身的问题,最终赶上和超过它的这样一个持续渐进的学习、变革和创新过程。

3. 标杆管理在流程再造中的应用

标杆管理应用于流程再造和重组中,可以按照以下的基本步骤来实施。

1) 确定"标杆企业"

是指在同行业、同规模、相同发展阶段情况下与其他同类企业相比,在产品质量、品种、服务等方面有特色、有一定的先进性的企业。按地域可为"国内标杆"和"国际标杆"。

2) 确定"标杆值"

标杆值是根据"标杆企业"的优异特点经过综合考察而确定的一组关键参数值。比如,物流行业的某标杆企业的标杆值为:货损率、空车率、资金周转率等。确定"标杆值"是一项比较烦琐的工作,需要实地考察,搜集标杆数据;然后处理、加工标杆数据并与企业自身同组数据进行比较,进行分析;必要时还需要借助外脑咨询和外部专门数据库。

3) 设计流程

根据企业确定的"标杆值",进一步确立企业自身应该改进的地方。变更、整合、删除旧有的流程,设计出新流程,以实现向标杆企业看齐的目的。

4) 构造团队

标杆管理会涉及企业组织结构、企业文化等方面的变革,需要构建一个强有力的企业标杆管理团队,团队中的成员要开展持续不断的系统化学习,自觉地进行学习和变革,达到自身成功和组织目标的双赢。

5) 持续改进

在实施过程中,一定要制定有效的实施准则,循序渐进,避免好高骛远。而且要坚持系统优化的思想,即要着眼于总体最优,而不是某个局部的优化,以获得协同效应。通过不断地摸索,总结出一套适合自身实际的最佳的实践和实现方法,以赶上并超过标杆对象。

6) 评价与提高

实施标杆管理是一个长期的渐进过程。在每一轮学习完成时,都需要重新检查和审视对标研究的假设和标杆管理的目标,以不断提升实施效果。

应当指出的是,随着企业管理水平的整体进步,无论是标杆企业,还是标杆企业的标杆值，都是动态的，定期或不定期更新的。标杆管理是一个不断循环的过程，每一个循环都需要围绕标杆管理的目标、概念和对标研究假设进行思考，必要时还需要借助外脑和外部专门数据库，以避免盲目性。据美国 1997 年的一项研究表明，1996 年世界 500 强企业中有近 90%的企业在日常管理活动中应用了标杆管理，其中包括 AT&T、Kodak、Ford、IBM、Xerox 等。国内采用标杆管理获得成功的企业也已不乏先例，如：中国海洋石油总公司等。

13.3.3　流程优化技术

为了实现企业经营策略，为了提高企业的经营业绩，企业常常采用次序改变、合并、消除、自动化等方式来再造流程。下面是几个优化的方法。

1. 重组

重组是指改变组成流程活动的先后次序，即活动的逻辑关系，以缩短工作时间，提高对顾客的响应度。是常见流程再造方法，它可以在信息技术平台不做大幅度调整的情况下有效地提高企业效益。如汽车保养流程为：顶起车辆、润滑工作、调换轮胎、更换机油、放下车辆、清洁打蜡(图 13.1)。但是此流程周期长，对于有急事的顾客而言不方便。于是公司调整了旧流程的串行工作为并行工作，缩短了顾客等待的时间(图 13.2)。

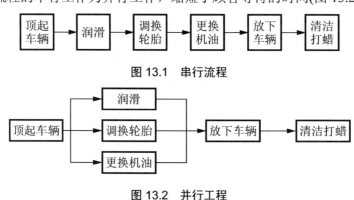

图 13.1　串行流程

图 13.2　并行工程

2. 消除

流程优化中的消除技术是指把一些增值不大的流程或者流程上的节点加以废除。人们往往习惯于旧有工作方式，却很少去考虑该工作方式是否具备内在合理性。流程重组理论倡导人们进行"彻底性""根本性"的再思考，以价值链等理论为指导，认识传统流程和流程环节的价值，对于低价值和无价值的环节应该进行坚决的清除。

> **案例**
>
> IBM 信贷公司是 IBM 公司的一个全资子公司，负责为 IBM 公司的计算机硬件、软件和其他服务提供资金融通。就其信贷额而言，可以排在《财富》杂志 100 家最大服务公司之列。它的信贷流程见图 13.3，按照这种流程办理一笔信贷一般需要 6 到 14 天的时间。导致许多顾客或者另找贷款渠道，或者另觅条件更优惠的供应商。
>
> IBM 信贷公司重新再造流程，取消了信用审核、拟订合同、汇总等步骤，改设了一个交易员，他借助专家系统里面的资料，可以直接对贷款请求作出响应，整个工作周期缩减为 4 个小时，业务量由此而增加了 100 倍。新流程见图 13.4。

第13章 流程再造

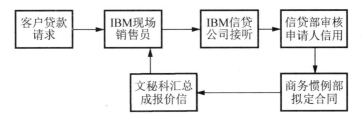

图 13.3　IBM 信贷公司原来信贷流程

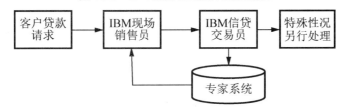

图 13.4　IBM 信贷公司新信贷流程

3. 自动化

流程自动化是将流程中的部分工作通过信息技术的引入从而得以自动读取、传递、处理信息，最终可以极大地提高工作效率。

案例

福特汽车公司的北美公司财务会计部有500多人职工，后来运用办公自动化把人数缩减为400人。而美国马自达公司的财务会计部只有5人。虽然福特北美公司的规模是马自达公司的16倍，但是财务会计人数却是马自达公司的80倍。福特北美公司发现财务会计的大量工作都花在审核来自供应商的发票和来自采购部的订单副本、验收部的验收单这两样单据是否相符，只有三样单据吻合时，财务部才会付款，如图13.5所示。

公司应用信息技术加以流程改造，采用数据库自动地核验数据，最终使员工的人数下降到125名，如图13.6所示。

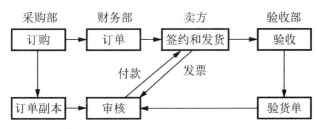

图 13.5　北美公司财务会计部原来流程

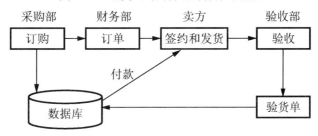

图 13.6　北美公司财务会计部新流程

13.3.4 BPR 软件法

流程的再造离不开软件的支持。它为流程的规划、建模、建模等提供了支持平台。

1. 流程再造软件的主要模块

专门的流程再造软件可以帮助企业更好地实现流程的再造。它包括以下 7 个主要模块：

1) BPR 规划(Planning)工具

用于规划在整个组织机构内实施和执行 BPR 流程的整体战略的工具。它包含许多与常见的项目管理软件工具相同的属性。

2) 组织机构实体分析工具

用于当整个业务流程变化要求改变组织机构时，进行组织机构修改的工具。它应该能够显示当去掉或增加某个组织结构实体时会发生什么样的变化。

3) 建模(Modelling)工具

用于建立当前业务流程的模型("as-is"模型)并显示流程间的联系的工具。用户应当能够在以后将整个流程分解为实体或子流程。模型一旦建立，用户应能够识别和映射出没有价值的步骤、费用和流程(瓶颈分析)，以便进行流程重组。建模分析工具还可以引导用户进行假设分析和建立未来业务的模型("to-be"模型)。

4) 基于活动的成本(abc)工具

用于显示每一个流程活动在资源和时间意义上的成本的工具。它应当能够显示"as-is"和"to-be"模型的成本，并能够将所有的成本汇总到企业级以显示所有流程的整体成本。一旦将资源信息输入到系统中就应当在建模工具和成本分析工具上反映变化。

5) 图形仿真(Simulation)模型工具

用于显示"to-be"模型并提供假设分析的工具。这个工具在高级管理层审查整个流程时非常有用，可以使我们看到在新模型中将会发生什么。

6) 业务绩效度量(Metrics)工具

用于跟踪测量诸如生产效率、质量、销售、市场占有率、产品开发流程、满足客户需求和处理库存等的能力状况的工具。

7) 评效(Benchmarking)分析工具

用于评估新组织机构流程效果的工具。它应当能够引导客户对比分析不同类型的流程。

2. 流程再造软件的功能

这些专门针对流程再造而开发的软件可以大大地提高流程管理的效率，具体体现在：

1) 自动化处理

自动化技术可以大大减少人力劳动、提高工作效率，被应用于企业业务的各个领域，是 IT 技术应用最为广泛的一种功能。作为全球 100 大公司之一的 IBM 信用公司通过开发数据库软件将信用卡的开户工作时间从平均 6 天锐减到平均 90 分钟。

2) 信息处理

IT 技术主要应用于从业务流程中提取、传递和存储可供分析的信息。目前常见的 MIS 软件、财务软件和数据仓库、数据挖掘技术等都属于此类范畴的应用。

第13章 流程再造

3) 顺序控制

顺序控制的主要目的是将原有的串行业务并行处理,以减少业务循环的周期,它主要应用于产品的设计与制造领域。柯达公司在与富士通公司的竞争中,通过采用网络CAD/CAM软件将原有的照相机设计并行化,使得设计周期减半并成功地保住了市场份额。

4) 远程交互

IT技术使企业不必再为是采取集中还是分散的组织结构而困惑,网络与数据库技术的发展使得信息可以随时随地的获取。基于Internet的企业内部互联网Intranet也属于典型的此类应用。福特汽车销售公司通过采用远程网络数据库系统进行销售信息处理,使销售部门的人员从500人成功减至125人,从而大大降低了企业的运行成本。

5) 监控与跟踪

IT技术也可用于企业对于关键业务信息的监控与跟踪处理。在自动化控制生产领域,IT技术可以用于实时监控并跟踪生产状态,防止事故的发生。

6) 决策处理

企业的组织从层次结构向扁平结构转变、生产车间向团队工作组(Team Group)转变,都要求员工们参与业务决策,专家系统及决策支持系统(DSS)使普通员工也能够根据人工智能知识库进行决策。

7) 电子商务处理

多媒体技术和全球互联网络的发展使企业可以为客户提供更为及时便捷的服务。客户可以通过企业网络主页(Homepage)查阅相关产品信息并通过电子数据交换(Electronic Data Interchange,EDI)进行订货、索取发票等,而企业也可通过网络进行交互式的售后服务。

 案例

某企业备货流程的再造

这是一家生产精细化工原料的企业。备货流程是这样的:销售部收到客户订单→通知质检科出货样→送仓库选料→进车间生产加工→交第三方物流公司配送。

销售内勤诉苦说:"收到订单后的二三个小时内,销售部就会把订单交给质检科,质检科什么时候出样我们就管不着了,出样后什么时间送给原料仓库我们也无能为力,等到质检科把样品送给原料仓库后,原料仓库什么时候选料给车间我们无从得知,等到原料仓库把选料送车间后,车间什么时候安排生产加工我们也不知道,等到车间生产好产品后,我们才得到消息,才能及时把货交给第三方物流公司,但物流公司是否及时把货运走,路途是否顺利我们也无法控制。往往是从接受客户订单起,快的备货及配送需要一周,慢的备货及配送则需要二周以上,所以我们常常遭到客户的投诉。"

显然现有的备货流程绩效低下的原因就是速度慢。主要是对流程中每一个影响速度的环节没有进行管控。因此必须对备货流程推倒重来,以解决速度、成本和服务等关键的问题,提高客户的满意度。于是,我们开始着手备货流程的再造。

一、原有备货流程及其绩效低下性的诊断

1. 流转环节

(1)销售部收到客户订单→(2)通知质检科出货样→(3)送仓库选料→(4)进车间生产加工→(5)交第三方物流公司配送。

2. 工作内容

(1) 销售部:A、核对客户订货数量、规格和价格;B、核对应收账款,核查打款凭证;C、建立销售台账,通知质检科备货。

(2) 质检科：A、按订单取样配对；B、提供对接技术参数；C、送仓库备案。

(3) 仓管科：A、按技术参数取材；B、按订单数量备料；C、送车间备案。

(4) 车间：A、安排加工时间并装料待机；B、流水线合成加工；C、成品包装；D、通知质检取样检测。

(5) 与物流公司衔接：A、质检通知销售部安排发货；B、销售部通知物流公司装货；C、物流公司整车或零当配送。

3. 正常备货所需时间

(1) 销售部环节2小时；(2)质检科环节2小时；(3)仓库环节3小时；(4)车间环节8小时；(5)交物流公司装车3小时。共计：18小时。

4. 影响速度的主要因素

(1) 销售部：A、订单核对速度；B、查款速度；C、备货通知书送达质检科的速度。

(2) 质检科：A、取样配对的速度；B、送配样到仓库的速度。

(3) 仓管科：A、物料准备的速度；B、把备料送车间的速度。

(4) 车间：A、停止生产半成品，腾出机台的速度；B、换洗加工机台的速度；C、成品包装的速度；D、通知质检科学检验的速度。

(5) 交物流公司前的衔接：A、质检科验收的速度；B、质检科通知销售部发货的速度；C、销售部通知物流公司装车的速度；D、物流公司装车配送的速度。

二、对原有的流程进行适度的改良

1. 制订《备货时效承诺书》，以下达行政文件的形式要求各流程环节对受理订单的完成时限做出承诺，减少完成时限的"不确定性"，并承担相应的责任。

2. 仓库备料和生产加工是提高备货速度的两个关键点。在实效承诺的基础上，以定时定点派人增援的方式提醒和促进该环节按时开展备货工作。

3. 与物流公司签约送达国内主要城市的时限，形成法律意义上的约束力。从而提高配送的速度。

三、新备货流程设计

1. 流转环节：与原备货流程相同，没有改变。

2. 工作内容：与原备货流程相同，没有改变。

3. 正常备货所需时间：以销售部环节2小时、质检科环节2小时、仓库环节3小时、车间环节8小时、交物流公司装车3小时为参照，让各环节对照这基础值作出承诺。

4. 新的流程

(1) 销售部收到客户订单(经办人承诺2小时内完结)→(2)通知质检科出货样(经办人承诺2小时内完结)→(3)送仓库选料(经办人承诺3小时内完结，在承诺办结的时间段内派人增援，提醒促进)→进车间生产加工(经办人承诺8小时内完结，在承诺办结的时间段内派人增援，提醒促进)→第三方物流公司配送(经办人承诺3小时内完结，与物流公司签订合同约定送到国内主要城市的时间，进行违约赔偿的约定)，当各环节承诺办理超出正常时限的，上报主管督察。

在新流程中抓住仓库和车间两个影响速度主要环节的流程进行再造。完善管理程序，管理规则和管理原则三个工作平台。通过系统设计做什么、怎么做、谁来做、用多长时间、承担什么责任等主线来理性备货的流程，并在此基础上形成激励机制。主要是强化对备货流程的速度控制，要求每个环节对受理期限作出承诺。同时我们还通过增援的方式进行提醒促进。

新的流程运转后，备货流程时限基本上控制在30小时之内就能交第三方物流配送。第三方物流基本上都能按承诺时间送交客户，几年来没有解决好的问题就是如此简单地解决了。一年来再没有收到客户关于订货速度的投诉了。

资料来源：中国金蓝盟管理网，2007.10.12，编者作适当删改，题目为编者所加。

第13章 流程再造

本 章 小 结

本章首先介绍了流程再造产生的背景,对流程再造的概念、核心、指导思想、特点和再造后管理工作的变化作了详细的分析;其次介绍了流程再造的原则、再造方法模式及主要方法;最后介绍了流程再造的一些优化技术。

思 考 题

1. 判断题(正确的打"√",错误打"×")

(1) 现代组织架构起源于亚当·斯密的劳动分工理论。( )
(2) 根据劳动分工理论构建的各部门或工作的各环节,运行起来往往是只见树木不见森林。( )
(3) 流程再造仍然是对传统工作程序的一次改良。( )
(4) 流程的构建必须以顾客的需要为根本出发点。( )
(5) 流程再造后的员工比再造前享有更多的决策权。( )
(6) 按照整体流程最优化的目标,要求流程中每个环节活动尽可能的实现增值,减少无效活动。( )
(7) 再造流程后的管理者是教练。( )
(8) 标杆管理就是通过和同行业的企业进行比较寻找差距,改进自己工作的管理。( )
(9) 应用自动化可以大幅度提高工作效率,所以在流程再造中要大力推行。( )
(10) 流程再造原则包括:消除、简化、整合、自动化。( )

2. 问答题

(1) 如何理解流程再造的概念?
(2) 流程再造的核心、指导思想、特点是什么?
(3) 流程再造组织管理工作是如何变化的?
(4) 流程再造的主要方法是什么?
(5) 流程再造的典型方法和优化技术。

3. 实训题

请你调查某医院病人看病的程序或某银行房贷程序,对其进行深入剖析,并给出流程再造的方案,并说明理由。

第14章 准时化生产方式

学习目标

1. 了解准时化生产方式的产生，理解浪费的定义以及生产过程中常见的7种浪费；
2. 理解准时化生产方式的含义、核心思想、目标、实现机制，传统的生产方式与准时化生产方式的区别；
3. 掌握准时化生产方式实施方式。

引例

准时化生产强大竞争力

大野耐一在《丰田生产方式》一书中写道，20世纪40年代，丰田公司的生产率仅相当于美国同行的1/8。在丰田公司带动持续改善创造并实践准时化生产(近20年被人们称为"精益生产")后，日本汽车业进步神速，效果卓著，至20世纪80年代，日本汽车工业生产率远远超越美国，比如，日本装配一辆汽车的用工量仅为14人、制造一辆车身用工2.9小时、制造一台发动机用工2.8小时，美国则分别为33人、9.5小时和6.8小时。2002年，汽车工厂效率调查公司哈伯合伙公司公布的调查结果显示，与日产、丰田、本田公司等三家日本主要对手相比，美国公司的生产力仍难望其项背。丰田、本田、日产当年在北美生产的车辆，每部的获利是通用的3倍。美国与日本汽车业获利的差距，使得日本汽车公司能把更多的资金投入产品，因而更能吸引美国消费者，从通用、福特与戴姆勒·克莱斯勒手中夺走更多的市场占有率。杰弗瑞·莱克指出，美国汽车购买者最常阅读的杂志《消费者报告》2003年一项研究显示，从过去7年所有汽车制造商生产的车款中，评选出最值得信赖的38款车，其中，丰田/雷克萨斯就囊括了15款车，通用汽车、奔驰、宝马等，没有一款车跻身这38名之列；丰田没有一款车被列入"应该避免购买"的名单中，福特汽车有不少车款被列入此黑名单，通用汽车公司出厂的车款中有将近50%入选，克莱斯勒车款被归属此类者更是超过50%。当年丰田的产品开发流程是全世界最快速的，新客车与卡车的设计耗时不到12个月，而其他竞争者通常得花上两三年。这年丰田公司在美国市场的召回率比福特汽车少79%，比克莱斯勒汽车少92%。至2007年，丰田一举超越通用，从一家日本本土的小型汽车企业一跃成为全球第一。

近十几年，精益巨大的效益在不同行业均取得惊人的效果。2002年开始，美国增长最快的百货零售商沃尔玛使用准时化生产系统来帮助公司至少每周两次对商店的存货进行补充。许多沃尔玛的商店每天都能得到送货。沃尔玛的主要竞争对手西尔斯一般每两周才补充一次它们的库存。沃尔玛能够保持与这些竞争对手同样的服务水准，但是它的存货持有成本只有其竞争对手的1/4，这节约了大量的成本。较快的存货周转率帮助沃尔玛在零售业中获得了一种基于效率的竞争优势。2006 年，沃尔玛的库存周转率约 8 次，山姆会员店的库存周转率约 11 次。

资料来源：魏大鹏，李晓宇．准时化生产体系与实践[M]．北京：机械工业出版社，2012。

14.1 准时化生产方式概述

14.1.1 准时化生产方式的理念

通常企业的经营理念是建立在"价格=成本+利润"基础上，即所谓的成本主义。它是根据生产中所费成本和行业的合适利润来确定价格，生产者通常把成本看作基本恒定，是不可控因素，把价格看作可调节的量，即可控因素，忽视了成本结构的合理性和在市场上价格的接受程度。这种理念是在短缺经济条件下注重生产的经营理念。在过剩经济条件下价格由市场决定，只有符合消费者要求(价格、质量、交货期)的产品才能销售出去，生产者一般不能对商品价格产生影响，价格是不可控因素，是恒定量，因此丰田公司采用了非成本主义，将上式变为：利润=价格－成本，认为生产者不能利用提高价格来增加利润，获得利润唯一的方法就是彻底降低成本，变成本为可控因素。而在生产过程中成本又决定于一定的制造方法，因为无论零部件、材料的进货成本也是由市场决定的，唯一可行的是通过降低自己的加工费用来提高利润。由此得出"利润=价格－固定成本(材料、零件成本)－可变成本(自己的加工费)"，所以企业要降低成本就是降低自己可控制的加工费，这就是"非成本主义"的思想，所以丰田一直致力于杜绝企业内部生产运作过程中存在的一切浪费，使制造成本降到最低点，创立了准时化生产方式，实现了生产方式和管理方式又一次革命。

注意点：丰田公司仅仅将公式进行简单的变换，就形成了新的管理理念和解决问题的方法。

14.1.2 生产过程中的 7 种浪费

1. 浪费的定义

对于 JIT 来讲，浪费有两层含义一是凡是不增加产品价值的劳动和支出均属于浪费，所谓增加产品价值是以消费者是否愿意付费为原则，例如：数量、质量检验是企业中不可缺少的工序，但对消费者来讲最后一道工序的数量和质量检验是必需的，其余各道工序的检验于消费者无关，都不愿意付费，是浪费。二是超出增加产品价值所绝对必需的最少量的物料、设备、人力、场地和时间的部分也是浪费。因此，JIT 生产方式所讲的浪费不仅仅是指不增加价值的活动，还包括所用资源超过"绝对最少"界限的活动。实际上第二层浪费是在第一层上的进一步扩展与深化，提出了杜绝一切浪费彻底降低成本的思想。

通常企业的生产线上充满各种浪费，例如用人过多、库存过多、设备过多、产品等待时间过长等，通常认为这是"合理"的，但不增加产品的任何价值，丰田认为是最可怕、最大的浪费，而更可怕的是浪费还会制造更严重的浪费，超过必要数量的人、设备、材料和成品等的浪费使得生产成本提高，这是第一次浪费，当人手过多时，会造成生产线不平衡，生产负荷不一致，造成奖惩不公和士气低落，进而衍生怠工或生产效率大降等现象，而经营层为了解决此问题常常增加管理人员和聘请顾问制定各种管理制度等，这样舍本逐末的做法并不能从根本上解决问题，且浪费了大量的人力、物力、财力，是浪费制造浪费，即第二次浪费，比第一次来得更严重，这些浪费会将仅占销售额10%的利润全部吃掉，更严重时会腐蚀经营本体的根基。因此对企业的威胁不仅是来自于产品质量，还有来自于哪些隐藏在"合理"的背后慢慢地"蚕食"企业生存根基的各种浪费，企业不能被一些表面成绩所迷惑，如果一个企业内部认为没有问题的人越来越多时，情况最危险。

注意点：丰田对浪费的深刻理解非常具有启发性，请举例说明如何解决你身边浪费？

2. 常见的7种浪费

常见的7种浪费如下。

(1) 制造不良的浪费。制造不良的浪费包括两个方面一是工厂内出现不良品，此为第一次浪费，二是需要处置这些不良品所需的时间、人力、物力造成的相关损失，此为第二次浪费。具体包括：材料的损失、不良品变成废品；设备、人员和工时的损失；额外的修复、鉴别、追加检查的损失；有时需要降价处理产品，或者由于耽误出货而导致工厂信誉的下降。

(2) 加工的浪费。也叫过分加工的浪费，主要包含两层含义：第一是多余的加工和过分精确的加工，例如实际加工精度过高造成资源浪费；第二是需要多余的作业时间和辅助设备，还要增加生产用电、气压、油等能源的浪费，另外还增加了管理的工时。

(3) 动作的浪费。动作的浪费在很多生产线中都存在，常见动作浪费有：两手空闲、单手空闲、作业动作突然停止、动作过大、左右手交换、步行过多、转身角度大，移动中变换"状态"、伸背动作、弯腰动作以及重复动作和不必要动作等，这些造成了时间和体力上不必要的消耗。

注意点：JIT专家认为在没有实施过JIT的实务的工厂中，作业者至少有一半的动作时间都是"无效的"，都属于浪费行为。

(4) 搬运的浪费。从JIT的角度来看搬运是一种不产生附加价值的动作，而不产生价值的工作都属于浪费。搬运的浪费具体表现为放置、堆积、移动、整列等动作浪费，由此而带来物品移动所需空间的浪费、时间的浪费和人力工具的占用等不良后果。

(5) 库存的浪费。过去管理理念认为库存虽然不好，但却必要。JIT的观点认为，库存是没有必要的，认为库存是万恶之源。如图14.1所示，库存水平就相当于河中水，各种问题就是水中暗礁，河的水位高隐藏住各种暗礁，不被人发现但它随时让船翻掉，所以由于库存量大，将故障、不良品、缺勤、计划有误、调整时间过长、品质不一致、能力不平衡等问题全部掩盖住了，这些问题可随时暴发。例如，生产线出现故障，造成停机、停线，但由于有库存而不至于断货，这样就将故障造成停机、停线的问题掩盖住了，耽误了故障的排除。如果降低库存量，将问题彻底暴露水平面，进而逐步地解决这些由库存掩盖的问题，如图14.2所示。与此同时由于产品淡旺存在，库存过多，淡季打折销售又直接造成经济损失。

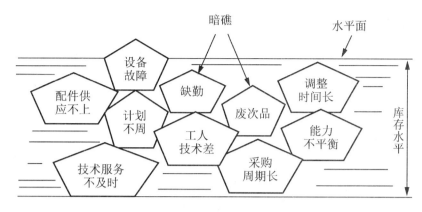

图 14.1 库存过多掩盖问题

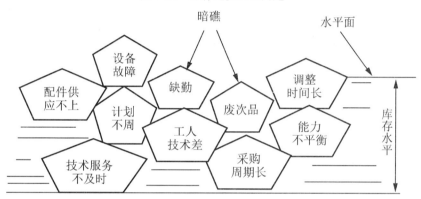

图 14.2 降低库存暴露问题

注意点：JIT 对库存的观点是非常具有划时代意义的。

(6) 生产过剩的浪费。通常认为生产过多或过早是工作得好的标志，要表扬，实际上不但没好处，还隐藏了由于等待所带来的浪费，失去了持续改善的机会。生产过多或过早带来的不仅是搬运、堆积、库存的浪费；还加重了利息负担，加大贬值风险。

(7) 停工等待的浪费。由于生产原料供应中断、作业不平衡和生产计划安排不当等原因造成等待，被称为等待的浪费。造成等待浪费的原因有：生产线的品种切换，每天的工作量变动很大，时常因缺料而使机器闲置，上游工序延误导致下游工序闲置，机器设备时常发生故障，生产线未能取得平衡，存在劳逸不均的现象。

注意点：丰田所讲的 7 个种浪费中，有许多浪费我们通常认为是合理的，有的甚至于认为是值得表扬的，如生产过剩的浪费，我们经常从新闻媒体看到报道某某人一年干了别人三年活，授予什么荣誉称号。这种现象和准时化生产方式要求是不相容的，需要坚决予以纠正。

知识延伸

大野耐一的十条训诫

若松义人长期追随大野先生工作，根据其经历和体验，将大野耐一最为看重的十个方面整理出十条训诚。这是大野耐一给丰田员工的忠告，也是优秀企业的员工必须学习行动准则。

第一条　首先，你就是成本，消除无用的浪费，否则没有提升

浪费总会被习惯性地隐藏起来，所以首先要避免在工作中有所隐藏。重视微小的数字，重大的浪费就会呈现出来。不要用过去的数据预测未来，这只会让浪费继续下去。效率是衡量工作的唯一标准，忙碌并不等于高效。生产产品并不是目的，工作是要生产必要的产品。

第二条　一旦开始就不要放弃，半途而废会助长惰性

不要自以为改善已经完成，需要做的工作还很多。避免应急处理，应急只是一种暂时的敷衍。"竭尽全力"而不是"尽力而为"。满意但不满足，自信但不自大。

第三条　给他磨炼，以识别人的能力高下

通过少量投入实现大量增产，这就是丰田快速成长的秘诀。工作要由"是否必要"来决定，而不是"是否可能"。绝不事先告诉答案，要让员工积极地思考。在压力下培养员工，通过控制成本去完成改善。改变员工的生产观念，帮助他们树立战胜困难的决心。

第四条　要意识到竞争对手比你优秀

透过表面看问题，抓住改善的时机。一切问题都要在现场解决，一切问题都要立刻解决。不要把问题留到明天，尽力在今天找到最好的解决方法。微小的累积铸就了伟大的业绩。

第五条　工作就是一步一个脚印，用十二分的辛苦去换取十分的成绩

不要因为"完成"而停止，工作就是要不断追求更好。在工作中增加自己的智慧。错误的工作方式只会增强劳动强度。培养下属发现问题和解决问题的能力。

第六条　为了让下属心服口服，需要更长远的目光和更坚韧的努力

将合适的人才放置在合适的职位上。改善需要亲力亲为，这样才会得到下属的拥护。在命令别人之前先尝试着自己动手。大汗淋漓的工作状态只是欠缺智慧的表现。

第七条　先接受任务，再去思考完成的方法

坚信"一定能够完成"，其他的想法只会变成工作的阻碍。每个人都拥有无限的智慧，关键是怎样激发和运用。不要像评论家一样品头论足，这样的态度解决不了任何问题。通过改善改变表面忙碌的状态。

第八条　失败是成功之母，只有在失败中才能找到真正的自信

如履薄冰的工作态度会帮你赢得更好的结果。不要因为失败而放弃，要在"不想失败"的过程中积极地想办法。上司的命令只会让下属变得唯命是从。揭穿数字的骗局，从根本上掌控生产现场。

第九条　不要强化劳动，不要过度劳动

平均值不是最佳的选择，最短的时间才是最有效的动作。失败的经验需要改善，成功的经验也需要改善。将目标不断提高，将起点不断降低。利润是最主要的问题，但是不能一切都由利润决定。

第十条　客户投诉是成功的呼声，不要抱怨，不要逃避，深入思考，积极应对

在改变别人之前先改变自己。困难的事情简单做，简单的事情重复做。"能够完成"的信心与"无法完成"的失意具有同样的力量。组建优秀的团队，并随时做好改善的准备。

资料来源：[日] 若松义人. 大野耐一的十条训诫[M]. 崔柳, 译. 北京：机械工业出版社，2011.

14.1.3　准时化生产方式

1. 准时化生产方式的含义

准时化生产方式是指"只在需要时候，按需要的量，生产所需要的产品"。这也就是 Just In Time 一词所要表达的本来含义，简称 JIT。

2. 准时化生产方式的核心思想

核心是彻底消除浪费，是追求一种零库存、零浪费、零不良、零故障、零停滞的较为

完美的生产系统,并为此开发了包括看板在内的一系列具体方法,逐渐形成了一套独具特色的生产经营体系。

3. 准时化生产方式的目标

"零浪费"为准时化生产方式的终极目标,具体表现在 PICQMDS 7 个方面。

(1) "零"转产工时 (Products,多品种混流生产)。将加工工序的品种切换与装配线的转产时间浪费降为"零"或接近为"零"。

(2) "零"库存(Inventory,消减库存)。将加工与装配相连接流水化,消除中间库存,变市场预估生产为接单同步生产,将产品库存降为零。

(3) "零"浪费(Cost,全面成本控制)。消除多余制造、搬运、等待的浪费,实现零浪费。

(4) "零"不良(Quality,高品质)。不良不是在检查工序检出,而应该在产生的源头消除它,追求零不良。

(5) "零"故障(Maintenance,提高运转率)。消除机械设备的故障停机,实现零故障。

(6) "零"停滞(Delivery,快速反应、短交换期)。最大限度地压缩前置时间(Lead time)。为此要消除中间停滞,实现"零"停滞。

(7) "零"灾害(Safety,安全第一)。人、工厂、产品实施全面安全预防检查,实行 SF(安全预防)巡查制度,实现零灾害。

4. 准时化生产方式实现机制

准时化生产方式不断地追求零库存,它可以无限接近,但永远也达不到,通过不断地降低库存,强制暴露出问题并加以改进,如此周而复始的优化,这得益于在生产运行上实施的是"脆""瘦"的机制。传统的生产运行由于各个环节有大量库存,生产中即使出现了如质量、产品设计等问题都不至于出现生产中断,有很强的缓冲性,但问题得不到根本性的解决,管理水平难提高。而准时化生产方式的组织机制则是脆弱的系统,通过此系统强制性暴露问题、隐患。具体表现在库存越少越好,直至理想状态为零,加工的批量越小越好,直至理想状态为单件,这就像小河的涓涓细流一样,一旦有暗礁马上就立即暴露出来,生产缓冲机制得以消除,变得很脆弱,且允许员工在生产中发现问题中断生产线,迫使生产、管理人员在根本上解决各种问题,随着问题的解决,库存和成本不断降低,其过程如图 14.3。它又是"瘦"的机制,即少人化,准时化生产方式要求员工成为技术多面手,实行多机床管理,设备的日常维修保养主要由操作人员承担,扩大一线员工的生产决策范围,加大了决策权限,使得决策权力重心下移,组织机构扁平化,大大减少了质检人员、仓库管理人员、设备维修人员和一线的管理人员等非生产人员。另外,JIT 是一个不断改进的动态过程,不是一朝一夕就可以完成的,需要企业持续不断地进行改善才能达到目标。

图 14.3 准时化生产方式实现机制

注意点:准时化生产方式提出的彻底消除浪费是通过"脆"和"瘦"机制强迫暴露问题,并通过逐步改善实现的。这与我们当今现实生活的实际是格格不入的。

5. 传统生产方式与准时化生产方式比较

1) 推动式生产

(1) 含义。

推动式生产是指按照 MRP 的计算逻辑,各个部门都是按照公司规定的生产计划进行生产。上工序无须为下工序负责,生产出产品后按照计划把产品送达后工序即可,这种方式称之为推动式生产。如图 14.4 所示,实线为物流,虚线为信息流。推进式生产方式的物流是从工序 1、2、3 一直到 $N-1$,而信息流则是生产计划部门和每一道工序的虚线的延续。很显然,推进式生产方式的信息流和物流是分离的。

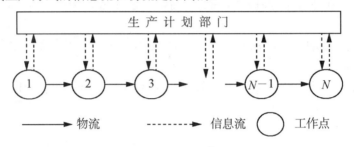

图 14.4 推进式的生产方式

在推动式生产系统中计划部门根据市场需求,对于最终产品的生产进行分解,将相应的生产任务和提前期传达给各个生产部门。最后细化为每个零部件的投入产出计划和相应的定购计划。对于各个部门而言,需要按照计划组织生产,生产结束后将实际完成情况汇报给计划部门,同时将完成品送往工序上的下一个生产部门。因此,总体的生产是一种从工序上最初的生产部门向工序最终生产部门的一个"推动"的过程。然而,以 JIT 的视角来看待,此方式会产生很多重大"浪费"。

(2) 推动生产系统的弱点。

首先,推动式生产方式不能满足"适时"生产的要求。如果采用推动式生产方式,同时要保证能够对于所有产品准时交货,那么就必须将所有产品以及产品分解的零部件生产的交货期进行完全的精确计算。这就需要引入大量的数据,比如设备更换模具的时间、每个零部件的精确生产时间。这种计算本身就需要投入大量的人力和物力。而且,如果出现异常状况,则要对整个计划进行重新修正调整,比如安排紧急订货或者加班等,以此保证能够按时完成任务。但是这些调整措施,也都是代价高昂的。

其次,由于推动式生产方式的复杂性以及各种不确定因素如次品、设备损坏等的影响,制造商为了保证按时交货,必须保有相当水平的安全库存。而从 JIT 的观点来看,保持高水平的库存占用了大量的资金,同时产生很多不要的诸如搬运、放置、保养等的浪费。如果库存水平高将会掩饰很多管理中出现的问题,使得问题多得不到即时的解决,这种高库存水平下的企业就像是一只航行的船,表面看起来一帆风顺,实际上有无数的暗礁,随时可能触礁沉没。

2) 拉动式生产

所谓拉动式生产就是指一切从市场需求出发,根据市场需求来组装产品,借此拉动前面工序的零部件加工。每个生产部门、工序都根据后向部门以及工序的需求来完成生产制造，同时向前面部门和工序发出生产指令。在"拉动"方式中计划部门只制订最终产品计划，其他部门和工序的生产是按照后向部门和工序的生产指令来进行的。根据"拉动"方式组织生产，可以保证生产在"适当的时间"进行，并且由于只根据后向指令进行，因此生产的量也是"适当"的量，从而保证企业不会为了满足交货的需求而保持高水平库存产生浪费。如图14.5所示，虚线代表信息流，实线代表物料流。拉动式生产方式的物料流是从工序1、2、3，一直流到第N道工序，它的信息流则恰好相反，是从第N道工序开始，一步一步向工序3、2、1输送。因此，它的信息流和物料流是紧密结合在一起的。

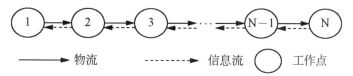

图14.5 拉动式的生产方式

许多专家认为这是企业生产观念的巨大转变，即一切生产面向订单。当然，我们可以看出，"拉动"方式只是JIT为了保证"适时适量生产"的模式设计。为了保证这种模式的运作，JIT主要通过两种手段：生产同步化和生产均衡化。生产同步化是保证生产各个工序和部门间的速率协调，以保证减小在制品库存。而生产均衡化主要是指生产制造与需要相适应，以避免出现生产过早或者过多而产生浪费。

 知识延伸

拉动式生产的发明

拉动式生产是准时化生产方式得以实现的技术承载。这也是大野耐一凭借超群的想象力，从美国超市售货方式中借鉴到的生产方法。当时大野耐一先生到美国考察时对美国超市货物流通研究后发现：货架上每种物品的数量通常是有标准的，顾客买走所需的物品，商场定时进行补充，供应商根据物品消耗情况给商场运来新的货物，没有多余的空间储存过多的物品。根据超级市场的货物流通流程，大野耐一先生发明了看板对生产进度进行控制，成功实施了拉动式生产，达到准时化生产所要求的适时、适量生产。

资料来源：编者根据相关资料整理。

3) 传统生产方式与JIT生产方式的比较

采用"推进式"系统，容易造成中间产品的积压，采用"拉动式"系统，能使物流和信息流有机地结合起来，避免人为的浪费。因此，JIT生产方式与传统生产方式有很大的区别(如表14-1)，只有"拉动式"系统才能真正做到"适时、适量"生产。

表14-1 传统生产方式与JIT生产方式的比较

	传统生产方式	JIT生产方式
控制系统	推进式	拉动式
物流	前道工序按计划生产，后道工序接收	后道工序向前道工序提出要求
信息流	各道工序与计划部门之间沟通	前后道工序之间沟通
物流与信息流关系	分离	融合
控制结果	各中间工序之间有库存	适时、适量

14.2 准时化生产方式的实施

14.2.1 看板管理

1. 看板概念

看板就是表示某工序何时需要多少数量的某种物料的卡片，又称为传票卡，是传递信号的工具。由于看板的本质是在需要的时间、按需要的量对所需零部件发出生产指令的信息媒介体，可以多种多样的形式。例如小圆球、圆轮、台车等。近年来随着计算机的普及，已经越来越多地引入了在各工序设置计算机终端，在计算机屏幕上显示看板信息的做法。

2. 看板的种类

(1) 工序内看板。指某工序进行加工时所用的看板。这种看板用于装配线以及即使生产多种产品也不需要实质性的作业更换时间(作业更换时间近于零)的工序，例如机加工工序。典型的工序内看板如表 14-2 所示。

表 14-2 典型的工序内看板

(零部件示意图)		工序	前工序——本工序	
			热处理	机加 1#
		名称	A122－3670B(联接机芯辅助芯)	
管理号	M－3	箱内数	20	发行张数	2/5

(2) 信号看板。信号看板是在不得不进行成批生产的工序之间所使用的看板。例如树脂成形工序、模锻工序等。信号看板挂在成批制作出的产品上，当该批产品的数量减少到基准数时摘下看板，送回到生产工序，然后生产工序按该看板的指示开始生产。另外，从零部件出库到生产工序，也可利用信号看板来进行指示配送。

(3) 工序间看板。工序间看板是指厂内部后工序到前工序领取所需的零部件时所使用的看板。表 14-3 为典型的工序间看板，前工序为部件 1#线，本工序总装 2#线所需要的是号码为 A232－60857 的零部件，根据看板就可到前一道工序领取。

表 14-3 典型的工序间看板

前工序 部件 1#线	零部件号：A232－6085C (上盖板)	使用工序总装 2#
出口位置号 (POSTNO.12-2)	箱型：3 型(绿色) 标准箱内数：12 个/箱 看板编号：2#/5 张	入口位置号(POSTNO.4-)

(4) 外协看板。外协看板是针对外部的协作厂家所使用的看板。对外订货看板上必须记载进货单位的名称和进货时间、每次进货的数量等信息。外协看板与工序间看板类似，只是"前工序"不是内部的工序而是供应商，通过外协看板的方式，从最后一道工序慢慢

往前拉动，直至供应商。因此，有时候企业会要求供应商也推行 JIT 生产方式。

(5) 临时看板。进行设备安全、设备修理、临时任务或需要加班生产时所使用的看板。与其他种类的看板不同的是，临时看板主要是为了完成非计划内的生产或设备维护等任务，因而灵活性比较大。

3. 看板的作用

1) 生产及运送工作指令

它是看板最基本的作用。公司总部的生产管理部根据市场预测及订货而制定的生产指令只下达到总装配线，各道前工序的生产都根据看板来进行。看板中记载着生产和运送的数量、时间、目的地、放置场所、搬运工具等信息，从装配工序逐次向前工序追溯。

在装配线将所使用的零部件上所带看板取下，以此再去前一道工序领取。前工序则只生产被这些看板所领走的量，"后工序领取"及"适时适量生产"就是通过看板来实现的。

2) 防止过量生产和过量运送

看板必须按照既定的运用规则来使用。其中的规则之一是："没有看板不能生产，也不能运送"。根据这一规则，各工序如果没有看板，就既不进行生产，也不进行运送；看板数量减少，则生产量也相应减少。由于看板所标示的只是必要的量，因此运用看板能够做到自动防止过量生产、过量运送。

3) 进行"目视管理"的工具

看板的另一条运用规则是"看板必须附在实物上存放""前工序按照看板取下的顺序进行生产"。根据这一规则，作业现场的管理人员对生产的优先顺序能够一目了然，很容易管理。只要通过看板所表示的信息，就可知道后工序的作业进展情况、本工序的生产能力利用情况、库存情况以及人员的配置情况等。

4) 改善的工具

看板的改善功能主要通过减少看板的数量来实现。看板数量的减少意味着工序间在制品库存量的减少。如果在制品存量较高，即使设备出现故障、不良产品数目增加，也不会影响到后面工序的生产，所以容易掩盖问题。在 JIT 生产方式中，通过不断减少数量来减少在制品库存，就使得上述问题不可能被无视。通过改善活动不仅解决了问题，还使生产线的"体质"得到了加强。

4. 看板使用规则

概括地讲，看板操作过程中应该注意以下 6 个使用原则。

(1) 不见看板不生产，不见看板不搬运。

(2) 看板只能来自后工序。

(3) 前工序只能生产取走的部分。

(4) 前工序按收到看板的顺序进行生产。

(5) 看板必须和实物一起。

(6) 不把不良品交给后工序。

5. 看板的运行

JIT 是拉动式的生产，通过看板来传递信息，从最后一道工序一步一步往前工序拉动。

图 14.6 所示的生产过程共有三道工序,从第三道工序的入口存放处向第二道工序的出口存放处传递信息,第二道工序从其入口存放处向第一道工序出口存放处传递信息,而第一道工序则从其入口存放处向原料库领取原料。通过看板就将整个生产过程有机的组织起来。因此看板管理则是实现准时化生产的一种手段。

实施看板管理是有条件的,如生产平准化(均衡化)、作业标准化、设备布置合理化等。如果这些先决条件不具备,看板管理就不能发挥应有的作用,难以实现准时化生产。

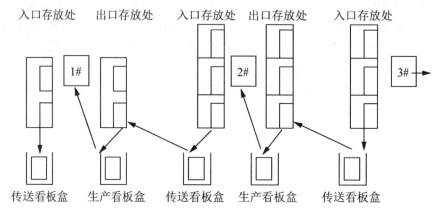

图 14.6　看板的运行

14.2.2　平准化生产

1. 平准化生产的概念

平准化就是要求生产平稳地、均衡地进行。平准化不仅要达到产量上的均衡,而且还要保证品种、工时和生产负荷的均衡。企业在进行多品种生产时,需要考虑如何科学地编排投产顺序,实行有节奏、按比例地混合连续流水生产,而编排多品种混流生产投产顺序的基本原理是生产平准化问题。所以平准化生产是指在多品种生产条件下,科学地组织和管理可变流水线上若干品种产品投产顺序的一种最优化方法。

2. 平准化生产的要求

平准化生产的要求如下。

(1) 各加工对象在结构上和工艺上是相近的,且各加工对象在流水线上是成批轮番地变换生产。

(2) 实行多品种流水生产,要减少每次生产的批量,增加批次。

(3) 按最优化的投产顺序进行生产。必须符合要求一是各种产品产量相同时,应实行有规律的相间性投产;二是当各种产品产量不相同时,按照一定逻辑规律制定投产顺序,组织各种产品按顺序变换投产;三是实行相间性投产或按逻辑规律规定的顺序投产,投产顺序在坐标图上的折线,均应以最小的幅度规律地沿平准线摆动,并趋近于平准线。投产顺序达到这三点要求就是最优化的投产顺序。

3. 平准化的方法

假设某企业 A、B、C 三种产品的在 3 月份计划分别是出产 90 单位、180 单位、270 单位。如果生产 90 单位 A 产品需要 5 天,生产 180 单位 B 产品需要 10 天,生产 270 单位

C产品需要15天，一个月以工作30天计算，如果按传统成批轮番生产可能安排如表15-4：每个月重复一次，但是由于市场的变化，对A的需求并不急迫，而对C的需求却很紧急，这时候再去生产C已经来不及了。这样通常会导致A产品库存时间较长，而C产品达半个月无货供应市场。

表14-4 成批轮番式生产计划

产品	数量	3月1—5日	3月6—15日	3月16—30日
		3月份生产计划		
A	90	AAA…		
B	180		BBBBBB…	
C	270			CCCCCCCC…

为了解决传统生产安排所出现的问题，可以用生产平准化来改进生产安排。表14-5，每月工作日30天，如果减少批量，每天生产A产品3个单位，B产品6个单位，C产品9个单位。一个月30天重复30次，这样生产计划安排库存情况和适应市场能力就好得多。这时每天A、B、C三种产品的安排顺序可以为AAABBBBBBCCCCCCCCC，30天每天都重复这种安排，对于顾客来讲，无论需要哪种产品，每天都可以得到，产品积压与短缺的情况将大大减少，企业内部资源的利用情况也将好得多。但是，月生产频率为30，作业切换时间为原生产安排(月生产频率为1)的30倍。要避免这种损失，就要设法减少每次作业切换时间。如果每次作业切换时间降为原来的1/30，则可以补偿这种损失。当然还可以这样安排每天生产计划，即：ABCCABBCCCABBCCC，这样每天重复3次，每个月重复90次，每次的作业切换时间应该是原来的1/90，此时才可以补偿这种损失。这样适应市场的能力更强，库存量更小。

表14-5 生产平准化生产计划

产品	数量	3月1日	……	3月30日
		3月份生产计划		
A	90	AAA		AAA
B	180	BBBBBB		BBBBBB
C	270	CCCCCCCC		CCCCCCCC

平准化生产是均衡化生产高级形式，这种多品种、小批量的混流生产方式有很强的柔性，各生产线能每天同时生产多种类型产品，满足市场需要。此外各工序无须改变其生产批量仅需用看板逐渐地调整取料频率或生产频率，就能顺利地适应市场需求的变化。当然要达到平准化生产的要求就必须缩短生产提前期，以利于迅速而且适时地生产各类产品。为了缩短生产提前期，就必须缩短设备的装换调整时间，这样才能将生产批量降低到最小。

14.2.3 设备的快速切换调整

实现平准化生产最关键和最困难的一点就是生产多品种小批量过程中的设备的快速装换调整问题。

在混合流水线的运作过程中,要经常需要变换生产以适应生产新产品的需要,这就涉及作业切换的时间问题。切换动作包括模具、刀具、工装夹具的切换,组装生产零部件、材料的切换,基准变更的切换和制造前的一般准备作业。作业切换时间可以划分为内部和外部的切换时间如图14.7所示。所谓"外部切换调整作业"是指那些能够在设备运转之中进行的切换调整作业,而"内部切换调整作业"是指那些必须或只能够在设备停止运转时才能进行的切换调整作业。为了缩短装换调整时间,操作人员必须在设备运行中完成所有的"外部切换调整作业",一旦设备停下来则应集中全力于"内部切换调整作业"。这里,最重要的一点就是要尽可能地把"内部切换调整作业"转变为"外部切换调整作业",并尽量缩短这两种作业的时间,以保证迅速完成切换调整作业。丰田公司把"设备的快速切换调整"视为提高企业竞争力的关键因素之一。

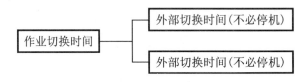

图14.7 作业切换类型

快速切换的主要着眼点是减少内部切换,就是减少生产线停顿的时间,此种停顿的时间越短越好。至于切换时速耗用的人工时间是否能够减少,不是考虑的重点,当然如果切换的人工时间也能减少,那就最好不过了。为了减少切换的时间,必须依据下列步骤,循序渐进、按部就班来进行,具体的有:

(1) 计算整个生产准备时间。
(2) 内外作业分离。
(3) 内作业转化为外作业。
(4) 缩短内作业时间。
(5) 改善外作业时间。
(6) 标准化新的生产准备程序

掌握了前面所述的快速切换思想步骤之后,所碰到的最大困难就是如何缩短内作业及外作业的动作时间。

 专栏

丰田如何做到快速换模

法则一:并行操作

所谓的平行作业就是指两个人以上共同从事切换动作。平行作业最容易马上获得缩短内作业时间的效果。又一个人慢条斯理地从事切换动作,也许需耗1小时才能完成。若能由两人共同作业,也许会在40分钟或20分钟就能完成。那么整个切换时间就由原先的1小时减为20~40分钟之间。而在平行作业中所需的人工时间或许会增多、不变、减少,都不是所要考虑的重点。因为,缩短了切换的时间所获得的其他效果远大于人工成本的部分,此点是一般人较容易忽视的。在从事平行作业时,两人之间的配合动作必须演练熟练,尤需注意安全,不可因为疏忽而造成意外伤害。

法则二:双脚勿动

切换动作主要是依赖双手的动作完成,脚必须减少移动或走动的机会。所以切换时所必须使用到的道具、模具、清洁等等都必须放在专用的台车上,并且要有顺序地整理好,减少寻找的时间。模具或切换物品进出的动线也必须设计成很容易进出的方式,切换的动作顺序要合理化及标准化。

法则三：特殊道具

所谓工具就是一般用途的器具；道具则是为专门用途的而特制的器具。就像魔术师表演所用的扑克牌一样是经过特殊的设计的,如果到文具店买一般的扑克牌,那么魔术师要变出一些奇妙的魔术就会比较困难了。所以魔术师所用的器具就称为道具,而不是工具。切换动作是要尽可能使用道具不要使用工具。因为道具可提高切换的效率,而缩短切换的时间。此外,测定的器具也要道具化,用块规或格条来替代用量尺或仪表的读取数值测定。最重要的一点就是要设法减少道具的种类,以减少寻找、取放到位的时间。

法则四：剔除螺丝

在切换动作时,螺丝是最常见到被用来固定模具的方法。使用螺丝当然有其必要性,但是装卸螺丝的动作通常占去了很多的切换时间。如果仔细观察还会发现滥用螺丝的地方真是太多了。比方,本来只用四个螺丝就够了,却用到六个,拧螺丝的圈数太多,也耗费时间,。螺丝真正发挥上紧的功能只有最后一圈而已。因此,改善的最佳对策就是消除使用螺丝的固定方式。要有与螺丝不共戴天、必欲去之而后快的心态。比方说可用插销、压杆、中介夹具、卡式插座、轴式凸轮锁定、定位板等等的方式,来取代使用螺丝固定。

法则五：一转即定

限于某些状况,仍然必须使用螺栓、螺丝时,也要设法努力减少上紧及取下螺丝的时间。要以能做到不取下螺栓、螺丝而又能达到锁定的功能为改善的目标。主要的方法可用只旋转一次即可拧紧或放松的方式。例如C字形开口垫圈,可垫在螺帽下,只需将螺帽旋松一圈之后,C型垫圈即可从开口处取下,达到完全放松的目的。上紧时反向行之,只需旋转一圈就可达到拴紧的目的。此外,如葫芦孔的方式也可达成此目的。

其次的方法就是使锁紧的部位高度固定化,过高的锁紧部位要削低至标准高度；过低的锁紧部位可加上垫块以达到标准的高度。每个模具锁紧部位的高度都标准化了之后,那么螺帽的上紧部位也不会改变,如此可减少锁紧放松的旋转次数,当然也就减少了切换时间。

法则六：标准化

切换动作是因为产品不同而必须更换不同之模具或工作条件。因此也必须作调整的动作,设定新的标准。调整的动作通常需要花费整个切换时间的50%~70%左右,而且调整的时间长短变异很大,运气好时,一下子就调整好了,运气不好时则需花费数十分钟,甚至数小时的情形,也常可看到。对于调整的动作,必须先有调整也是一种浪费,要以排除调整洞作为改善的目标。

要排除调整的浪费,在方法上要掌握住标准不动的法则,换句话说,在机器上已经设定好的标准,不要因为更换模具,而又变动。做法上可把内作业的调整动作移到外作业,并事先做好设定的动作；也可以勿拆卸整个模具,保留模座,只更换模穴的母子式构造方式来消除模具的设定动作；或可采用共用夹具的方式,以双组式的方式来做切换动作,即一组正在加工中,另外一组备材已经设定好了,切换时只需旋转过来即可立即达到切换的目的。模具的高度标准化,也可以节省调整过程的动作。

法则七：事前准备

事前准备作业是属于外部作业的工作。外部作业如果做得不好,就会影响内部作业的顺利进行,使切换时间变长。例如：外部作业没有准备齐全,在内部作业的时候,找不到所需的道具或者是模具错误、不良等,就必须临时停顿下来找寻道具或修整模具,造成内部作业时间变长。

效果：以冲压工序为例,切换冲床的模具并对其进行精度调整,往往需要花费数个小时的时间。从制造过程的经济性考虑,冲床及各种生产设备的快速切换与调整就成为关键,丰田公司的生产现场人员经过了长期不懈的艰苦努力,终于成功地将重达800吨的机罩用冲压工序冲床模具切换调整所需的时间,从1945年至1954年的2~3小时,1955年到1964年缩短到了15分钟,1970年以后缩短到3分钟。现在,丰田公司所有大中型设备的装换调整操作均能够在 10 分钟之内完成，这为"多品种、小批量"的均衡化生产奠定了基础。

资料来源：编者根据相关资料整理。

14.2.4 设备布局

传统的车间设备是采用工艺专业化布置方式，即把功能相同的机器设备集中布置在一起，这种设备布置方式的缺陷是，在制品的流经路线长、速度慢、在制品量多、用人多，不便于小批量运输。丰田公司采用的是"U"型布置方式，即按零件的加工工艺要求，把功能不同的机器设备集中布置在一起组成一个一个小的加工单元。这种设备布置方式可以简化物流路线，加快物流速度，减少工序之间不必要的在制品储量，减少运输成本。

生产设备 U 型布置的模型如图 14.8 所示。其本质在于生产线的入口和出口都在同一个位置，这样不仅大量减少由于不同工序之间传递而造成的多走动，减少时间和搬运的浪费，还可以实现灵活增减作业现场的作业人员。在利用 U 型布置增减作业时，遇到的最主要问题是在按照生产量重新分配各作业人员的工作时，如何处理节省出来的非整数工时。

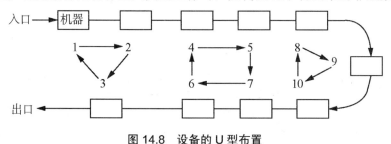

图 14.8　设备的 U 型布置

例如，即使可能减少半个人的工时，因实际上不可能抽掉 1 人，所以在某个工序就会产生等待时间或生产线生产过剩。这种问题在生产增加的情况下也同样会发生。解决的方法是把几条 U 型生产线作为一条统一的生产线联结起来，使原先各条生产线的非整数工时互相吸收或化零为整，以实现以整数形式增减输送线作业人员，这就是所谓联合 U 型布置。

14.2.5 多技能作业人员与少人化

1. 培养多技能人员

多技能作业(或称"多面手")是指那些能够操作多种机床的生产作业工人。多技能作业人员是与设备的单元式布置紧密联系的。在 U 型生产单元内，由于多种机床紧凑地组合在一起，这就要求并且便于生产作业工人能够进行多种机床的操作，同时负责多道工序的作业，如一个工人要会同时操作车床、铣床和磨床等。

在由多道工序组成的生产单元内(或生产线上)，一个多技能作业员按照标准作业组合表，依次操作几种不同的机床，以完成多种不同工序的作业，并在标准周期时间之内，巡回 U 型生产单元一周，最终返回生产起点。而各工序的在制品必须在生产作业工人完成该工序的加工后，方可以进入下道工序。这样，每当一个工件进入生产单元时，同时就会有一件成品离开该生产单元。像这样的生产方式就是"单件生产单件传送"方式，它具有以下优点：排除了工序间不必要的在制品，加快了物流速度，有利于生产单元内作业人员之间的相互协作等。特别是多技能作业员和组合 U 型生产线可以将各工序节省的零星工时集中起来,以便整数削减多余的生产人员,从而有利于提高劳动生产率。

2. 人与设备分离

通常机械设备正在加工,人却在一旁"闲视"或拿取被加工物品。实际上,加工物品花费了"设备费"与"人工费"两种费用,是"浪费"。因此要明确区分"人的工作"与"设备的工作",下工夫做到作业人员将物品放入设备之后,一按开关就可以离开,以实现人与设备的彻底分离。加大设备自动工作时间,减少人的使用。

14.2.6 标准化作业

丰田公司的标准化作业主要是指每一位多技能作业人员所操作的多种不同机床的作业程序,是指在标准周期时间内把每一位多技能作业员所承担的一系列的多种作业标准化。丰田公司的标准化作业主要包括 3 个内容:标准周期时间、标准作业顺序、标准在制品存量,它们均用"标准作业组合表"来表示。

标准周期时间是指各生产单元内(或生产线上),生产一个单位的制成品所需要的时间。标准周期时间可由下列公式计算出来:

$$标准周期时间 = 每日的工作时间 \div 每日的必要产量$$

根据标准周期时间,生产现场的管理人员就能够确定在各生产单元内生产一个单位制品或完成产量指标所需要的作业人数,并合理配备全车间及全工厂的作业人员。

标准作业顺序是用来指示多技能作业员在同时操作多台不同机床时所应遵循的作业顺序,即作业人员拿取材料、上机加工、加工结束后取下,及再传给另一台机床的顺序,这种顺序在作业员所操作各种机床上连续地遵循着。因为所有作业人员都必须在标准周期时间内完成自己所承担的全部作业,所以在同一个生产单元内或生产线上能够达成生产平衡。

标准在制品存量是指在每一个生产单元内,在制品储备的最低数量,它应包括仍在机器上加工的半成品。如果没有这些数量的在制品,那么生产单元内的一连串机器将无法同步作业。但是,我们应设法尽量减少在制品存量,使之维持在最低水平。

根据标准化作业的要求(通常用标准作业组合表表示),所有作业人员都必须在标准周期时间之内完成单位制品所需要的全部加工作业,并以此为基础,对作业人员进行训练和对工序进行改善。

14.2.7 全面质量管理

1. 丰田公司对全面质量管理的理解

包含两层意思:一是指产品生产"全过程"质量管理;二是指全体职工参加的全员管理。美国一般侧重在第一层意思,主要是要求发挥组织机能的作用,而日本引进之后,结合具体条件,侧重在第二层意思,特别重视发挥人的作用,并认为这叫作尊重人格。

所谓产品生产"全过程"的质量管理是指:①产品规划;②产品设计;③试制与试验;④生产准备;⑤批量生产;⑥产品制造质量检查;⑦销售服务。每个阶段都有严格的质量要求和检查规定,最后的目的就是向用户保证高质量。从①到④是保证新产品质量的重大关键,规划、设计和生产准备工作如果搞不好,制造技术再好也无济于事,⑤到⑥是投产后保证加工制造质量的阶段。⑦是销售后保证用户使用质量的阶段。

丰田根据本企业特点采取总经理、中层干部、技术人员以及广大工人共同学习，并由全体职工共同参加质量管理的方式。所谓"全员"，也不仅指全体人员，还包括整个公司，系统及其所属一切部门。产品质量就成了企业技术水平、制造水平、组织管理水平以及经营水平的综合反应，这样全员质量管理就相当于综合质量管理。

2. 丰田的全面质量管理方法

1) 提高员工的从事质量活动的能力

为了使整个质量活动能更好地进行，公司加大了对员工培训，所有员工上岗前都要进行 380 小时岗前教育，了解汽车生产概况；进入丰田公司的大学生要用一个月时间先在一家工厂工作，用三个月的时间学习推销汽车，学习质量管理课程，提高解决实际质量问题的能力。丰田公司对员工质量的培训时间比欧洲厂家多一倍，但在工作中丰田公司员工的差错率要比欧洲厂家要小得多。丰田公司制造 1 辆豪华汽车只需 19 个小时，而德国奔驰公司仅纠正装配线上的差错率就要这么长的时间；与此同时，员工提出的合理化建议也多。丰田每人每年提出 60 条左右的合理化建议，而欧洲厂家平均每人每年才提出一条。

2) 建立了"三结合"的方法

(1) 从组织工作看，是高层领导、专业技术人员、一线员工的三结合。各层级，各职能部门以及各工序作业人员权责分明，各守岗位，也各具主动精神，从而形成组织严密的质量保证体系。而且有成文规章制度作为行为准则。根据日本专家研究生产现场质量事故，现场作业人员只占 1/3 或 1/4 责任，其余 2/3 或 3/4 应由管理人员或专家负责，但是过去都把这类事故的责任推给现场，责任不明，所以搞不好。

(2) 从活动的内容看，是质量保证、降低成本、安全和保养的三结合。丰田不是一味地追求质量，因为消费者的消费水平要受到收入水平的限制，质量提高要受到技术条件的限制，且提高质量同降低成本也有矛盾，不是说得全面就能办得到的，至于作业安全和设备的维修保养，也是既要影响质量，也要影响成本。丰田对于这三者的矛盾，是以降低成本为基础，把其他几个方面很好地结合起来。具体做法就是追求产品具有竞争性价格的能力，或者说卖得掉的价格。越过这个界限，质量越高，价格就越高，相对市场竞争力就变弱。

(3) 从开展的方式看，是质量保证活动、降低成本、合理化建议的三结合。质量保证活动是由质量保证部领导，降低成本活动是由各级成本会议负责推动，合理化建议活动是由公司创造发明委员会负责，三条线集中一点，力求质量管理的合理化。

14.2.8 自动化

1. 丰田对自动化的理解

日语中 Jidoka(自动化)有两种含义，一是普通的"自动化"，用机器来代替人工。在此自动化下员工只需按动电钮，机器就会自动地运转起来，完成预定工作。但这样的自动工作机器没有发现加工质量缺陷的能力，也不会在出现加工质量缺陷时停止工作。因此这种自动化会在机器出现错误时，生产出大量的不合格品，这种自动化是不能令人满意的。

丰田的 Jidoka 还另一个含义，即"自动化缺陷控制"，将它称为"带有人字旁的自动化"，或"具有判断力的自动化"。它有两个方面功能：一是与质量管理有着直接的关系。生产中一旦出现不合格品,生产线或者机器就会立刻自动地停下来,迫使现场作业和管理人员不得不迅速查找故障原因,并及时采取改善措施,防止同样问题再度发生。二是与制止过量生产也有密切联系。当所需要数量零部件加工完毕后,机器会自动停止,且产出的零件都是合格品,从而制止了过量生产,消除了在制品库存,增强了生产系统适应市场变化能力。

由于采用了自动停机装置,每当出现异常情况时,机器就会自动地停下来,这样作业人员几乎没有必要盯住某一台机器。人力操作与机器操作自然分离,为"一人多机"方式提供方便。实际上丰田公司的自动化在促使标准作业顺序的细化过程中也扮演着重要角色。

2. 丰田自动化的工作方式

1) 异常情况的自动化检测

异常情况的自动化检测技术和手段是丰田公司自动化的首要环节。因为检测装置(或仪器)就如同人的眼睛,它可以感知和发现被加工的零部件制品本身或制造过程是否有异常情况发生,并把所发现的异常情况的信息传递给接收装置,由后者发出各种动作指令。例如,丰田在生产过程中广泛使用了限位开关和电眼等接触式检测装置和手段,它们被用来测知零部件或产品在形状和尺寸上与正常情况的差异,并且自动检查是否存在某种质量缺陷。识别颜色的检测装置也属于接触式检测装置一类,但它对被检测物体的"接触"并不是靠限位开关或电眼,而是通过各种颜色的反射光线。

2) 异常情况下的自动化停机

当上述检测装置发现异常情况时,它会立刻自动地发出指令,停止生产线或机器的运转。当然,生产线或机器自动停止运行后,现场的管理人员和维修技术人员就会马上到达出事地点,和作业人员一起,迅速查清故障原因,并采取改善措施。

应该指出的是丰田公司的管理者特别强调一是发现质量缺陷和异常情况必须立刻停止生产;二是必须立刻查清产生质量缺陷和异常情况的原因,并彻底纠正,使之不再发生。这样,只要有不合格制品或异常现象产生,它们就会立刻显露出来。而当问题显露出来时,生产线必须停下来,从而使人们的注意力立刻集中到问题上,改善活动就会自动地开展。

3) 异常情况下的自动化报警

丰田公司的自动化不仅要求自动发现异常和自动停止生产,而且还要求把异常的发生以"报警"的方式显示出来。最常用的报警方法就是用灯光显示。这种方法既简便实用,又便于"目视管理",便于现场管理人员用眼睛了解和掌握现场的生产状况。

例如丰田在生产现场每条装配线上和每条机加工生产线上都安装了包括呼叫灯和指示灯在内的"灯光显示牌"。呼叫灯是在异常情况发生时,作业人员呼叫现场管理人员和维修技术人员而使用的。通常呼叫灯配有不同的颜色,不同的颜色表示不同的求助。指示灯是用来指示出现异常和发生呼叫的工位。前面说过,丰田公司生产现场的每个工位都设置了"生产线停止开关"。每当出现异常情况时,作业人员就可以按动开关,使生产线停止运行。与此同时,灯光显示牌上的红色指示灯就被点亮,明确地指示出使生产线停止运行的工位。指示灯的另一个作用是,当呼叫灯点亮时,指示灯也被点亮,明确地显示发出求助呼叫的工位,每当生产线停止运行,或有求助呼叫时,现场的管理人员和维修人员就会在信号的引导下,奔往出事地点。

丰田公司通常把这类显示牌悬吊在生产现场最醒目的位置上,以便于现场管理和技术人员能够容易地看到。丰田公司在灯光显示牌上使用不同颜色的灯光,以表示不同的情况。这样的灯光显示牌会使生产现场的情况一目了然。

14.2.9 全员参加的现场改善活动

公司全体人员参加的现场改善活动是丰田准时化生产方式的坚固基石。提高质量、降低成本、保证按期交货、提高生产效率的根本手段就是永不停止现场改善活动。同时,不断的现场改善也是生产系统不断完善的根本保证。

1. 准时化生产方式中员工角色

1) 员工是最重要的一块基石

有人把成功实施准时化生产的基本要素设计了一套积木块,其示意图 14.9,这种金字塔形的积木很清楚地解释了这些要素的内在联系以及实施的先后次序,假如把底层中间员工这块积木抽掉,毫无疑问整个体系将倒塌,由此可知员工这块积木是最重要的奠基石。

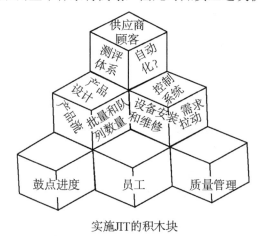

实施JIT的积木块

图 14.9 员工在 JIT 中所处地位

2) 员工是解决问题的主体

传统的管理模式是管理人员尤其是高级管理人员对各种事务的参与非常广泛,有权解决生产经营中遇到的各种问题,可悲的是他们由于不在出现问题的第一线,了解情况主要靠听下属的汇报,容易出现信息不对称,导致决策失误,处理问题治标不治本,经常出现反复。准时化生产则强调给一线员工充分授权,生产中出现的问题由员工自己解决,发掘员工的知识智慧和解决问题才华,让他们成为解决问题的主体。由于生产中的各种浪费都是"细""小"的,在一线员工身边发生,例如锁螺丝,员工每次重复这样动作,左手从工作台右上角 50 厘米处取螺丝,再用右手拿起子锁合,一天重复 3000 次,左手动作一天"行程"为 1.5 公里,一个月为 45 公里,而取螺丝的动作没有增值是浪费,员工自己设计螺丝震动供应器,就使得手的行程大大减少,节省了时间,提高了工作效率。由此可见这些琐碎的事情必须依靠员工本身才能一一解决。

3) 尊重人性,调动员工的积极性

美国的《幸福》杂志曾指出:"丰田公司高速发展的秘密就在于有一支卓越的管理队伍和一支高效的职工队伍",充分体现了"事业在于人"这一经营管理哲理。他们曾经对此做过如下表述：事业在于人。任何工作、事业要想发展，最为重要的一条就是造就人才；员工不单纯是提供劳动的人，员工是我们资本的一部分；事业成败的关键在人谋。不论是优良产品的制造，还是销售收入的提高，其长远有效的方法莫过于造就卓越的人才；全体从业人员是公司最宝贵的无形资产，公司应妥善加以照顾等等。

丰田公司尊重人性以及由此而生发出对人的教育和培养，其直接结果就是形成了"忠诚于丰田"为认识核心的强大企业凝聚力，而且这种凝聚力所结成的一个团结一致的员工整体，它是保证准时化生产方式及看板管理在生产体系整体上实现的一个必不可少的基础。

2. 全员改善的做法

1）质量管理小组

质量管理小组(QC 小组)是由在同一生产现场内工作的人们以班组为单位组成的非正式小组，是自主地、持续不断地通过自我启发和相互启发，来研究解决质量问题和现场改善问题的小集体。该小组是公司内部的非正式组织，特点是自主性、自发性、灵活性和持续性。这种非正式小集体能够自发产生并且长期存在的一个直接动因，就是在准时化生产方式的动态自我完善机制的作用下，或者说是在强制减少工序之间零部件在制品储备量的情况下，作业人员之间的在制品"隔墙"被消除了，他们各自的工作被更加直接和更加紧密地联系起来了。由于在制品储备减少了，如果某一位作业人员的工作出了问题，其后面的工序就有停工的危险。这样大家彼此之间的相互依赖感增强了，共同关心的问题也增多了。在业余时间里，他们也会把诸如不合格品、浪费、不均衡、低效率等许多共同关心的问题带到家中、餐馆中，以及其他伙伴们相聚的场所中去讨论。

 知识延伸

丰田 QC 小组的构成与课题

1. QC 小组活动的最终目标：增强劳动者的责任感，提供实现工作目标的手段，给每个人以被接受、被认可的喜悦，提高技能，使他们成长。

2. QC 小组的构成：QC 小组由班长及其下属作业人员组成，但是根据情况按照应该解决的问题，或者采取和其他小组成员结合的"联合小组"形式，或者采取只有组内一部分成员组成的"微型小组"形式，各作业部门的领导的工长和作为现场监督人员的组长担任顾问。

3. QC 小组的课题和成果：不仅局限于质量管理，也可以提出降低成本、设备保全、安全生产、产业公害、替代资源等方面。据统计各小组完成课题件数每年平均 3.4 件，聚会次数每个课题一年平均 6.7 次，每个课题需要的平均时间为 6.4 小时。在丰田汽车公司一个月召开两三次小组聚会，一次从 30 分钟到 1 个小时不等。

4. 两个制度：一是丰田汽车公司的表彰制度，由三个层次构成：课题表彰、QC 小组表彰和 QC 小组丰田奖。每个表彰中又划分成更详细的表彰。二是 QC 小组的教育制度。主要有面向班长以及组长的"解决问题讲座"，面向工长以及组长的"顾问讲座"，面向工长的"教练员讲"等。

资料来源：门田安弘. 新丰田生产方式[M]. 4 版. 王瑞珠，译. 保定：河北大学出版社，2012。

2）合理化建议制度

好产品来自于好的设想。因此丰田公司提出了"好主意，好产品"的口号，广泛采用合理化建议制度，激发全体员工的创造性思考，征求大家的"好主意"，以改善公司的业务。

通过全体人员共同思考和参与改善活动的直接效果就是提高质量，降低成本，同时提高个人自身的能力，创造出舒适的作业环境，增强对公司的忠诚感和归属感，最终为公司的发展壮大做出贡献。

3) 改善，再改善

曾经出任丰田公司负责生产和质量管理专务董事的根本正夫先生，总结了归纳了支持"改善，再改善"的6个要领。

(1) 领导者本身也要从事改善。如果领导者有心要搞好本部门工作，那么他首先自己要能够致力于改善才行。每天都要督促自己力行改善，同时也要常常要求下属人员"改善，再改善"，从而激发和提高下属人员改善工作的意愿和情绪。但领导者与一线作业人员改善的主题不相同。一线人员改善的是以作业程序和操作方法为主，而领导者则以组织、制度、管理体制等方面的改善为主。

(2) 领导者要关心下属人员的改善活动。作为领导者不论下属人员准备进行什么改善、做了哪些改善、改善中有哪些问题、改善的结果如何等等，领导者都要予以关心，这非常重要。例如当下属人员为了进行某种改善活动，将自己的改善设想和方案向上司提出来时，如果上司对部下的改善设想及方案表示冷淡，或者说："这算不上什么改善"，这就如同给部下的改善的积极性泼了冷水，必然会使"改善，再改善"活动停滞不前。相反，如果上司对部下提出的改善方案热情关注，并表示"你发现了好方法，一定照你的想法试一下！"部下就会更加主动和更加积极地设想出一连串的好主意和改善方案来。

(3) 不要轻视微不足道的改善活动。在生产现场，总会存在一些很不起眼的不合理现象或工作方法。然而一些大事故往往出自于这些平时被人们忽视的环节上。所以领导者不要轻视"小改善"。

(4) 要容忍改善活动的失败。领导者要懂得失败并不害怕，而怕的是同样的过失再度发生。假如领导者一听到部下改善失败的报告就发脾气，那么后者就会把过失隐瞒起来，不说为佳，这就扼杀了改善，为酿成大祸留下隐患。相反如果上司能够认真听取部下改善失败的报告，并共同分析失败的原因，寻找出更好的改善方法，那么就会提高改善的水平。因此创造一种敢于说真话，敢于报告失败的气氛和环境是极为重要的。

(5) 越忙，越是改善的好机会。经验表明在那些工作较忙的车间里，改善方案却往往是层出不穷且是高水平的。因为"忙不过来，人手不够"，人才会去想解决办法，激发出改善设想和方案。当然也会有"太忙了，顾不上改善了"的牢骚，这只能说明这些人的改善意识和欲望不够强烈，他们也无法或者难以摆脱"忙不过来"的状况，而通过不断改善却会使人们工作变得轻松愉快有效。

(6) 改善无止境。对待改善工作就要像拧出一块毛巾中的水一样，而且拧干之后还要不断地拧。因为生产现场的情况不断变化，改善工作也不是一蹴而就和一劳永逸的事。况且人的能力在不断地提高，新知识和新技术在不断地涌现，人们不会也不应该满足或停留在已有的改善成果上。企业的环境在不断地变化，顾客的需求也在不断地丰富，总有需要改善的问题。总之改善是不会到顶的而是无限的。事实上改善活动本身还包括对人的质量的不断提高和完善，不但有助于人的发展和公司的发展，而且为准时化生产方式的实现提供了最强有力的支撑。

第 14 章 准时化生产方式

 知识链接

见证一汽丰田模式

天津一汽丰田拥有 3 个工厂、1.2 万名员工，年产能 42 万辆。是丰田全球 52 家工厂中规模最大。10 月 20 日主流媒体(汽车)联盟见证"一汽丰田式"生产管理模式。

品质保障——从装配前开始

走进天津一汽丰田，错落有致的车间、库房，让人感受着国际化企业的大气与有序。随处可见的绿色，显现着一汽丰田绿色生产，环保作业的人文理念。

一汽丰田相信，只要一款车型计划生产并投放市场，首先从产品开发环节就要保证工序的质量。其次，对于需要采购的零部件质量把控，天津一汽丰田的追踪管理团队，采用了层层把关的管理方式。每年，一汽丰田都会将年度审核计划，作为采购重点加以实施。对于突发问题，则采取追加审核来确保万无一失。一旦生产线上出现不良问题，在核准问题同时，也会第一时间对零部件进行追加核定。完善、有效的采购管理机制，让一汽丰田采用的零部件，具有先天的"健康体质"。

品质打造——源于每道工序

在一汽丰田第 3 工厂的生产线，实行卡罗拉和 RAV4 车型的混合装配生产。在装焊车间，3 台机器人配合默契，从抓举、电焊到搬送，每一车体的焊接在 30 秒内即已完成。丰田生产方式核心之一的"自动化"被展现得淋漓尽致。

参观过程中，我们看到身着不同识别色工作服的员工，按照各自的职责，忙而有序地工作在生产或管理岗位。每一个工位旁，都贴有一份描述详尽、步骤清晰的"标准作业"单。员工上岗前，必须准确理解和记忆其中的要求与规定，并严格执行和操作，以确保产品的优良品质。

在采访中，我们还看到。每个工位还贴有作业单的零部件箱，以保证每道工序的随时审验，同时使得物流环节更明了和顺畅。"只在必要的时间生产和运输必要数量的必要产品"，这是丰田生产方式另一核心"准时化"的表现。

持续改善——以人为本

持续改善的生产理念，更是一汽丰田"看不见的机器"。在车间，我们时常看到员工在工作间隙，一起研究问题，这就是一汽丰田的"QC 活动"，即全员参与的质量改善活动。对于 QC 活动，年轻的一汽丰田人参与热情极高。2009 年，一汽丰田的 1.2 万名员工，共成立 QC 小组 1123 个，自发参与到此项活动。参加 QC 小组的员工，公司会定期选派优秀员工到日本丰田本部交流学习。

另外一个持续改善的重头戏，就是"创意工夫"，旨在为员工打造提出合理化建议的平台。有统计显示，一汽丰田的员工，全年提交超过 25 万个合理化建议，全员参与率 94.8%，奖金总额达 518.94 万元。

据悉，工厂从来没有处罚过出现差错的员工。当生产出现问题时，管理层首先考虑是否因为生产过程的不合理而导致，而并非问责于人。这使得员工愿意暴露生产环节的问题，并及时找到应对方法。

资料来源：重庆晚报，2010.10.22

14.2.10 供应商管理

准时化生产方式创始人大野耐一先生曾说过："为了使准时化生产方式产生真正的效果，必须事先认识它的界线，只有在核心企业和周围协作工厂群一起作为一个共同体而共命运时候，准时化生产才能接近完全实现。"

1. 供应商的选择

一是在确定供应商的数量上强调少而精，主要是和部件供应商进行交易，在此之下还有若干层次零部件生产商,所有的供应商是按照产业分级和层层分包的方式构成金字塔结构,处于塔尖是丰田,它只与第一层次的部件供应商建立信用关系,这部分供应商只有 300 家左右。二是在供应商的选择标准上,采用多维度更加全面的衡量。采用的指标有产品质量、生产批量与交换期、应变能力、位置、技术能力、规模、财务稳定性、可置换性、价格、企业改革的情况十个方面。此方法好处有一是由于少而精可以有更多的时间进行交流,带来了企业之间的信息把握密度高,部分消除信息不对称现象,二是由于从全方位多维度的考察,避免在供应商选择中存在的逆向选择问题,使得更多符合要求合格供应商被选中。

2. 供应商的激励

1) 资产的专用性投资

为了能够成功地实施准时化生产,丰田公司和供应商之间均面向顾客进行了这方面的资产专用性投资,由此双方形成"锁定"或叫相互"质押"。它包括三个方面,一是专用场所投资。丰田为了降低库存,降低物流的复杂性和费用以及省略掉多余的缓冲库存配送,要求供应商在地理位置上必须与装配厂保持适当的距离,据 Dyer 调查,每日平均 7.4 次配送能够实现库存最小化,为了达到这一要求,从丰田合作供应商到组装厂平均距离为 17 英里,供应商进行的场所专用投资 75%是为丰田公司专用。对于距离较远的不太顺畅的少数供应商或者为了应付突发状况,则建立中转仓库,保持 1-2 天安全库存。二是人力资本投资。丰田公司的关系供应商向丰田技术中心派遣 350 多名客串工程师,这些工程师与丰田的技术人员一起设计新车型与零部件。三是技术和实物资本投资,供应商为了在设计、制造过程中消除浪费、降低成本,供应商面向丰田公司提供了自己的设计、新技术开发、模具制造、专用设备和技术等。四是向供应商输出准时生产方式,丰田公司向协作厂输送 IE 工作人员,对供应商引进准时生产方式进行指导,提高它们的管理水平。

2) 信息共享

准时化要求每道工序在必要时间只能生产必要数量的产品,其必要条件就是能够向所有的工序通知生产零部件的确切时间和必要的数量,为此丰田和供应商之间进行充分的信息交换,其交换的主要内容有:一是产品设计。如果汽车厂出了重要的新车型或有了新的技术方面的问题,就要邀请零部件厂的技术人员来汽车厂同汽车厂的技术人员一起作为开发小组的人员工作,有时基于成品厂商设计的要求,供应商详细设计后由制造厂予以承认的(承认图部件)。二是生产计划。主要有零部件供货指示表,它是丰田公司每月要对零部件厂商公布未来三个月的生产预定表,作为未来参考。这些信息主要通过在供应商和制造厂之间建立起 VAN 集团内部回路网进行交流,使得丰田的零部件数据与供应商之间达到同步传递享用。三是生产作业计划,靠协作看板来传递信息。为了使得各供应商的信息传递达到准确不至于产生"牛鞭效应",丰田公司还与销售商之间的形成局域网,及时掌握各销售商持有的车辆库存信息,并且还向销售商提供最近的畅销、滞销信息,以便销售商了解掌握。四是缩短生产作业周期。生产作业计划下达以天和小时为单位,每日每小时计划的变动上下波动的幅度不超过 10%,在生产时,严格要求供应商按照看板提供的信息进行生产,真正做到不见看板不生产不运输,这种准确适时信息传递扼制了信息不对称现象,供应链节点企业之间能够根据顾客的需要迅速反应做到适时适量生产,真正做到生产同步化。

3) 长期合作,利益风险共担

丰田公司十分注重和供应商的长期合作,增加彼此之间信任,以消除供应中断风险。

主要表现在：① 在合同的期限上，一旦确认某供应商为合格供应商，与之订立合同的期限一般为四年，中间不轻易变更。② 在交易次数上，促进从一次交易向系列交易演变，如果供应商和丰田公司合作得好的话，下次新车型该供应商得到合同的概率在 90%以上。所以丰田公司采购额占 40%的零部件供应商与丰田公司保持 20 年以上长期连续交易。③ 在丰田公司和供应商关系上，许多供应商是由过去丰田公司分离出来的关联公司，有的还相互持股的子公司，利用产权来激励，具有集团一体化的特征。

企业之间利益风险能够合理分担，它们合约就比较稳定。在利益方面主要是丰田和供应商之间强调保持长期合作关系，制订协作的长期业务计划，双方均能从中享受到规模经济效益和经验曲线带来的好处。丰田公司还与供应商约定，供应商经过自己的努力带来的成本降低，从而多获的利润归供应商所有，实现了剩余的索取权和剩余的控制权相对应，这种分配模式导致的是生产性努力。有利于改进产品质量，降低成本，提高了产品竞争力，从长远来讲对丰田公司是有利的。

在风险控制方面为了避免由于频繁变换车型，加大供应商的零部件的品种、数量、品质的变化，增加供应商库存成本和风险，丰田公司采取相应的措施有：①在产品设计上坚持变产品的多品种为零部件少变化的思想；②一种车型连续生产四年；③对供应商派遣技术和管理人员进行指导，帮助缩短生产周期；④停止某种车型生产时要事先通知，确因没有通知造成损失的，予以赔偿。有效地降低了供应商的风险。

4) 信誉

丰田公司在供应链的信用构建中很注重对供应商的声誉激励，主要采用的是给供应商颁发产品免检证书办法来实现的，凡是获得免检证书的供应商，其零部件不需要经过数量和质量的检验，直接送到生产线上，这在大大增加双方的信任感，同时又降低人工成本。

3. 供应商的监督

1) 利用生产管理体制进行监督

准时化生产是一种特殊体制，具有自我暴露的问题，自我监控的功能。主要内容是表现为制订生产作业计划强调批量越小越好，直至理想状态单件，库存量越少越好，直至理想状态零，人员越少越好，责任非常明确，产品质量要求是 100%的合格，这样生产的缓冲机制得以消除，零部件在各工序之间和各节点企业之间的运动，一旦有问题出现立即暴露出来，同时在每道工序安装设备自动停止装置，生产出现异常就自动停机，迫使员工解决问题，这种生产机制在每个供应商中均要采用。

2) 信息监督

商业信用的构建依赖于当事人不诚实的行为能被及时观察到。这就要求在企业之间物流运作过程中充分发挥利用信息进行监督，丰田方法主要有：一是减少信息监督的对象。监督的对象少，才有充分的时间去全面监督，主要是前面讲的和很少的供应商打交道。二是看板监督。看板实际上是信息板，用在供应商的看板称为外协看板，上面记录着需要生产的数量、运送的时间、目的地、存放场所、搬运工具等，实行及时监督，并且通过看板的数量来判断库存量的大小，通过库存量的大小就可以确定物流与生产过程中存在问题的多少。三是利用目视管理进行监督。例如通过设计标准的容器、标准车辆、标准零部件码放，使得信息传递标准化、透明化，供应商送来的零部件信息让人一目了然。

3) 有限竞争

丰田在构建长期交易模式的同时也引进了适度竞争机制，主要做法是在特定零部件供应维持两家以上的供应商，供应商之间的竞争从产品开发阶段开始一直渗透产品生命周期各阶段，供应商如果不全力以赴，新车型的订单就会丧失，即长期连续的关系是有条件的，是建立在供应商自觉遵守合同的基础上，如果合同的不能很好履行，丰田只给其次要工作。

4) 供应商协会监督

供应商协会某个成员经营有不讲信用的行为，协会要负连带责任，为此协会要制定规章制度规范成员的经营行为。丰田公司有三个按地域划分的零部件厂的协会(分别由137个、63个、25个公司组成)，协会成员都是丰田认可的合格供应商，它们交易已经长期化、稳定化、系列化，经常获得丰田公司的技术、管理、信息方面的支持，协会以外厂家生产的零部件丰田一般不可能采购，所以一旦某供应商不讲信用被协会排斥在外是很严厉的处罚。

 知识链接

丰田公司协作企业的准时化生产

丰田公司在其全部的专业协作工厂和几乎所有的分包系列企业中，逐步实施了准时化生产方式和看板管理。早在20世纪70年代，爱新精机公司、丰田车体公司、日本电装公司、关东汽车工业公司等丰田公司直属的零部件工厂，以及分布在名古屋地区的所有分包协作厂都已采用了准时化生产方式和看板管理。在推广实施准时化生产方式的过程中，只要是协作企业提出求助的要求，丰田公司就会立即派遣生产调研人员去那里从头到尾地进行帮助指导，而且往往是一去就在那个企业蹲上一两个月，直到解决完问题为止，这有力地促进了准时化生产方式及看板管理在丰田生产组织体系内部的推广普及。此外，丰田公司把准时化生产方式及看板管理的消化能力作为决定对某一个分包协作企业取舍的重要评价标准之一，其结果是引导着分包企业群共同朝着丰田公司所要求的准时化生产的方向迈进。

资料来源：魏大鹏，李晓宇. 准时化生产体系与实践[M]. 北京：机械工业出版社，2012. 题目为编者所加。

本 章 小 结

本章首先介绍了准时化生产方式的产生，丰田公司对浪费的理解以及生产过程中常见的七种浪费；其次重点介绍了准时化生产方式的含义、核心思想、目标以及实现机制，对传统的生产方式与准时化生产方式进行了比较；最后详细介绍了准时化生产方式的实施，主要从看板管理、平准化生产、设备的快速切换调整、设备布局、多技能作业人员与少人化、标准化作业、全面质量管理、自动化、全员参加的现场改善活动、供应商管理。

思 考 题

1. 判断题(正确的打"√"，错误打"×")

(1) 按照JIT的哲理，凡是不增加价值的活动都是浪费。 ( )

(2) 增加价值活动但耗用的资源超过了"绝对最少"的界限，也是浪费。 ( )

(3) 在JIT中超额完成计划或定额应该受到表扬。 ( )

(4) 库存是万恶之源。 ( )

(5) JIT 认为生产中充满一些"合理"浪费，如库存过多、产品等待等，这些浪费还制造浪费。
(　)
(6) JIT 的机制是一个缓冲较好、适应市场能力较好的机制。(　)
(7) JIT 的机制是强迫性暴露问题的机制。(　)
(8) 推动式生产中库存量较大。(　)
(9) 看板是一个信息板，同时履行生产控制的功能。(　)
(10) 生产运行中某个环节中看板的数量越少，库存量越少，生产中问题也就越少。(　)
(11) 平准化反映了生产计划适应市场的能力。(　)
(12) 为了减少设备调整时间，要尽量增大作业外部切换时间的比例，同时减少内部切换。(　)
(13) 设备 U 布置关键是为了方便工人操作而设计的。(　)
(14) JIT 的自动化包含两个方面：一是自动化生产，二是自动化缺陷控制。(　)
(15) 在生产运行中领导是解决问题的主体，具有解决问题的决定权。(　)
(16) 员工对企业提的问题和建议太多不好，严重影响企业形象。(　)
(17) 改善是下属的事情，领导主要负责激励和评价改善。(　)
(18) 企业是独立的经济主体，因此实行 JIT 不包括供应商。(　)
(19) 在 JIT 中供应商和主生产厂商是利益共同体。(　)
(20) 在 JIT 中对供应商的监督主要是依靠信息监督。(　)

2．多项选择题
(1) 在 JIT 中，下列属于浪费有(　)。
　　A．人员过多　　　B．库存　　　C．超额完成任务　　　D．满足顾客质量要求
(2) JIT 追求(　)。
　　A．零不良　　　B．零运输　　　C．零灾害　　　D．零故障
(3) JIT 的机制特征是(　)。
　　A．脆　　　B．缓冲性强　　　C．瘦　　　D．扁平化
(4) 看板的作用是
　　A．生产及运送工作指令　　　B．防止过量生产与运送
　　C．目视管理的工具　　　D．改善的工具
(5) 实现生产平准化要求有(　)。
　　A．缩短生产提前期　　　B．零库存
　　C．设备的快速切换　　　D．少人化
(6) JIT 改善的要领有(　)。
　　A．领导本身也要从事改善　　　B．改善主要针对大问题
　　C．忙是改善的好机会　　　D．改善无止境
(7) JIT 对供应商监督的手段有(　)。
　　A．生产管理体制　　　B．信息　　　C．竞争　　　D．供应商协会

3．掌握的基本概念：准时化生产方式、推动式生产、拉动式生产、看板、平准化生产、自动化

4．问答题
(1) 丰田公司对浪费的理解，生产过程中常见的七种浪费是什么？
(2) 准时化生产方式核心思想、目标是什么？
(3) 准时化生产方式实现机制是什么？
(4) 传统的生产方式与准时化生产方式的区别
(5) 看板运行的规则是什么？
(6) 如何实现设备的快速切换？
(7) 准时化生产方式中对全面质量管理是如何理解的？如何开展的？

(8) 开展全员改善活动方法有哪些？
(9) 如何对供应商进行管理？

案例分析

王永庆的"合理化"管理理念与全员改善活动

商业上的成功，使得王永庆有着"经营之神"的美称。人们以为台塑的取胜是靠"战略"，但王永庆指出：台塑没有搞什么企业发展战略，我们坚持的是合理化管理，我们靠合理化提升竞争力取胜。

台塑将管理合理化与经营绩效紧密连为一体。王永庆说："管理合理化乃是创造企业运营绩效的根源，而利润则是运营绩效的结果。换言之，管理合理化是'因'，而利润则是'果'。"没有"合理化"管理就没有台塑持续增长的经营绩效。因此，持之以恒追求"合理化"管理、不断提升效率、精心进行成本管控造就了台塑集团的核心竞争力。由于利润是有形的，而经过管理合理化增强获利能力的过程无具体的行踪可循，只有长期、持续不懈地追求，并且以"止于至善"作为终极目标，才能奏效。制定合理的标准，建立合理的规章制度，进行合理的管理，确定合理的考核，追求合理的成本，才能获得合理的利润，而暴利没有可持续性。

理念只有转化成全员的经营实践活动才具有长久的生命力。通过让员工产生切身感来推动全面性的经营改善活动是台塑合理化管理的终极力量。为此，总管理处总经理室制定了《台塑关系企业改善提案奖励办法》，目的是通过全员开展全面性经营改善活动，调动全体员工的积极性。该办法从改善提案奖励的适用人员、适用范围、提案的产生过程、提案的执行跟催和提案最终的奖励标准(物质和精神两个方面)等五个方面都一一进行了明确。

有些人认为台塑没有创新，但其实台塑的创新具有群众性、渐进性和可持续的特色。一般情况下，普通员工如何参与企业管理是一个容易被忽视的问题，参与创新更是高不可攀，似乎与普通员工无缘，而台塑则充分重视和高度关切普通员工对企业管理合理化的参与，从制度上保证和鼓励普通员工参与管理合理化的改善，无论在技术层面或在管理层面都有参与创新的机会，令台塑整体充满了活力。

在台塑合理化管理的"全民运动"中，午餐汇报制度颇具特色，享誉台湾企业界。"午餐会"是王永庆提出来并且力亲为坚持的制度，虽然每次讨论的内容有所不同，但都是围绕合理化管理进行问题探讨。

一次午餐汇报讨论南亚公司"塑料椅子"的成本问题。汇报者从原材料到各种费用说得头头是道，光图表就有好几页。王永庆还是不满意，他连珠带炮似地发问："椅垫用的PVC泡棉一公斤56元，性能与其他材料相比如何？这PVC泡棉是用什么做的？"当听到是用废料时，接着又问："废料价格是多少？如大量使用，来源能否保证？"尽管汇报者几次被问得哑口无言，王永庆还是穷追不舍，说他记得南亚把废料卖给了人家，是多少钱一公斤？答曰20元，王永庆拍板说椅垫用的PVC泡棉采购价只限一公斤20元了。

还有一次，他向有关主管询问食堂的厨余问题，他问食堂的厨余中什么东西最多，大家答不出来，他说是馒头，因为他看过了。又问为什么是馒头？大家又答不出来，他说我问过了，因为馒头做得太大，一次吃不完。后来，他设计了一种馒头，大小分量比较适中，人称"王永庆馒头"，从此大大减少了浪费。

这种不放过任何疑点的做法，让那些对自己所辖工作糊里糊涂的领导不寒而栗。受此精神感召，全员改善的止于至善活动在台塑集团已经从"自发"上升为"自觉"的习惯性行为。这就是台塑集团全体员工能坚持合理化管理理念、保持蓬勃生机的竞争力根源。

资料来源：价值中国网 作者：刘震涛，2012-03-19，题目为编者所加。

问题：请总结出王永庆的改善与准时化生产方式的改善相似之处。

参 考 文 献

[1] [美]理查德·B·蔡斯. 运营管理[M]. 9版. 任建标, 等译. 北京: 机械工业出版社, 2003.
[2] [美]F·罗伯特·雅各布斯, 理查德·B·蔡斯. 运营管理[M]. 13版. 任建标, 等译. 北京: 机械工业出版社, 2013.
[3] [美]威廉·史蒂文森, [中]张群, 张杰, 马风才. 运营管理[M]. 11版. 北京: 机械工业出版社, 2013.
[4] 陈荣秋, 马士华. 生产与运作管理[M]. 3版. 北京: 高等教育出版社, 2011.
[5] 武振业, 周国华. 生产与运作管理[M]. 成都: 西南交通大学出版社, 2000.
[6] 季建华. 运营管理[M]. 上海: 格致出版社, 上海人民出版社, 2010.
[7] 周三多, 等. 生产管理[M]. 南京: 南京大学出版社, 1995.
[8] 田英. 生产与运作管理[M]. 西安: 西北工业大学出版社, 2005.
[9] 马义飞, 张媛媛. 生产与运作管理[M]. 北京: 北京交通大学出版社, 2010.
[10] 高鹏举. 生产与运作管理[M]. 上海: 东华大学出版社, 2005.
[11] 周志文. 生产与运作管理[M]. 北京: 石油工业出版社, 2001.
[12] 魏大鹏, 李晓宇. 准时化生产体系与实践[M]. 北京: 机械工业出版社, 2012.
[13] [日]若松义人. 大野耐一的十条训诫[M]. 崔柳, 译. 北京: 机械工业出版社, 2011.
[14] [日]门田安弘. 新丰田生产方式[M]. 4版. 王瑞珠, 译. 保定: 河北大学出版社, 2013.
[15] [美]迈克尔·哈默. 企业再造[M]. 王珊珊, 等译. 上海: 上海译文出版社, 2007.
[16] 熊伟, 徐明等. 采购与仓储管理[M]. 北京: 高等教育出版社, 2006.
[17] 张晓华. 采购与库存控制[M]. 武汉: 华中科技大学出版社, 2011.
[18] 陈福军. 运营管理[M]. 大连: 东北财经大学出版社, 2002.
[19] 刘丽文. 生产与运作管理[M]. 北京: 清华大学出版社, 2011.
[20] 龚国华, 等. 生产与运作管理——制造业和服务业[M]. 2版. 上海: 复旦大学出版社, 2003.
[21] 全国劳动定员定额标准化技术委员会 GB/T 14163—2009. 工时消耗分类、代号和标准工时构成[S]. 北京: 中国标准出版社, 2009.
[22] 张远昌. 仓储管理与库存控制[M]. 北京: 中国纺织出版社, 2004.
[23] 金汉信, 王亮, 霍焱. 仓储与库存管理[M]. 重庆: 重庆大学出版社, 2008.
[24] 廖金福. 库存管理入门[M]. 广州: 广东经济出版社, 2004.
[25] 李习文, 李斌. 库存控制与管理[M]. 北京: 机械工业出版社, 2005.